Südafrikas kulinarische Geheimnisse

SÜDAFRIKAS KULINARISCHE

E. KORNMAYER'S

GEHEIMNISSE

Evert Kornmayer, 1965 in Bensheim an der Bergstraße geboren, ist Koch- und Sachbuchautor, begeisterter Hobbykoch und Feinschmecker. Heute lebt er bei Frankfurt am Main. Schon im Studium (Verwaltungsrecht in Mannheim) verfasste er sein erstes Buch. Er engagiert sich für ´Slow Food´ und seine Bücher wurden u.a. mit Gourmand World Cookbook Awards ausgezeichnet. Bei zahlreichen Reisen im In- und Ausland hat er umfangreiche Kenntnisse über Länder und Küchen gesammelt. In den Titeln: ´Klassische & moderne Rezepte aus Südafrika´ und ´Klassische & moderne Rezepte aus Namibia´ hat er viele kulinarische Impressionen seiner Reisen in das südliche Afrika verarbeitet. In dem Titel: ´Südafrikas kulinarische Geheimnisse´ kommen die südafrikanischen Chefköche nun selbst zu Wort und stellen neben den Rezepten ihre Küchen und Häuser vor.

E V E R T K O R N M A Y E R

Südafrikas kulinarische Geheimnisse

Die geheimen Rezepte der besten Restaurants, Lodges, Hotelküchen & Weingüter in Südafrika.

Großer Rezeptteil mit zahlreichen Photographien der Gerichte und Häuser, Beschreibung der Küchen, des Ambientes und Location-Map

\- -

Alphabethisches Verzeichnis der Lodges, Restaurants, Hotels und Wine Estates mit Anschrift, Service, Einrichtungen und Übernachtungen

\- -

Küchenverzeichnis mit den Rezeptbeiträgen

\- -

Glossar der Küchenbegriffe

\- -

Südafrika - Ein Überblick

\- -

Maßeinheiten

\- -

Ausführlicher Index

\- -

Rezept-Register

\- -

Bezugsquellen

3. Auflage

VERLAG GEBRÜDER KORNMAYER, Dreieich

3. Auflage März 2006
2. Auflage Januar 2005
1. Auflage Mai 2004
http://www.kornmayer.net
ISBN 3-9808785-3-8

Herausger, Übersetzung und Textredaktion:
Evert Kornmayer
Redaktionelle Mitarbeit:
Heike Winter, Regina Löffler
Bilder:
Die Fots stammen von den teilnehmenden Häusern
Titelfoto: Illyria House, Pretoria
Druck: Tavasli, Istanbul (Türkei)

Die Deutsche Bibliothek - CIP-Einheitsaufnahme. Ein Titelsatz dieser Publikation ist bei der Deutschen Bibliothek (Frankfurt) erhältlich.

Die Feinschmeckerei berücksichtigt Menschen und Dinge, um alles Kennenswerte von einem Lande zum anderen zu bringen, so dass ein kunstreich geordnetes Mahl gleichsam ein Abriss der ganzen Welt ist, wo jedes Land in vortrefflichster Weise repräsentiert wird.

Johann Rottenhöfer
1858 in „Anweisung in
der feinen Kochkunst“

Die kulinarischen Geheimnisse

...aus den ausgewählten Küchen in alphabethischer Reihenfolge

96 Winery Road, Stellenbosch

Getrockneter Rinderschinken
- -
Saldanha Bay Muscheln in einer Sahnesauce mit Curryaroma
- -
Rotwein-Bordelaise-Sauce

Abalone Lodge, Hermanus

Gesundheitsbrot

Andries Stockenström Guest House, Graaff-Reinet

Bobotie
- -
Van der Hum-Bavarois
- -
Japie se Gunsteling

Anlo Guest House, de Kelders

Anlo Bobotie
- -
Pumpkin Fritters

Annies´s Cottage, Springbok

Koeksisters

Aubergine Restaurant, Cape Town

Abalone auf Tomatenkompott mit leichter Ziegenkäsesauce
- -
Kingklip mit Ananas und Briochekruste mit einer Garnelensauce
- -
Lammrücken und Aubergine in Strudelteig mit geschmortem Knoblauch

Avalon Springs Hotel, Montagu

Gegrillte Keule vom Muskadel-Lamm d‘ Avalon

Avontuur Estate, Somerset West

Kapmalayen Bobotie

Barberton Manor Guest House, Barberton

Sneetje Lenting - Schnitte Lenting
- -
Ontbijtkoek

Barristers Grill Room & Café on Main, Cape Town

Barristers Cioppino

Belvidere Manor, Knysna

Gegrillter Springbock mit einer Blaubeer-Balsamico-Jus und glasierten Kartoffeln

Benguerra Lodge, Edenglen

Gefüllte Krebspanzer
- -
Calderada Meeresfrüchte-Eintopf
- -
Taschenkrebs-Roulade

Bongani Mountain Lodge, Mthethomusha Game Reserve

Lammkoteletts mit Mango Salsa und Salat

Bonniedale Farm, Hartenbos

Danette´s Spezial-Karotten-Salat
- -
Bonniedale Hühner-Potjie
- -
Bonniedale Milk Tart
- -
Ingwerbier

Boplaas, Calitzdorp

Geflügelpastete mit Boplaas-Port

Boulders Beach Lodge, Simons Town

Meeresfrüchtepfanne
- -
Chili-Danja-Sauce

Bosman´s Restaurant at the Grand Roche Hotel, Paarl

Springbocklende und geschmolzene Foie Gras auf Waldpilz-Risotto mit Pinotage-Jus

Bread & Wine Restaurant, Franschhoek

Selbst geräucherter Lachs mit warmer Kartoffel & Avocado

Brothers Restaurant, Plettenberg Bay

Straußenfilet an Süßholzsauce mit sahniger Thymian-Polenta, Butternut und gerösteter Süßkartoffel

Buhala Game Lodge, Malelane

Kalte Birnen-Curry-Suppe
- -
Schlichtes Rinderfilet
- -
Bananeneiscreme mit Waldbeeren

Bushfellows Private Game Lodge and Conference Centre, Marble Hall

Bushfellows Warzenschwein Potjie
- -
Rooihartebees Stew

Camps Bay Terrace, Camps Bay

Südafrikanisches Braai

Catharinas Restaurant at The Steenberg Hotel, Cape Town

Springbocklende mit Polenta, Portobello und roter Zwiebelmarmelade

Cellars-Hohenort Hotel - Greenhouse Restaurant, Cape Town

Gebratenes Rinderfilet

Cellars-Hohenort Hotel - Cape Malay Kitchen, Cape Town

Malva Pudding

Cleopatra Mountain Farmhouse, Balgowan

Timbales von geräucherter Forelle und Lachs mit Meerrettich-Sacue

Coach House Hotel, Tzaneen

Mango-Bava

Coffee on the Rocks, De Kelders

Salat mit geräuchertem Wild
- -
Gestürzter Apfelkuchen mit Zimt

Colona Castle Manor House, Cape Town

Karottensuppe mit Kardamom
- -
Pochierte Birnen mit Gorgonzola-Crème
- -
Gegrilltes Hähnchenbrustfilet mit Hühnerleberpastete und Estragon-Weißweinsauce

Constantia Manor, Constantia

Orangenmarmelde Constantia Style

Cranford Inn Clarens, Clarens

Gebackene Pilze mit Aubergine und sonnengetrockneten Tomaten

Cybele Forest Lodge and Spa, White River

Erdbeer-Schokoladen-Tarte in einer Haselnusskruste

De Kuilen Country House, Bryanston

Strauß mit Amarula und Kapstachelbeeren
- -
`Für die Dattel´
- -
Warme Eier in Phylloteig mit geräuchertem Lachs und Fettunta

Deetlefs Wine Estate, Rawsonville

Gegrillter Ziegenkäse
- -
Deetlefs Frikadellen
- -
Gegrillte Langusten
- -
Deetlefs Brandy Pudding

Delheim, Stellenbosch

Traditionelles Huhn der Kapmalayen

Devon Hill Winery, Stellenbosch

Devon Hill Wildpastete

Devon Valley Hotel & SylvanVale Vineyards, Stellenbosch

Geräucherte Lachsforelle aus Franschhoek auf Kräuter-Crepe

Die Tuishuise, Cradock

Hackbraten vom Karoo-Lamm mit Backflaumen und Rotwein
- -
Don Pedro's

Divine Restaurant at Willowbrook Lodge, Somerset West

Mohncrepe mit Waldpilzen

Djuma Game Reserve - Bush Lodge, Hluvukani

Djuma Drum
- -
„Ein Rudel schreiende Hyänen"

Dunkeld Country Estate, Dullstroom

Jappies Hühnersalat

Ekukhanyeni Country Lodge, Nelspruit

Ekukhanyeni Country Lodge´s falsche Wildpastete

Emdoneni Lodge, Hluhluwe

Im Ofen gebackenes Thunfischsteak mit Sauce Provencial

Emerald Guesthouse, Kempton Park

Emerald Rindercurry mit Reis

Estuary Country Hotel, Port Edward

Wildcoast Muscheltopf
- -
Rinderfilet à la Estuary
- -
Lammnacken und Weißkraut-Potjie
- -
Brot und Butter Pudding

Falaza Game Park, Hluhluwe

Impalakeule aus dem Bräter
- -
Wildmarinade No. 1
- -
Wildmarinade No. 2
- -
Wildmarinade No. 3
- -
Wildmarinade No. 4
- -
Marinade für Sosaties

Falcons View Manor, Knysna

Kürbis-Tartlet mit rotem Pesto und Crème Fraîche
- -
Linsen mit Auberginen-Biryani

Five Flies Restarant & Bars, Cape Town

Kingklip mit Pesto und Roter-Pfeffer-Risotto
- -
Saldanha Bay Muscheln mit Basilikum-Sahnesauce
- -
Rotwein-Salatdressing
- -
Geeistes Orangensoufflé

Fraai Uitzicht 1798, Robertson

Springbock-Rippchen à la Fraai Uitzicht
- -
Gebackenes Huhn mit Waterblometjes

Glen Avon Lodge, Cape Town

Tuille Basket mit Lavendeleiskrem

Graham Beck Wines, Robertson

Graham Beck Brut-Gelee mit Sommer-Beeren

Grootbos Private Nature Reserve, Gansbaai

Seezungenröllchen im Orangensud

Haus Kopatsch, Kiepersol

Mango-Dipp
- -
„Chi-Li"-Chips

Haute Cabrière Cellar Restaurant, Franschhoek

Im Ofen gegrilltes Springbockfilet

Hildenbrand´s Table Restaurant, Wellington

Butternut Suppe

Hilltop Country Lodge, George

30-Tage-Muffins
- -
Maispfannkuchen

Hog Hollow Country Lodge, Plettenberg Bay

Straußen-Satey-Spieße

Hoogland Health Hydro, Pretoria

Apfel Delight

Hout Bay Manor Hotel, Hout Bay

Gegrilltes Thunfischfilet mit
Zitrus-Dauchette-Kartoffeln
- -
Weißes Naßhorn

Iketla Lodge, Ohrigstad

Straußenhals

Illyria House, Pretoria

Perlhuhn à la Illyria House
- -
Schwanen-Eclairs mit Beeren-Coulis

Ironwood Lodge, Pennington

Ironwood Lodge-Müsli

Jambo Guest House, Cape Town

Bananensalat

Ken's Place, Hermanus

Käsegebäck
- -
Perlhuhn mit erlesenen
Kräutern und Weißwein
- -
Rotkraut mit Apfel und
Röstkartoffeln in Rosmarin-Senf
- -
Meringe-Roulade
- -
Crème Brulée

Kings Walden Lodge, Tzaneen

Kings Walden Avocado-Vorspeise
- -
Huhn à la Kings Walden
- -
Kings Walden Lavendel-Eiscreme

Klein Oliphants Hoek, Franschhoek

Ziegenkäse in Bacon

Klein Paradijs Country House, Gansbaai

Biltong-Blätterteig Rollen
- -
Schweinefilet mit Basilikum-Sabayon
- -
Samp and beans
- -
Zitronengeranien-Sorbet
- -
Mangokuchen

Knysna Tonquani Lodge, Knysna

Tonqani´s geheimes Rezept für
Frühstückspfannkuchen

Kwandwe Private Game Reserve

Karotten-Cuminsuppe mit langsam gerösteter
Tomate

La Belle Terrasse and Loggia - The Westcliff Hotel, Johannesburg

Gegrillte Medaillons vom Warzenschwein mit
gepfefferter Ananas und Shiraz-Sauce
auf Spargel und Gersten-Risotto

La Motte Wine Estate, Franschhoek

Birne in Rotwein

Laborie Restaurant, Suider Paarl

Mais-Dreiecke mit Biltong und Tomaten-Relish
- -
Straußenfilet mit Ananas und Rotweinsauce

Lanzerac Manor, Stellenbosch

Karoo-Lammrücken mit Balsamico-Trüffel-Jus

Le Quartier Français, Franschhoek

Gorgonzola-Flan mit Fenchel-Korinthen-Kompott

Leeuwenhof Country Lodge, Modimolle

Strauß mit Stachelbeersauce

- -

Malva Pudding

Leisure Isle Lodge, Knysna

Südafrikanische Muffins

Linton Park Wines, Wellington

Butternut-Kürbissuppe

Lion Sands Private Game Reserve, Krüger National Park

Krokodil nach Cajun-Art mit frischer Pampelmuse

- -

Thailändisches Hühnchensandwich

- -

Thai Crème-Sauce

- -

Mint & Lychee Cooler

- -

African Cooler

Londolozi Pioneer Camp, Sabi Sand Game Reserve

Baba Ganoush mit Fladenbrot

Londolozi Safari Lodge, Sabi Sand Game Reserve

Warmer Ziegenkäse mit Salat und gegrilltem Olivenbrot

Lone Creek River Lodge, Sabie

Traditioneller Brandy Pudding

Lucit Candle-Garden Theatre-Restaurant, Pretoria

Papayasuppe mit Ziegenkäse

Lynton Hall Hotel, Pennington

Kürbissuppe mit Curry-Eiskrem

Madiba´s Tide Country House Hotel, Knysna

Gestopfte Lamrippe mit Orangen-Koriandersauce

Makakatana Bay Lodge, Mtubatuba

Rindfleisch in Phyllo-Teig mit Blauschimmel-Käsesauce

Makalali Private Game Reserve, Hoedspruit

Rote Bete-Suppe

- -

Senegaleisches Perlhuhn-Maafe

- -

Krokodilschwanz-Sosaties

Merlot Manor, Pietermaritzburg

Pesto Filet-Medaillons belegt mit Austernpilzen und Paprikasaucen

- -

Cape Waterblommetjie-Bredie

- -

Gedämpfte Süßkartoffeln

Mimosa Lodge, Montagu

Rooibos Sorbet, serviert mit Wilderer's Fynbos Schnaps

- -

Butterfisch-Zöpfchen auf Tomaten

- -

Trilogie von Aubergine, gegrillter Tomate und Geissenkäse

- -

Gegrillter Pfirsich auf Pfirsich & Lavendel-Coulis

Mogg´s Country Cookhouse, Hermanus

Kaya Huhn
- -
Muschel Chowder
- -
Crepes mit Zitronen und Whisky

Montusi Mountain Lodge, Bergville

Montusi Straußenfilet mit Sherry-Sahnesauce

Moolmanshof, Swellendam

Mais-Quiche

Mount Nelson Hotel - The Cape Colony Restaurant, Kapstadt

Geräuchertes Krokodil mit Sauerampfer und Samoosa-Scheibchen
- -
BBQ aromatisierte Ente mit gebratenem Gemüse

Ngala Tented Safari Camp, Krüger National Park

Gegrillte Hühnerbrustfilets mit Balsamico und Limetten

Phantom Beach, Knysna

Bouillabaisse
- -
Braunes Brot vom Phantom Beach Castle
- -
Honigwaben-Rührkuchen

Phinda Rock Lodge, Maputaland

Gegrillte Mango mit Kokosnusspralinen

Phinda Vlei Lodge, Maputaland

Wassermelonenwürfel

Plettenberg Park, Plettenberg Bay

Petunia´s Blätterteigröllchen mit Thunfischfüllung
- -
Malva Pudding

Plumwood Inn Country Guesthouse, Franschhoek

Tomatensuppe aus sonnengetrockneten Tomaten und Kräuter-Käsestängeln
- -
Gegrillte Tomaten auf Knoblauch-Bruschetta
- -
Knuspriger Curry-Fisch

Polfyntjies, Franschhoek

Springbock-Bredie geschmort mit Aprikosen und Bier

Restaurant 101, Robertson

Gebratene Wildkeule

Restaurant Tafelberg, Bensheim

Gulaschsuppe vom Strauß mit Süßkartoffeln und grünen Bohnen
- -
Straußencurry

Rhebokskloof Private Cellar, Nooder Paarl

Trio von der Lachsforelle

Rhubarb Gourmet, Sandton

Straußenspieße mit Beerensauce

Rietvallei Wine Estate, Robertson

Huhn mit Rietvallei Muscadel und Pilzen
- -
Rietvallei Dessertpflaumen

Rissington Inn, Hazyview

Räucherforellen-Käsekuchen mit Forellen-Gravad Lachs

Rosedene Guest House, Cape Town

Frühstück-Muffins mit Datteln, Kirschen und Nüssen

\- -

Straußenhals Potjie

Rovos Rail, Pretoria bis Kapstadt

Springbocklende mit Honig-Zitronen-Sauce

Savoy Cabbage Restaurant, Cape Town

Törtchen mit gemischten Pilzen

Saxon Lodge, Overberg

Saxon Straußenfilet mit Pilzen in Rotwein-Sahnesauce

Sewula Gorge Lodge, Estcourt

Sewula's Vollkorn-Buttermilch-Rusks

Shiluvari Lakeside Lodge, Louis Trichardt

Rindfleischmedaillions in Biltong-Korianderkruste

\- -

Mango Eiskrem

Singita Private Game Reserve, Sabi Sand Reserve

In Rotbusch geräucherte Hähnchenbrust

\- -

Gegrilltes Straußenfilet mit Beeren-Portweinsauce

\- -

Amarula & weißes Schokoladen-Mousse

\- -

Singita Safari Cocktail

SPIER Wine Estate, Stellenbosch

Lachstartar

\- -

Warmer Schokoladen-Trüffelkuchen

Slaley, Stellenbosch

Lindsay´s Pastete

Stocklands Farm, Howick

Bobotie

\- -

Stocklands eingelegte Zitronen

Stonecutters, Lydenburg

Forellen-Goujonettes

Subroview Country Guesthouse & Peter´s Bistro, Krugersdorp

Marinierte Krabben auf Lauchcremesuppe

\- -

Pig in the Mud

Ted's Place, Pretoria

Geschmorte Rinder-Unterkeule

\- -

Wasserbock

The Andros Guest House, Kapstadt

Seezunge Andros

The Cormorant Guesthouse, Wilderness

Lachssteak mit Spargel und Champagnersauce

The Copper Pot Restaurant, George

Pilzkorb mit Knoblauch und Gorgonzola

\- -

Karoo-Lammrücken mit Kräuterkruste
\- -
Gebackener Pudding mit Trockenfrüchten
und Amarula Crème

The Elephant House, Addo

Gebratenes Zitronenhühnchen

The Fairlawns, Johannesburg

Fairlawns famose, langsam geröstete
Lammstelzen in Port-Rotwein Jus

The Kennedy´s Restaurant & Cigar Lounge, Cape Town

Westafrikanische Erdnuss-Suppe

The Oystercatcher Cattle Baron, St. Helena Bay

Kingklip Lucullus à la Shelley Point

The Phantom Forest Eco Reserve, Knysna

Phantom Forest Erdnuss-Suppe
\- -
Äthiopische Doro Wot-Hühnchen
mit Paprika-Couscous
\- -
Malabar Kardamom-Crème Brulée

The Pink Lodge on the Beach, Wilderness

Moer-by-Muffins

The Resting Place, Bloemfontein

Köstliche Hüttenkäse-Torte

The Royal Hotel, Durban

Rindertournedos mit Austernpilz-Lauchragout
und Kartoffel-Quenelle

Top of the Ritz, Cape Town

Gemsbockfilet

Turning Tides, Knysna

Buschtee-Obstkuchen

Valley of the Rainbow, Potchefstroom

Kalte Gurken-Birnensuppe mit Käse
\- -
Rinderfilet mit Portwein-Pflaumen-Sauce

Villa Belmonte Manor House Hotel, Cape Town

Petite Marmite du Pêcheur Safranée

Villa Hilda, Cape Town

Joghurtsuppe
\- -
Nudelsalat mit Curry

Vuyatela - Djuma Game Reserve, Hluvukani

Gebratene Ente mit Litchis
\- -
Vuytelas gegrillte Bushveld Naartjies
\- -
Djuma´s dekadenter Schokoladen-
Süßkartoffel-Kuchen

Wartburger Hof, Wartburg

Ochsenschwanz à la Hof
\- -
Siggi´s Knoblauchschnecken

Welgelegen Guest House, Cape Town

Welgelegen´s berühmte Butternut-Quiche

Winchester Mansions Hotel, Cape Town

Straußensteak mit Bohnenpüree, Majoran und Crème fraîche Sauce

- -

Gegrillter Kingklip mit Late Harvest-Sauce

- -

Traditioneller Malva Pudding

Woodall Country House, Addo

Woodall's berühmtes Zitroneneis

Zuider Zee Guesthouse, Salt Rock

Mais-Salat

- -

Schweinefilet-Medaillons mit Passionsfrucht

- -

Afrikanische Pfannkuchen

Inhalt

Zu diesem Buch

Dieses Buch nimmt eine besondere Stellung in der Literatur über die südafrikanische Küche ein. Es beinhaltet die besten Rezepte aus den einheimischen Küchen, welche zahlreich mit Preisen und Auszeichnungen versehen wurden. 250 Rezepte von mehr als 140 verschiedenen Häusern geben einen Überblick über die Vielfalt der südafrikanischen Kochkunst.

Dieses Buch zusammenzustellen hat viel Zeit sowie einige Überredungskünste beansprucht und es verschafft nun seinem Leser die Möglichkeit, die Küche der besten südafrikanischen Häuser nachzukochen. Den Köchen, Chefköchen und last but not least den Managern/-innen der Restaurants, Lodges, Hotelküchen und Weingüter gilt hierfür mein besonderer Dank.

Alle Beiträge wurden von den Köchen und Chefköchen der Häuser für dieses Buch zusammengestellt. Sie repräsentieren das breite Spektrum der südafrikanischen Küche. Von traditionellen bis modernen Einflüssen und von leichten Gerichten bis zu anspruchsvollen Zubereitungsarten reicht das Repertoire. Die einfachen Rezepte eignen sich für schlichte Mahlzeiten im Familienkreis, die aufwändigeren für ein Festmahl mit Freunden.

Die Beiträge wurden sorgfältig ausgewählt und mussten verschiedensten Selektionskriterien gerecht werden. Bei der Übersetzung wurde großen Wert darauf gelegt, sämtliche Rezepte originalgetreu wiederzugeben.

Ich wünsche Ihnen viel Vergnügen beim Ausprobieren und Genießen dieser Rezepte. Sie sollen sie mit auf die Reise nehmen in das Land am Kap der guten Hoffnung.

Dieses Buch soll all denen, die gerne kochen dabei helfen, die vielen Seiten der südafrikanischen Küche zu entdecken und dem Könner unter ihnen die stille Freude des Eingeweihten bringen. Jedoch kann man aus diesem Buch die Kunst des Kochens nicht erlernen. Wer sich dessen bedienen will, muss bereits kochen können. Zu einigen Zutaten werden alternative Vorschläge gemacht, da diese in unseren Breiten gar nicht oder nur mit großer Mühe zu beziehen sind. Diese Alternativen kommen dem Original-Vorschlag der Köche möglichst nahe, erheben aber nicht den Anspruch auf einen geschmacklich gleichwertigen Ersatz.

Ich wünsche Ihnen viel Freude beim Lesen und Kochen.

Frankfurt am Main 03/2006

Der Autor in der Küche. (3.v.rechts)

Information zu Maßeinheiten und Mengenangaben:

Die Mengenangaben sind auf das metrische System umgerechnet.
Diese sind:
kg = Kilogramm
g = Gramm (1000 g = 1 kg)
L = Liter (Achtung: „L“ statt „l“)
cl = Centiliter (1 cl = 10 ml)
ml = Milliliter (1000 ml = 1 L)
EL = Esslöffel = ca. 15 g
TL = Teelöffel = ca. 7 g

Weitere Mengenangaben:
Prs. = Prise = Menge, die sich zwischen Daumen und Zeigefinger befindet.
Msp. = Messerspitze = Menge, die auf der Spitze eines Besteckmessers Platz hat.
Pkg. = Packung, Päckchen, Tütchen (z.B. Vanillezucker)
°C = Grad Celsius (100 °C = 212 °Fahrenheit)
Ø = Durchmesser

Der Erfahrung nach können Mengenangaben und Garzeiten nur ungefähre Angaben sein. Die unterschiedliche Beschaffenheit der Zutaten, die unterschiedlichen Gegebenheiten der Küchen, von der Pfanne bis zum Backofen und eben auch der individuelle Geschmack, lässt ein präzises Abschmecken und Garproben unabdingbar werden.

Anm. = Anmerkung des Verfassers

Südafrika - Ein Überblick

Das Land am Kap der Guten Hoffnung gehörte schon immer zu den erlesensten und vielseitigen Reisezielen der Welt. Südafrika ist groß, abwechslungsreich, beeindruckend und schwer definierbar. Es gibt eine Fülle von ausgezeichneten Restaurants, die alle Geschmäcker befriedigen und neben stilvollen Weltklasse-Hotels zahlreiche gemütliche Guesthouses und Bed & Breakfast-Lokalitäten, oft in Häusern, die in der kapholländischen oder viktorianischen Zeit erbaut wurden. So bietet das Land einehohe Hotel- und Restaurantkultur, eine perfekte Infrastruktur, zugleich aber auch Exotik und Wildnis, wunderbare, kilometerlange Strände mit weißem Sand, türkisblauem Meer, großen Dünen und grüner Vegetation im Hinterland. Oft sind sie menschenleer. Für seine Besucher hat Südafrika noch mehr zu bieten: Wildreservate, atemberaubende Naturschauspiele, hohe Berge und Wüsten - aber auch Weltmetropolen, Diamanten und Gold. Das Fremdenverkehrsamt wirbt daher mit dem Slogan „Die Welt in einem Land“ und dies ist keine Übertreibung. Im südlichsten Staat von Afrika leben viele gastfreundliche Menschen unterschiedlicher Hautfarben und Religionen.

Was wir heute unter südafrikanischer Küche verstehen, ist eine interessante Mischung aus der burisch-holländischen, indischen, malaiischen, französischen und englischen Küche. Auch die Einflüsse der schwarzafrikanischen Küche werden dominanter.

Das Besondere der südafrikanischen Küche sind ihre außerordentlich schmackhaften Speisen, die große Auswahl an verschiedensten Geschmacksrichtungen und ihre Bekömmlichkeit. Südafrikaner essen neben Rindfleisch und Lamm auch sehr gerne Fisch und Geflügel. Auch für Europäer eher ungewohnte Tiere wie Krokodil, Kudu, Elefant, Impala, Warzenschwein, Raupen, Antilopen, Büffel und natürlich auch Straußenfleisch stehen auf dem Speiseplan. Fische und Meeresfrüchte werden besonders an der Küste, von Kapstadt bis Durban, gerne gegessen. Die Auswahl ist riesig. Sie reicht von Snoek, Galjoen, Yellowtail, Austern, Muscheln, Kingklip, Kabeljau bis hin zu Crayfish, einer Hummerart, die eine der beliebtesten Delikatessen in Südafrika ist. Eine traditionelle Stellung nimmt die kapholländische Küche ein. Sie bietet Lamm, Springbock, Süßkartoffeln und Kürbis, Bobotie (Auflauf aus Lammhackfleisch mit Curry) und Eintöpfe aus Fleisch und Gemüse (Bredie), die auch Paradegerichte der „Afrikaaner“-Küche sind. Natürlich auch gegrilltes, mariniertes Fleisch (Braaivleis) mit in Folie gebackenen Kartoffeln sowie Wildgerichte und kräftig gewürzte Würste (Boerewors), die aus einer Mischung von Rind- und Lammfleisch sowie Speck mit Koriander, Muskat, Pfeffer und Essig bestehen. Als Beilage nicht nur bei Schwarzafrikanern beliebt ist ein Maismehl-Brei (Putu oder Mealie pap), der mit einer scharf gewürzten Tomatensauce (Sous) serviert wird. Beim Betreten eines Restaurants ist es üblich zu warten, bis einem ein Tisch zugewiesen wird. Bei besonders guten und beliebten Gaststätten sollte man vorab einen Tisch reservieren lassen.

Wein aus Südafrika ist heute beliebter als je zuvor. 1659 wurde der erste Wein aus den Trauben, die Jan van Riebeeck aus Frankreich importiert hatte, gekeltert. 1679 wurde die zweite Stadt am Kap, Stellenbosch, gegründet, welche heute das Zentrum des südafrikanischen Weinbaus ist. Der Weinbau wird in der Provinz Western Cape, in der südwestlichen Ecke Südafrikas betrieben und unterteilt sich in fünf Regionen: Coastal, Boberg, Breede River Valley, Olifants River und Little Karoo. Die wichtigsten Rebsorten im Weinland Südafrikas sind: Chardonnay, Chenin Blanc, Cabernet Sauvignon, Pinot Noir und die südafrikanische Rebe Pinotage, die erst im Jahr 1925 entdeckt wurde. Heute produzieren 425 Güter fast 4000 verschiedene Weine und im Jahr 2003 wurden 235 Millionen Liter Wein exportiert

Zu den Hauptattraktionen Südafrikas gehören seine zahlreichen Nationalparks und Naturreservate. Weitere Highlights in Südafrika:

- Fahrt entlang der Gardenroute
- Blütenmeer im Namaqualand
- Wanderung auf dem Tafelberg
- Safari zu den Big Five im Krüger Park und anderen Wildreservaten
- Käfigtauchen mit weißen Haien
- Besuch des Blyde River Canyon
- Fahrt entlang der Panoramastraße Chapman's Peak Drive
- Bummel an der V&A Waterfront in Kapstadt
- Besuch der Weingüter in Stellenbosch, Paarl, Franschhoek und Constantia
- Diamantenminen („Big Hole") von Kimberley
- Fahrt mit den Traditionsbahnen (Blue Train, Rovos Rail oder Choo Tjoe Train)
- Straußenzuchten in Oudtshoorn
- Besuch in Sun City
- Ausflug zu den Victoria Falls

„Es gibt etwas beim Safari-Leben, dass Dich alle Sorgen vergessen lässt und Dir das Gefühl gibt, Du hättest eine halbe Flasche Champagner getrunken - es gibt etwas, dass Dich überschäumen lässt vor tiefempfundener Dankbarkeit am Leben..."
(Karen Blixen, Jenseits von Afrika)

Beliebte Souvenirs reichen von handgewebten Teppichen über Tonkrüge, Flechtwerk und kunstvolle Holzschnitzereien bis zu Schmuck aus Gold und Diamanten. Das Angebot an Mitbringseln wird ergänzt durch Wein, Trockenfrüchte, Straußeneier im Naturlook oder als Lampe, kunstvoll bemalt oder auf kleinen Ständern. Dazu kommen praktische Staubwedel aus Straußenfedern, Biltong und Rooibos-Tee.

Der weitaus größte Teil Südafrikas ist Grasland. Im Nordwesten wird aufgrund der geringeren Niederschläge die Vegetation karger. Im Nordosten geht die Gras- und Dornsavanne dann in eine dichter bewachsene Buschsavanne über. Auch verfügt es über eine reiche Vielfalt an Tierarten, doch sind viele auf Wildreservate beschränkt. Dort findet man u.a. Löwen, Leoparden, Nashörner, Elefanten, Giraffen, Flusspferde, Antilopen, Strauße und Hyänen. Insgesamt gibt es acht Schutzgebiete einschließlich des berühmten Krüger-Nationalparks. Alle tragen dazu bei, dass die südafrikanische Fauna erhalten bleibt.

Das „schönste Ende der Welt" liegt im äußersten Süden des afrikanischen Kontinents und umfasst mehr als 1 Mio. Quadratkilometer. Es grenzt an Namibia, Botswana, Simbabwe und Mosambik, im Inneren des Landes liegen die Königreiche Lesotho und Swaziland. Der größte Teil liegt in der warmgemäßigten Zone der Subtropen und mit 250 Sonnentagen im Jahr ist das Klima überwiegend trocken. Während des europäischen Sommers gibt es Dank der Sommerzeit keinen Zeitunterschied. In den übrigen Monaten gehen die Uhren Südafrikas den mitteleuropäischen um eine Stunde voraus, es gibt also bei der An- und Abreise keine Belastung durch Zeitverschiebung. Die größte Fluggesellschaft ist die South African Airways. Daneben gibt es mehrere kleine Fluggesellschaften, die neben den 3 internationalen Flughäfen in Johannesburg, Kapstadt und Durban auch abgelegene Pisten ansteuern. In Südafrika gibt es elf Amtssprachen: Afrikaans, Englisch und neun afrikanische Sprachen. Mit Englischkenntnissen kann man sich fast überall gut verständigen.

Die Zeitrechnung für das neue Südafrika beginnt 1990, als nach 27 Jahren Gefängnis in der Zeit der Apartheid („Getrennte Entwicklung") Nelson Mandela in die Freiheit entlassen und der ANC legalisiert wird. Zuvor hatte F.W. de Klerk 1989 P.W. Botha, im Volksmund das „alte Krokodil" genannt, als Präsident abgelöst. 1991 wurde die Apartheid abgeschafft und Südafrika bereitete die ersten allgemeinen und freien Wahlen vor. Der ANC unter Mandela gewinnt 1994 die ersten freien Wahlen und Nelson Mandela wird Präsident. 1999 tritt Nelson Mandela zu den zweiten freien Wahlen nicht mehr an. Thabo Mbeki wird sein Nachfolger.

Die Hauptstadt ist Pretoria (Tshwane) und die 9 Provinzen des Landes heißen: Eastern Cape, Free State, Gauteng, KwaZulu-Natal, Mpumalanga, North-West, Northern Cape, Northern Province und Western Cape. Die Bevölkerungsdichte beträgt im Durchschnitt 35,3 Menschen pro Quadratkilometer. Auch leben in Südafrika etwa 1 Mio. Deutschstämmige. Größte Städte (Einwohner) sind: Kapstadt (2.350.157), Johannesburg (1.916.063), Durban (1.137.378), Pretoria (1.080.187), Port Elizabeth (853.204). Die Währung ist der Südafrikanische Rand. Ein Rand sind 100 Cents. Auch sind Kreditkarten weit verbreitet und werden fast überall akzeptiert.

Die Südafrikaner lieben den Sport. Die Rugby- und Cricket-Mannschaften der Republik Südafrika gehören zu den Besten der Welt. Weitere favorisierte Sportarten sind Fußball, Squash, Hockey, Boxen, Schwimmen, Segeln, Tennis und natürlich Golf. Dank des britischen Einflusses und des exzellenten Klimas bietet Südafrika hervorragende Golfmöglichkeiten auf über 500 Plätzen im ganzen Land.

Machen Sie sich auf die Reise und erleben Sie ein Land, das unvergessliche Reize zu bieten hat. Entdecken Sie die ganze Welt in einem Land.

AST African Special Tours

Kompetente Beratung für Ihre kulinarische Reise nach Südafrika

Wir von AST African Special Tours sind alle begeisterte Afrika Fans, kennen die meisten in diesem Buch beschriebenen Hotels / Lodges und Gästehäuser persönlich, haben dort die Speisen zusammen mit ausgezeichnetem südafrikanischen Wein genossen und verfügen somit über erstklassige Produktkenntnis. Lassen Sie sich von AST beraten und Ihre Reise ganz nach Ihren Wünschen zusammenstellen.

Eine Gourmetreise nach Südafrika ist ein Erlebnis der ganz besonderen Art!

Wir freuen uns sehr, das Buchprojekt „Südafrikas kulinarische Geheimnisse“ unterstützen zu können. Als Förderer haben wir das Projekt von der ersten Stunde an begleitet und haben unsere zahlreichen Verbindungen zu den besten Küchen Südafrikas einbringen und das Wachsen des Buches miterleben können.

Wir sind überzeugt, dass dieses Buch für Freunde der südafrikanischen Küche eine kulinarische Bereicherung ist, es einen repräsentativen Querschnitt der Landesküche bietet und vortrefflich dazu geeignet ist, kulinarische Entdeckungsreisen zu planen und Erinnerungen an wundervolle Momente im Land am Kap der guten Hoffnung wieder aufleben zu lassen.

Wir wünschen dem Autor und seinem Werk viel Erfolg und den Lesern viel Freude beim Kochen und Lesen.

Ihre Christl Nennstiel

AST ist als Reiseveranstalter Mitglied beim DRV (Deutscher Reisebüro Verband e.V.) und bei ASA (Arbeitsgemeinschaft südliches und östliches Afrika).

Verwirklichen Sie Ihren Afrika-Traum mit AST!

Rezeptteil

Suppen & Eintöpfe

Plumwood Inn Country Guesthouse
Franschhoek • Western Cape

Tomatensuppe aus sonnengetrockneten Tomaten & Kräuter-Käsestängeln

Zu dieser Suppe trinkt man einen süßen Sekt, welcher vorzüglich mit dem Aroma der Tomaten harmonisiert.

Zutaten:

1 Schalotte (oder kleine Zwiebel)
40 g Butter
40 g Mehl
50 g Tomatenpüree
500 ml Milch
500 ml Rinderbrühe
100 ml Sahne
40 g sonnengetrocknete Tomaten
etwas Cayennepfeffer
Pfeffer aus der Mühle
Salz
Schnittlauch
Käsestängel:
1-2 Platten Blätterteig, gefrohren
Sambal
Oregano
Basilikum
Thymian
Käse, gerieben

Zubereitung:

Die Butter in einer Pfanne erhitzen und die gehackte Schalotte darin braten. Das Mehl unter Rühren darüber stäuben. Anschließend das Tomatenpüree, die kalte Rinderbrühe und danach die Milch unterrühren. Die getrockneten Tomaten in kleine Stücke schneiden, in die Suppe geben und 15 Minuten köcheln lassen, damit die Tomaten weich werden und die Suppe etwas eindickt. Die Suppe mit dem Cayennepfeffer, dem Pfeffer und dem Salz abschmecken. Mit fein geschnittenem Schnittlauch garnieren. Für die Kräuter-Käsestängel den Blätterteig auftauen lassen und auf einer bemehlten Fläche ausrollen. Mit einem Backpinsel etwas Sambal darüber pinseln. Nun den Oregano, das Basilikum und den Thymian darüber streuen. Etwas geriebenen Käse darüber geben und den Blätterteig in Stangen schneiden. Auf ein Backblech geben und im auf 180 °C vorgeheizten

Ofen 12 bis 15 Minuten backen. Die noch warmen Stängel mit der Suppe servieren.

Die Küche:

Gerne servieren wir Ihnen von unserer täglich wechselnden Speisekarte auf Anfrage ein Gourmet-Abendessen. Um Ihr Mahl perfekt abzurunden, bieten wir eine Auswahl guter Kapweine. Beenden Sie einen unvergesslichen Abend mit Geschichten erzählen, berichten Sie von Ihren Erlebnissen und genießen Sie dazu einen köstlichen Wein, eine gute Tasse Kaffee oder einen Likör.

Plumwood Inn Country Guesthouse

Das Gästehaus befindet sich im historischen Herzen von Franschhoek und überblickt Pflaumen- und Weingärten sowie die Berge von Franschhoek. Erwachen Sie mit diesem wunderschönen Ausblick in ländlicher Stille und sauberer Luft und genießen Sie die ruhige Atmosphäre und den zeitlosen Charme unseres luxuriösen Gästehauses - ein Ort, an dem Sie ohne Aufdringlichkeit verwöhnt werden.

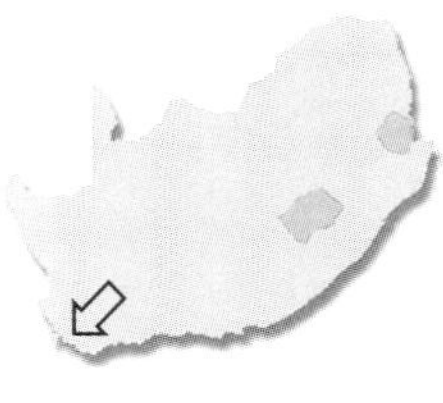

The Kennedy´s Restaurant & Cigar Lounge
Cape Town ◆ Western Cape

Westafrikanische Erdnuss-Suppe

Zutaten:

2 EL Olivenöl
1 Knoblauchzehe, fein gehackt
1 kleine Zwiebel, geschält, in dünne Scheiben geschnitten
2 Karotten, geschält, in Scheiben geschnitten
1 kleiner Lauch, nur das Weiße davon, in dicke Scheiben geschnitten
75 ml trockener Weißwein
2 TL brauner Zucker
2 EL Honig
750 ml Geflügelbrühe
200 ml Schlagsahne
200 ml Kokosmark (Coconut Cream)
150 g Erdnüsse, geröstet
2 EL Erdnussbutter
Chili-Öl

Zubereitung:

Das Öl in einer Kasserolle erhitzen und den Knoblauch und das Wurzelgemüse darin sautieren bis es weich ist. Den Wein hinzugeben und so lange köcheln lassen, bis die Flüssigkeit eingekocht ist. Nun die Kräuter, den Honig und den Zucker hinzugeben und unter Rühren zum Kochen bringen. Die Geflügelbrühe angießen und weitere 5 bis 7 Minuten köcheln lassen. Wenn keine Geflügelbrühe verfügbar ist, kann alternativ Wasser verwendet werden. Anschließend das Kokosmark, die Erdnussbutter und die Erdnüsse unterrühren. Weitere 10 Minuten köcheln lassen, mit einem Pürierstab pürieren und unter ständigem Rühren nochmals 3 Minuten kochen. Dabei darauf achten, dass die Suppe nicht anbrennt. Die Suppe mit Pfeffer und Salz abschmecken, in vorgeheizte Suppenteller geben und vor dem Servieren etwas Chili-Öl darüber träufeln.

Gewürze:
2 TL Currypulver, mittelscharf
¼ TL Cayennepfeffer
1 TL Rosenpaprika
¼ TL Kreuzkümmel (Cumin)
½ TL Fenchelsamen
1 Lorbeerblatt
Pfeffer aus der Mühle
Salz

Die Küche:

Chefkoch und General Manager Per Menkö (ehemaliger „Chef de Corps“ im Victoria & Albert Waterfront Hotel) und Sous Chef Guy Hüsselmann bündeln ihre große internationale Erfahrung, um ein Menü zu kreieren, welches in der traditionellen Küche fußt und gesunde kalifornische Küche sowie zahlreiche afrikanische Themen integriert. Zum Beispiel geräucherter Krokodilschwanz, Westafrikanische Erdnuss-Suppe, gegrillter Thunfisch, Garnelen und Springbockmedaillons an scharfer Ananas und Mango-Samoosas. Seit der Restaurantöffnung vor 3 Jahren wird Kennedy´s Restaurant kontinuierlich unter den Top 20 Restaurants in Südafrika gelistet (Wine-Magazine). Kennedy´s bietet seinen Gästen eine ausgewogene Weinliste mit über 200 feinen, alten Rotweinen (Platinum Dinners Club Award).

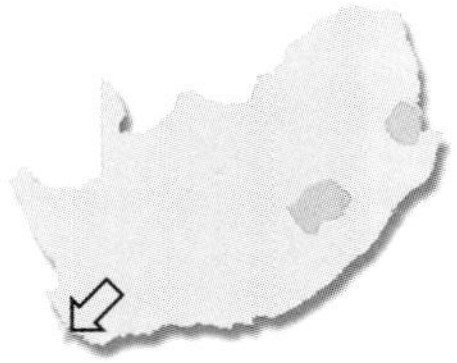

The Kennedy's Restaurant & Cigar Lounge

Kennedy´s hat das klassische „Privat Club-Konzept" einer Zigarren-Bar neu erfunden und daraus einen unterhaltsamen Veranstaltungsort mit vielen Gesichtern gemacht, welcher in einer Metamorphose von Luxus und Opulenz nichts vom Stil des Originals vermissen lässt. Während Kennedy´s das verschwenderische Dekor und die Inneneinrichtung einer traditionellen Zigarren-Bar beibehielt, spannt das Gebäude am oberen Ende der Long Street einen weiten Bogen der feinen Unterhaltung vom täglichen Live-Jazz zu Gourmet-Menüs und private und geschäftliche Anlässe.

Estuary Country Hotel
Port Edward ◆ KwaZulu Natal

Wildcoast Muscheltopf

Zutaten:

(für 1 Portion)
40 g Butter
100 g grüne, rote, gelbe Paprika, gehackt
100 g Zwiebel, gehackt
1 TL Knoblauch, gehackt
1 EL Petersilie und Fenchel
8 Miesmuscheln
125 ml Weißwein
125 ml Sahne mit Milch gemischt
1 TL Zitronensaft
etwas Piment
schwarzer Pfeffer aus der Mühle

Zubereitung:

Die Butter in einer Pfanne erhitzen und die Zwiebeln, die Peperoni und den Knoblauch darin sautieren. Den Fenchel, die Petersilie und die Gewürze hinzugeben und 1 Minute garen lassen. Dann mit dem Wein und der Sahnemischung ablöschen. Die zuvor gekochten Muscheln hineingeben und darin erwärmen. Bei schwacher Hitze 3 Minuten köcheln lassen und zum Schluss den Zitronensaft hinein rühren. Die Muscheln mit der Sauce in einen Suppenteller geben und mit getoasteten Brotscheiben, welche in Dreiecke geschnitten wurden, servieren. Den Suppenteller auf einen Platzteller stellen und den Muschelteller mit einer Zitronenspalte und einem Fenchelzweig garnieren.

Die Küche:

Das Fish Eagle Restaurant im Estuary Estate hat sich seit seiner Eröffnung im Jahre 1996 einen sehr guten Ruf erworben und zählt inzwischen zu den fünf besten Restaurants an der Südküste. Es bietet sowohl örtliche als auch internationale Speisen.

Die gelungene Mischung aus lokaler und internationaler Küche hat dem Estuary Country Hotel das Prädikat „ Ein Restaurant, das man erleben muss " eingebracht. Ausgestattet mit einem Team von europäischen und lokalen Köchen sowie mehrsprachigen Mitarbeitern in Restaurant und Bar, bietet es ein umfassendes Angebot für Hochzeiten, Bankette, Empfänge und Konferenzen auf nationaler und internationaler Ebene.

Estuary Country Hotel

Das Estuary Country Hotel befindet sich an einer der schönsten Flussmündungen an der Südküste von KwaZulu Natal. Vom gepflegten Rasen vor dem 4 Sterne-Hotel bietet sich ein herrlicher Blick auf die Lagune am Indischen Ozean.

Das Hotel wurde im Jahre 1941 ursprünglich als Herrenhaus einer wohlhabenden Familie im kapholländischen Stil erbaut. Es wurde geschmackvoll in ein Hotel und Restaurant umgewandelt und bewahrt die Harmonie der Proportionen und den Stil so, wie der Architekt das Haus geplant hatte.

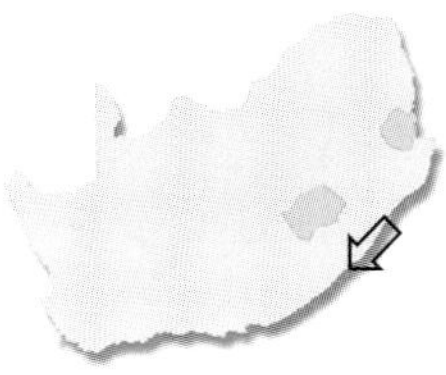

Hildenbrand´s Table Restaurant
Wellington ◆ Western Cape

HILDENBRAND WINE & OLIVE ESTATE

Butternut-Suppe

Der Butternut, gesprochen [Batternat], ist ein flaschenförmiger ockergelber Kürbis, der auch in verschiedenen Delikatessengeschäften in Europa erhältlich ist. Wegen seiner eigenartigen Form wird dieser Kürbis auch gerne als Dekoration verwendet.

Zutaten:

1 Butternut, in Würfel geschnitten
3 EL Extra Vergine Olivenöl
100 g Oliven, feingehackt
2 Zwiebeln, feingehackt
1 Apfel, gerieben
Currypulver
1 Prise Muskatnuss
750 ml Hühnerboullion
375 ml Milch
1 Orange, Saft und geriebene Schale
125 ml Medium Sherry oder Port
1 Prise Pfeffer
1 Prise Salz

Zubereitung:

Die Zwiebeln anbraten, den in Würfel geschnittenen Butternut dazugeben und etwa 3 Minuten dämpfen. Unter ständigem Rühren etwas Currypulver, Muskatnuss, Hühnerboullion, Milch, Orangenschale sowie Orangensaft beimengen und 20 Minuten leicht kochen. Alles durch eine „Flotte Lotte" pürieren, mit Salz und Pfeffer, Sherry oder Port abschmecken. Mit einem Teelöffel Olivenöl und feingehackten Oliven anrichten.

Als nicht-vegetarische Alternative gibt man geräucherten Speck oder Cabanossi angebraten dazu.

Die Küche:

Hildenbrand's Table Restaurant lädt nicht nur seine Hausgäste, sondern auch Besucher des Weinguts zu kleinen Vorspeisen wie Suppen, geräuchertem Lachs, Schnecken, Waldpilzen auf Spinat oder Salaten mit Feta und Oliven bzw. Hauptspeisen wie Stroganoff, Huhn thailändisch oder Bratwurst mit Schweizer Rösti ein. Weine des Hauses wie Chenin Blanc, Chardonnay, Sémillon, Cabernet Sauvignon oder Shiraz sind zum Kellerpreis erhältlich.

Hildenbrand´s Table Restaurant

Hildenbrand's Table Restaurant befindet sich auf dem 300 Jahre alten Weingut Hildenbrand Wine & Olive Estate nur 5 km außerhalb von Wellington im Zentrum des Weinlands am Kap. Das Restaurant bietet internationale Küche, begleitet von den Haus-Weinen, dem eigenen köstlichen Olivenöl und Tafeloliven des Hauses.

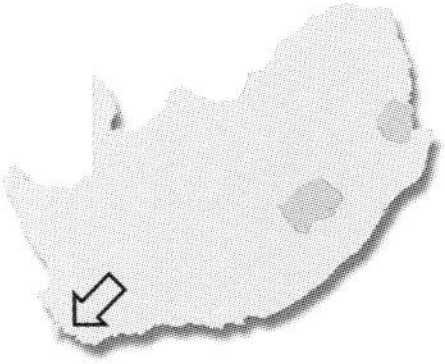

Lucit Candle-Garden Theatre-Restaurant
Pretoria ◆ Gauteng

Papayasuppe mit Ziegenkäse

Zutaten:

2 Papayas
fester Ziegenkäse
150 ml Weißwein, halbtrocken
frische Minze
Salz

Zubereitung:

Die Papayas schälen und die Kerne entfernen. Die Frucht in Würfel schneiden und im Mixer mixen. In einen Topf geben und mit dem Weißwein langsam erhitzen. Mit Salz abschmecken und vom Herd nehmen. Gut abkühlen lassen und die Minze unterrühren. Den Ziegenkäse in Scheiben schneiden und grillen. Die Suppe mit dem Käse und etwas frischer Minze garnieren.

Lucit Candle-Garden Theatre-Restaurant

Das Restaurant verwöhnt die Sinne seiner Gäste mit den delikatesten Dingen des Lebens: Magisches Kerzenlicht, exquisite Musik, köstliches Essen, ausgewählte Weine, gute Atmosphäre und persönlichem Service. All dies spielt sich vor dem Hintergrund eines echten afrikanischen Busch-Gartens mit Wasserfällen, Flüssen, einer Höhle und einem See, bewachsen mit nachtblühenden Wasserlilien, ab. Die Magie beginnt, wenn man den von 300 Kerzen beleuchteten Garten betritt.

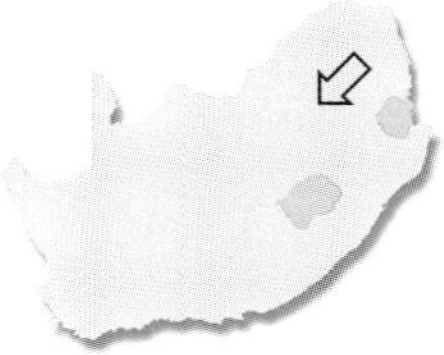

Phantom Beach
Knysna • Western Cape

Die Küche:

Die Speisen werden den Gästen wahlweise im Freien oder im Restaurant serviert. Die Meeresfrüchte, fangfrisch vom Ozean vor der Tür sind besonders zu empfehlen.

Bouillabaisse

Zutaten:

frischer Fisch nach Geschmack
1 Zwiebel, gehackt
2 Stängel Sellerie, gehackt
1 Fenchelknolle, in Scheiben geschnitten
1 Karotte, gehackt
1 Zitronenspalte
1 TL Kreuzkümmel (Cumin), ganze Samen
½ TL Kurkuma
500 ml Fischbrühe/-fond
30 ml Olivenöl

Zubereitung:

Das Öl in einer schweren Pfanne erhitzen. Den Kreuzkümmel und das Gemüse gleichzeitig in die Pfanne geben und etwa 10 Minuten braten bis das Gemüse zu glänzen beginnt. Es soll jedoch nicht braun werden oder anbrennen. Den Kurkuma darüber streuen und unter Rühren weitere 3 Minuten garen. Anschließend mit der Fischbrühe ablöschen und bei niedriger Temperatur 15 Minuten köcheln lassen. Nun den filetierten und in Stücke geschnittenen, frischen Fisch hineingeben und die Bouillabaisse abschmecken. Servieren, wenn der Fisch gar ist.

Phantom Beach

Dramatisch gelegen, oberhalb des Strandes von Pristine, mit seinen einzelnen Felsen, an denen sich die Wellen brechen, liegt das Phantom Beach Castle. Wo Otter spielen, umschlossen von Küste und Wald mit seinen Türmen, Zinnen, der aquamarin-blauen See, dem geschützten Strand, der unberührten Umgebung und den unvergesslichen Sonnenuntergängen, strahlt der Ort die Magie eines verwunschenen Schlosses aus. Bezaubernde Zimmer mit eigenen Balkonen bieten einen ganz persönlichen Ausblick auf Strand und Küste.

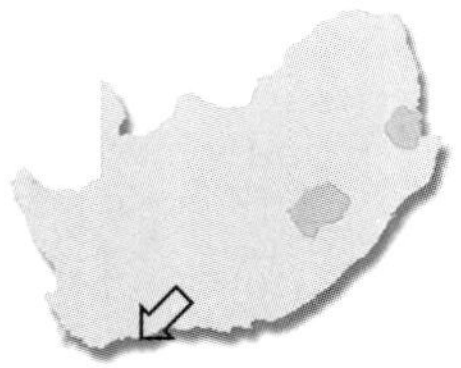

Buhala Game Lodge
Malelane ◆ Mpumalanga

Kalte Birnen-Curry-Suppe

Dies ist eine sehr erfrischende Suppe für heiße Tage. Die Birnen ergeben eine wunderbare Kombination mit dem Curry.

Zubereitung:

Die Zwiebel hacken und in einer Pfanne mit der Butter braten. Dann das Currypulver darüber streuen und mit der Hühnerbrühe ablöschen. Das in kleine Stücke geschnittene Fruchtfleisch der Birnen und die Tomatenwürfel hinzugeben. Bei mittlerer Hitze simmern lassen, bis das Fruchtfleisch weich ist. Mit einem Küchenmixer pürieren und die Sahne unterrühren. Abkühlen lassen und weiter im Kühlschrank kalt stellen. Zum Servieren in Suppenteller geben und etwas gehackte Petersilie und Paprikapulver darüber streuen.

Zutaten:

1 große Zwiebel
1 EL Butter
1 TL Currypulver
250 ml Hühnerbrühe
420 g Birnen, ohne Schale und Kerngehäuse
2 große Tomaten, geschält und gewürfelt
2 große Kartoffeln
200 ml Sahne
Petersilie
Paprikapulver

Die Küche:

Die köstliche Küche im Buhala ist stets klassisch und legt großen Wert auf die natürlichen Aromen der Zutaten.

Buhala Game Lodge

Ein elegantes Hotel im Kolonialstil, herrlich gelegen im Krüger Nationalpark. Das luxuriöse Krüger Park- und Golferlebnis.

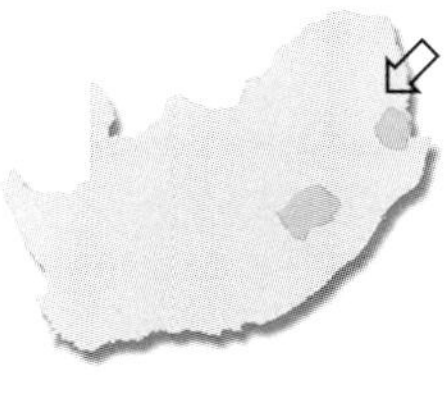

Makalali Private Game Reserve
Hoedspruit ◆ Northern Province

Rote Bete-Suppe

An heißen Tagen kann die Suppe auch kalt serviert werden.

Zutaten:

6 Rote Bete-Knollen
2 Kartoffeln
2 Karotten
1 Lorbeerblatt
einige frische Thymianzweige
500 ml Hühnerbrühe
1 TL weißer Essig
frischer Dill
Schmand oder saure Sahne

Zubereitung:

Die Rote Bete säubern und in simmerndem, gesalzenem Wasser etwa eine Stunde kochen, bis sie gar sind. Danach die Rote Bete unter laufendem, kaltem Wasser schälen, in Würfel schneiden und beiseite stellen. Die Kartoffeln und die Karotten schälen und in kleine Würfel, so groß wie die Rote Bete-Würfel, schneiden. Die Kartoffeln und die Karotten mit dem Thymian und dem Lorbeerblatt in der Hühnerbrühe bei milder Hitze etwa 15 Minuten simmern lassen, bis sie gar sind. Nun die Rote Bete-Würfel hinzugeben und erwärmen. Den Essig hinzugeben, unterrühren, auf Tellern anrichten und vor dem Servieren einen Klacks Schmand darauf geben und den Dill darüber streuen. Wenn die Suppe kalt serviert werden soll, die Rote Bete, die Karotten und die Kartoffeln mit einem Pürierstab pürieren. Etwas von der Rote Bete-Kochbrühe in einer Eiswürfelschale gefrieren lassen. Die Suppe abkühlen lassen, vor dem Servieren die roten Eiswürfel hineingeben und etwas Schmand über diese geben.

Die Küche:

Die Küche im Makalali ist ein kulinarisches Abenteuer, welche regionale und den gesamten afrikanischen Kontinent umfassende Elemente aufgreift und mit den geschmacklichen Stilrichtungen des neuen und der vergangenen Jahrhunderten spielt. Auf Makalali wird ein weites Feld an kulinarischen Erlebnissen geboten und das abendliche Dinner wird im legendären Boma unter dem Sternenhimmel Afrikas serviert. Private Dinner werden im `Sala´ aufgetragen.

Senegalesisches Perlhuhn-Maafe

Dieses Gericht stammt ursprünglich aus dem Senegal.

Zutaten:

1 Perlhuhn, in 6 Stücke geteilt
2-3 kleine Chilies, fein gehackt
1 TL Zimt, gemahlen
1 TL Koriander, gemahlen
1 TL Kreuzkümmel, gemahlen
1 TL Paprikapulver
3-4 Knoblauchzehen, gehackt
1 Stück Ingwer, gerieben
100 ml Öl
3 Zwiebeln, gewürfelt
3-4 EL Tomatenmark
500 ml Tomaten, aus der Dose, gehackt
1 L Wasser, warm
500 g Erdnussbutter
¼ Bund Spinat, dünn geschnitten
Pfeffer aus der Mühle
Salz
Okra, optional

Zubereitung:

Das Fleisch mit den Chilies, den Gewürzen, dem Ingwer, dem Knoblauch und dem Öl 1 bis 2 Stunden marinieren. Das Fleisch herausnehmen und in einem mittelgroßen Topf anbräunen. Die Zwiebeln anbraten, dann das Tomatenmark hinzugeben, kurz weiter braten und dann die gehackten Tomaten beifügen. Das warme Wasser mit der Erdnussbutter in einer Schüssel rühren bis die Mischung glatt ist. Zur Tomatenmischung gießen und weitere 5 bis 10 Minuten simmern lassen. Das Ganze über die Perlhuhnstücke gießen und bei mittlerer Hitze so lange simmern lassen, bis das Perlhuhn gar ist. Es ist gar, wenn das Fleisch sich von den Knochen löst. Während dieser Zeit ab und zu leicht rühren, damit das Perlhuhnfleisch nicht anhängt. Vom Herd nehmen, den Spinat hinzugeben und mit Pfeffer und Salz abschmecken. Wenn Okra zugegeben werden soll, die Schoten etwa 20 Minuten in der Sauce erwärmen.

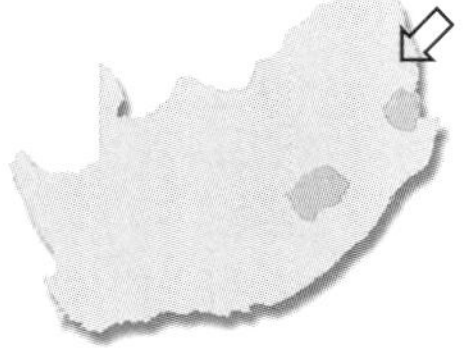

Makalali Private Game Reserve

Mit seiner einzigartigen Architektur ist Makalali das herausragende „luxuriöse, afrikanische Busch-Erlebnis“. Makalali hat vier separate Camps, die je sechs Chalets haben und somit 12 Personen Unterkunft bieten. Die Camps liegen am Ufer des Makhutswi Rivers. Jedes klimatisierte Chalet hat ein eigenes Badezimmer, eine Außendusche, ein privates Deck, einen Kamin und ein kleines Ruhechalet „Sala“. Die Räume sind im afrikanischen Stil dekoriert. Jedes Camp hat einen eigenen Swimmingpool, eine Boma und einen ansprechenden offenen und reetgedeckten Aufenthaltsraum.

Colona Castle Manor House
Cape Town ◆ Western Cape

Colona Castle
LUXURY MANOR HOUSE
FALSE BAY CAPE TOWN

Karottensuppe mit Kardamom

Zubereitung:

Die Zwiebeln anbraten, die Kardamomsamen und den Knoblauch hacken und mit dem Ingwer und dem Thymian zu den Zwiebeln geben und garen, bis sie weich sind. Anschließend die Kartoffeln und die Karotten hinzufügen, mit der Geflügelbrühe ablöschen und 5 Minuten kochen. Wenn die Kartoffeln gar sind, die Pfanne vom Herd nehmen und abkühlen lassen. Alles in einen Entsafter geben und die Flüssigkeit anschließend durch ein Sieb streichen. Erneut erhitzen und 8/10 der Kokosnusscreme einrühren. Während dessen den gewaschenen Koriander unter die verbliebene Kokosnusscreme rühren und für die Garnierung zur Seite stellen. Die Suppe in die Teller schöpfen, mit einem Löffel der Koriander-Kokosmischung garnieren und servieren.

Zutaten:

1 Zwiebel
8 Kardamomkapseln
1 EL Ingwer, gehackt
4 Knoblauchzehen
1 Kartoffel, gewürfelt
8 Karotten, groß, gerieben
1,5 L Geflügelbrühe
30 g Koriander
1 Dose Kokosnusscreme
Cayenne Pfeffer
3 Zweige Thymian

Die Küche:

Unsere Chefköche werden inspiriert von den besten und frischesten Zutaten vom Kap. Sie zelebrieren die kulinarischen Erlebnisse in der großartigen Architektur der mit Kerzen beleuchteten Speisehalle. Diese Kombination aus traditioneller Küche und Fusion-Food bietet zahlreiche Geschmacksrichtungen und eine gesunde Küche.

Colona Castle Manor House

Das mit 5 Sternen ausgezeichnete Manor House bietet majestätische Panorama-Aussichten auf den Tafelberg, über die Kap-Halbinsel, über die Winelands bis hin zu den blauen Wassern des Südatlantischen Ozeans. Colona Castle wartet mit ausgewählter Gastlichkeit und persönlichem Service auf und liegt in der Nähe von Kapstadt. 1929 ursprünglich als ein Haus mit Türmen und Mauerzinnen gebaut, wurde es vor kurzem im Stil toskanischer Häuser renoviert und luxuriös mit Antiquitäten ausgestattet. Es ist für den anspruchsvollen Reisenden eine komfortable und elegante Basis zur Erkundung der Kaphalbinsel und von Kapstadt. Das Haus bietet vier luxuriöse und außerordentlich gestaltete Suiten, zwei Schlafräume der Spitzenklasse, Familien Suiten und jede sonstige Art von Komfort.

The Phantom Forest Eco Reserve
Knysna ◆ Western Cape

Phantom Forest Erdnuss-Suppe

Zubereitung:

Den Knoblauch, die Zwiebeln und den Sellerie in einer Pfanne mit etwas Öl sautieren, bis sie weich sind. Nun den Koriander, den Kreuzkümmel und das Currypulver einstreuen und weitere 3 Minuten garen. Nachdem die Tomaten und die Erdnüsse beigegeben wurden, erneut 2 bis 3 Minuten kochen lassen. Die Gemüsebrühe einrühren und die Suppe bei schwacher Hitze 20 Minuten simmern lassen. Vor dem Servieren den Zucker hinzugeben, die Suppe mit Pfeffer und Salz abschmecken und mit einem Pürierstab die Suppe zur gewünschten Konsistenz verfeinern. Auf Tellern anrichten und etwas gehacktes Koriandergrün darüber streuen.

Zutaten:

400 g Erdnüsse, grob gehackt
1 TL Koriander, gemahlen
1 TL Kreuzkümmel (Cumin)
1 TL Currypulver
1 Knoblauchzehe
2 Zwiebeln, gehackt
4 Selleriestängel, gehackt
1 Dose geschälte Tomaten
1 EL brauner Zucker
600 ml Gemüsebrühe
Pfeffer aus der Mühle
Salz
Korandergrün, gehackt

Die Küche:

Die Küche ist pan-afrikanisch mit lokalen Einflüssen. Bei Nacht wird das Essen im mit Reet gedeckten „Boma" serviert. Gelegentlich erhält man hierbei Besuch vom Buschbock, der auf einen „Drink" vorbei schaut. Die Sundowners im „Eyrie" sind spektakulär. Man kann zusehen, wie die Sonne direkt bei den berühmten Knysna Heads im Meer versinkt und teilt diesen herrlichen Ausblick nur mit den Fischadlern, die zu den Bewohnern des Phantom Forest zählen.

The Phantom Forest Eco Reserve

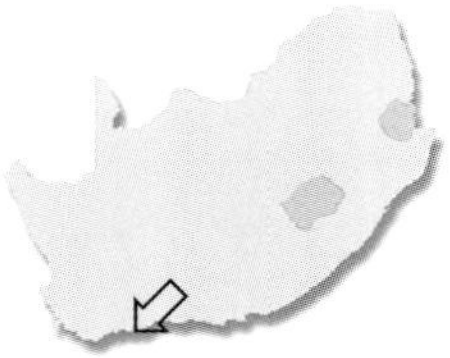

Das Restaurant bietet neben den Plätzen für die Gäste des Phantom Forest Eco Reserve maximal 8 Plätze pro Abend, also für Gäste, die nicht im Eco Reserve wohnen. Die Lodge liegt am Rücken der Lagune von Knysna auf einem Berg, in einem naturbelassenen Wald. Die Gäste für das Abendessen parken ihre Fahrzeuge bei der Rezeption am Fuße des Berges und werden dann zur Eyrie – Bar gefahren, wo das Tagesmenü vorgestellt wird. Danach geht die Fahrt weiter zum Boma, wo das Abendessen serviert wird.

Lynton Hall Hotel
Pennington ◆ KwaZulu Natal

Lynton Hall
Colonial Majesty

Die Küche:

Der Chefkoch serviert eine köstliche „Cuisine" im mediterranen Stil.

Kürbissuppe mit Curry-Eiskrem

Zubereitung:

Für die Suppe den Kürbis schälen, die Kerne entfernen und in Würfel schneiden. Den Ofen auf 180 °C vorheizen. Etwas Öl über die Kürbiswürfel träufeln und die Würfel etwa 30 Minuten im Ofen rösten. Anschließend in einen Küchenmixer geben und mit der Gemüsebrühe mixen, bis die Flüssigkeit fein püriert ist. Dann durch ein Sieb streichen. Für die Curry-Eiskrem die Eigelb mit dem Zucker in einer Schüssel schlagen, bis sie hellgelb werden. Dann in einer Pfanne das Curry Masala, den Kurkuma, die Senfkörner, den Bockshornkleesamen, den frisch geriebenen Ingwer, die Fenchelsamen und die Chilipaste in einer Pfanne unter Rühren anrösten. Vom Herd nehmen, den Joghurt hineingeben, die Sahne erhitzen und die Gewürzmischung hineingeben. Die Mischung auf kleiner Flamme köcheln lassen, bis sie soweit reduziert ist, dass sie auf der Rückseite eines Löffels einen Film zieht. Abkühlen lassen, in den Kühlschrank geben und anschließend in eine Eismaschine geben, um das Eis zu bereiten. Die heiße Suppe in eine Schüssel geben und die Curry-Eiskrem darauf setzen.

Zutaten:

Kürbissuppe:
3 mittelgroße Kürbisse (Butternut)
Olivenöl
500 ml Gemüsebrühe
Curry-Eiskrem:
6 Eigelb
Zucker
2 TL Curry Masala
2 TL Kurkuma
½ TL Senfkörner
½ TL Bockshornkleesamen
1 TL frischer Ingwer
½ TL Fenchelsamen
½ TL Chilipaste
2 EL Joghurt
500 ml Sahne

Lynton Hall Hotel

Das Anwesen im kolonialen Stil ist zu einem schmucken Hotel umgewandelt worden. In 3 Jahrhunderten hat es gekrönte Häupter, Premierminister, Literaten und Wirtschaftskapitäne beherbergt.

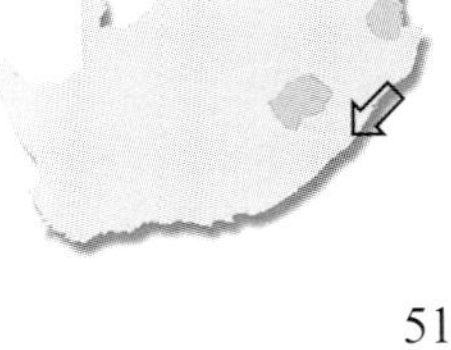

Subroview Country Guesthouse & Peter´s Bistro
Krugersdorp ◆ Gauteng

Marinierte Krabben auf Lauchcremesuppe

Zutaten:

(für 6 Personen)
24 Königskrabben
5 cl Grapefruitsaft
5 cl Portwein, weiß
750 g Lauch
2 Frühlingszwiebeln
Olivenöl
100 ml Gemüsebrühe
200 ml saure Sahne
Muskatnuss, gerieben
Pfeffer aus der Mühle
Salz

Zubereitung:

Die Schale von den Krabben entfernen und waschen, abtropfen lassen. Den Grapefruitsaft, den Portwein, das Salz und den Pfeffer vermischen und die Krabben darin 20 Minuten marinieren. Inzwischen den Lauch und die Frühlingszwiebeln putzen, waschen und in Ringe schneiden. In einem großen Topf 3 bis 4 Esslöffel Öl erhitzen und den Lauch darin bei mittlerer Hitze anschwitzen. Die Brühe dazugeben und zugedeckt 15 Minuten gar dünsten. Die Krabben im Sieb gut abtropfen lassen und die Marinade auffangen. Den Lauch samt Brühe fein pürieren und die saure Sahne sowie die Marinade unterziehen. Mit Salz, Pfeffer und Muskat abschmecken. Das Ganze warm halten. Die Krabben in stark erhitztem Öl von jeder Seite 2 Minuten braten. Zum Schluss die Frühlingszwiebeln dazugeben und 1 Minute mit braten. Die Königskrabben mit den Zwiebeln auf der Suppe servieren.

Die Küche:

Peter‘s Bistro bietet eine gemütliche Atmosphäre mit offenem Feuer im Winter, wo man gutes Essen mit internationalem Standard und den ausgezeichneten südafrikanischen Wein genießen kann. Im Sommer und bei schönem Wetter kann man das Menü auf der Terrasse genießen.

Subroview Country Guesthouse & Peter´s Bistro

Dieses wundervolle Gästehaus liegt in einer ländlichen Gegend mit grandioser Aussicht auf die Magalies Berge und das Welt-Naturschutzgebiet (World Heritage Site), in dem man das älteste Skelett der Welt gefunden hat. Die Cottages sind in europäisch - afrikanischem Stil eingerichtet und bieten allen Komfort.

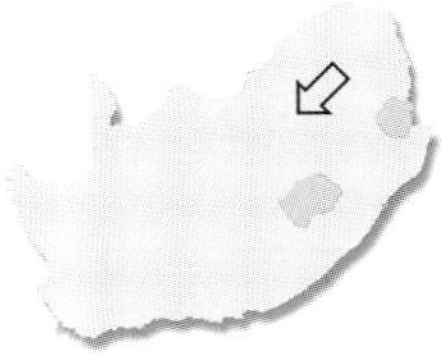

VALLEY OF THE Rainbow

Valley of the Rainbow
Potchefstroom • Mpumalanga

Kalte Gurken-Birnensuppe mit Käse

Zubereitung:

Das Öl und die Butter in einer großen Pfanne erhitzen und die Gurke, die Zwiebel, den Dill und die Zitronenschale darin bei schwacher Hitze 5 Minuten garen. Die Zutaten dabei regelmäßig wenden. Danach die Geflügelbrühe angießen, mit etwas Salz würzen und bei geschlossenem Deckel 10 Minuten simmern lassen. Die Birnenstücke hineingeben und weitere 10 Minuten köcheln lassen. Die Suppe vom Herd nehmen und den Frischkäse einrühren, wenn die Suppe

Zutaten:

(für 6 Portionen)
2 EL Sonnenblumenöl
1 TL Butter
1 Salatgurke, etwa 600 g, geschält und gewürfelt
1 große Zwiebel, gehackt
1 TL Dill, getrocknet
½ TL Zitronenschale, fein gerieben
750 ml Hühnerbrühe

½ TL Salz
800 g reife Birnen, geschält und gewürfelt
125 g cremiger Frischkäse
Zum Garnieren:
Gurkenscheiben, sehr dünn geschnitten
schwarzer Pfeffer aus der Mühle

etwas abgekühlt ist. Mit einem Pürierstab pürieren, bis die Suppe ganz fein ist. In den Kühlschrank stellen und darin mindestens 8 Stunden kühlen. Vor dem Servieren die Suppe nochmals abschmecken, dann in gekühlte Suppenteller gießen, die hauchdünn geschnittenen Gurkenscheiben obenauf legen und etwas frisch gemahlenen schwarzen Pfeffer darüber streuen.

Die Küche:

Das Restaurant bietet seinen Gästen ein großartiges Menü, welches südafrikanische und internationale Küche vereinigt. Eine reichhaltige Weinkarte ergänzt des Angebot der Gerichte ausgezeichnet.

Valley of the Rainbow

Im Manour House haben die Gäste die Wahl zwischen fünf luxuriösen Suiten, von welcher jede über einen komfortablen Lounge-Bereich und Bad mit WC verfügt. Im Manour House gibt es eine große Lounge mit einer offenen Feuerstelle für kalte Winterabende. Eine Bar, einen Speiseraum mit Kamin, eine Bücherei und Fernseher bieten den Gästen mehr als die Annehmlichkeiten, die man von seinem zu Hause gewohnt ist.
Das Country House ist im klassischen Landhausstil eingerichtet und bietet 5 luxuriöse Doppelzimmer mit Bad und WC sowie Zugang zur Veranda, welche einen großartigen Ausblick auf das Tal gewährt. Die offene Lounge bietet einen Speiseraum und Fernsehzimmer. Das Country House ist ideal für Familien, Freunde und Firmengruppen.

Linton Park Wines
Wellington • Western Cape

Butternut-Kürbissuppe

Zubereitung:

Ein Stück Butter in einen Topf geben, erhitzen und den Kürbis und die Kartoffeln darin 5 Minuten anschwitzen. Dann das Wasser hinzugießen und die Petersilie und die Instantbrühe beifügen. Bei schwacher Hitze 45 Minuten simmern lassen, bis das Gemüse weich ist. Mit einem Handrührstab pürieren, dann die Milch hineingießen und weitere 10 Minuten köcheln lassen. Heiß mit einem Schuss frischer Sahne servieren und dazu Baguette mit Mozarella reichen.

Zutaten:

1 kg Butternut-Kürbis, geschält und gewürfelt
4 Kartoffeln, geschält und gewürfelt
Petersilie, gehackt
Butter
800 ml Wasser
2 EL Gemüse- oder Hühnerbrühe-Pulver
250 ml Milch
Pfeffer aus der Mühle
Salz

Die Küche:

Linton Park Weine: Chardonnay, Shiraz, Merlot & Cabernet Sauvignon

Weine von Capell´s Court: Sauvignon Blanc, Cardonnay, Shiraz, Shiraz, Merlot & Cabernet Sauvignon

Linton Park Wines

Linton Park Wines liegt auf den Hängen des Groeneberg Mountain in der Nähe des malerischen Städtchens Wellington.

Kwandwe Private Game Reserve
Eastern Cape

KWANDWE PRIVATE GAME RESERVE

Karotten-Cuminsuppe mit langsam gerösteter Tomate

Wie zahlreiche gute Gemüsesuppen kann man diese mit Brühe oder Wasser zubereiten. Für ein überraschendes Geschmackserlebnis die Suppe mit einer langsam gerösteten Tomate servieren.

Zutaten:

1 kg Karotten
2 Zwiebeln, geschält
1 EL Olivenöl
1 EL Butter
½ TL Safranpulver oder einige Safranfäden
1 Knoblauchzehe
250 ml Weißwein, trocken
1 L Wasser (oder Brühe)
1 Prise Cayennepfeffer
1 Prise Kreuzkümmel (Cumin), gemahlen
Salz

Zubereitung:

Die Karotten bürsten und in Stücke schneiden. Die Zwiebeln schälen und hacken. Das Öl und die Butter in einer Pfanne erhitzen und darin die Zwiebeln, den Knoblauch und den Safran 20 Minuten köcheln lassen. Danach mit dem Wein ablöschen und aufkochen lassen. Nun die Karotten und das Wasser oder die Brühe hineingeben und bei schwacher Hitze simmern lassen, bis die Karotten gar sind. Die Suppe in einen Küchenmixer geben, mixen und dann in einem Topf erneut sanft erhitzen. In die Suppe den Cayennepfeffer sowie den Kreuzkümmel streuen und mit etwas Salz abschmecken. Während dieser Zeit gewaschene Tomaten im 200 °C heißen Backofen langsam rösten.

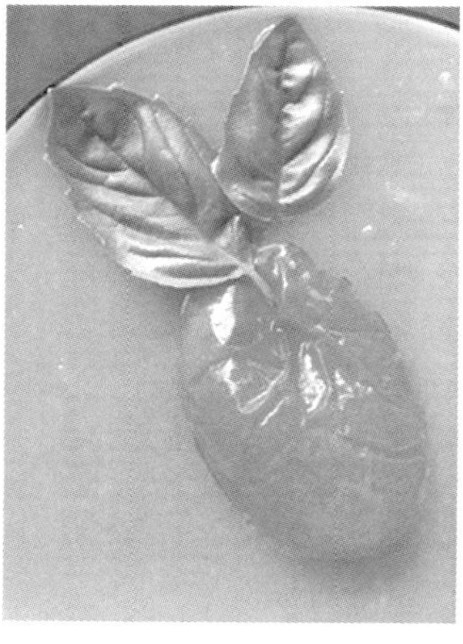

Die Küche:

Kwandwe ist spezialisiert auf Pan-Afrikanische Küche, welche entweder auf privaten Terrassen (Decks) oder im von Kerzen erleuchteten Speiseraum serviert wird. Alternativ kann das Abendessen auch außerhalb im Boma (umzäunter Hof) unter dem Sternenhimmel Afrikas genossen werden.

Kwandwe Private Game Reserve

Das Kwandwe Private Game Reserve erstreckt sich 42 Kilometer entlang dem Great Fish River und jede der luxuriösen mit Stroh gedeckten Suiten bietet den Ausblick auf seine üppig bewachsenen Flußufer. Mitglied von Relais & Chateaux.

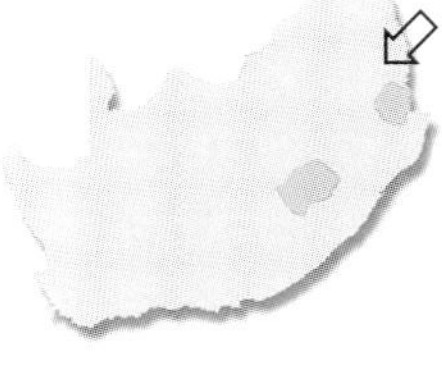

Villa Hilda
Cape Town • Western Cape

Villa Hilda

Joghurtsuppe

Zutaten:

500 ml Trinkjoghurt, natur
2 TL Salz
2 reife Tomaten, geschält
500 ml Buttermilch
3 EL Crème fraîche
2 TL Frühlingszwiebeln, gehackt
schwarzer Pfeffer aus der Mühle
1 Salatgurke, geschält und gehackt
3 EL Selleriegrün, fein gehackt
1 hartgekochtes Ei, gehackt

Zubereitung:

Die Tomaten und die Salatgurke im Küchenmixer pürieren. Den Joghurt, das Salz, die Buttermilch, der Crème fraîche, die Frühlingszwiebeln und den Pfeffer zugeben und erneut mixen. Die Suppe in eine Schüssel geben und mit dem Sellerie sowie dem hart gekochten Ei verrühren. Im Kühlschrank kühl stellen, jedoch die Suppe nicht zu kalt servieren. Die Suppe etwa 15 Minuten vor dem Servieren aus dem Kühlschrank nehmen.

Die Küche:

Auf der Terrasse kann man das morgendliche englische Frühstück einnehmen, wenn dies das Wetter zulässt – was so gut wie immer der Fall ist.

Villa Hilda

Villa Hilda liegt in einer stillen Seitenstrasse des vornehmen Stadtteils Ober-Gardens. Den Hintergrund des Hauses bilden die imposanten Hänge des Tafelbergs und des Lion´s Head. Das Haus blickt hinüber zum Parkgelände des Leeuwenhofs, der stilvollen alten Residenz des Ministerpräsidenten von West Kapland. Auch liegt die Villa in Stadtnähe, aber Gäste können dennoch die ruhige Lage des Hauses genießen. Es wird Deutsch, English, Afrikaans und Xhosa gesprochen.

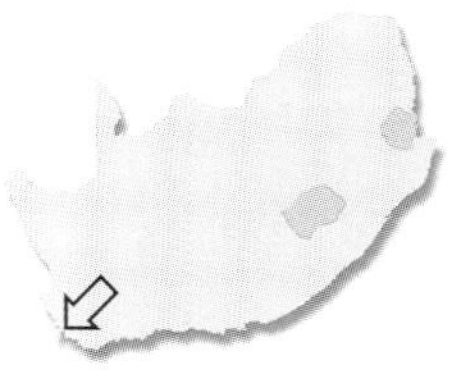

RESTAURANT TAFELBERG
Essen und Trinken vom Kap

Restaurant Tafelberg
Bensheim • Hessen

Gulaschsuppe vom Strauß mit Süßkartoffeln und grünen Bohnen

Zubereitung:

Die Zwiebel und die Karotte schälen, die Petersilienwurzel putzen und alles in kleine Würfel schneiden. Flüssige Margarine in einem Topf erhitzen und das Gemüse hinzufügen. Das Fleisch mit kaltem Wasser abspülen und trocken tupfen. In kleine Würfel schneiden und mit Meersalz, Cayennepfeffer und Paprikapulver einreiben, danach in den Topf zum angeschwitzten Gemüse geben. Kurz, aber scharf anbraten. Mit warmem Wasser auffüllen, bis alle Zutaten bedeckt sind. 45 Minuten auf kleiner Flamme köcheln

Zutaten:

(für 4 Portionen)
1 Zwiebel
1 Karotte
1 Petersilienwurzel
1 EL flüssige Margarine
500 g Gulasch vom Strauß
Meersalz
Cayennepfeffer
1 TL Paprikapulver
500 g Süßkartoffeln
500 g Bobby-Bohnen

150 g saure Sahne
1 Knoblauchzehe

lassen. Süßkartoffeln schälen und in kleine Würfel schneiden, die Bobby Bohnen waschen und die Fäden abziehen. Den Knoblauch schälen und durch eine Knoblauchpresse drücken. Die Süßkartoffeln, die Bobby-Bohnen und den Knoblauch nach einer ½ Stunde zu den anderen Zutaten in den Topf geben. Topf von der Flamme nehmen und saure Sahne in die nicht mehr kochende Suppe unterrühren.

Restaurant Tafelberg

Das Restaurant Tafelberg in Bensheim an der Bergstraße (Hessen) bietet seinen Gästen südafrikanische Spezialitäten mit exotischen Fleischsorten von A wie Antilope bis Z wie Zebra. Ferner Fisch von den Küsten Namibias und Südafrikas, Weine und Spirituosen aus Südafrika. Neben den 80 Plätzen im Restaurant bietet das Haus Raum für Feierlichkeiten von bis zu 70 Personen sowie einen Weinhandel.

Vorspeisen &
Zwischengerichte

Moolmanshof Bed & Breakfast
Swellendam • Western Cape

Moolmanshof
Bed & Breakfast

Mais-Quiche

Der Teig ist ein Standardrezept, die Füllung jedoch ist nach Art des Moolmanshofs.

Zutaten:

Teig:
250 g Mehl
250 g Käse, gerieben
250 g Butter
1 Prise Cayennepfeffer

Belag:
½ Dose Maiskörner
½ Dose Maiskörner, verdickte
1 Zwiebel, gehackt
1 EL Butter
2 - 3 Eier
2 EL Mayonnaise
2 - 3 EL Sahne
Pfeffer aus der Mühle
Salz

Zubereitung:

Teig:
Die Bestandteile zu einem Teig kneten. Wenn der Teig noch zu feucht ist, etwas mehr Mehl hinzufügen. Dann den Teig in eine Pasteten- oder Springform mit 24 Zentimeter Durchmesser geben. Den Teig gleichmäßig in der Form verteilen, andrücken und einen Rand von mehreren Zentimetern formen.

Belag:
Die Zutaten für den Belag ebenfalls mischen und anschließend auf den Teig geben. Mit dem geriebenen Käse (vorzugsweise Cheddar) bestreuen und nach Geschmack fein gewiegten frischen Knoblauch darüber streuen. Im auf 180 °C vorgeheizten Ofen 45 Minuten backen. Heiß servieren.

Die Küche:

Ein englisches Frühstück wird im Esszimmer oder auf der Terrasse serviert. Im Winter wärmt ein Holzfeuer im Kamin die Gäste. Auch werden Braai- bzw. Grillmöglichkeiten geboten.

Moolmanshof Bed & Breakfast

Das traditionelle kapholländische Haus, gebaut 1798, ist umfassend modernisiert und das erste B & B im Ort. Akkreditiert ist es von SATOUR, BABASA und hat drei Sterne der SABS verliehen bekommen. Der weitläufige Garten in einer Parklandschaft mit Schwimmbad lädt zum Verweilen ein.

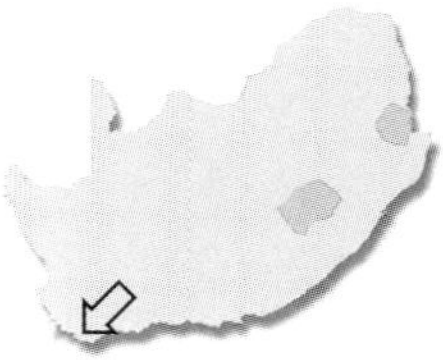

Klein Paradijs
Country House

Klein Paradijs Country House
Gansbaai • Western Cape

Biltong-Blätterteig Rollen

Zutaten:

400 g Blätterteig
2-3 Salbeizweige
90 g Gruyère, gerieben
100 g Biltong (getrocknetes südafrikanisches Fleisch) in dünnen Scheiben (alternativ: Bündner Fleisch)

Zubereitung:

Den Blätterteig rechteckig ausrollen, etwa 3 mm dick. Die Blätter von den Salbeizweigen zupfen, waschen, trocknen und einzeln auf den Teig legen. Den geriebenen Gruyère oder würzigen Alpenkäse über den Teig streuen. Den Biltong auf den Käse legen, den Teig ausrollen und in Klarsichtfolie gewickelt etwa 2 Stunden im Kühlschrank ruhen lassen. Die Teigrolle in ca. 5 mm Scheiben schneiden und auf ein mit Backpapier belegtes Blech legen. Im auf 220 °C vorgeheizten Backofen auf der mittleren Schiene etwa 6 Minuten backen. Die Rollen vorsichtig wenden und nochmals 6 Minuten backen. Die Blätterteigrollen vom Backpapier lösen und auf einem Gitter auskühlen lassen. Mit einem Glas Sekt gemischt mit Guava- oder Lycheesaft servieren.

Die Küche:

Der Koch Michael Fuchs wurde in der Schweiz ausgebildet. Seine Gerichte verbinden die Raffinesse der französischen mit dem multikulturellen Flair der südafrikanischen Küche.

Klein Paradijs Country House

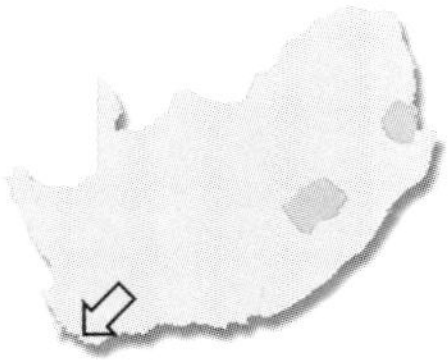

Klein Paradijs Country House befindet sich auf einer Farm von 140 Hektar und ist umgeben von alten Milkwood-Bäumen, einer großen Gartenanlage und typischer Fynbos-Vegetation. Pearly Beach, zwischen Hermanus und Cape Agulhas gelegen, ist ein idealer Ort für einen Zwischenstopp zum Ausspannen oder als Ausgangspunkt für zahlreiche Wanderungen. Das Haus ist großzügig konzipiert. Die fünf Gästezimmer unter dem hohen Reetdach sind individuell und modern eingerichtet. Die Anlage wurde vom South African Tourism Grading Council als 5-Sterne Lodge eingestuft.

Devon Valley Hotel & Sylvan Vale Vineyards
Stellenbosch ◆ Western Cape

Geräucherte Lachsforelle aus Franschhoek auf Kräuter-Crêpe

Devon Valley
Protea Hotel

Ein Rezept aus dem `Vineleaf Restaurant´, welches eine innovative Kap-Küche serviert.

Zubereitung:

Für die Crêpes das Mehl in eine Schüssel geben, das Salz und das Backpulver darin gut vermischen. Die Kräuter, die Milch und das Ei mit dem Mehl zu einem dünnen Teig verrühren. Etwas ruhen lassen, bevor man die Crêpes in einer Pfanne goldbraun backt. Für die Vinaigrette die Zutaten in eine Schüssel geben und miteinander mischen. Den Joghurt für das Dressing in eine kleine Schüssel geben und die weiteren Zutaten unterrühren. Jeweils einen Crêpe auf einem Teller anrichten. Die Lachsscheiben rollen und an den Rand darauf legen. Die Salatblätter in die Mitte geben, die Cocktailtomaten dazu legen und die Vinaigrette über den Salat sowie das Dressing über den Lachs geben.

Zutaten:

Geräucherte Lachsforelle
Rosa Pfefferkörner
Kerbel, frisch
Cocktail-Tomaten
Salatblätter
Zitrone, unbehandelt, je 3 Scheiben pro Portion

Kräuter-Crêpe:
2-3 EL frische Kräuter, fein gehackt
250 ml Mehl
1 Prise Salz
250 ml Milch
1 Ei
½ TL Backpulver

Honig & Zitronen Vinaigrette:
90 ml Sonnenblumenöl
30 ml Zitronensaft, frisch gepresst
30 ml Honig, warm
2 g Pfeffer und Salz
1 TL Rosa Pfefferkörner

Schnittlauch & Joghurtdressing:
200 ml Joghurt
4 EL Schnittlauch, gehackt
2 g Pfeffer und Salz

Die Küche:

Das `Vineleaf Restaurant´ serviert eine außergewöhnliche Landesküche mit frischen Zutaten aus der Region, viele davon selbst gezogen. Die mit dem Diners Club Diamond Award ausgezeichnete Weinkarte bietet die besten Weine von Devon Valley und der Stellenbosch-Region. In der Lounge und auf der Terrasse werden Sie mit leichten Gerichten verwöhnt, während Sie den Ausblick über die Landschaft genießen. Im Garten und um den Pool werden Sommer-Picknicks serviert und am Abend können Sie im Cosy Pub feine Ports, Cognacs und die größte Auswahl von Single Malt Whiskies in Afrika genießen.

Devon Valley Hotel & Sylvan Vale Vineyards

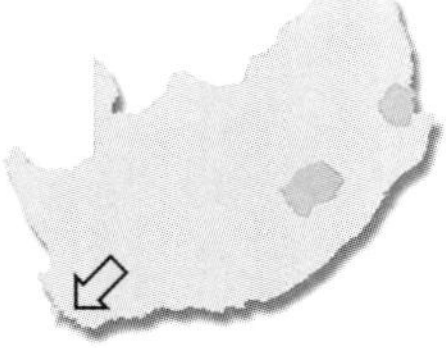

Im Sylvan Vale Wine Estate, nur 6 Kilometer vom historischen Stellenbosch gelegen, bietet das Devon Valley Hotel einen großartigen Ausblick über die Kap-Weinregion und die Helderberg Mountains. Die Patio Areas, Lounge, Restaurant und die Schlafräume des historischen Gebäudes wurden alle kürzlich renoviert.

BOPLAAS
NOBLE WINES SINCE 1880

Boplaas
Calitzdorp ◆ Western Cape

Geflügelpastete mit Boplaas-Port

Zubereitung:

Ein halbes, fertig gebratenes Hähnchen von der Haut und den Knochen befreien. Die Geflügelleber säubern und gut trocken tupfen. Die Zwiebel in feine Würfel schneiden. Die Butter in einer Pfanne erhitzen und die Leber mit den Zwiebelwürfeln darin anbraten. Nicht zu knapp mit dem Thymian, dem Koriander, dem Pfeffer und dem Salz würzen. Anschließend mit 2 Esslöffel Portwein ablöschen und noch ein paar Minuten weiter braten. Dann vom Herd nehmen, etwas abkühlen lassen und das Hähnchenfleisch mit der Leber und dem Bratenfond durch die feine Scheibe vom Fleischwolf drehen. Die flüssige Sahne und weitere 2 Esslöffel Portwein unter die Geflügelpastete rühren. Nochmals abschmecken, in eine Pastetenform geben und 45 Minuten abgedeckt in den Kühlschrank stellen. Dazu frisches französisches Baguette und Boplaas Portwein servieren.

Zutaten:

600 g Huhn
250 g Geflügelleber
1 Zwiebel
1 EL Butter
100 g Sahne
4 EL Boplaas Portwein
½ TL Koriandergrün, fein gehackt
Thymian
Pfeffer aus der Mühle
Salz

Port und Wein:

Auf einer Fläche von 75 Hektar werden jährlich 750 Tonnen Trauben geerntet, womit über 30.000 Kisten produziert werden. Angebaut werden: Sauvignon Blanc, Chardonnay, Pinot Noir, Pinotage, Cabernet Sauvignon, Tinta Barocca, Touriga Nacional, Touriga Franseca, Souzao, Muscadel/Muscat d´Frontignan, Shiraz, Merlot, Colombar, Hanepoot/Muscat d‘ Alexandrie.

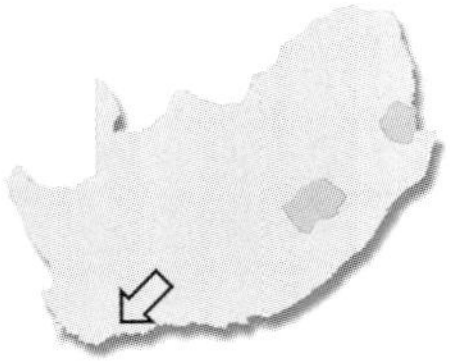

Boplaas

Boplaas produziert und verkauft auch eine Auswahl von Weiß-, Rot- und Portweinen sowie Brandy. Boplaas ist einer der bekanntesten Ports.

Kings Walden Lodge
Tzaneen ◆ Limpopo Province

Kings Walden Lodge

Kings Walden Avocado-Vorspeise

Das Rezept stammt von Tana Hilton-Barber, der Eigentümerin der Kings Walden Lodge.

Zutaten:

2 Avocados, reif
Indonesische süße Soja-Sauce (Ketjap Manis)
Macadamia oder Pecannüsse, gehackt
Koriandergrün zum Garnieren

Zubereitung:

Die Avocados halbieren und den Kern entfernen. Die gehackten Nüsse auf die Avocadohälften geben, die Sauce darübergießen und mit den Korianderblättern, die gehackt wurden, garnieren.

Die Küche:

Die „Cordon Bleu“ - Küche serviert traditionelles englisches Frühstück und das abendliche Menü nach Wunsch.

Kings Walden Lodge

Die Lodge - ein 3-Sterne-Haus - ist ein authentisches, traditionelles englisches Kolonialanwesen, eingerichtet mit Antiquitäten aus dem 19. Jahrhundert, Erinnerungsstücken der Familie und afrikanischen Kunstgegenständen. Das ursprüngliche Gehöft wurde im Jahre 1904 erbaut. Die Gärten der Kings Walden Lodge sind von der Zeitschrift „House & Leisure“ als der romantischste Garten der letzten 100 Ausgaben bezeichnet worden. Unter der Überschrift „Großartige Gärten und ihre Gärtner“ schrieb der Editor Laurian Brown: „The dreaming heights of Kings Walden, its bold vistas, intimate rooms, secret paths and poetic detail, but most of all its extraordinary spirit, make it our most romantic garden.“ Die Gärten sind täglich für Besucher geöffnet, denen auf Wunsch auf der Terrasse Tee und Scones serviert werden. Nach vorheriger Absprache können auch Picknicks veranstaltet werden.

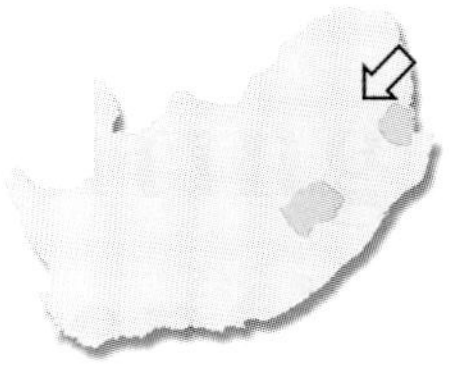

Singita Private Game Reserve
Sabi Sand Reserve ◆ Mpumalanga

Singita

In Rotbusch geräucherte Hähnchenbrust

Mit würzigen Süßkartoffeln und Peppadew-Mayonnaise.
[Anm. der Red.: Peppadew ist eine neue Fruchtsorte aus Südafrika. Die Früchte haben das Aussehen von großen Cocktailtomaten und ein Aroma, welches sehr süßen Paprikas mit einer fruchtigen Note ähnelt]

Zutaten:

(für 4 Portionen)
4 kleine Hühnchenbrüste
6 Teebeutel Rotbuschtee (Rooibos)
500 ml Wasser
60 ml Honig
15 ml (1 EL) Salz
4 Knoblauchzehen, zu Paste zerstoßen
15 EL frischer Thymian, gehackt
125 ml Zucker
Inhalt von 4 Rotbuschtee-Beuteln
8 EL Mayonnaise, selbst gemacht
4 EL Peppadews, fein gehackt
2 kleine Süßkartoffeln
1-2 L Öl zum Frittieren
Zum Garnieren:
Peppadews
Violettes Basilikum
Frischer Thymian

Zubereitung:

Das Wasser mit den 6 Teebeuteln in einer kleinen Kasserolle zum Kochen bringen und 10 Minuten kochen lassen. Dann die Teebeutel entfernen und den Honig, den Knoblauch, den Thymian und das Salz hinzufügen. Die Hitze reduzieren, die Hühnchenbrüste in die kochende Sauce legen, anschließend vom Herd nehmen und 10 Minuten ziehen lassen. Die Hühnchenbrüste herausnehmen und die Sauce erneut 10 bis 20 Minuten einkochen lassen, bis nur noch etwa 8 Esslöffel der dicken Sauce übrig sind. Während dessen eine tiefe Bratpfanne mit Aluminiumfolie auslegen. Die Rotbuschteeblätter aus den 4 weiteren Beuteln und den Zucker hineinstreuen. In die Pfanne ein rundes Gitter geben, welches Füße hat. Das Gitter sollte sich etwa in Höhe des Pfannenrands befinden. Wenn nötig die Gitterfüße mit Aluminiumfolie bedecken, um das Einbrennen vom Zucker zu vermeiden. Die Hühnchenbrüste auf das Gitter legen und

die Pfanne sorgfältig mit Aluminiumfolie verschließen. Die Pfanne auf den Herd geben und bei starker Hitze so lange darauf belassen, bis die Tee-Zuckermischung anfängt zu rauchen. Dann die Hitze reduzieren und weitere 30 Minuten im Rauch lassen. Danach vom Herd nehmen und abkühlen lassen, ohne die Aluminiumfolie zu öffnen. Für die Peppadew-Mayonnaise die fein gehackte Peppadew-Frucht in die Mayonnaise einrühren. Die Süßkartoffeln von der Längsseite so dünn wie möglich schneiden. Diese bei 160 °C in der Pfanne frittieren, bis sie goldbraun und knusprig sind. Die geräucherten Hühnchenbrüste in Scheiben schneiden. Die Hühnchenstreifen und die frittierten Süßkartoffeln auf den Tellern anrichten. Die eingekochte Sauce darüber träufeln und einen Klacks der Mayonnaise dazugeben. Mit dem Thymian, den Peppadews und dem Basilikum garnieren.

Die Küche:

Singita hat zahlreiche internationale Auszeichnungen für seine außergewöhnlichen Standards bei Unterkunft, Küche und Service verliehen bekommen.

Singita Private Game Reserve

„Africa's Finest Private Game Reserve" bietet eine außergewöhnliche südafrikanische Safari in einem exklusiven Naturschutzgebiet am Krüger Nationalpark. Singita ist exquisiter Luxus, erlesene Einsamkeit und vollkommene Ruhe in einer juwelengleichen Umgebung, in der engagierte und aufmerksame Mitarbeiter den Besuchern jeden Wunsch von den Augen ablesen und Sie verwöhnen. Die beiden Lodges im Singita Private Game Reserve: Ebony Lodge und Boulders Lodge liegen in einem 18 000 Hektar großen Gebiet am westlichen Rand des Krüger Nationalparks. Allerbester Komfort, Stil, die Gerichte und die besten Weine schmeicheln den Sinnen. Beide Lodges bieten Tierbeobachtungsfahrten am Morgen und am Nachmittag im offenen Landrover an. Die Nachmittagsfahrt geht in die Dunkelheit über, während der Sie nachtaktive Tiere im Licht eines Handscheinwerfers sehen können. Außerdem kann man an geführten Buschwanderungen teilnehmen. Zahlreiche Tiere leben im Bereich der Lodges: Löwen, Elefanten, Büffel, Leoparden, das Breitmaulnashorn, Geparden, Giraffen, Zebras, Wasserböcke, Flusspferde, Gnus, Kudus und viele andere Säugetier- und Vogelarten.

Plumwood Inn Country Guesthouse
Franschhoek ◆ Western Cape

PLUMWOOD
INN
country guest house

Gegrillte Tomaten auf Knoblauch-Bruschetta

Die gegrillten Tomaten sind ein sehr feines Gericht an einem warmen Sommertag. Dazu schmeckt gut gekühlter süßer Sekt.

Zubereitung:

Die Tomaten in eine Auflaufform geben und das Olivenöl, den Balsamico, den Pfeffer und das Salz darüber geben. Im auf 200 °C vorgeheizten Ofen etwa eine Stunde garen. In dieser Zeit den Knoblauch schälen und hacken. In eine Schüssel geben, mit der Petersilie mischen und mit Pfeffer und Salz abschmecken. Das Ciabatta in Scheiben schneiden und die Knoblauchmischung auf die Scheiben geben. Für 10 Minuten im Ofen bei 180 °C backen. Zum Servieren je 3 Scheiben des Knoblauchbrots auf einem Teller anrichten und 2 Tomaten darauf legen. Mit etwas Olivenöl und Balsamico beträufeln.

Zutaten:

(für 4 Portionen)
Tomaten:
8 Strauchtomaten
50 ml Balsamico
50 ml Olivenöl
Pfeffer aus der Mühle
Salz
Bruschetta:
Petersilie, frisch gehackt
4 Knoblauchzehen
1 Ciabatta (Brot)
100 ml Olivenöl
Pfeffer aus der Mühle
Salz

Die Küche:

Gerne servieren wir Ihnen von unserer täglich wechselnden Speisekarte auf Anfrage ein Gourmet-Abendessen. Um Ihr Mahl perfekt abzurunden, bieten wir eine Auswahl guter Kapweine. Beenden Sie einen unvergesslichen Abend mit Geschichten erzählen, berichten Sie von Ihren Erlebnissen und genießen Sie dazu einen köstlichen Wein, eine gute Tasse Kaffee oder einen Likör.

Plumwood Inn Country Guesthouse

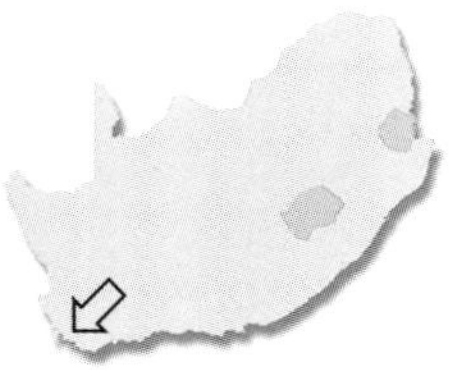

Das Gästehaus befindet sich im historischen Herzen von Franschhoek und überblickt Pflaumen- und Weingärten sowie die Berge von Franschhoek. Erwachen Sie mit diesem wunderschönen Ausblick in ländlicher Stille und sauberer Luft und genießen Sie die ruhige Atmosphäre und den zeitlosen Charme unseres luxuriösen Gästehauses - ein Ort, an dem Sie ohne Aufdringlichkeit verwöhnt werden.

Le Quartier Français
Franschhoek ◆ Western Cape

Gorgonzola-Flan mit Fenchel-Korinthen-Kompott

Dieses Rezept ist für einen Gang mit Käse hervorragend geeignet oder kann als Vorspeise gereicht werden. Dazu eine Flasche „Le Pommier Cabernet Franc" öffnen.

Zubereitung:

Für die Pfeffer-Biscuits die Butter in einer Schüssel cremig rühren und anschließend den Zucker unterrühren. Die Eier zugeben und mit den restlichen Zutaten gut durchrühren. Den Teig über Nacht im Kühlschrank ruhen lassen. Für die Zubereitung den Teig dünn ausrollen und in Vierecke schneiden. Im auf 180 °C vorgeheizten Ofen 10 Minuten goldbraun backen. Für den Flan den Gorgonzola, die Milch und die Sahne in eine Pfanne geben und bei schwacher Hitze simmern lassen, bis der Gorgonzola geschmolzen ist. Vom Herd nehmen und abkühlen lassen. Die Eier und die Eigelb in einer Schüssel schlagen und anschließend die abgekühlte Gorgonzola-Creme unterrühren, bis sich alles verbunden hat. Die Soufflé-Förmchen mit der Mischung füllen und im auf 150 °C vorgeheizten Ofen im Wasserbad 25 Minuten garen. Dann aus dem Ofen nehmen und im Wasserbad abkühlen lassen. Die Gorgonzola-Flans auf die Teller stürzen und mit dem Fenchel-Korinthen-Kompott und den Pfeffer-

Zutaten:

Gorgonzola-Flan:
190 ml Sahne
190 ml Milch
200 g Gorgonzola
3 Eier, groß
2 Eigelb, von großen Eiern

Fenchel-Korinthen-Kompott:
250 ml Weißweinessig
200 g Zucker
250 ml Wasser
1 TL Fenchelsamen
4 Fenchelknollen, in feine Scheiben geschnitten
125 ml Korinthen

Pfeffer-Biscuits:
100 g Butter, ungesalzen
50 g brauner Zucker
2 Eier
1 TL Backpulver
160 g Mehl
2 TL schwarzer Pfeffer

Biscuits servieren. Für das Fenchel-Korinthen-Kompott den Weißweinessig, den Zucker, das Wasser, die Fenchelsamen, die Fenchelknollenscheiben und die Korinthen in einen Topf geben und eine Stunde bei schwacher Hitze simmern lassen. Anschließend abkühlen lassen.

Die Küche:

Die kreative und innovative Küche beruht auf den vielen Zutaten des Landes.
Preise:
- Executive Chef – Margot Janse, voted
- Chef of the Year, Eat Out Awards
- Eat Out – Editor's Top 10 Award
- Wine Magazine – One of South
- Africa's top 100 restaurants
- 'Restaurant' - rated no.41 of the World's
- 50 Best Restaurants
- Eat Out Restaurant Honours List – for a Restaurant that has received five or more Top 10 Awards
- Wine Magazine – One of South Africa's
- Diners Club Wine List – Platinum
- Business Day – Top 10 Restaurant
- Style Magazine – Top 10 Restaurant

Le Quartier Français

Das preisgekrönte Restaurant verführt seine Gäste mit aufregenden Geschmacksrichtungen, lokalen Zutaten und interessanten Weinen aus dem Tal in den Cape Winelands. In der exklusiven und komfortablen Atmosphäre verbindet sich die neue mit der alten Welt.

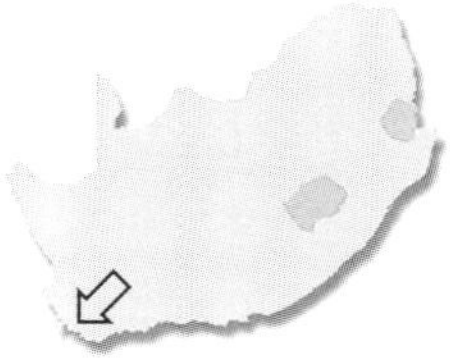

Cleopatra Mountain Farmhouse
Balgowan ◆ KwaZulu Natal

Timbales von geräucherter Forelle und Lachs mit Meerrettich-Sauce

Zubereitung:

Die Filets häuten, die Gräten entfernen und das Fleisch in Flocken zupfen. In einen Küchenmixer geben und mit dem Frischkäse, dem Ei, dem Eigelb, dem Lachs und dem Zitronensaft kurz mixen (etwa 3 bis 4 kurze Mixsequenzen). In eine Schüssel geben, die Sahne unterrühren und die Masse abschmecken. 4 Timbales (alt. Souffléformen) einfetten und die Mischung hineinfüllen. Jedes Förmchen mit Aluminiumfolie abdecken und in eine Auflaufform geben, welche zur Hälfte mit kochendem Wasser gefüllt wird. Im auf 180 °C vorgeheizten Ofen etwa 30 Minuten backen, bis die Masse fest ist. Für die Meerrettich Sauce die Mayonnaise, die Sahne und die fertige Meerrettich-Sauce in einer kleinen Pfanne vorsichtig erwärmen und zum Schluss den Schnittlauch einrühren. Zum Servieren die warmen Timbales auf in dünne Scheiben geschnittenen Gurkenscheiben anrichten und obenauf eine Rosette von geräuchertem Lachs setzen (optional). Die Meerrettichsauce um die Timbales träufeln.

Zutaten:

(für 4 Portionen)
4 Filets geräucherte Forelle
(heiß geräuchert – nicht kalt)
50 g geräucherter Lachs
125 g Schmand o. Frischkäse
(kein Hüttenkäse)
1 Ei
1 Eigelb
2 TL Zitronensaft
85 ml Sahne
Salatgurke
Meerrettich Sauce:
85 ml Mayonnaise
85 ml Sahne
85 ml Meerrettich-Sauce
2 TL Schnittlauch, gehackt

Die Küche:

Das Menu wechselt jeden Abend gemäß den Jahreszeiten und der Verfügbarkeit der regionalen Produkte. Das Abendessen ist eine köstliche 5-Gänge-Angelegenheit, bei welcher weder Kosten noch Mühen gescheut werden, um den Gästen eine unvergessliche kulinarische Erfahrung zu bereiten. Das Frühstück ist weniger kapriziös, aber ungewöhnlich und interessant. Mittagessen kann arrangiert werden und Picknickkörbe können bereitgestellt werden.

Cleopatra Mountain Farmhouse

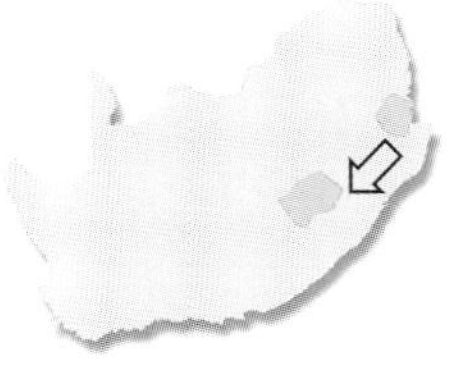

Speiseraum und Lounge bieten einen beeindruckenden Blick über den Stausee hin zu den Bergen. Der unterirdische Weinkeller, wohl gefüllt mit den besten Weinen Südafrikas, trägt zur Magie dieses Ortes bei.

Wartburger Hof
Wartburg ◆ KwaZulu Natal

Wartburger Hof
Experience the warmth of Africa

Siggi´s Knoblauchschnecken

Dieses Rezept ist von Siggi Schaedle, dem Besitzer des Wartburger Hof Hotels. Er stammt aus Illertissen in Süddeutschland und lebt seit bereits 35 Jahren in Südafrika.

Zutaten:

2-3 Dutzend Schnecken
500 g Margarine
500 g Butter
1 Knoblauchknolle
3 Eigelb
150 g Cheddar Käse, gerieben
etwas getrocknete Kräuter, gemischt
Pfeffer aus der Mühle
Salz

Zubereitung:

Die Butter und die Margarine mit dem Küchenmixer so lange mixen, bis sie cremig ist. Den zerdrückten Knoblauch, die Eigelb und den Käse zugeben und gut verrühren. Anschließend mit Pfeffer, Salz und etwas Kräutern abschmecken. Die Schnecken in einer Pfanne mit etwas Butter garen, bis sie gar sind. Anschließend in vorgeheizte Schnecken-Pfännchen geben, die Kräuterbutter darüber geben und im Salamander oder im vorgeheizten Backofen bei eingeschaltetem Grill gratinieren. Dazu Brot (Brown Bread Fingers) reichen.

Die Küche:

Eigene Brauerei, das Wartburg Brauhaus, eine gemütliche Cocktail Bar (Kaminfeuer, Glühwein) und eine ausgezeichnete deutsche Küche.

Wartburger Hof

Der Wartburger Hof, das elegante und komfortable Landhaushotel, welches bestrebt ist, seine Gäste auf das Äußerste zu verwöhnen, wurde 1984 im Stil eines Gebirgs-Chalets erbaut. Die Blumenkästen vor den Fenstern sowie der wunderschöne Garten mit Teich verleihen diesem Haus eine einladende, spezielle Atmosphäre. Das freundliche, deutschsprechende Personal sorgt dafür, dass sich die Gäste rundum wohlfühlen. Dem Empfangsraum ist ein prächtiger Aufenthaltsraum mit kostbaren alten Möbeln und Teppichen sowie einem großen Kamin angeschlossen. An kühleren Tagen verleitet ein gemütliches Feuer zum Verbleiben und nur zu gerne streckt man die Beine bei einem Glas Glühwein davor aus.

Plettenberg Park

Plettenberg Bay ◆ Western Cape

Plettenberg Park

Plettenberg Park ist ein exklusives 5 Sterne Hotel, etwa 10 Minuten / 8 Kilometer von Plettenberg Bay entfernt. Es liegt in einem 200 Hektar großen privaten Naturschutzgebiet direkt an der Steilküste und bietet einen beeindruckenden Blick auf den Indischen Ozean. Der zum Naturschutzgebiet gehörende felsige Küstenabschnitt ist 3 km lang. In Plettenberg Park wird großer Wert auf einen angenehmen Lebensstil, eine perfekte Küche sowie Ruhe und Abgeschiedenheit gelegt. Plettenberg Park ist ein Hotel für alle Jahreszeiten. Bei Sonnenschein ist es transparent und voller Licht, bei schlechterem Wetter machen Naturreservat und Meer einen wilden und spektakulären Eindruck. Bei kühlerem Wetter schaffen offene Kamine Wärme und Atmosphäre. Das Interieur des Hotels ist im sogenannten afro-kolonialen Stil gehalten, der die 90iger Jahre widerspiegelt – Komfort, Unaufdringlichkeit, eine gewisse romantische Stimmung und vor allem Understatement.

Petunia´s Blätterteigröllchen mit Thunfischfüllung

Diese Vorspeise ist bei unseren Gästen sehr beliebt. Nun das Rezept, wie es von unserem Chefkoch zubereitet wird.

Zutaten:

1 Dose Thunfisch im Saft, zerkleinert (etwa 200 g)
1 Zwiebel, fein gehackt
30 g Petersilie, fein gehackt
80 g Cheddar Käse, gerieben
1 Ei
Blätterteig
Pfeffer aus der Mühle
Salz

Zubereitung:

Etwas Öl in einer Pfanne erhitzen und die Zwiebel darin goldbraun braten. Den Thunfisch, die Petersilie und den geriebenen Käse hinzugeben. Wenn der Käse in der Pfanne schmilzt, das Ganze mit Pfeffer und Salz würzen. Vom Herd nehmen und abkühlen lassen. Das Ei in einer kleinen Schüssel verrühren. Den Blätterteig ausrollen, die Käsefüllung auf die rechteckigen Stücke geben, die Ränder mit Ei bestreichen und zusammenrollen. Das Ei mit einem Pinsel auf der Aussenseite verstreichen und die Röllchen im auf 180 °C vorgeheizten Ofen backen, bis sie goldbraun sind.

Die Küche:

Das Plettenberg Park ist kein Hotel wie andere. Neben exklusiven Unterkünften bietet es persönlichen Service und maßgeschneiderte Küche. Vor der Ankunft der Gäste werden diese nach der von Ihnen bevorzugten Musik und Speisen gefragt. Der Chefkoch spielt eine wesentliche Rolle. Er bespricht das Dinner mit den Gästen im Laufe des Tages, so dass er ein Menu kreieren kann, das ganz nach den individuellen Wünschen und Geschmack zubereitet wird. Sei es nun fangfrischer Fisch oder frische Muscheln in einer schmackhaften Weinsauce oder auch ein vegetarisches Gericht mit frischen Zutaten. Zu empfehlen ist auch ein Braten vom leckeren Karoo-Lamm.

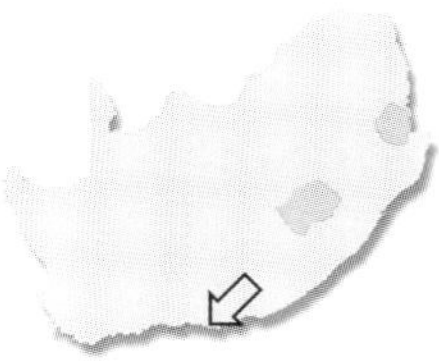

Londolozi Safari Lodge
Sabi Sand Game Reserve • Mpumalanga Province

Londolozi
PRIVATE GAME RESERVE

Warmer Ziegenkäse mit Salat und gegrilltem Olivenbrot

Der Ziegenkäse muss bis zu 8 Stunden im Kühlschrank ruhen, bevor man ihn weiter zubereitet.

Zubereitung:

Für die Vinaigrette den Knoblauch und das Olivenöl in eine gläserne Schüssel von der Größe einer Souffléform geben. Mit Frischhaltefolie bedecken und in der Mikrowelle 30 Sekunden garen. Den Knoblauch aus dem Öl nehmen und in eine kleine Schüssel geben. Das Öl aufbewahren. Mit

Zutaten:

(für 6 Portionen)
Vinaigrette:
2 Knoblauchzehen, geschält, halbiert
60 ml natives Olivenöl
1 EL Basilikum, frisch, gehackt

2 EL Rotweinessig
2 EL Dijonsenf
Salat:
250 ml Panko (Japanische Brotkrumen, erhältlich in Asia-Märkten)
1 EL Thymian, frisch, gehackt
1 EL Petersilie, frisch, gehackt
1 EL Basilikum, frisch, gehackt
½ TL schwarzer Pfeffer, gemahlen
¼ TL Salz
3 Blöcke à 120 g frischer, weicher Ziegenkäse, je kreuzweise halbiert und auf 1,5 cm dicke Stücke gepresst
2 große Eiweiß, leicht schaumig geschlagen
1 EL Olivenöl
6 Scheiben Olivenbrot, 2 cm dick
Olivenöl, zusätzlich
300 g gemischter Salat

einer Gabel den Knoblauch grob zerdrücken. Das Basilikum, den Essig und den Senf zugeben und mit dem Knoblauch so lange zerdrücken, bis die Paste glatt ist. Das Olivenöl in ein Schüsselchen geben und die Paste unter Schlagen mit dem Schneebesen sukzessive zugeben. Anschließend mit Pfeffer und Salz abschmecken. Die Vinaigrette kann einen Tag zuvor zubereitet und im Kühlschrank aufbewahrt werden. Auf jeden Fall soll sie mindestens 1 Stunde ruhen und vor dem Servieren erneut aufgeschlagen werden. Für den Salat den Panko, den Thymian, die Petersilie, das Basilikum, den schwarzen Pfeffer und das Salz in einer mittleren Schüssel gut mischen. Das schaumige Eiweiß in eine kleine Schüssel geben und die Ziegenkäse-Rollen darin wenden. Dann in die Brotkrumen-Mischung legen und rundum damit bedecken. Die Käsescheiben auf einen Teller legen, mit Frischhaltefolie bedecken und 5 Stunden ruhen lassen. Den Grill anheizen, etwa auf mittlere Hitze. Einen Esslöffel Olivenöl in einer schweren Pfanne bei mittlerer Hitze erwärmen. Die Ziegenkäsescheiben hineingeben und von jeder Seite etwa 3 Minuten braten, bis sie golden und knusprig sind. Anschließend auf einen Teller legen. Die Brotscheiben auf beiden Seiten mit Olivenöl bestreichen und ebenfalls von jeder Seite etwa 3 Minuten grillen, bis es getoastet ist. Die Zutaten für den Salat in einer Schüssel mit 2 Esslöffeln Vinaigrette mischen und mit Pfeffer und Salz abschmecken. Den Salat auf die Teller verteilen und obenauf eine Scheibe Käse und ein Stück gegrilltes Brot legen. Zum Servieren noch 2 Esslöffel Vinaigrette um den Käse herum träufeln.

Die Küche:

In der „Dining area“ und im Boma kann man die Pan-Afrikanische Küche, ein „Essen für die Seele“, genießen. Diese besteht aus einer Melange von traditionellen afrikanischen Rezepten mit Afrikas berühmten Gewürzen wie Safran, Vanille, Cumin und Muskat. Busch-Dinner im Mondlicht, privates Frühstück im Busch, nächtliches Dinner unter dem Sternenhimmel Afrikas und Sundowner an spektakulären Plätzen, bieten den Rahmen für das märchenhafte und unvergessliche Flair eines Besuchs im afrikanischen Busch.

Londolozi Safari Lodge

Die Safari Lodge ist bekannt als eines der best gehütetesten Geheimnisse des Sabi Sands Game Reserve. Die Lodge liegt in einem abgelegenen Fleck am Usutu Fluss, im Süden des Game Reserves. Die private Atmosphäre des Luxus-Chalets in dichter Ufervegetation ist ideal für die exklusive Nutzung durch Familien oder besondere Gruppen. Die Safari-Lodge eignet sich auch perfekt für Hochzeitsreisende. Die 6 Chalets haben Air-Condition und Deckenventilatoren, ein großes Bad mit In- und Outdoor-Duschen. Der Boden ist mit Teak beplankt. Mitglied von Relais & Chateaux.

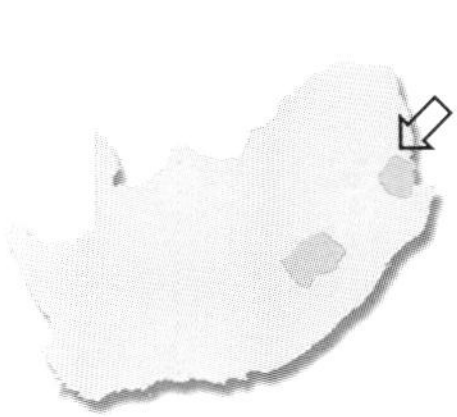

Londolozi Pioneer Camp
Sabi Sand Game Reserve ◆ Mpumalanga Province

Baba Ganoush mit Fladenbrot

Zutaten:

(für 6 Portionen)
2 kleine Auberginen
2 Knoblauchzehen, gehackt
4 EL Tahina (Sesampaste)
25 g Mandeln, gemahlen
½ Zitrone, Saft davon
½ TL Cumin (Kreuzkümmel)
2 EL Minzeblätter, frisch
2 EL Olivenöl
schwarzer Pfeffer aus der Mühle
Salz
Fladenbrot:
4 Pita-Brote
3 EL Sesamsamen, geröstet
3 EL Thymian, frisch, gehackt
3 EL Mohnsamen
150 ml Olivenöl

Zubereitung:

Mit der Zubereitung des Fladenbrots beginnen. Die Brote in der Mitte durchschneiden und auseinander klappen. Die Sesamsamen, den Thymian und die Mohnsamen in einem Mörser mischen. Mit dem Stößel leicht zerdrücken, damit sich das Aroma besser entfalten kann. Nun das Olivenöl hinein rühren. Diese Mischung über die aufgeschnittenen Seiten des Pita-Brots streichen und das Brot anschließend grillen, bis es knusprig und goldbraun ist. Die Aubergine auf den heißen Grill legen und unter ständigem Wenden grillen, bis die Oberfläche beginnt, schwarz zu werden und Blasen wirft. Die Schale entfernen, das Fleisch grob hacken und in einem Sieb abtropfen lassen. Soviel Flüssigkeit wie möglich aus der Aubergine pressen. Anschließend das Auberginenfleisch in einem Küchenmixer mixen. Den Knoblauch, Tahina, die gemahlenen Mandeln, den Zitronensaft, den Kreuzkümmel und etwas Salz hinzugeben und erneut mixen, bis eine glatte Paste entstanden ist. Die Hälfte der Minzeblätter grob hacken und in die Paste rühren. Die Paste in Schüsseln verteilen, die verbliebenen Minzeblätter darüber streuen und etwas Olivenöl darüber träufeln. Dazu das Fladenbrot servieren.

Die Küche:

In der „Dining area“ und im Boma kann man die Pan-Afrikanische Küche, ein „Essen für die Seele“, genießen. Diese besteht aus einer Melange von traditionellen afrikanischen Rezepten mit Afrikas berühmten Gewürzen wie Safran, Vanille, Cumin und Muskat. Busch-Dinner im Mondlicht, privates Frühstück im Busch, nächtliches Dinner unter dem Sternenhimmel Afrikas und Sundowner an spektakulären Plätzen, bieten den Rahmen für das märchenhafte und unvergessliche Flair eines Besuchs im afrikanischen Busch.

Londolozi Pioneer Camp

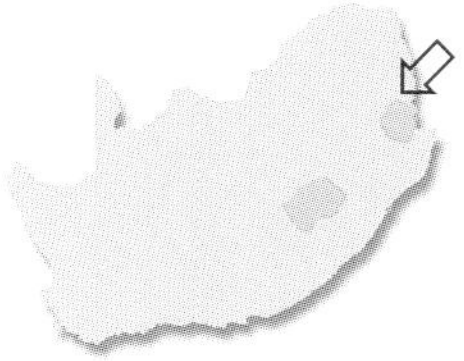

Das Pioneer Camp bietet 3 Suiten und 3 Chalets. Die exklusiven Suiten haben alle Air-Condition, eine Feuerstelle, Bad mit In- und Outdoor-Dusche sowie einen romantischen Sala (persönlicher überdachter Bereich). Die 3 Chalets am Flussufer verfügen über Klimanalagen, Bad und eine Outdoor-Dusche. Mitglied von Relais & Chateaux.

Phinda

Phinda Vlei Lodge
Maputaland ◆ KwaZulu Natal

Die Küche:

Die Gäste speisen mit einem Ausblick über die Ebene von Grassy Vlei. Phinda Vlei Lodge bietet Panafrikanische Küche, serviert in erlesener Umgebung. Bei den Busch-Banketts wird das Dinner auf einer Lichtung im Busch unter sternenklarem Himmel serviert. Phinda ist auch berühmt für sein elegantes Frühstück im Busch.

Wassermelonenwürfel

Ein Rezept für 35 Stück der sehr feinen Bar-Snacks.

Zutaten:

½ große Wassermelone, ohne Kerne
50 g Feta (Schafskäse)
1 Tl Sumach (türk. Gewürz)
6 Oliven, schwarz, in feine Scheiben geschnitten
1 ½ EL glatte Petersilie, fein gehackt
1 TL frischer Thymian, fein gehackt

Zubereitung:

Das Fruchtfleisch der Wassermelone in 2 Zentimeter große Würfel schneiden. Mit einem Kugelausstecher jeden Würfel aushöhlen. Die so bearbeiteten Würfel anschließend beiseite stellen. Den Feta in Würfel von einem Zentimeter Dicke schneiden und in die Wassermelonenwürfel geben. In einer kleinen Schüssel die Olivenscheiben, Sumach, Petersilie und Thymian miteinander mischen. Ein kleines Häufchen dieser Mischung auf jeden Melonen-Feta-Würfel geben und sofort servieren.

Phinda Vlei Lodge

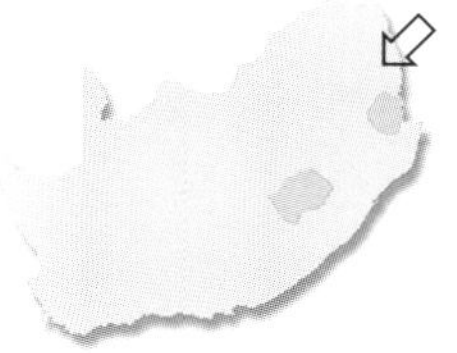

Die Vlei Lodge hat 6 reetgedeckte und aus Teakholz gebaute Suiten, die natürlich auch alle klimatisiert sind und über Bad und WC, eine private Veranda sowie einen privaten Pool verfügen. Die Vlei Lodge ist eine elegante und exklusive Anlage mit Reet, Teak und Glas für besonders anspruchsvolle Gäste, die ihr Dinner ganz romantisch beim warmen Licht von Öllampen und dem Gesang der Zikaden einnehmen möchten. Mitglied von Small Luxury Hotels of the World.

Makalali Private Game Reserve

Hoedspruit • Northern Province

Makalali

. PRIVATE . GAME . RESERVE .

Die Küche:

Die Küche im Makalali ist ein kulinarisches Abenteuer, welche regionale und den gesamten afrikanischen Kontinent umfassende Elemente aufgreift und mit den geschmacklichen Stilrichtungen des neuen und der vergangenen Jahrhunderten spielt. Auf

Makalali wird ein weites Feld an kulinarischen Erlebnissen geboten und das abendliche Dinner wird im legendären Boma unter dem Sternenhimmel Afrikas serviert. Private Dinner werden im `Sala´ aufgetragen.

Krokodilschwanz-Sosaties

Heiß als Vorspeise zum Abendessen Servieren.

Zutaten:

Krokodilschwanz, in Streifen geschnitten
3 Zitronen, Saft davon
150 ml Öl
1 EL Knoblauch, gehackt
2 Zwiebeln, fein gehackt
1 ½ EL Ingwer, fein gehackt
6 Chilies, gehackt
200 ml Kokosmilch
150 ml Sojasauce

Zubereitung:

Alle Zutaten bis auf die Krokodilstreifen in einer Schüssel mischen, die Streifen vom Krokodilschwanz hineingeben und im Kühlschrank 30 Minuten marinieren lassen. Anschließend herausnehmen und auf Holz- oder Schaschlikspießchen stecken. Über dem offenen Feuer grillen, bis das Krokodilfleisch gar ist. Während dieser Zeit mit der Marinade beträufeln.

Makalali Private Game Reserve

Mit seiner einzigartigen Architektur ist Makalali das herausragende „Luxuriöse, afrikanische Busch-Erlebnis“. Makalali hat vier separate Camps, die alle sechs Chalets haben und somit 12 Personen Unterkunft bieten. Die Camps liegen am Ufer des Makhutswi Rivers. Jedes klimatisierte Chalet hat ein eigenes Badezimmer, eine Außendusche, ein privates Deck, einen Kamin und ein kleines Ruhechalet „Sala“. Die Räume sind in afrikanischem Stil dekoriert. Jedes Camp hat einen eigenen Swimmingpool, eine Boma und einen ansprechenden offenen und reetgedeckten Aufenthaltsraum.

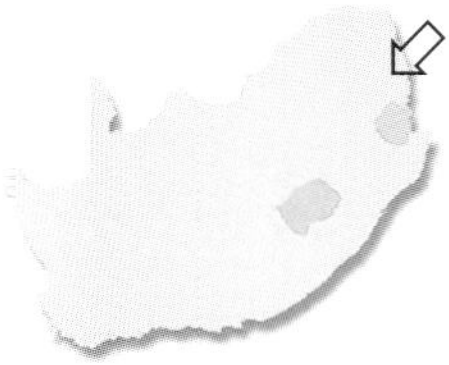

MIMOSA LODGE

Mimosa Lodge
Montagu • Western Cape

Trilogie von Aubergine, gegrillter Tomate und Ziegenkäse

Dazu empfohlener Wein: Chardonnay d'Honneur, DeWetshof

Zutaten:

2 Auberginen
2 Eier, geschlagen
Mehl zum Bestäuben
Salz
Pfeffer aus der Mühle
Sonnenblumenöl
6 frische Pelatti-Tomaten
Olivenöl
Balsamico Essig
Ziegenfrischkäse (Chevin de Chèvre)
Basilikumblätter

Zubereitung:

Die Auberginen waschen und in 3 bis 4 mm dicke Scheiben schneiden, salzen und nach etwa 15 Minuten mit Haushaltspapier trocken tupfen. Nun die Auberginen mit Mehl bestäuben und durch das mit Salz und Pfeffer gewürzte Ei ziehen. Anschließend in reichlich Sonnenblumenöl golden ausbacken. Auf Küchenpapier abtropfen lassen. Die Tomaten waschen, halbieren, mit Salz und Pfeffer würzen und mit Olivenöl und Balsamico beträufeln. Auf einem Blech im Ofen bei 90 °C bis 100 °C für 3 bis 4 Stunden trocknen lassen. Dies kann auch am Vortag gemacht werden. Den Ziegenfrischkäse in Scheiben schneiden, das Basilikum waschen und einzelne Blätter bereit legen. In einer Schale das Olivenöl und den Balsamico zu einer Vinaigrette mischen. Abschließend auf einem Teller folgendermassen

anrichten: Abwechselnd eine Scheibe Aubergine, Ziegenfrischkäse, Tomaten und Basilikum aufschichten und mit Vinaigrette beträufeln.

Rooibos Sorbet mit Wilderer's Fynbos Schnaps

Fynbos ist der Familienname für eine einzigartige Ansammlung von Kräutern und aromatischen Büschen, die so nur in Südafrika wachsen. Anstelle von Fynbos-Schnaps kann auch ein Kräuterschnaps verwendet werden. Helmut Wilderer ist seit einigen Jahren der führende Schnaps-Brenner am Kap und bietet eine herrliche Auswahl an klaren Wassern an.

Zutaten:

700 ml konzentrierter Rooibos Tee
250 ml Zuckersirup aus 1 Teil Zucker und 1 Teil Wasser
50 ml Fynbos-Schnaps
2 Eiweiß, steif geschlagen

Zubereitung:

Den Tee, den Zuckersirup und den Schnaps in einem passenden Behälter vermischen und im Tiefkühler einfrieren lassen. Sobald die Mischung gut gefroren ist, diese wieder soweit auftauen lassen, dass die Masse in grobe Brocken zerstoßen werden kann. Diese groben Brocken mit dem Handmixer zu einer homogenen Masse verarbeiten. Die Eiweißmasse unterziehen und alles wieder einfrieren.

Die Küche:

Mimosa Lodge serviert jeden Abend einen table d'hôte, der sich nach dem aktuellen Marktangebot richtet. Das Frühstückbuffet bietet hausgemachte Happen und frische, nach den Wünschen der Gäste zubereitete Speisen. Ein altes Wasserreservoir mit schweren Mauern aus Naturstein wird heute als Weinkeller genutzt und dieser hält einige ausgezeichnete Tropfen bereit, die hervorragend zu einem exzellenten Abendessen munden.

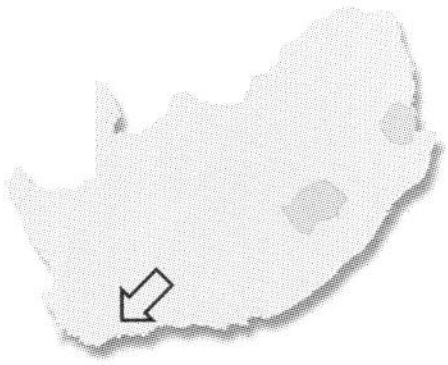

Mimosa Lodge

Die Reputation der Mimosa Lodge beruht auf dem persönlichen Service, der Liebe zum Detail und der hervorragenden Küche unter Besitzer und Chef-Koch Andreas Küng. Member of Johansens selected hotels.

Bonniedale Farm
Hartenbos ◆ Western Cape

Bonniedale Farm

Danette´s Spezial-Karotten-Salat

Danette nimmt dafür die im eigenen Garten angebauten Karotten.

Zutaten:

1 Päckchen Lemon-Jelly
1 Dose Ananas in Stücken (oder 1 frische Ananas)

Zubereitung:

Den Jelly erst mit dem heißen Wasser anrühren, dann das kalte Wasser hinzufügen. Die Gelatine, die Karotten und die Ananas unterrühren. Nun die Sahne steif schlagen und unterrühren. 1-2 Stunden vor dem Servieren kaltstellen.

250 ml kaltes Wasser
1 TL heißes Wasser
½ Päckchen Gelatine
450 g Karotten, geraspelt
1 Becher Sahne

Die Küche:

Danette Hesterman kocht traditionelle südafrikanische Gerichte, welchen sie durchaus auch ihre eigene Note gibt. Es werden frische Gemüsesorten aus dem farmeigenen Garten verwendet, auch das meiste Fleisch kommt von selbstgezogenen Schweinen, Rindern und Hühnern. Hausgemachter Käse, ausgefallene Kuchen und Puddings gehören außerdem zu Danettes Spezialitäten.

Bonniedale Farm

Die Bonniedale Farm liegt in der Nähe der Garden Route zwischen Mosselbay und Oudtshoorn, eingebettet in die Outeniqua-Berge. Hier kann man reiten, wandern, in kristallklaren Rockpools baden und hervorragend relaxen. Der Aufenthalt auf Bonniedale ist wie ein Besuch bei Freunden. Lassen Sie sich bei uns mit traditioneller südafrikanischer Küche und exzellenten Weinen verwöhnen. Erfahren Sie die Natur in ihrer ursprünglichen Wildheit. Hier können Sie Tiere beobachten und Höhlenmalereien entdecken. Genießen Sie die Sonnenuntergänge am Lagerfeuer oder eine Nacht im Busch in unserem Outdoor-Camp.

Die Bonniedale Farm erstreckt sich über 16 Quadratkilometer und bietet zahlreiche Erlebnismöglichkeiten. An Bonniedale schließt sich darüber hinaus ein großes Naturschutzgebiet an, in dem Sie ebenfalls reiten oder wandern können. Bonniedale bietet Ihnen ganzjährig den blauen afrikanischen Himmel in einer malariafreien Zone mit mediterranem Klima.

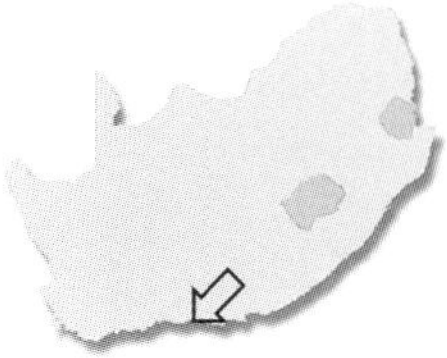

Deetlefs Wine Estate
Rawsonville • Breede River Valley

Gegrillter Ziegenkäse

Der Deetlefs Estate Sauvignon Blanc schmeckt traumhaft zu Speisen mit Ziegenkäse.

Zutaten:

2 Rollen Ziegenkäse (Ziegenbrie)
2 Zweige frischen Rosmarin
1 Baguette

Zubereitung:

Das Baguette in Scheiben schneiden und mit Ziegenkäse und frischem Rosmarin belegen. Auf dem Grill anknuspern.

Die Küche:

Die Deetlefs Küche ist geprägt von den Einflüssen der Cosmopolitanen am Kap: Die Schärfe aus Indien. Viele der Kapbewohner stammen aus Indien. Die Vorliebe für Chili und Curry ist eindeutig. Die Tradition aus 6 Generationen übermittelt die gute deutsche Küche wie Eintopf, Suppen, Frikadellen. Die süße Küche stammt von den Großmüttern. Es schmeckt halt am besten „wie bei Muttern". Die moderne Küche kam mit dem Erfolg der Deetlefs Weine in Übersee. Isaline Deetlefs kocht leidenschaftlich gern und freut sich über neue Rezepte aus der Alten Welt. Kobus ist der Braaimaster, sprich Grillmeister. Sobald Fleisch auf dem Speiseplan steht, rührt er die Marinade und grillt das zarteste Filet in ganz Südafrika. Seine Vorliebe sind Scampis, gegrillt mit einen Touch guten Balsamico Essigs, etwas Salz und Olivenöl. Dazu ein weißer Deetlefs Estate Wein und die Seele lehnt sich zufrieden zurück.

Deetlefs Wine Estate

Handverlesene Weine von Exzellenz und Eleganz. Kobus Deetlefs ist Winzer und Eigentümer in 6. Familiengeneration seit 1822.

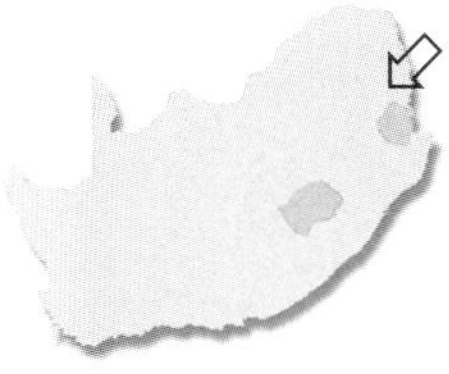

The Copper Pot Restaurant
George • Western Cape

Pilzkorb mit Knoblauch und Gorgonzola

Zutaten:

6 Phylloteig-Blätter
100 ml Sahne
500 g Shiitake-Pilze (black mushrooms)
1 EL Knoblauch, gehackt
100 g Gorgonzola (Blauschimmelkäse)
1 rote Zwiebel
1 Frühlingszwiebel
1 TL Thymian, gehackt
1 TL Schnittlauch, in Röllchen geschnitten
30 ml Olivenöl
schwarzer Pfeffer aus der Mühle

Zubereitung:

Den Phylloteig in Quadrate schneiden und beidseitig mit Butter bepinseln. Den Teig in 6 Tassen „drücken“ und im Backofen backen, bis er hellbraun geworden ist. Dann die „Körbchen“ aus den Tassen nehmen. Für die Pilzfüllung die Pilze und die Zwiebel in Scheiben schneiden. Das Olivenöl in einer Pfanne erhitzen und die Zwiebeln darin anschwitzen. Anschließend die Pilze, den Knoblauch und die Kräuter hinein geben. Die Sahne einrühren und mit etwas Pfeffer abschmecken. Anschließend die Pilzfüllung auf die 6 Phylloteig-Körbchen aufteilen, den Gorgonzola darüber zerbröseln und im auf 180 °C vorgeheizten Backofen 2 bis 3 Minuten überbacken.

Die Küche:

Die Küche bietet eine breite Palette an ausgesuchten Gerichten. Vom Straußenfilet über gegrillten Felsenhummer, Garnelen, frische Knysna-Austern, Seezunge aus Mosselbay bis hin zu Karoo-Lamm, begleitet von verschiedenen Currys aus der ganzen Welt. The Copper Pot Restaurant wurde vom Wine Magazin zu den Top 100 Restaurants in Südafrika gewählt und die Weinkarte gewann jeweils den Diners Platinum Award in den vergangenen 2 Jahren. Es ist berühmt für seine ausgezeichnete Qualität sowie den freundlichen und professionellen Service. Aus diesem Grund ist für viele Besucher aus allen Teilen der Welt eine Reise entlang der Garden Route nicht vollständig, ohne einen Abend im The Copper Pot Restaurant.

The Copper Pot Restaurant

Das Restaurant The Copper Pot bietet seinen Gästen gehobene Küche und liegt im Herzen der Garden Route. Das wundervoll dekorierte Haus aus den 20er Jahren des letzen Jahrhunderts liegt am Stadtrand von George. Die warme und einladende Atmosphäre ist der ideale Rahmen für ein vorzügliches Abendessen.

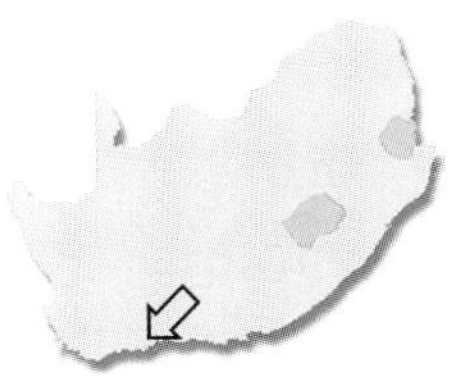

Ken's Place
Hermanus • Western Cape

Käsegebäck

Als Snacks zu einem Champagner-Frühstück, zum Aperitif für ein schmackhaftes Abendessen oder als Beilage zu einem Drink servieren. Unser Koch verwendet eine spezielle Backform mit 12 Förmchen. Für Snacks, die zu einem Drink serviert werden, wird sogar eine kleinere Form verwendet. Dieses kleine „Cocktail-Size"-Gebäck kann mit Butter bestrichen und mit geräuchertem Lachs oder Forelle belegt werden. Vor dem Servieren etwas Dill, Gurke und Fenchelgrün darauf legen.

Zutaten:

250 g Mehl, gesiebt
250 ml Milch
220 g Cheddar Käse, gerieben
1 TL Salz
1 TL Backpulver
1 TL Zwiebel, gerieben

Zubereitung:

Das Mehl mit dem Salz und dem Backpulver in einer Schüssel mischen. Die restlichen Zutaten hinzugeben und gut verrühren. Ein Backblech dünn mit Olivenöl bestreichen und den Teig löffelweise auf das Backblech setzen. Im auf 180 °C vorgeheizten Ofen auf der mittleren Schiene 15 bis 20 Minuten backen.

Die Küche:

Die Küche, in welcher der Chef seit über 30 Jahren selbst kocht, ist reichhaltig und vielseitig. Neben der Küche Südafrikas haben die Küchen Englands, Deutschlands, Frankreichs und Italiens Einfluss auf die Speisekarte im Ken´s Place. Aus der französischen Küche kommt die gute Meeresfrüchte-Suppe oder der Muscheltopf mit Weißwein, frischen Kräutern und Knoblauch. Die geräucherte Haxe, welche anschließend auf dem Grill mit Nelken geröstet und mit Erbsenpüree serviert wird hat ihre kulinarischen Wurzeln in Deutschland. Das „Stuffed Roast Beef" mit Bacon und Yorkshire Pudding ist traditionell englisch, doch die gegarte Hühnchenleber mit Calamari-Steaks und Pilzen auf zarter Pasta stammt aus dem mediterranen Klima Italiens. Die südafrikanische Straußenhals- oder Ochsenschwanzkasserolle mit Rotwein und frischen Kräutern sollten man sich auf keinen Fall entgehen lassen.

Ken‘s Place

Ein altes Fischerhaus aus dem Jahr 1885 beherbergt das Restaurant mit seinen knapp 40 Plätzen. Das Restaurant bietet weiter eine Bar und Plätze im Garten hinter dem Fischerhaus. Auch auf der Veranda vor dem Haus können bis zu 10 Personen den Ausblick über das Bergpanorama genießen.

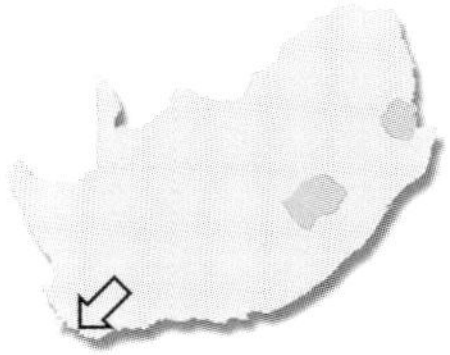

Barberton Manor Guest House

Barberton ◆ Mpumalanga

Barberton Manor
Guest House

Sneetje Lenting - Schnitte Lenting

Zubereitung:

Die Brotscheiben auf ein Backblech legen, mit Butter bestreichen, den Schinken darauf legen und anschließend den Pfirsich und dann die Käsescheiben darauf legen. Im auf 150 °C vorgeheizten Ofen auf der mittleren Schiene etwa 15 Minuten grillen, bis der Käse geschmolzen und das Brot knusprig ist.

Zutaten:

(für 8 Scheiben)
8 Scheiben gekochter Schinken
8 Pfirsichhälften
8 Scheiben Käse
Butter

Die Küche:

Mittagstisch und Abendessen werden auf Wunsch serviert, entweder im Haupthaus oder auf der imposanten Veranda. Ob im Haus oder auf der Veranda, der Mittagstisch ist bei Gästen des Hauses und vorbeikommenden Wanderern sehr beliebt.

Barberton Manor Guest House

Barberton Manor Guest House - 'das Juwel von Barberton' – wurde 1927 nach einem Entwurf von Sir Herbert Baker erbaut. Dieses National Heritage (nationales Kulturerbe) hat nichts von seinem ursprünglichen Flair verloren, bietet seinen Gästen aber auch allen modernen Komfort. Das zweigeschössige, geräumige Haus ist umgeben von einem botanischen Garten, welcher 2 Hektar umfasst. Von Barberton Manor sind es nur 40 Kilometer nach Swaziland und 60 Kilometer zum Krüger Nationalpark. Wanderwege, Fahrten in die herrliche Umgebung, der Besuch einer Goldmine, ein Geschichtslehrpfad, welcher im Museum beginnt, sind nur einige der vielen Attraktionen.

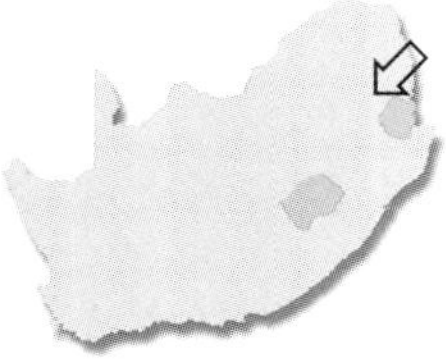

Laborie Restaurant
Suider Paarl ◆ Western Cape

LABORIE

Mais-Dreiecke mit Biltong und Tomaten-Relish

Der „pap“ oder Maisbrei wird wie Polenta zubereitet. Wenn dieser abgekühlt ist, schneidet man ihn in Dreiecke und legt Biltong oder Straußencarpaccio darauf.

Zutaten:

1 L Wasser
Salz
300 g Maismehl (bzw. Polenta)
Butter
Biltong
Tomaten-Relish

Zubereitung:

Das Wasser in einer großen Kasserolle zum Kochen bringen. Das Salz und das Maismehl hinein schütten, die Temperatur reduzieren und unter ständigem Rühren so lange kochen, bis der Brei dick geworden ist. Dann den Brei in eine ofenfeste, mit Butter bestrichene Backform von 25 x 35 Zentimeter geben und gleichmäßig flach verteilen. Im auf 180 °C vorgeheizten Backofen 20 Minuten backen, dann herausnehmen und abkühlen lassen. Anschließend in mundgerechte Dreiecke schneiden. Biltongscheiben oder Straußencarpaccio darauf legen, mit einem Klacks Tomaten-Relish dekorieren und auf eine Servierplatte verteilen.

(Anm.d.R.: Rezept für Tomaten-Relish:
900 g reife Tomaten, 50 g Zwiebel, 1 TL Nelkenpulver, 8 ganze Sellerieblätter, 100 ml Weinessig, 1 TL Cayennepfeffer, 1 EL Senf, 100 g brauner Zucker, 1 Prise Salz. Zubereitung: Die Tomaten waschen und in Achtel schneiden und in einen Topf legen. Die Zwiebel schälen und würfeln und mit dem Nelkenpulver sowie den klein geschnittenen Sellerieblättern in den Topf geben. Bei schwacher Hitze und geschlossenem Deckel etwa 45 Minuten köcheln. Danach den Essig, den Cayennepfeffer, den Senf, den Zucker und das Salz unter die Tomatenmasse rühren und ohne Deckel weitere 35 Minuten kochen lassen, bis sich die Flüssigkeit reduziert hat und die Masse zu einem dicklichen Brei geworden ist. Das noch heiße Relish in zuvor sterilisierte Einmachgläser füllen und luftdicht verschließen. Es ist etwa 4 Wochen haltbar und bereits geöffnete Gläser sollten im Kühlschrank aufbewahrt werden).

Die Küche:

Die traditionelle Küche vom Kap wird ergänzt mit mediterranen Gerichten. Unter Verwendung frischer Zutaten wird den Gästen eine breite Palette an Aromen, Farben und Stilen mit den Speisen serviert.

Laborie Restaurant

Das Restaurant liegt im Laborie Estate in Paarl.

Leeuwenhof Country Lodge
Modimolle • Limpopo Province

Strauß mit Stachelbeersauce

Dieses Gericht kann als Vor- oder auch als Hauptspeise serviert werden. Straußenfleisch ist frei von Cholesterin, sehr geschmackvoll und ein wunderbarer Ersatz für rotes Fleisch. Die Stachelbeeren wachsen in Südafrika und können frisch oder aus der Dose verwendet werden.

Zubereitung:

Für die Sauce die Zwiebel schälen und sehr fein hacken. Etwas Olivenöl in einer Pfanne erhitzen und die Zwiebeln darin braten. Die restlichen Zutaten für die Sauce hineingeben, so lange kochen, bis diese eindickt und dann vom Herd nehmen. Um das Filet zu bereiten, das Olivenöl in einer Pfanne erhitzen, bis es sehr heiß ist. Die Straußenfilets darin von beiden Seiten braten. Das Fleisch sollte innen noch etwas rote Farbe haben, damit es medium gar ist. Dann das Fleisch auf einer warmen Platte 2 bis 3 Minuten ruhen lassen. Während dieser Zeit die Sauce in der Bratpfanne gut erhitzen. Die Filetstücke nun auf vorgewärmten Tellern anrichten, die Sauce an die Seite des Fleischs gießen und sofort servieren.

Zutaten:

(für 4 Portionen)
4 Straußenfilets
Olivenöl
Salz
schwarzer Pfeffer aus der Mühle
Sauce:
200 g frische Kap-Stachelbeeren
250 ml Weißwein, trocken
125 ml Chutney
50 ml Balsamico
1 kleine Zwiebel
Pfeffer aus der Mühle
Salz
Olivenöl

Die Küche:

Das Restaurant hat einen gepflegten Garten und bietet seinen Gästen wundervolle Ausblicke auf die umliegenden Berge. Die Küche ist eine Fusion aus der Landesküche und kontinentalen Rezepten, welche von exzellenten Weinen begleitet werden. Herzlicher Service und die ruhige Atmosphäre sorgen für Ihren Seelenfrieden.

Leeuwenhof Country Lodge

Leeuwenhof Country Lodge ist die angenehme Überraschung im Waterberg Mountain-Gebiet. Umgeben von einem prächtigen Garten, liegt das Gebäude mit seiner einzigartigen Architektur, welche durch das elegante und luxuriöse Ambiente und die wunderschöne Einrichtung unterstrichen wird. Weiter bietet es seinen Gästen einen beheizten Pool, Tennis, Vogelbeobachtung, Wanderwege und einige Räume verfügen über eine eigene Feuerstelle sowie einen Whirlpool.

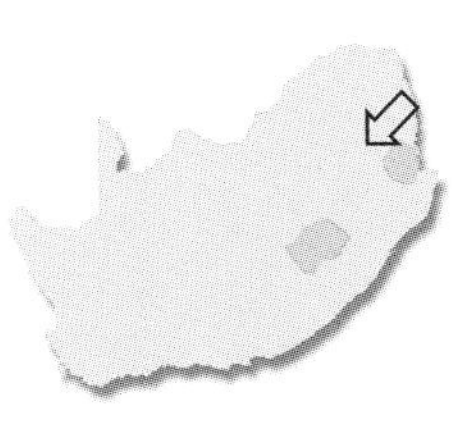

Aubergine Restaurant
Cape Town ◆ Western Cape

Abalone auf Tomatenkompott mit leichter Ziegenkäsesauce

Abalone wird in Südafrika auch Perlemoen genannt.

Zutaten:

(für 4 Portionen)
Abalone:
1 frische Abalone, gesäubert
Kompott:
2 kleine Zwiebeln, gewürfelt
1 Knoblauchzehe, gewürfelt
4 große, reife Tomaten, geschält, entkernt und gewürfelt
½ TL Butter
1 Zweig Salbei oder Basilikum (nach Geschmack)
Salz
Pfeffer aus der Mühle
Sauce:
1 kleine Zwiebel, gewürfelt
30 g sonnengetrocknete Tomaten
100 ml Wermut
200 ml Weißwein
Salbei oder Basilikum (nach Geschmack)
100 ml Sahne
100 g Ziegenkäse
Reis:
30 g Basmatireis
½ Salatgurke, entkernt und gerieben
Salz

Zubereitung:

Die Abalone längs in sehr dünne Scheiben schneiden, leicht klopfen und mit Pfeffer, Salz und geriebener Zitronenschale würzen. Dann zur Seite stellen. Für das Kompott die Butter in einer Kasserolle erhitzen und die Zwiebeln und den Knoblauch darin gar dünsten. Dann den Salbei oder das Basilikum hinzugeben. Bei geschlossenem Deckel 20 Minuten schmoren lassen, anschließend die Kräuter wieder entfernen und die Kasserolle vom Herd nehmen. Für die Sauce die Zwiebeln glasig dünsten, dann die sonnengetrockneten Tomaten hineingeben und den Weißwein und den Wermut hinzugießen. Bei schwacher Hitze und geschlossenem Deckel 20 Minuten simmern lassen. Danach den Käse und die Sahne hinzugeben und die Sauce mit dem Pürierstab pürieren. Anschließend durch ein Sieb streichen und die Sauce mit Pfeffer und Salz abschmecken. Falls nötig, noch etwas Flüssigkeit hinzugeben. Den Basmatireis 12 Minuten mit ausreichend Wasser kochen, dann das Wasser abgießen und den Reis mit frischem kaltem Wasser abschrecken. Die Gurke zum Reis geben, mit Salz abschmecken und wenn gewünscht, fein gehackten Salbei oder Basilikum hinzugeben. Vor dem Servieren sollen alle Zutaten warm und servierfertig sein, bevor man

die Abalonenscheiben in Butter leicht brät. Dann herausnehmen, auf Küchenpapier abtropfen lassen und warm halten. Einen Bisquitschneider (Ausstechform) in die Mitte des Tellers setzen und eine Schicht Kompott hinein füllen. Einen kleineren Bisquitschneider auf das Kompott setzen und eine Schicht Basmatireis hinein setzen. Die Biscqitschneider entfernen, die Abalonenscheiben herum platzieren, die Sauce dazugeben und sofort servieren. Zur Garnierung können aus der zweiten Hälfte der Salatgurke Kugeln ausgestochen werden, über welche man gehacktes Basilikum streut.

Die Küche:

Die exquisite Küche der „Aubergine" und das Augenmerk für Details ist weit bekannt und erklärt, warum so viele Gäste dem Restaurant über so lange Zeit treu geblieben sind. Die frischesten Zutaten sind die Passion des Hauses und wo immer möglich, werden diese aus ökologischem Anbau eingekauft. Die Küche fußt in der traditionellen, europäischen Küche, mit einem Fokus auf die französische und mediterrane Art der Zubereitung. Jedoch finden auch Aromen und Zutaten aus dem asiatischen Raum den Weg auf die Teller der Gäste. Ferner stehen vegetarische Gerichte auf der Speisekarte. Die Stärke des Aubergine Restaurant ist der Bereich Fisch und Meeresfrüchte, doch werden auch Spezialitäten aus der südafrikanischen Wild-Küche und Straußenfleisch serviert.

Aubergine Restaurant

Erlesene Speisen im Schatten des Tafelbergs. Das Aubergine Restaurant ist ein stetiger Gewinner von vielen Preisen, seit der Chefkoch und Besitzer Harald Bresselschmidt das Restaurant vor 7 Jahren eröffnete. Während der warmen Sommerabende serviert man im Aubergine Restaurant das ‚Cinq-à-Sept' (17.00 bis 19.00 Uhr): Cocktails, begleitet von wunderschön angerichteten Hors d'Oeuvres auf der Gartenterrasse im Schatten des Tafelberges.

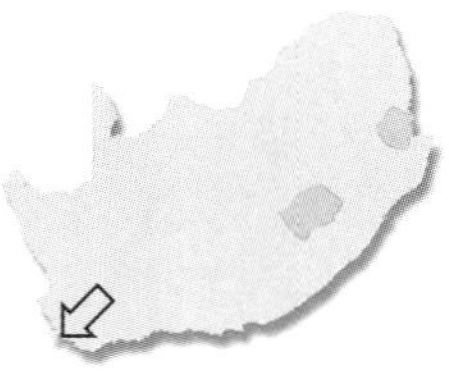

Falcons View Manor
Knysna ◆ Western Cape

Kürbis-Tartlet mit rotem Pesto und Crème Fraîche

Ein geschmackvoller "Starter" für ein leichtes Mittagessen.

Zubereitung:

Für das Kürbis-Tartlet den Bacon und die Zwiebel in etwas Olivenöl braten und anschließend abkühlen lassen. Dann mit den weiteren Zutaten mischen und in ein gefettetes Muffinblech geben. Im auf 180 °C vorgeheizten Backofen 15 bis 20 Minuten backen. Abkühlen lassen und aus der Form nehmen. Für das rote Pesto die Zutaten in einen Mixer geben und gut mixen. Das Tartlet mit einem Klecks des roten Pesto und etwas Crème Fraîche auf Salatblättern anrichten.

Zutaten:

(für 6 Portionen)
Kürbis-Tartlet:
2 mittlere Kürbisse, grob gerieben
500 ml Andean Käse, gerieben (aus Natal Midlands / Alternativ: Gruyère)
1 Zwiebel, fein gehackt
3 Streifen Bacon (Frühstücksspeck), fein gehackt
Pfeffer
Salz
3 Eier, leicht geschlagen
2 EL Mehl
Rotes Pesto:
1 rote Pfefferschote, geröstet und geschält
1 Hand voll sonnengetrocknete Tomaten, 5 Minuten in Wasser ziehen lassen
Olivenöl "Extra Virgin" (z.B. South African - Morgenhof)
Pfeffer aus der Mühle
Salz
Pinienkerne, geröstet
Parmesan Käse, gerieben

Die Küche:

Die Küche bietet seinen Gästen die ganze Bandbreite der kulinarischen Genüsse aus Südafrika. Von den rustikalen Rezepten der Holländer über die raffinierte Küche der französischen Hugenotten, Pikantes mit den Gewürzen der Malaien, cremige Tandoori-Varianten der indischen Einwanderer aus der Kolonie in Durban und Frisches aus Lagune und Garten.

Falcons View Manor

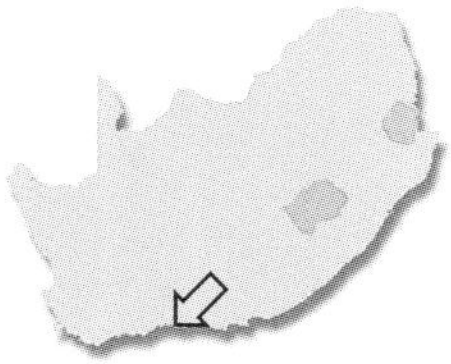

Ein elegant restauriertes Landhaus mit einer wundervollen Aussicht über die Lagune von Knysna. Falcons View Manor liegt in einer privaten Gartenanlage und bietet seinen Gästen 9 Schlafräume mit allen modernen Annehmlichkeiten, ein Restaurant mit feinster Küche, Weine vom Winzer, eine Bar, schattige Verandas, Pools und weitläufige Gärten.

Coffee on the Rocks
De Kelders ◆ Western Cape

Salat mit geräuchertem Wild

Zubereitung:

Den Salat waschen, trocken schleudern und auf der Mitte der Teller anrichten. Die Lende in Scheiben schneiden und diese um den Salat herum arrangieren. Die Pinienkerne darüber streuen. Das Olivenöl, den Balsamico und den Zitronensaft mixen, mit Pfeffer und Salz abschmecken und über den Salat träufeln.

Zutaten:

(für 4-6 Portionen)
1 Lende vom Wild, geräuchert
1 Päckchen gemischter grüner Salat
100 g Pinienkerne, geröstet
125 ml Olivenöl
50 ml Balsamico
15 ml Zitronensaft
1 Prs. Salz
schwarzer Pfeffer aus der Mühle

Die Küche:

Die Gäste lieben die Kuchen und die leichte Küche. Der Hausdrink, genannt „Gayle Force", sollte bei einem Besuch unbedingt probiert werden. Für Gäste, die einen besonderen Anlass feiern möchten, kann auch ein abendlicher Imbiss arrangiert werden, bei welchem Austern und Champagner serviert werden, während man dem Sonnenuntergang über der Walker Bay genießt.

Coffee on the Rocks

Das Café ist in einem Haus an den Klippen mit prächtigen Rundumblick auf den Ozean. Dies ist der ideale Ort für Walbeobachtungen (whale watching) und Gayle, die Besitzerin, serviert dazu köstliche hausgemachte Kuchen, leichte Mittagessen und Snacks.

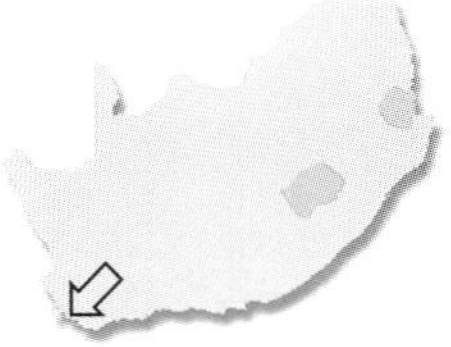

Savoy Cabbage Restaurant
Cape Town ◆ Western Cape

SAVOY CABBAGE
RESTAURANT &
CHAMPAGNE BAR

Törtchen mit gemischten Pilzen

Zutaten:

500 g Blätterteig (vorzugsweise selbst gemacht)
450 g gemischte Pilze (Braune Champignons (Portabellini), Austernpilze & Baby Buttons)
110 g Butter
50 g glatte Petersilie, nur die Blätter
4 Knoblauchzehen, geschält und fein gehackt
50 g Semmelbrösel oder Paniermehl
1 Zitrone, davon Saft und die abgeriebene Schale
2 EL Parmesan, gerieben
Balsamico
Öl mit Basilikum-Aroma

Zubereitung:

Den Blätterteig 3 Millimeter dick ausrollen. Daraus vier Kreise mit einem Durchmesser von 15 Zentimetern ausschneiden oder ausstechen. Auf ein mit Mehl bestreutes Tablett geben und im Kühlschrank aufbewahren, bis sie wieder benötigt werden. Die Pilze putzen und die Portabellinis in Scheiben schneiden. Die Austernpilze längs auseinanderbrechen und die Baby Buttons halbieren. Die Butter in einer großen Bratpfanne erhitzen, bis sie zu schäumen beginnt und dann die Pilze bei starker Hitze darin bräunen. Mit Pfeffer und Salz würzen. Die Petersilie, den Knoblauch, die Semmelbrösel, etwas Zitronensaft und die abgeriebene Zitronenschale zu den Pilzen geben und gut verrühren. Die Pilze anschließend in eine Schüssel geben und abkühlen lassen. Den Blätterteig aus dem Kühlschrank nehmen und die Pilzmischung darauf verteilen, wobei jedoch ein Rand von etwa 2 Zentimetern frei bleiben soll. Darüber den geriebenen Parmesan streuen und die Törtchen auf ein gefettetes Backblech geben. Im auf 200 °C vorgeheizten Ofen 15 bis 20 Minuten backen, so dass der Blätterteig um die Pilzmischung schön aufgehen kann. Im Savoy Cabbage träufelt man noch reduzierten Balsamico (die Verwendung von altem Balsamico wäre hierfür Verschwendung) und Öl mit Basilikum-Aroma darüber. Sofort servieren.

Die Küche:

Die Küche ist national und international ausgezeichnet worden. Unter anderem mit 3 „Top Ten" Prämierungen in 2 Jahren und gewählt von CNN als einziger „Hot Spot" für Kapstadt. Außerdem platziert im Wine Magazine's Top 100 Restaurants. Zweiter in der SFW Food Challenge.

Savoy Cabbage Restaurant

Kreative und zeitgenössische Küche, serviert in einem atemberaubenden Ambiente von historischen Backsteinen, durchbrochen von Glas und Beton. Die Kronleuchter und Salzstreuer tragen das Cabbage-Motiv und die fein gedeckte Tafel sowie der tadellose Service reflektieren die außergewöhnliche Aufmerksamkeit für alle Details. Durch die Verwendung tagesfrischer Produkte wechselt das Menü täglich. Ob 18 oder 80, das Savoy Cabbage ist die ideale Wahl, wenn es um private Anlässe, Geschäftsessen, eine große Party oder einfach eine spontane Einladung zum Abendessen geht.

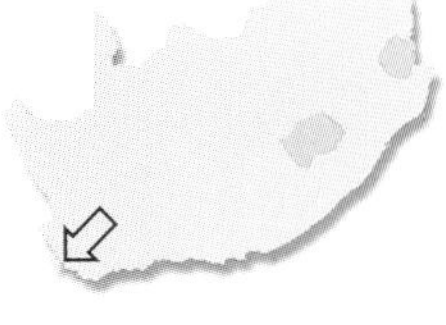

The Resting Place
Bloemfontein • Free State

Köstliche Hüttenkäse-Torte

Zutaten:

500 g Hüttenkäse
1 Knoblauchzehe, zerdrückt
2 EL frische Petersilie, gehackt
2 EL frischer Schnittlauch, gehackt
Salz
1 TL Zitronenschale, fein abgerieben
2 EL Schmand oder saure Sahne
200 g Pecannüsse, halbiert oder Mandelblättchen

Zubereitung:

In einer Schüssel den Hüttenkäse mit der Petersilie und dem Schnittlauch mischen. Mit dem Salz abschmecken und wenn Knoblauch gewünscht wird, diesen unterrühren. Nun die abgeriebene Zitronenschale und soviel Schmand mit dem Hüttenkäse einrühren, dass eine streichbare Paste entsteht. Den Boden einer kleinen Springform mit einem Durchmesser von 20 Zentimetern mit fettabweisendem Papier auslegen, die Paste darauf flach verteilen und über Nacht kühl stellen. Anschließend den Rand von der Springform entfernen und mit den Nüssen oder den Mandelblättchen belegen. An den Seiten mit poppigen Blumen oder Blättern garnieren. So geben z.B. Minzeblätter ein sehr gutes Aroma dazu ab.

Die Küche:

Wir servieren ein englisches Frühstück und andere Speisen nach Wunsch.

The Resting Place

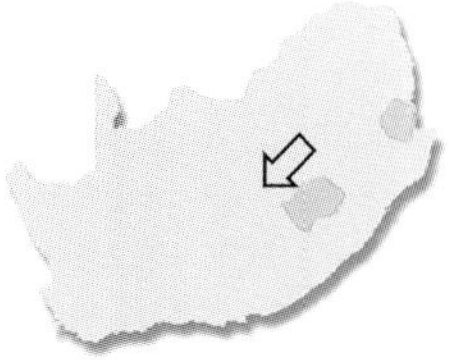

Gelegen im ruhigen Vorort und umgeben von grünen Gärten ist The Resting Place ideal für Geschäftsreisende, Familien und kleine Gruppen.

COACH HOUSE

AGATHA

THE HOTEL & SPA IN A COUNTRY GARDEN
SOUTH AFRICA

Coach House Hotel
Tzaneen • Limpopo Province

Mango-Bava

Eine halbierte Mango, gefüllt mit gegrillten Garnelen und Currymayonnaise.

Zubereitung:

Die Garnelen mit Currypulver oder Cayennepfeffer bestäuben und auf jeder Seite eine Minute grillen. Dann vom Grill nehmen und abkühlen lassen. Als nächstes die Coulis für die Mayonnaise bereiten. Dafür etwas Butter in einer Pfanne erhitzen und die Schalotten und den Knoblauch darin anschwitzen. Den Ingwer, das Curry sowie das Chutney hinzugeben, das Wasser angießen und alles gut verrühren. Fünf Minuten kochen lassen, durch ein Sieb in eine kleine Schüssel streichen und dann ebenfalls abkühlen lassen. Wenn die Coulis abgekühlt ist, die Mayonnaise unterrühren. Die Mangohälften mit je vier Garnelen und der Currymayonnaise füllen.

Zutaten:

(für 4 Personen)
2 Mango
16 Garnelen, geschält
Currymayonnaise:
80 g gute Mayonnaise
1 Knoblauchzehe, zerdrückt
1 TL Schalotte, fein gehackt (oder Frühlingszwiebel)
½ TL Ingwer, frisch gerieben
Butter
1 EL Currypulver
1 Prise Chili oder Cayennepfeffer
1 gehäufter TL Tomatenmark
1 gehäufter TL Chutney oder Aprikosenmarmelade
etwas Wasser
10 ml Crème Double

Coach House Hotel

Das Coach House Hotel ist mit 5 Sternen ausgezeichnet und bietet ein Spa mit geheiztem Pool, Sauna, Dampfsauna und Wellnessräumen sowie einen voll ausgestatteten Gymnastikraum .

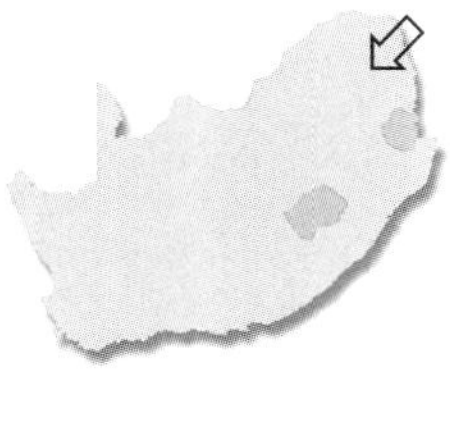

Résidence Klein Oliphants Hoek
Franschhoek • Western Cape

Résidence Klein Oliphants Hoek

Ziegenkäse in Bacon

Dieses Ziegenkäse-Gericht kann man das ganze Jahr über servieren, doch nur im September steht der Lavendel in voller Blüte.

Zubereitung:

Den Käse in 6 Scheiben schneiden (à 30 g) und in 2 Scheiben Bacon einrollen. Einen Lavendelzweig auf jeden Käse legen und einen großzügigen Klecks Honig darüber laufen lassen. Auf ein gefettetes Backblech geben und im auf 200 °C vorgeheizten Ofen backen, bis der Bacon knusprig ist. In der Zwischenzeit auf den Tellern die Salatblätter verteilen, das Olivenöl mit dem Zitronensaft mischen und über den Salat träufeln. Mit den Beeren dekorieren und den Käse in die Mitte des Tellers setzen.

Zutaten:

(für 6 Portionen)
180 g weicher Ziegenkäse (Rolle)
12 Scheiben durchwachsener Speck (Bacon)
Honig
Frische Lavendelzweige
Rucola oder grüner Salat
Olivenöl
Zitronensaft
Himbeeren und Kapstachelbeeren

Die Küche:

Camil und Ingrid heißen ihre Gäste in der Residenz Klein Oliphants Hoek herzlich willkommen. Hier werden alle Speisen auf einem alten, mit Holz gefeuerten Ofen aus dem Jahr 1900 zubereitet und die Gäste können diesen in der Küche, welche sich direkt an das Restaurant anschließt, einsehen. So kann man beim Speisen zuschauen, wie der nächste Gang von den 3 Küchenchefs zubereitet wird.
Die Residenz Klein Oliphants Hoek ist ein kleines Restaurant mit viel Atmosphäre, in welchem bis zu 25 Gäste verwöhnt werden können.
Das Abendessen wird an 5 Tagen in der Woche serviert. Jeden Tag wird ein vollständig anderes Menü geboten. Erst gegen 19.00 Uhr, wenn alle Vorbereitungen und Überlegungen zur Zusammenstellung abgeschlossen sind, wird die Menükarte von Camil geschrieben. Danach hat Ingrid die Aufgabe, die entsprechenden Weine für die einzelnen Gänge auszuwählen. Vorwiegend speisen hier die Gäste des Klein Oliphants Hoek, doch freut man sich auch über Gäste von „out-side“. Das „seating“ beginnt ab 19.30 Uhr für den Aperitif und den Gruß des Hauses. Die folgenden Gänge werden etwa ab 20.00 Uhr serviert.
Das Menü ist klassisch strukturiert: Gruß des Hauses, 1. Vorspeise (Fisch), 2. Vorspeise (Fleisch oder Wild), 3. Vorspeise (Gemüsekreation), Hauptgang (Zur Auswahl stehen Fleisch, Wild, Fisch oder Vegetarisches), Dessert (auf Wunsch auch Käse).
Der Stil der Küche ist global, ethno und nach dem Motto ‘local is lekker’ werden Zutaten und Speisen aus der Region bereitet. Vorzugsweise werden stets frische Kräuter der Saison verwendet. Manchmal ist dies zwar etwas aufwändig, fördert aber die Kreativität der Küche.

Klein Oliphants Hoek

Die Residenz Klein Oliphants Hoek ist nach dem ursprünglichen Namen für Franschhoek benannt. Denn einst lag hier die Heimat der wandernden Elefanten. Das Guesthouse ist eine wundervoll renovierte englische Missionarsstation aus dem Jahr 1888. Die 6 großzügigen Gästezimmer bieten Bad und WC sowie einen beindruckenden Ausblick auf die umliegenden Berge. Die 7. Suite befindet sich einer elegant renovierten ehemaligen Schule, im Schatten einer großen Eiche und umgeben von einem Garten.

Haus Kopatsch
Kiepersol • Mpumalanga

„Chi-Li"-Chips

Hühnchenleber mit Chips - dieses Gericht eignet sich als Hauptspeise mit Salat oder als Vorspeise mit Salatgarnitur. Es ist auch ideal für den kleinen Hunger an einem gemütlichen Abend mit südafrikanischen Freunden und einigen Bieren.

Zutaten:

(für 4 Portionen/als Vorspeise für 6 Portionen)
500 g Hühnerleber
2 Tüten Tomatenkartoffelchips
1 Tüte Tomatencremesuppe (84 g)
1 große Zwiebel, in dünne Scheiben geschnitten
100 g Frühstückspeck (streaky Bacon), gewürfelt
1-2 Peri-Peri-Böhnchen (Alternativ: Chilischoten, entkernt)
etwas Paprikapulver
Pfeffer aus der Mühle
50 g Käse, gerieben
750 ml Hühnerbrühe

Zubereitung:

Eine ofenfeste Form von etwa 30 x 20 Zentimeter gut einfetten. Eine Tüte Chips zerdrückt auf den Boden der Form verteilen. Die Zwiebel, den Speck und die Peri-Peri in einer Pfanne mit etwas Öl anbraten. Die Hühnerleber zugeben, kurz mitbraten, mit Paprikapulver und etwas Pfeffer würzen. Auf den Chips in der Form verteilen und mit dem ebenfalls zerdrückten Inhalt der zweiten Chipstüte bedecken. Die Tomatencrèmesuppe nach Anweisung anrühren, angießen und den geriebenen Käse darüber streuen und im auf 200 bis 220 °C vorgeheizten Backofen etwa 45 Minuten überbacken.

Die Küche:

Die Küche bietet neben deutscher Hausmannskost, internationale sowie landesübliche Gerichte. Hausgemachte Backwaren wie Brot, Brezeln oder Kuchen sind obligatorisch. Das Frühstück und das Abendessen wird auf der großen Dachterrasse im Haupthaus serviert.

Haus Kopatsch

Haus Kopatsch, ein gemütlich-familiäres Gästehaus unter deutscher Leitung, befindet sich in der Nähe des Krüger Nationalparks und bietet einen unvergesslichen Aufenthalt im „Land der aufgehenden Sonne“ (Mpumalanga). Es ist umgeben von natürlicher Vegetation mit wunderschöner Aussicht über das Sabie River Tal inmitten des Mpumalanga Lowvelds. Haus Kopatsch eignet sich hervorragend für Tagesausflüge in den Krüger Nationalpark sowie zu allen anderen Attraktionen der Gegend, wie zum Beispiel Wasserfälle, God's Window, Blyde River Canyon, Pilgrim's Rest und vieles mehr. Gerne organisieren die Gastgeber Safaris, Ballonfahrten, Angelausflüge, Wildwasserfahrten, Reiten oder andere Aktivitäten.

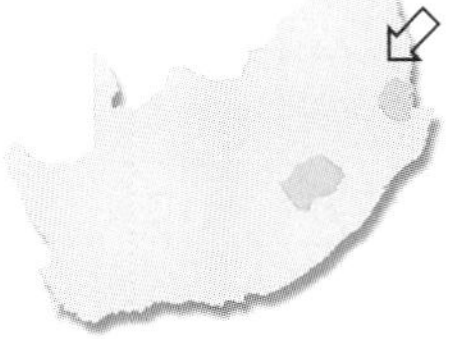

Cranford Inn Clarens
Clarens ◆ Free State

Gebackene Pilze mit Aubergine und sonnengetrockneten Tomaten

Dieses Rezept ergibt eine köstliche Vorspeise, welche gut am Vortag zubereitet werden kann und vor dem Servieren nur noch 20 Minuten in den Ofen muss. Die Mengenangaben sind beliebig und hängen nur davon ab, wieviel Pilze und Auberginen man pro Portion veranschlagt.

Zutaten:

Shiitake Pilze (Black Mushrooms), je größer, desto besser
Aubergine (Brinjals), eine Scheibe pro Pilz, in Scheiben geschnitten
Sonnengetrocknete Tomaten (vorzugsweise solche, welche in Olivenöl eingelegt waren)
Butter
Blauschimmelkäse oder Cheddar-Käse oder Mozzarella, sehr dünn geschnitten oder gerieben

Zubereitung:

Die großen Shiitake Pilze putzen und nach oben gedreht nebeneinander in eine Auflaufform legen. Zwei Stücke der Tomaten fein hacken und mit einem großen Esslöffel Butter darunter mischen. So viele Butter-Tomaten-Mischungen anrühren, wie man Portionen plant. Diese Mischung über die Pilze verteilen. Die Auberginen in dünne Scheiben von etwa 8 bis 10 Millimeter schneiden, mit Salz bestreuen, flach auf ein Backblech legen, ein zweites Blech darauf setzen und mit Gewichten beschweren. Etwa 20 Minuten stehen lassen. In dieser Zeit läuft die Flüssigkeit aus den Auberginenscheiben heraus. Danach die Scheiben sehr kurz unter fließendem Wasser abwaschen, trocken tupfen und in kochendem Olivenöl von jeder Seite 2 Minuten backen.
Anmerkung vom Chefkoch: Wenn Sie ihre Gäste so beeindrucken möchten, wie wir es in unserem Hotel tun, kann man die Auberginenscheiben vor dem Backen noch in einen dünnen Teig (Anm.: z.B. Bierteig) tauchen und sie so knusprig frittieren.

Danach die Auberginenscheiben nebeneinander auf die Pilze mit der Tomatenbutter legen. Darüber großzügig in Scheiben geschnittene (sonnengetrocknete) Tomaten streuen. Den ausgewählten Käse darüber verteilen. Nach Ansicht unseres Chefkochs passt alter Cheddar oder reifer Blauschimmelkäse am besten zu diesem Gericht. Dann im auf 200 °C vorgeizten Backofen 10 bis 15 Minuten backen. Die Dauer hängt von der Größe der Pilze ab. Man kann testen ob diese gar sind, indem man mit einer Gabel hinein sticht. Wenn die Gabel leicht in den Pilz zu stechen ist und sich an dieser Stelle beim Herausziehen heiß anfühlt, ist das Essen gar. Gleich aus dem Ofen servieren. Dazu Grissini (Brotstangen) oder selbst gebackenes Brot reichen.

Die Küche:

Landhaus- und landestypische Küche mit "Gourmet touches".

Cranford Inn Clarens

Das vom Eigentümer selbst geleitete Gästehaus liegt im Osten der Provinz Free State. Das kleine Örtchen Clarens (weniger als 2.000 Einwohner) liegt zwischen den Maluti Mountains von Lesotho und den Rooibergen von Provinz Free State. Es gibt im Ort 17 Kunstgalerien, 9 Pubs und Restaurants und 2 Hotels. Die Gäste können das wunderschöne Tal besichtigen und in 15 Minuten den Golden Gate National Park erreichen.

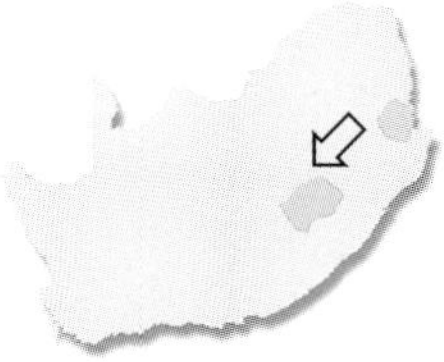

Zuider Zee Guesthouse
Salt Rock ◆ Kwazulu Natal

Mais-Salat

Ein Bestandteil eines dreigängigen Menüs mit Mais-Salat zur Vorspeise und Schweinefilet-Medaillons mit Passionsfrucht als Hauptgang. Dazu werden Nudeln und grüner Salat serviert. Als Nachspeise werden echte afrikanische Pfannkuchen gereicht. Die Gäste des Zuider Zee Guesthouse schätzen dieses Menü sehr. (Anm.: Die Rezepte finden Sie in den jeweiligen Kapiteln).

Zutaten:

(für 2 Personen)
1 Dose Mais
½ Salatgurke, geschält, entkernt, klein gewürfelt
½ Becher Hüttenkäse (körniger Frischkäse)
2 EL Mayonnaise
1 EL Chutney
Garnierung:
einige Blätter Kopfsalat

Zubereitung:

Die Zutaten in einer Schüssel sanft miteinander vermischen. Zwei Salatschälchen oder Teller mit den Kopfsalatblättern auslegen und den Maissalat hineinsetzen.

Die Küche:

Die Küche ist eine Kombination von zeitgenössischen europäischen und afrikanischen Einflüssen. Diese Fusion gibt den klassischen Speisen einen neuen Look, verändert die Struktur und bietet den Gästen auf diese Weise ein mehr als nur interessantes Geschmackserlebnis.

Zuider Zee Guesthouse

Zuider Zee Guesthouse bietet häusliche Gastlichkeit in einem privat geführten Gästehaus, welches viel Charme und Charakter besitzt. Weiter bietet es atemberaubende Aussichten auf das unterhalb liegende Tal, den Strand von Salt Rock und den indischen Ozean. Wenn man auf dem Sonnendeck am plätschernden Pool sitzt, kann man den Delfinen bei ihrem Spiel im nahe gelegenen Ozean zusehen. Kinder sind herzlich willkommen. Es wird auch holländisch gesprochen. Akkreditiert: Caraville Guesthouse, TGCSA 3 Star Member, NAA- SA, KWABABA, TKZN, FEDHASA.

---

96 Winery Road
Stellenbosch ◆ Western Cape

Getrockneter Rinderschinken

Eine der populärsten Spezialitäten ist das „dry aged beef". Diese Methode der Rindfleisch-Reifung ist noch recht neu in Südafrika.

Zubereitung:

Das ganze Hinterviertel 18 bis 21 Tage in einem Raum zum Trocknen aufhängen. Das gibt dem Fleisch ein besseres

Zutaten:

1 Hinterkeule von einem älteren Rind

Aroma und Struktur, ohne dass Saft verloren geht, wie es der Fall ist, wenn der Schinken im Vakuum verpackt wird.

Die Küche:

Das Menü wechselt nach Saison und die Highlights bilden lokale Speisen und natürliche Zutaten. Durch die Lage inmitten der Weinberge ist auch die Weinkarte umfangreich ausgefallen. Über die 2000 verschiedene Weine warten auf die Gäste.

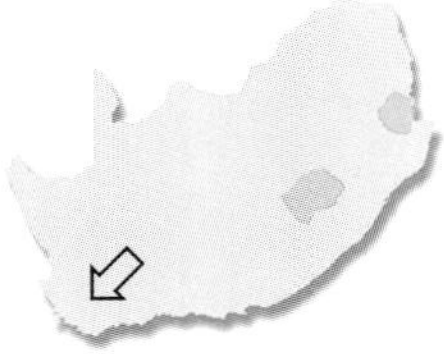

96 Winery Road

Das 96 Winery Road liegt zwischen Stellenbosch und Somerset West. Perfekt für eine Mittagspause, wenn man auf der Helderberg oder Stellenbosch Wine-Route unterwegs ist.

Divine Restaurant at Willowbrook Lodge
Somerset West • Western Cape

Divine
Restaurant @ Willowbrook lodge

Die Küche:

Die einladende internationale Küche des „A la Carte Menüs" basiert auf einer intelligenten Interpretation der lokalen Zutaten und der exquisiten Zusammenstellung durch den Chefkoch des Divine Restaurants. Mittags und abends wird zu den Speisen eine erlesene Auswahl von Kap Weinen angeboten und man hat die Wahl, im gemütlichen Restaurant oder auf der Gartenterrasse zu speisen.

Mohncrêpe mit Waldpilzen

Zubereitung:

Für die Mohncrêpes das gesiebte Mehl in eine Schüssel geben, in der Mitte eine Vertiefung machen und dort hinein die Milch, das Ei, die Eigelbe, das Öl und das Salz geben. Mit einem Holzlöffel diese Zutaten im Mehl rühren, so dass allmählich immer mehr in die Mischung aufgenommen wird. Wenn der Teig glatt ist, die Mohnsamen unterrühren. Eine Crêpe-Pfanne oder eine große Bratpfanne mit einer dünnen Schicht Öl erhitzen. Mit der Schöpfkelle den Teig jeweils in die Mitte der Pfanne geben und sofort dünn über die gesamte Fläche verteilen. Kurz backen, bis der Pfannkuchen auf der Unterseite goldbraun ist, wenden und auf der zweiten Seite ebenfalls goldbraun backen. Anschließend aus der Pfanne nehmen, auf einen Teller legen, den nächsten Pfannkuchen auf die gleiche Weise backen und auf den ersten Pfannkuchen stapeln. Den Pfannkuchenstapel bis zum Servieren warm halten. Nun die Pilze waschen und in Scheiben schneiden. Etwas Öl in einer Pfanne erhitzen und die Zwiebeln sowie den Knoblauch darin anschwitzen. Dann die Pilze mit den Kräutern zugeben, mit Pfeffer und Salz würzen und kurz braten. Die Sahne zugießen und weitere 7 Minuten köcheln lassen, so dass die Flüssigkeit reduzieren kann. Zum Servieren jeweils einen Crêpe flach auf einen Teller legen, etwas von der Pilzmischung draufgeben und den Crêpe zusammen falten. Mit Trüffelöl und gehobeltem Parmesan garnieren.

Zutaten:

(für 4 Portionen)
Mohncrêpe:
110 g Mehl
300 ml Milch
1 Ei
2 Eigelb
1 EL Öl
1 EL Mohnsamen
1 Prise Salz
Pilzmischung:
700 g gemischte Waldpilze
5 ml Olivenöl
30 g Zwiebel, in Scheiben geschnitten
1 Knoblauchzehe, gehackt oder zerdrückt
25 g Basilikum, gehackt
20 g Estragon, gehackt
10 g Schnittlauch, gehackt
500 g Sahne

Divine Restaurant at Willowbrook Lodge

Geschmiegt an die Ufer des Lourens River, grenzt die Willowbrook Lodge mit dem Divine Restaurant an die Grenzen der historischen Weingüter Morgenster and Vergelegen. Auch ist das Erinvale Golf Estate, die Heimat der SAA Open Golf Championship, nur einen kurzen Fußmarsch entfernt.

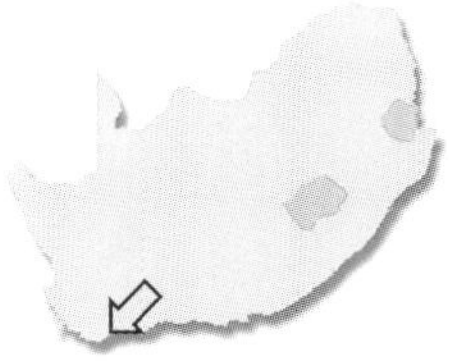

Rissington Inn
Hazyview ◆ Mpumalanga

Räucherforellen-Käsekuchen mit Forellen-Gravad Lachs

Eine köstliche Vorspeise, gemacht mit den frischen Forellen aus den kristallklaren Bächen der Northern Drakensberg Mountains um Sabie. Statt Forellen kann man für dieses Gericht auch frischen bzw. geräucherten Lachs verwenden.

Zutaten:

Gravad Lachs:
1 große frische Forelle (1,5-2 kg)
100 g grobes Salz
100 g brauner Karamellzucker
200 g frischer Dill, gehackt
schwarzer Pfeffer aus der Mühle
Zitronenschale, gerieben
Olivenöl
extra Dill, gehackt

Honig Mayonnaise Sauce:
1 extra großes Ei, auf Raumtemperatur
15 ml Golden Syrup (Anm.: alternativ Rübensirup)
1 EL Senf, mit ganzen Körnern (Anm.: z.B. Maille - Senf A l'ancienne)
80 ml Olivenöl
15 ml Sonnenblumenöl
15 ml Weißweinessig
80 ml Sahne
schwarzer Pfeffer aus der Mühle
Salz

Forellen-Käsekuchen:
8 Schnittlauchstängel
frische Dillspitzen
160 g weicher Frischkäse
90 g geräucherte Forelle, fein

Zubereitung:

Für den Gravad Lachs die Forelle waschen, den Kopf entfernen und den Fisch filetieren. Ein Filet in eine flache Schüssel mit erhöhten Rändern legen, damit die austretende Flüssigkeit nicht überläuft. In einer kleinen Schüssel das Salz, den Zucker, den Dill, den Pfeffer und die Zitronenschale miteinander mischen und über das Filet verteilen. Das zweite Filet darauf legen, dabei nicht andrücken und 8 Stunden im Kühlschrank ruhen lassen. Danach die ausgetretene Flüssigkeit abgießen und die Kräuter vorsichtig entfernen. Die Forellenfilets abwaschen, mit Olivenöl bestreichen und mit Frischhaltefolie abgedeckt einen Tag im Kühlschrank stehen lassen.
Um die Honig-Mayonnaise-Sauce zu bereiten, die Eier, den Honig und den Senf im Küchenmixer zu einer glatten Paste mischen. Langsam das Öl in einem dünnen Strahl hinein gießen, während man weiter mixt. Danach den Essig, die Sahne sowie etwas Pfeffer und Salz unterrühren. Abgedeckt im Kühlschrank aufbewahren.
Den Boden für den Forellen-Käsekuchen zubereiten, indem man Kräcker zerbröselt, mit Butter mischt und auf den Boden einer eingefetteten Pasteten- oder Springform mit einem Durchmesser von 20 Zentimeter drückt. In den Kühlschrank stellen, während man die Füllung zubereitet. Hierfür den Schnittlauch fein hacken. Den Frischkäse mit der

Forelle, dem gehackten Schnittlauch, dem Joghurt, der Mayonnaise, der Zitronenschale sowie dem schwarzen Pfeffer mischen und die Dillspitzen darüber streuen. Die Gelatine und das Wasser in einen Topf geben und bei schwacher Hitze auflösen. Dann die Gelatine und die Forellenmischung rühren. Das getrennte Eiweiß steif schlagen und unter die Mischung ziehen. Diese nun auf den vorbereiteten Boden verteilen und im Kühlschrank weitere 4 Stunden fest werden lassen. Vor dem Servieren etwas gemahlenen schwarzen Pfeffer darüber streuen und mit der Zitronenschale dekorieren. Den Forellen-Käsekuchen in Tortenstücke schneiden, die gehackten Tomaten und das frische Basilikum darüber verteilen. Die Tortenstücke auf den Teller geben, den Gravad Lachs in Streifen außen herum anrichten und die Sauce über den Gravad Lachs träufeln.

gehackt
65 ml Trink-Joghurt, natur
20 ml dicke Mayonnaise
¼ TL geriebene Zitronenschale
schwarzer Pfeffer aus der Mühle
10 ml Gelatine
1 TL kaltes Wasser
90 ml Sahne, geschlagen
2 Eier
2 Tomaten, gehackt
frisches Basilikum

Die Küche:

Die Küche bereitet ein ausgewähltes und fantasievolles Menü aus frischen Zutaten der Region.

Rissington Inn

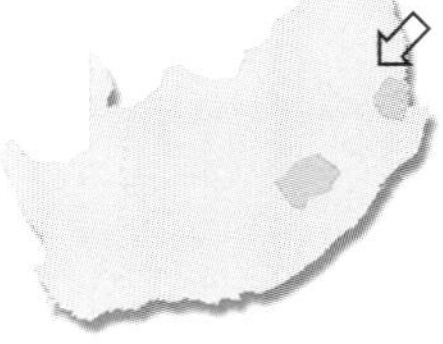

Das kleine, komfortable Country Hotel im Herzen des Mpumalanga Lowveld bietet außergewöhnliche Gastlichkeit und feine Küche in der Abenteuer- und Safari-Hochburg von Südafrika.

Dunkeld Country Estate
Dullstroom ◆ Mpumalanga

Jappies Hühnersalat

Die genauen Mengenangaben für die Saucenmischung bleiben aber das kulinarische Geheimnis des Dunkeld Country Estate.

Zutaten:

Avocado, geschält, entkernt
Feta Käse (Schafskäse)
Kleine Champignons, geputzt
Ei, gekocht
Tomate
Spargel
Zwiebeln
Salatgurke
Hähnchenbruststreifen, gegrillt
Geräucherter Schinken
Kopfsalat
Oliven
Stärkemehl
Hähnchengewürz

Zubereitung:

Die Pilze, die Avocado und den Schafskäse nicht zu fein zerbröseln. In heißem Fett goldbraun frittieren. Das Stärkemehl mit der Hähnchenwürzmischung vermischen, die Hähnchenstreifen darin wenden und auf dem Grill von beiden Seiten knusprig grillen. Den Kopfsalat auf einem Teller arrangieren und dann die Zutaten darüber schichten. Mit den Oliven und dem Schinken servieren. Aus Honig, Senf und Mayonnaise eine Sauce mischen und darüber geben.

Die Küche:

Das Dunkeld Country Estate Restaurant bietet erstklassige Qualität, ausgesuchte Eleganz und ist in kulinarischen Dingen erste Wahl. Am Abend lässt man den Tag bei einem guten Glas Wein und einem vorzüglichen Menü im Gourmetrestaurant ausklingen. Danach erwartet Sie das freundliche Personal in der Jazz Bar oder in der Executive Lounge auf eine frische Tasse Kaffee oder einen Schlummertrunk. Gerne bereitet der Chefkoch des Hauses die selbst gefangene Forelle für das Abendessen zu.

Dunkeld Country Estate

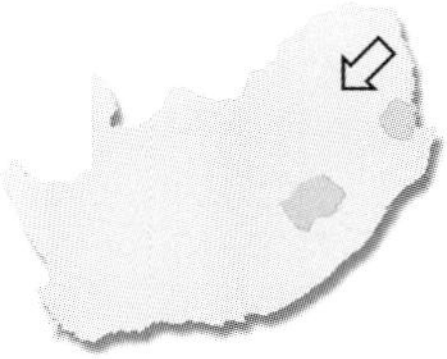

Dunkeld Country Estate bietet seinen Gästen die unberührte Schönheit der Natur. Die Gastlichkeit des Hauses und ein Geist der Ruhe und des Friedens umgibt das ganze Anwesen. Das Management ist stets bestrebt, den Aufenthalt so entspannend wie möglich und so aufregend wie gewünscht zu gestalten. Neben zahlreichen Auszeichnungen wurden dem Dunkeld Country Estate 5 Sterne vom South African Grading Council verliehen.

SLALEY

Slaley
Stellenbosch ◆ Western Cape

Lindsay´s Pastete

Slaley schlägt zu dieser Vorspeise zwei eigene Weine vor: Slaley 2001 Chardonnay oder Slaley Broken Stone 2001 Pinotage.

Zubereitung:

Die Hühnerleber waschen und im Sieb abtropfen lassen. Die Zwiebeln bei schwacher Hitze langsam bräunen. An-

Zutaten:

2,5 kg frische Hühnerleber
2 große Zwiebeln

1 kg Butter, gesalzen
etwas Chili-Öl
Knoblauch, frisch zerdrückt
1 Bouquet Garni (Rosmarin, Thymian und Petersilie)
Speck, in sehr dünne Streifen geschnitten
Trüffel, vorzugsweise frisch oder in Öl
Pfeffer aus der Mühle
Salz
1 Schuss Brandy oder Sherry

schließend die Butter darin auflösen und das Chili-Öl unterrühren. Etwas zerdrückten Knoblauch (Menge nach Geschmack) zugeben und darin anbraten. Das Bouquet Garni zusammen mit den ganzen Leberstücken in die Butter geben und bei schwacher Hitze köcheln lassen. Mit Pfeffer und Salz würzen. Dann einen Schuss Brandy oder Sherry zugeben und weiter simmern lassen. Danach die Leber aus der Pfanne nehmen, beiseite stellen und abkühlen lassen. Das Bouquet Garni baldmöglichst entfernen. Die gekochte Leber und den Trüffel (am Besten sollen Kalahari-Trüffel schmecken) in einen Küchenmixer geben, fein pürieren, die Masse in eine Schüssel geben und im Kühlschrank abkühlen lassen. Eine Kastenform (Blechform zum Kuchen oder Brot backen) mit dem dünnen Speck auslegen und die abgekühlte Pastetenmischung in die ausgelegte Kastenform geben, gleichmäßig verteilen und mit einer Speckschicht abdecken. Im Back-ofen bei schwacher Hitze backen, bis der Speck gekocht ist. Aus dem Ofen nehmen, abkühlen lassen und anschließend im Kühlschrank kaltstellen. Auf eine Servierplatte stürzen und abgedeckt im Kühlschrank 3 Tage ziehen lassen. Die Paste zum Servieren in Scheiben schneiden und mit frischem, knusprigen Brot servieren. Dazu einen Slaley 2001 Chardonnay oder Slaley's Broken Stone 2001 Pinotage einschenken.

Die Küche:

Weinproben und Weinverkauf. Arrangement von Speisen auf Anfrage.

Slaley

Die Farm liegt an den westlichen Hängen des Simonsberg im Weinanbaugebiet von Stellenbosch, welches sich durch ein moderates Klima auszeichnet.

Benguerra Lodge
Benguerra Island

Gefüllte Krebspanzer

Ein leichtes Hauptgericht oder schnelle und sensationelle Vorspeise. Hierzu wird Krebsfleisch mit Käsesauce und Kartoffelbrei gemischt, in die Krebspanzer gefüllt und mit Semmelbröseln bestreut gebraten.

Zubereitung:

Für die Käsesauce die Milch in einem Topf erhitzen. Den Käse unterrühren und in der Milch schmelzen lassen und die Sauce etwa 10 Minuten einkochen lassen. Das Krebsfleisch mit etwas Kartoffelbrei und der Käsesauce mischen. Dann die Mischung in die Krebspanzer zurück füllen. Die Eier in einer Schüssel verrühren und die gefüllten Krebspanzer hin-ein tauchen. Anschließend in den Semmelbröseln wenden und in der heißen Butter bei mittlerer Hitze braten. Heiß mit Mayonnaise servieren. Nach Geschmack kann die Füllung auch noch mit gehackter Zwiebel, grünem Pfeffer, Tomaten oder Pilzen kombiniert werden.

Zutaten:

(für 4 Portionen)
4 Taschenkrebse
Kartoffelbrei
Semmelbrösel
2 Eier
Butter zum Braten

Käsesauce:
100 g Schmelzkäse (60% Fett)
100 ml Milch

Die Küche:

Die Haupt-Lodge besteht aus einer exklusiven separaten Lounge mit Speiseraum, Bar und einem großen Innenhof.

Benguerra Lodge

Gewählt zum „Most Friendly Beach Hideaway" im Harpers & Queen Travel Awards 2002. In die Bucht geschmiegt, auf der Nordwestseite der Insel, liegt die Benguerra Lodge in einem Wald von Milkwood-Bäumen und Akazien. Jedes Chalet bietet einen wunderbaren Ausblick und Zugang zum Strand.

Fleischgerichte

Haute Cabrière Cellar Restaurant
Franschhoek ◆ Western Cape

Im Ofen gegrilltes Springbockfilet

Köstliches Filet mit Süßkartoffeln à la dauphinoise, frischen Beeren, karamelisiertem Baby-Mais und Stachelbeersaft. Für 4 Personen.

Zutaten:

4 x 200 g Springbockfilet von der Lende
100 ml Olivenöl
200 g Baby-Mais-Kolben
250 ml Wildfond, reduziert
100 ml Sahne
50 ml Ratafia (Nussschnaps)
100 ml Honig
200 g Stachelbeeren
200 g Beeren, gemischt (Blaubeeren, Brombeeren, Stachelbeeren, Himbeeren und Boysenbeeren)
½ Zwiebel
Knoblauch gehackt

Kartoffelgratin:
500 g Süßkartoffeln
500 g Kartoffeln
400 ml Sahne
Muskatnuss, gerieben
Pfeffer aus der Mühle
Salz
½ Zwiebel, gehackt, gedünstet
2 Knoblauchzehen, gehackt, gedünstet

Zubereitung:

Die beiden Kartoffelsorten jeweils in einem Topf mit Wasser kochen, bis sie gar sind. Anschließend abgießen und abkühlen lassen. Danach schälen und in dünne Scheiben schneiden. Die Kartoffeln abwechselnd mit den in Scheiben geschnittenen Zwiebeln, der Sahne und dem Knoblauch in eine gebutterte Auflaufform schichten, bis eine Höhe von etwa 4 Zentimetern erreicht ist. Im auf 180 °C vorgeheizten Ofen eine halbe Stunde backen. Herausnehmen, ein Brett darüber geben und mit einem Gewicht beschweren, um die Kartoffeln zusammenzupressen. Abkühlen lassen, Brett und Gewicht entfernen und nun mit einem Ausstecher runde Formen aus den Kartoffeln ausstechen. Im Backofen 20 Minuten vor dem Servieren erhitzen. Nun das Springbockfilet im auf 180 °C geheizten Ofen auf die mittlere Grillschiene legen und bei geschlossener Ofenklappe grillen, bis das Filet medium gar ist.

Die Zwiebel und den Knoblauch in einer Pfanne anschwitzen und mit Ratafia, dem reduzierten Wildfond und der Sahne ablöschen. Die Flüssigkeit unter Rühren um ein Drittel zur Sauce reduzieren lassen. Die kleinen Maiskolben des Baby-Mais der Länge nach halbieren und in einer weiteren Pfanne mit dem Honig glasieren. Mit den Beeren genauso verfahren. Abschließend alles auf Tellern arrangieren.

CABRIÈRE ESTATE

Die Küche:

Internationale und moderne südafrikanische Küche.

Haute Cabrière Cellar Restaurant

Das Haute Cabrière Cellar Restaurant liegt hoch über Franschhoek an der Straße zum Franschhoek Pass. Von hier reicht der Blick über Weinberge, auf denen Pinot Noir angebaut wird, zu den Kellern, in denen der Wein in Eichenfässern reift.

Matthew and Nicky Gordon haben ein einzigartiges Restaurant geschaffen, das beständig zu den 10 besten des Landes gehört und die ausgezeichneten Weine von Achim von Arnim voll zur Geltung bringt. In den meisten Restaurants folgt die Weinliste der Auswahl der Speisen. In Haute Cabrière bilden die Weine mit den Speisen eine harmonische Verbindung, in der sie ihre ganze Qualität einbringen.

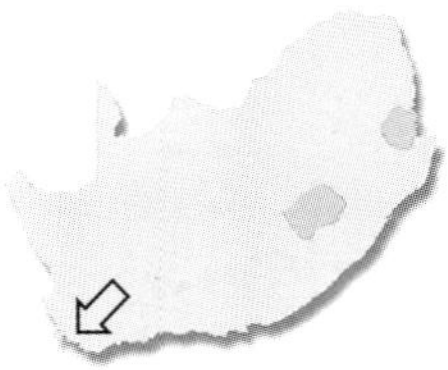

Rovos Rail
Von Pretoria bis Kapstadt

Springbocklende mit Honig-Zitronen-Sauce

Rezept für 4 Portionen.

Zutaten:

700 g Springbocklende
500 ml Rotwein
150 ml Rinderbrühe
1 Msp. Muskatnuss, gemahlen
50 ml Olivenöl
150 ml Honig
1 Zitrone
80 g Butter
20 ml Sonnenblumenöl
30 ml Sherry Medium Cream
½ Zwiebel
40 g brauner Zucker
1 ½ EL Dijon-Senf
1 Msp. weißer Pfeffer
Salz

Zubereitung:

Die Springbocklende mit Salz, Pfeffer und Muskatnuss würzen. Den Wein, den Sherry mit dem Senf und dem Honig in eine Schüssel geben, verrühren und die Lende darin mehrere Stunden marinieren lassen. Anschließend herausnehmen, abtropfen lassen und in einer Pfanne in heißem Olivenöl anbraten. Danach im vorgeheizten Ofen braten. Die Lende medium servieren.

Für die Honig-Zitronen-Sauce die Butter in einer Pfanne erhitzen und die fein gehackte Zwiebel darin glasieren, den Saft der Zitrone und den braunen Zucker zugeben und 5 Minuten reduzieren lassen. Nun die Fleischbrühe angießen, die geriebene Schale der Zitrone zugeben und weitere 10 Minuten köcheln lassen. Die Butter in Flocken hinzugeben um die Sauce einzudicken. Sie darf nun nicht mehr kochen. Schließlich den Bratensaft von der Springbocklende einrühren. Mit Kartoffelpüree servieren und als Beilage angebratenen Weißkohl, Zuckererbsenschoten sowie gelben Kürbis reichen.

Die Küche:

Geniessen Sie Luxus pur bei einer Fahrt in den großzügigen, elegant mit dunklem Holz verkleideten Abteilen und lassen Sie sich von der feinen Küche sowie den exzellenten südafrikanischen Weinen verwöhnen. Die elegante Atmosphäre an Bord wird durch das entsprechende Dekor in den Speisewagen, in der Lounge und in der Observation Bar fortgesetzt.

Rovos Rail

Seit seiner Gründung 1989 ist Rovos Rail international für ein unvergessliches Reiseerlebnis bekannt. Einzigartige Zug- und Flugsafaris durch das Herz Afrikas kombinieren die herrliche Landschaft mit der nostalgischen Art und Weise des Reisens von einer fast vergessenen Aera.

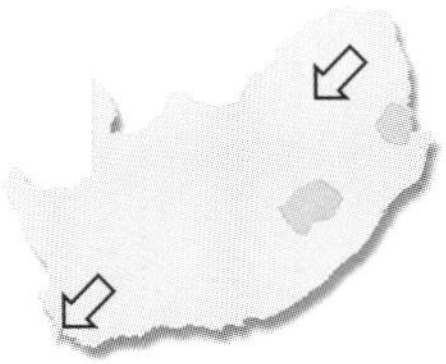

Buhala Game Lodge
Malelane ◆ Mpumalanga

Schlichtes Rinderfilet

Ein Rezept nach Art der Großmutter, welches zu besonderen Familienfeierlichkeiten bereitet wurde und nun den Gästen der Lodge serviert wird.

Zutaten:

1 kg Rinderfilet
Pfeffer aus der Mühle
Salz
Olivenöl
Senf
Sahne

Zubereitung:

Die Lende mit Pfeffer und Salz einreiben. Das Öl in einer Pfanne erhitzen und die Lende darin rundum kräftig anbraten. Anschließend im auf 180 °C vorgeheizten Ofen 20 bis 25 Minuten braten. Die Garzeit ist abhängig davon, wie „durch" das Filet serviert werden soll. Die Sahne mit dem Senf mischen und erwärmen, ohne die Sauce zum Kochen zu bringen. Die Sauce über die Lende geben und gedünstetes Gemüse dazu reichen.

Die Küche:

Die köstliche Küche im Buhala ist stets klassisch und legt großen Wert auf die natürlichen Aromen der Zutaten.

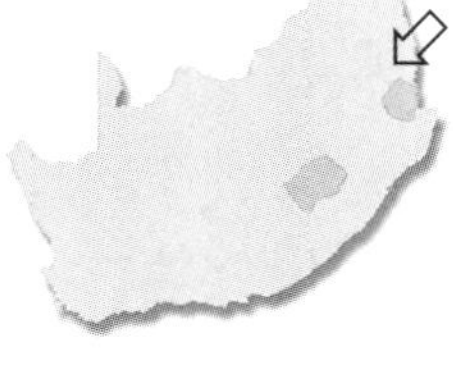

Buhala Game Lodge

Ein elegantes Hotel im Kolonialstil, herrlich gelegen im Krüger Nationalpark. Das luxuriöse Krüger Park- und Golferlebnis.

Deetlefs Wine Estate
Rawsonville • Breede River Valley

Deetlefs Frikadellen

Ein echter Braai-Leckerbissen von Deetlefs Estate. Ideal für den Picknickkorb oder die Kühltasche. Kobus und Isaline, die Besitzer von Deetlefs Weine Estate haben vier Kinder, die liebend gern am Fluß spielen und im klaren Wasser baden. Was wäre das sonntägliche Picknick am Breede River ohne Mamas ‚frikkadels'!

Deetlefs Wine Estate

Handverlesene Weine von Exellenz und Eleganz. Kobus Deetlefs ist Winzer und Eigentümer in 6. Familiengeneration seit 1822.

Zutaten:

750 g Rinderhackfleisch
2 TL Butter
1 Zwiebel, gehackt
1 dicke Scheibe Brot
3 Eier
Senf
Pfeffer aus der Mühle
Salz

Zubereitung:

Die Zwiebelwürfel in der heißen Butter glasig braten. Das Brot in etwas Wasser einweichen, ausdrücken und mit einer Gabel zerkleinern. Alle Zutaten vermengen und mit Pfeffer, Salz und Senf abschmecken. Kleine Bällchen formen und in etwas Butter oder Öl auf jeder Seite 5 Minuten anbraten, die Hitze reduzieren und in weiteren 10 Minuten gar braten. Zusammen mit Salat servieren. Statt der Bällchen kann auch die typische Frikadellenform gewählt werden. Dieses kann man auch auf dem Grill zubereiten.

Weinempfehlung:
Deetlefs Estate Merlot, Deetlefs Estate Pinotage, Deetlefs Estate Shiraz - alle drei dieser vollmundigen Roten passen.

Die Küche:

Die Deetlefs Küche ist geprägt von den kosmopolitischen Einflüssen am Kap. Die Schärfe kommt aus Indien. Viele der Kapbewohner stammen aus Indien. Die Vorliebe für Chili und Curry ist eindeutig. Die Tradition aus 6 Generationen übermittelt die gute deutsche Küche wie Eintopf, Suppen, Frikadellen. Die süße Küche stammt von den Großmüttern. Es schmeckt eben am besten „wie bei Muttern." Die moderne Küche kam mit dem Erfolg der Deetlefs Weine in Übersee. Isaline Deetlefs kocht leidenschaftlich gern und freut sich über neue Rezepte aus der Alten Welt. Kobus ist der Braaimaster, sprich Grillmeister. Sobald Fleisch auf dem Speiseplan steht, rührt er die Marinade und grillt das zarteste Filet in ganz Südafrika. Seine Vorliebe sind Scampis gegrillt mit einem Schuss guten Balsamico Essigs, etwas Salz und Olivenöl. Dazu ein weißer Deetlefs Estate Wein und die Seele lehnt sich zufrieden zurück.

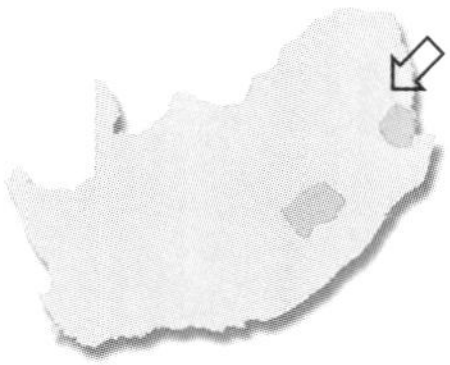

Andries
Stockenström
guest house
Graaff-Reinet

Andries Stockenström Guest House
Graaff-Reinet ◆ Eastern Cape

Bobotie

Die Küche:

Das Gästehaus ist berühmt für seine Küche im Stil der Karoo und den Service von André und Beatrice Barnard, die sich persönlich um ihre Gäste kümmern.

Zubereitung:

Lammfleisch, Äpfel, Trauben, Curry, Essig, die 3 Eier, Chutney, Aprikosenmarmelade, Zucker, Kurkuma, Pfeffer, Salz, Allspice-Gewürz und die Zwiebeln miteinander mischen und in eine dick gebutterte, feuerfeste Auflaufform geben. Die 2 Eigelb und die Milch in einer kleinen Schüssel mischen und gleichmäßig über die Mischung gießen. Im auf 180 °C vorgeheizten Ofen etwa 45 Minuten backen. Heiß servieren.

Zutaten:

1 kg Lammfleisch, gekocht, fein gehackt
1 Dose Äpfel, ungesüßt (alternativ: 3 reife Äpfel, gerieben)
125 g kernlose Trauben
1 EL Curry
125 ml Essig
3 Eier (plus 2 Eigelb)
2 EL Chutney
2 EL Aprikosenmarmelade
1 TL Kurkuma (Gelbwurz)
1 EL brauner Zucker
125 ml Milch
2 große Zwiebeln, gehackt, angebraten
Butter für die Auflaufform
Allspice
Pfeffer aus der Mühle
Salz

Andries Stockenström Guest House

Das Andries Stockenstrom Guest House liegt in Graaff-Reinet in der Weite der Karoo. Beatrice und André sind mit Recht stolz auf die hohen Auszeichnungen, die sie bereits gewonnen haben: mehrfache Gewinner des Best Full-service Guest House in South Africa.

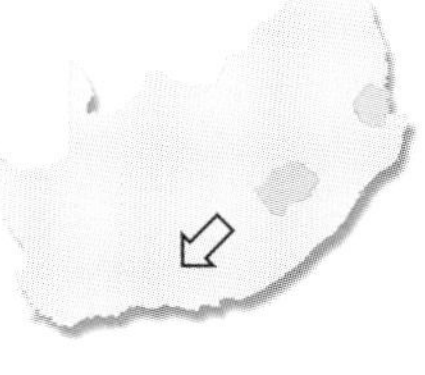

Bosman´s Restaurant at the Grande Roche Hotel
Paarl ◆ Western Cape

Springbocklende und geschmolzene Foie Gras auf Waldpilz-Risotto mit Pinotage-Jus

Dieses Gericht ist eines der „Highlights" des Bosman´s Restaurant im Grande Roche Hotel.

Zutaten:

Springbock:
4 Stücke Springbocklende
(à 140 g)
Salz
Pfeffer aus der Mühle
Öl

Foie Gras:
12 Scheiben à 20 g Foie Gras
(Gänsestopfleber)
Meersalz, grob
Pfeffer aus der Mühle

Waldpilz-Risotto:
120 g Risotto-Reis
1 kleine Schalotte
1 kleine Knoblauchzehe
20 ml Olivenöl
300 ml Geflügelbrühe
1 Zweig Thymian
1 Zweig Rosmarin

Zubereitung:

Für die Springbocklende das Öl in einer Pfanne erhitzen. Die Lenden mit Salz und frisch gemahlenem Pfeffer würzen. In der Pfanne von beiden Seiten anbraten, bis die Lenden die gewünschte Farbe erhalten hat. Anschließend aus der Pfanne nehmen und im auf 200 °C vorgeheizten Ofen 5 Minuten backen. Die Lenden aus dem Ofen nehmen und 2 Minuten ruhen lassen. Die Foie Gras Scheiben auf der Oberseite mit dem Meersalz und frisch gemahlenem Pfeffer würzen. Für das Risotto das Olivenöl in einer Pfanne erhitzen. Die Schalotte und den Knoblauch hinzugeben und eine Minute rühren. Den Risotto-Reis, die beiden Kräuterzweige hineingeben und die Hälfte der Geflügelbrühe angießen. Bei mittlerer Hitze so lange rühren, bis die Flüssigkeit verdampft ist. Nun die restliche Geflügelbrühe hinzugießen und das Risotto so lange kochen, bis es al dente ist. Mit Pfeffer und Salz abschmecken. Die Butter in einer weiteren Pfanne schmelzen und die gesäuberten Pilze bei mittlerer

Hitze darin sautieren, bis die Flüssigkeit verdampft ist und die Pilze gar sind. Mit etwas Salz abschmecken. Anschließend die Pilze in das Risotto geben, die Sahne zugeben und erneut erhitzen. Zum Schluss den Schnittlauch und den Parmesan darüber streuen. Für die Pinotage-Jus den Pinotage-Wein in einen kleinen Topf geben und auf die Hälfte reduzieren lassen. Dann den Wild-Jus hinzugießen und zum Kochen bringen. Zum Servieren jede Lende in 3 Medaillons schneiden. Die Foie Gras Scheiben auf jedes Medaillon setzen. Unter dem Salamander (alternativ: im Backofen unter den Grill geben) erhitzen, bis die Foie Gras leicht geschmolzen ist. Das Risotto in der Mitte der vorgewärmten Teller verteilen, die Springbocklenden darauf setzen, die Pinotage-Jus um das Risotto geben, das Gemüse dazu arrangieren und mit einem Rosmarinzweig garnieren.

Pfeffer aus der Mühle
Salz
120 g Waldpilze
20 g Butter
20 g Schnittlauch, geschnitten
20 g Sahne
20 g Parmesankäse, gerieben

Pinotage Jus:
150 ml Wild-Jus
150 ml Pinotage-Jus

Garnierung:
Gemüse

Die Küche:

Bosman's Gourmet Restaurant im Grande Roche in Paarl ist mit seinen zahlreichen Auszeichnungen und Preisen für seine hervorragende Küche seit seiner Eröffnung im Januar 1992 inzwischen zu einer wahren Legende und einem Juwel unter den besten Hotels Südafrikas geworden.

Bosman´s Restaurant at the Grande Roche Hotel

Grande Roche mit seinem über 300 Jahre alten, original restauriertem Herrenhaus und den individuell eingerichteten Suiten liegt inmitten eines sanft ansteigenden Weinberges und bietet einen beeindruckenden Blick über das Tal von Paarl hinüber zu den Bergen. Mitglied bei: Relais & Chateaux und Africa's only Relais Gourmand • The Virtuoso Collection

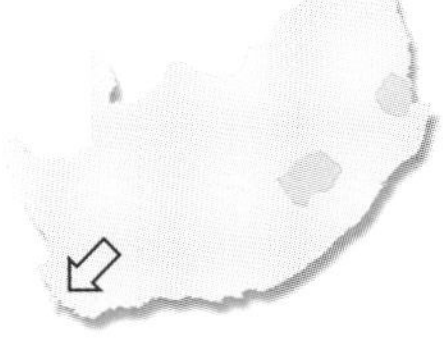

Lion Sands Private Game Reserve
Krüger National Park ◆ Mpumalanga

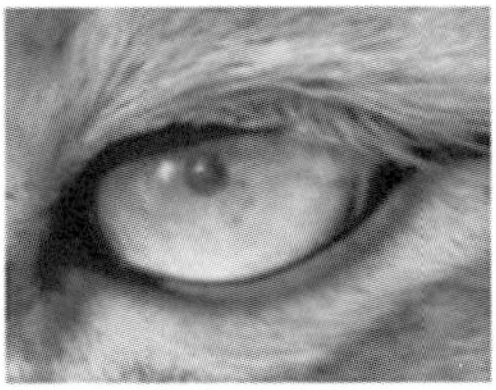

LION SANDS

PRIVATE GAME RESERVE

Krokodil nach Cajun-Art mit frischer Pampelmuse

Ein Rezept für 10 Personen.

Zutaten:

1 kg Krokodilfleisch
40 g Butter
250 ml Sahne
1 EL Cajun-Gewürz
1 Pampelmuse
1 Zwiebel
Pfeffer aus der Mühle
Salz

Zubereitung:

Die Butter in einer Pfanne erhitzen und das Krokodil, die Pampelmuse und die Zwiebel darin so lange braten, bis das Krokodilfleisch weiß ist. Anschließend vom Herd nehmen und mit Pfeffer und Salz würzen. Die Sahne und das Cajun-Gewürz unter Rühren so lange erhitzen, bis die Sahne zu einer dicken Sauce reduziert ist. Nun das Krokodilfleisch in die Sauce geben und auf kleiner Flamme einige Minuten simmern lassen.

Die Küche:

Die Küche von Lion Sands wurde aus der Idee geboren, die Vielfalt der einheimischen Aromen zu einer einzigartigen Geschmackserfahrung zusammenzuführen, welche das Erlebnis einer Safari kulinarisch begleitet und bereichert.

Thailändisches Hühnchensandwich

Zubereitung:

Das Brot in Scheiben schneiden und rösten oder toasten. Die Hühnerbrüste braten oder grillen. Den Salat auf je eine Brotscheibe legen, darüber die in Juliennes geschnittenen Paprikas und die in dünne Scheiben geschnittene Tomate und Gurke verteilen. Darauf die Hühnerbrust geben. Die weiteren Zutaten und die Sauce darüber geben und zum Schluss den Koriander darüber streuen.

Zutaten:

(für 5-6 Portionen)
1 kg Hühnerbrust, ohne Haut
2 EL Koriandergrün
20 g Pecannüsse, ganz
1 Kopf Lollo Rosso-Salat
1 Tomate
1 Gurke
1 rote Paprika
1 gelbe Paprika
1 grüne Paprika
100 ml süße Thai Chili Sauce
1 Laib Rosinenbrot

Lion Sands Private Game Reserve

Ein privates Game Reserve der Luxusklasse im Krüger National Park an den Ufern des großartigen Sabie Flusses gelegen. Ein Platz, an welchem die Vielfalt des Wilds reichhaltig und die Erlebnisse unvergesslich sind. Sie werden bei Sonnenaufgang von der Lodge oder dem Camp von Ihrem Ranger und Tracker in einem offenen Landrover abgeholt. Aufgrund der Vielfalt der Vegetation lebt eine erstaunlich große Anzahl von Tieren in diesem Gebiet. So sind Löwen, Leoparden, Elefanten, Nashörner, Büffel, Giraffen, Geparden, Zebras und Hyänenhunde (Wild Dog) ebenso hier zu sehen, wie Flusspferde und Krokodile. Selbstverständlich gibt es auch zahlreiche Impalas und andere Antilopenarten bis hin zum majestätischen Kudu mit seinem eindrucksvollen Gehörn. Sie machen Lion Sands zum ultimativen Safari-Erlebnis.

Ted´s Place
Pretoria ◆ Gauteng

Ted´s Place

Geschmorte Rinderkeule

Ein echtes südafrikanisches Gericht, welches auch als „Potjie" bekannt ist, wenn es im Freien langsam auf kleiner Flamme gegart wird. Das Rindfleisch wird von der Unterkeule gelöst und man muss es lange kochen, bis es gar ist.

Zutaten:

(für 8 Personen)
1 ½ kg Rinder-Unterkeule
2 EL Öl
1 große Zwiebel, gehackt
250 ml Wasser
9 mittlere Tomaten, geschält
3 große Karotten, geschält und in Scheiben

Zubereitung:

Das Öl in einem schweren Bräter erhitzen. Das Fleisch darin von allen Seiten gut anbraten. Das Wasser erhitzen und in den Bräter gießen. Bei schwacher Hitze etwa zweieinhalb Stunden simmern lassen, bis das Fleisch gar ist. Wenn nötig etwas Wasser zugießen. Nun die gehackte Zwiebel, die Tomaten, das restliche Gemüse und die Cocktailtomaten in den Bräter geben. So lange köcheln, bis das Gemüse gar ist. Nun die Knochen vom Fleisch lösen und entfernen. Das Saucenpulver über das Gericht streuen, um die Flüssigkeit einzudicken. Unter gelegentlichem Rühren noch 5 Minuten kochen. Vor dem Servieren die Sahne einrühren und mit Reis anrichten.

8 Cocktailtomaten, mit Schale
1 Packung Ochsenschwanz-Suppe
125 ml Sahne
Salz ist nicht nötig, da in der Suppe enthalten

Die Küche:

Natürlich wird Ihnen in Ted's Place ein reichhaltiges Frühstück serviert. Auch traditionelle südafrikanische Küche „boere kos" wird den Gästen geboten.

Ted's Place

Ted's Place ist eines der besten Bed & Breakfast Gästehäuser in Südafrika. So sagen denn auch die Besitzer Annemarie & Ted Stilwell „Ted's Place is what Bed and Breakfast is all about!", ein echtes Heim mit Gastgebern, die sich um Sie kümmern. Auszeichnungen: Finalist AA Travel Accommodation Awards, 3 Sterne vom Tourism Grading Council of South Africa, Accommodation Awards in den vergangenen 4 Jahren und Teil der Portfolio Collection von Bed and Breakfasts in Südafrika.

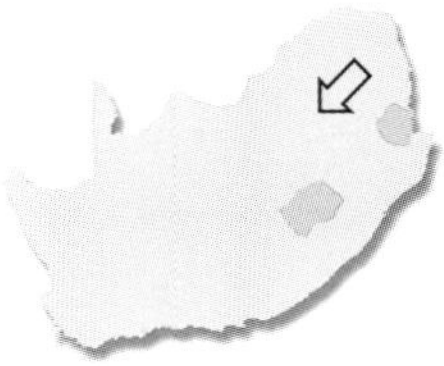

Mount Nelson Hotel - The Cape Colony Restaurant
Cape Town ◆ Western Cape

Geräuchertes Krokodil mit Sauerampfer und Samoosa-Scheibchen

Zutaten für vier Portionen.

Zutaten:

250 g Krokodilfleisch, geräuchert
80 g Tomatenschnitze, geschält
200 g Sauerampfer (englisch spinach)
40 g rote Zwiebel-Marmelade
5 g Butter
Pfeffer aus der Mühle
Salz

Samoosa-Scheibchen:
250 g Mehl
80 ml Wasser
0,25 Zitrone, Saft davon
5 g Salz
Basilikum-Öl

Rote Bete-Sauce:
250 g Butter
25 g Kartoffelstärke
240 ml Milch
1 Rote Bete, gekocht, in Scheiben geschnitten
1 Eigelb

Zubereitung:

Die Butter in einer Pfanne erhitzen und den Sauerampfer, die Tomatenschnitze und die rote Zwiebel Marmelade (Fertigprodukt) darin sautieren. Nun das Krokodil zugeben, heiß werden lassen und mit Pfeffer und Salz abschmecken. Für die Samoosa-Scheibchen das Mehl in eine Schüssel geben, mit dem Salz mischen und unter Rühren das Wasser und den Zitronensaft zugeben. Den Teig dünn ausrollen und backen, bis er hellgelb ist. Für die Rote Bete Sauce die Butter in einer Pfanne erhitzen, das Mehl einrühren und 2 bis 3 Minuten kochen. Vom Herd nehmen und die Milch langsam einrühren. Erneut erhitzen und unter Rühren zum Kochen bringen. So lange kochen lassen, bis die Sauce eindickt. Die dünn geschnittene Rote Bete-Scheiben in kleine Rauten schneiden, in die Sauce geben und einige Minuten mitkochen lassen. Anschließend die Hitze reduzieren und das Eigelb einrühren. Zum Servieren die Samoosa-Scheibchen auf die Teller legen, das Krokodil darauf anrichten und die Rote Bete-Sauce und etwas Basilikum Öl darüber gießen. Mit etwas Petersilie garnieren.

BBQ aromatisierte Ente mit gebratenem Gemüse

Zubereitung:

Für die Barbequesauce alle Zutaten in eine Schüssel geben und gut verrühren. Für das Sesamdressing werden die Zutaten gemischt und anschließend über die Gemüse geben. Die Entenbrüste parieren. In einem Topf Wasser mit einem Spritzer Honig zum Kochen bringen und die Entenbrüste darin eine halbe Minute kochen. Herausnehmen und mit einem Küchentuch trockentupfen. Nun mit der Fettseite nach unten in eine heiße Pfanne geben und so lange braten, bis das Fett abgeschmolzen ist. Den Ofengrill oder den Salamander vorheizen, die Entenbrüste mit der Barbeque-Sauce bestreichen und so lange grillen, bis die Entenbrüste gar sind. Das Gemüse in Stücke schneiden, blanchieren, abtropfen und anschließend in einer heißen Pfanne mit etwas Sesamdressing sautieren. Anschließend die Sesamkörner und die gehackten Cashewnüsse darüber streuen.

Zutaten:

8 Entenbrüste
1 kg gemischt: Chinakohl, Brokkoli, Bohnensprossen, Bok Choi (alternativ Spinat)
2 Süßkartoffeln, halbiert und in dünne Scheiben geschnitten
200 ml Barbeque-Sauce
100 ml Basilikum Öl
Garnierung:
frittierte Reisnudeln
2 TL Sesamkörner
4 TL Cashewnüsse, gehackt

Barbeque-Sauce:
10 EL Tomatensauce
10 EL Charsiu Sauce
3 EL Honig
3 EL Sojasauce

10 EL Sesamöl, geröstet
1 Orange, Saft davon

Sesamdressing:
1 TL Knoblauch, fein gehackt
2 TL Ingwer, gerieben
1 Zitrone, Saft davon
2 Orangen, Saft davon
5 EL Sesamöl
3 EL Sojasauce
2 EL Honig
1 Prise Pfeffer, gemahlen
1 Prise Salz

Die Süßkartoffelscheiben in einer Friteuse frittieren, bis sie goldbraun und weich sind. Zum Anrichten die Süßkartoffeln und die Gemüse auf den Teller geben. Darauf die dünn in Scheiben geschnittenen Entenbrüste geben. Mit den frittierten Reisnudeln garnieren. Etwas Barbeque-Sauce und Basilikum-Öl darüber träufeln.

Die Küche:

The Cape Colony Restaurant - Das Spitzenrestaurant des Mount Nelson Hotel bietet eine innovative Speisekarte sowie zeitgenössischen Jazz am Abend.

Mount Nelson Hotel

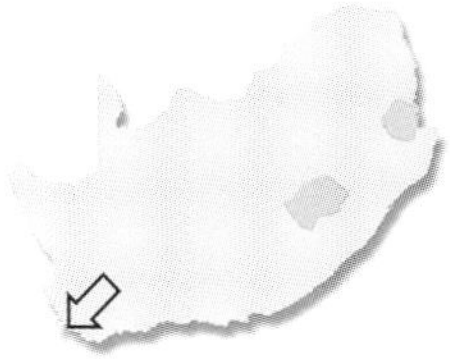

„Wer nicht völlig abgestumpft ist, für den ist es ein Stückchen Himmel, am Pool des Mount Nelson Hotel zu liegen und auf die atemberaubende Schönheit des Tafelbergs heraufzuschauen.“
Max Hastings, London Evening Standard, GB

Shiluvari Lakeside Lodge
Louis Trichardt • Limpopo Province

Shiluvari
LAKESIDE LODGE

Rindfleischmedaillons in Biltong-Korianderkruste

Eines der populärsten Gerichte der Shiluvari Lakeside Lodge, serviert auf Süßkartoffelbrei und Butternut-Chips.

Zutaten:

1 Rinderfilet
2 EL Koriandersamen
2 EL Würzmischung: Kreuzkümmel, Schwarze Pfefferkörner, Meersalz, 1 Chilischote - grob gehackt
250 g Biltong, vom Rind, fein gerieben
5 Süßkartoffeln
50 ml Sahne
2 EL Butter oder Olivenöl
250 ml Milch
1 Butternut-Kürbis (flaschenförmiger ockergelber Kürbis)

Zubereitung:

Das Rinderfilet von den Sehnen befreien und in 4 dicke Steaks schneiden. Die Steaks etwas platt drücken. Die Kreuzkümmelsamen, die Koriandersamen, die Pfefferkörner, das Meersalz und die Chilistücke im Mörser zerstoßen. Mit etwas Olivenöl beträufeln und zu einer Paste rühren. Die Steaks mit der Paste und dem geriebenen Biltong auf beiden Seiten bestreichen und gut andrücken. Die Steaks in einer Steakpfanne von beiden Seiten braten, nicht länger als 4 Minuten auf jeder Seite. Das Steak ist auf einer Seite gar, wenn das Blut auf der Oberseite hervortritt. Dann das Steak wenden.

Währenddessen die Süßkartoffeln schälen und waschen. In Wasser mit etwas Salz kochen, bis sie gar sind. Das Wasser abgießen, die Süßkartoffeln mit Meersalz und frischem Pfeffer aus der Mühle würzen. Die Milch zugießen und die Kartoffeln zu einem cremigen Brei zerdrücken. Nach Geschmack kann ein Esslöffel Sahne untergerührt werden, um den Brei lockerer zu machen. Den Butternut-Kürbis schälen und mit einem Kartoffelschäler dünne Scheibchen längs vom Kürbisfleisch schälen. In einer Pfanne Öl stark erhitzen und die Kürbisscheibchen etwa 40 Sekunden darin frittieren, bis sie knusprig sind. Wenn das Öl nicht heiß genug ist, wird der Kürbis nicht knusprig.

In der Mitte der Teller den Süßkartoffelbrei anrichten. Obenauf die gebratenen Filetsteaks legen und die frittierten Kürbisstreifen darüber geben. Den Bratensaft mit etwas Rotwein und Sahne auf kleiner Flamme zu einer Sauce reduzieren. Mit einem Teelöffel an den Tellerrand träufeln. Mit etwas Koriandergrün dekorieren.

Die Küche:

Im Haupthaus der Lodge werden die Mahlzeiten eingenommen, in der intimen Lounge mit dem offenen Kamin trifft man sich zu einem Sherry oder einem Glas Wein und unterhält sich mit dem Besitzerehepaar Clare und Michel Girardin. Clare hat ihre Erfahrungen aus ihrer Zeit bei Sabi Sabi eingebracht und verwöhnt ihre Gäste unter anderem mit einer ausgezeichneten Küche, die das Beste der örtlichen mit der europäischen Küche verbindet.

Shiluvari Lakeside Lodge

Die Shiluvari Lakeside Lodge liegt in einem Naturschutzgebiet am Stausee des Albasini-Damms im Vendaland in der Northern Province. Die Gäste wohnen in 12 riedgedeckten Chalets, die unterschiedlich dekoriert sind und Elemente örtlicher Kunst enthalten.

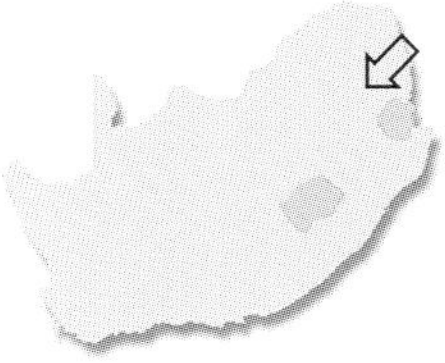

Devon Hill Winery

Stellenbosch ◆ Western Cape

Devon Hill Wildpastete

Rezept für 10 Portionen. Dazu die ausgezeichneten Weine von Devon Hill servieren.

Zutaten:

500 g Lammrippen
Olivenöl
2 kg Wild (Springbock, mit Knochen)
2 Streifen Bacon
1 Zwiebel
8 Nelken
1 Prise Muskatnuss, gemahlen
10 ml Knoblauch, gehackt
1 EL Meersalz
½ TL schwarzer Pfeffer aus der Mühle
800 ml Wasser, heiß
250 ml Devon Hill Pinotage oder Bluebird
1 ½ EL Bratensaucen-Pulver, mit etwas Wasser zu einer glatten Paste verrühren

Pastetenteig:
2 Eier
250 ml Olivenöl
250 ml Milch
320 g Mehl
4 TL Backpulver
1 TL Senfpulver
1 Prise Salz

Zubereitung:

Einen Teelöffel Olivenöl in einer Pfanne erhitzen und die Lammrippen darin 15 Minuten bräunen. Die Rippen aus der Pfanne nehmen und mit dem Wild und dem Bacon auf gleiche Weise verfahren. Anschließend aus der Pfanne nehmen und das Fett abgießen. Anschließend sämtliche Zutaten, mit Ausnahme der Bratensauce-Paste, in die Pfanne geben und etwa 3 Stunden auf kleiner Flamme simmern lassen, bis das Fleisch vom Knochen fällt. Vom Herd nehmen, die Knochen entfernen, die Bratensaucen-Paste einrühren, aufkochen lassen und anschließend in einer Schüssel abkühlen lassen. Den Ofen auf 180 °C vorheizen. Für den Teig die Eier in einer Schüssel schlagen, die Milch und das Öl einrühren. Anschließend die trockenen Zutaten unterrühren. Das Fleisch in eine Pastetenform geben und den Teig darüber verteilen. Im Ofen 30 Minuten backen, bis die Pastete goldbraun ist.

Die Küche:

Devon Hill ist stolzes Mitglied der Devon Valley Winzervereinigung. Alle Weine werden aus eigenen Trauben des 54 Hektar großen Weinguts gekeltert.

Devon Hill Winery

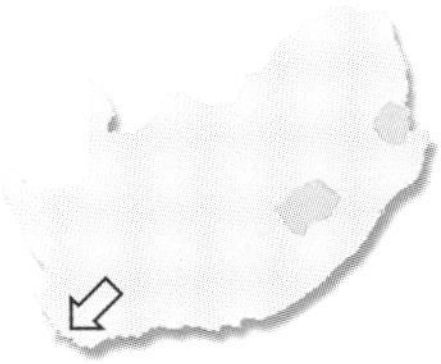

Devon Hill Winery liegt am westlichen Rand von Stellenbosch im Herzen der Cape Winelands.

Hog Hollow Country Lodge

Plettenberg Bay ◆ Western Cape

Straußen-Satey-Spieße

EST. 1993 ★★★★ LODGE

HOG HOLLOW
COUNTRY LODGE

Ein Rezept von Joe Booysen - Executive Chef der Hog Hollow Country Lodge (2003)

Zutaten:

400 g Straußenfleisch
1 rote Paprikaschote
1 grüne Paprikaschote
1 gelbe Paprikaschote
Pfeffer aus der Mühle
Salz
Holzspieße

Erdnuss-Sauce:
200 g Erdnussbutter
½ Zwiebel
250 ml Sahne
375 ml Geflügelfond/-brühe
Pfeffer aus der Mühle
Salz

Sauce Hollandaise:
250 g Butter, geschmolzen
4 Eigelb
3 EL weißer Essig
1 Lorbeerblatt
1 Prise schwarzer Pfeffer, gemahlen
1 Prise Estragon, gekerbelt

Garnierung:
Rosmarinstängel
Cocktail-Tomaten

Beilage:
Gemüse
Knoblauch-Kartoffeln-Wedges

Zubereitung:

Für die Spieße die Paprikaschoten und das Straußenfleisch in Würfel schneiden. Abwechselnd auf die Spieße stecken, mit Pfeffer und Salz würzen und grillen, bis das Fleisch medium ist. Für die Sauce die Zwiebel hacken und in Öl braten, bis sie goldbraun ist. Die Hitze reduzieren, die Erdnussbutter zugeben und gut verrühren. Nun die Sahne, den Pfeffer und das Salz dazu geben. Den Geflügelfond hinein gießen und langsam aufkochen lassen. Die Sauce über die Spieße gießen. Die Sauce Hollandaise wird für die Beilage (Gemüse) bereitet. Die Butter in einer Pfanne schmelzen lassen. In einer zweiten Pfanne den Essig, den Estragon, den Pfeffer und das Lorbeerblatt erhitzen und ziehen lassen. Die Eigelb in einer Schüssel schlagen, die Butter und den Essig einrühren, erneut erwärmen und zum Servieren über die gegarte Gemüsebeilage geben. Mit einigen Tomaten und dem Rosmarinzweig garnieren. Dazu Knoblauch-Kartoffel-Wedges reichen.

Die Küche:

Hog Hollow ist für sein ausgezeichnetes Essen und den freundlichen und persönlichen Service bekannt. Das Farmhaus-Frühstück wird an schönen Tagen auf einem Holzdeck mit Aussicht auf die Tsitsikama-Berge oder an kühleren Tagen am großen offenen Kamin im Hauptgebäude der Lodge serviert. Hier nimmt man auch das geschmackvolle Abendessen bei Kerzenschein ein. Vom Speiseraum aus kann man in die Küche sehen und beim Zubereiten der Speisen zuschauen.

Hog Hollow Country Lodge

Hog Hollow liegt an der bekannten Garden Route, 18 km östlich des Küstenstädtchens Plettenberg Bay. Von Hog Hollow lässt sich die Garden Route und das abwechslungsreiche Hinterland gut erkunden. So sind auch der berühmte und sehenswerte Tsitsikamma Nationalpark im Osten und die Stadt Knysna im Westen mit ihrer Lagune und den „Knysna Heads“. Hog Hollow Country Lodge ist das einzige afrikanische Mitglied von „The Guild Of Master Craftsmen“, einer weltbekannten Organisation, deren Mitglieder für einen hohen Qualitätsstandard und hervorragenden Service eintreten.

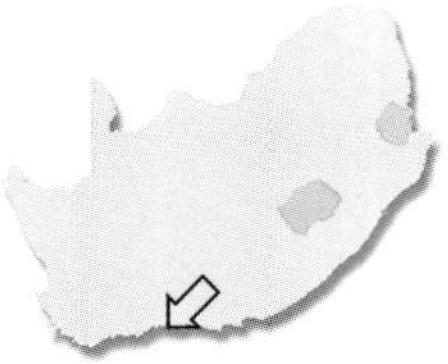

Avontuur Estate
Somerset West ◆ Western Cape

Die Küche:

Im Avontuur Estate serviert man klassische Cape Country Cuisine.

Avontuur Estate

Kapmalayen Bobotie

Zubereitung:

Das Öl in einer Pfanne erhitzen, die Zwiebel und die Curry-Gewürze anbraten. Das Hackfleisch zugeben und unter gelegentlichem Rühren bräunen. Nun die Zitronenachtel hinzu geben und den Saft hineingießen. Das Weißbrot in der Sahne einweichen, dann zerbröseln und anschließend zum Fleisch geben. Nun die Mischung in eine Auflaufform geben. Die Milch in eine Schüssel geben und mit den Eiern und dem Kurkuma verrühren. Die Milchmischung über das Fleisch gießen. Im auf 180 °C vorgeheizten Backofen etwa 30 Minuten backen. Dazu knackigen grünen Salat servieren.

Zutaten:

1 kg mageres Rinderhackfleisch
1 EL Currypulver
1 Zwiebel, fein gehackt
1 TL Kurkuma
1 unbehandelte Zitrone, Achtel und Saft
125 ml Chutney
3 Scheiben Weißbrot, ohne Rinde
125 ml Sahne
Pfeffer aus der Mühle
Salz
4 Eier
750 ml Milch
1 TL frischer Ingwer, gerieben
1 TL Kreuzkümmel (Cumin), gemahlen
1 Tl Knoblauch, fein gehackt
Öl zum Braten

Avontuur Estate

Das Avontuur Estate Restaurant liegt malerisch in den Weinbergen des Weinguts. Das Gut und das eigene Gestüt liegen an den Ausläufern der Helderberg Berge zwischen Somerset West und Stellenbosch. Das Estate setzt auf neue Wege bei der Produktion für seine Weine der Top-Kategorien, hierbei ist besonders der Rotwein zu nennen.

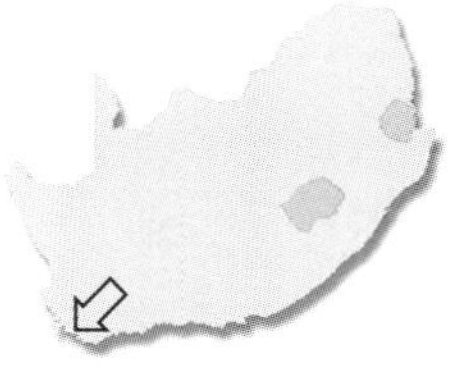

Estuary Country Hotel
Port Edward ◆ KwaZulu Natal

Rinderfilet à la Estuary

Zutaten:

(für 1 Portion)
250 g Rinderfilet
50 g Cheddar Käse, gerieben
8 Muscheln, geräuchert
5 ml Zitronensaft
10 ml Sonnenblumenöl
etwas Barbeque-Gewürz (BBQ Spice)
Salz

Zubereitung:

Das Filet trimmen und mit dem Zitronensaft und dem Barbeque-Gewürz einreiben. Im Kühlschrank 20 Minuten ziehen lassen. Danach herausnehmen und in das Filet vom Rand her mit den Fingern eine Öffnung im Fleisch schaffen. Zuerst den Käse und anschließend die Muscheln hineingeben. Die Öffnung mit einem Zahnstocher sorgfältig verschließen. Das Sonnenblumenöl in einer Pfanne erhitzen und das Filet bei nicht zu starker Hitze von beiden Seiten zwischen 4 und 8 Minuten bis zur gewünschten Garstufe braten. Mit Kartoffelrösti, Pilzen und einer Cognacsauce servieren.

Die Küche:

Das Fish Eagle Restaurant im Estuary Estate hat sich seit seiner Eröffnung im Jahre 1996 einen sehr guten Ruf erworben und zählt inzwischen zu den fünf besten Restaurants an der Südküste. Es bietet sowohl örtliche als auch internationale Speisen.

Die gelungene Mischung aus lokaler und internationaler Küche hat dem Estuary Country Hotel das Prädikat „Ein Restaurant, das man erleben muss“ eingetragen. Ausgestattet mit einem Team von europäischen und lokalen Köchen, sowie mehrsprachigen Mitarbeitern in Restaurant und Bar bietet es ein umfassendes Angebot für Hochzeiten, Bankette, Empfänge und Konferenzen auf nationaler und internationaler Ebene.

Lammnacken und Weißkraut-Potjie

Dieses Rezept bedarf zunächst einer Erklärung Seit einigen Jahren wächst die Beliebtheit des Potjie als Alternative zum traditionellen Barbeque. Ein Potjie ist ein dreibeiniger, gusseisener Topf, in welchen die Zutaten gegeben werden, die dann im Potjie über heißen Kohlen garen.

Zubereitung:

Das Öl in einem gusseisernen Potjie mittlerer Größe (alternativ ein kleiner Bräter) erhitzen und darin die Zwiebeln, den Speck und die Lammkoteletts eine halbe Stunde braten lassen. Dabei gelegentlich umrühren, damit nichts anhängt. Nach dieser Zeit den Deckel auf den Potjie geben und 45 Minuten kochen lassen. Nun erneut umrühren und die Kartoffeln darauf verteilen. Dann den Kohl darauf geben. Die Kräuter, das Salz und den Pfeffer darüber streuen und das Wasser mit der Zitrone darüber gießen. Im Potjie darf nun nicht mehr gerührt werden. Den Deckel darauf geben und 2 Stunden bei mittlerer Hitze garen lassen. Gelegentlich prüfen, ob genug Flüssigkeit im Potjie vorhanden ist und im

Zutaten:

2 EL Olivenöl
2 große Zwiebeln, gehackt
14 Lammnacken-Koteletts
250 g Speck (Bacon), gewürfelt
16 kleine Kartoffeln, geschält, gewürfelt
1 kleiner Weißkohl, in 8 Stücke geschnitten
500 ml Wasser mit einem Spritzer Zitronensaft
1 Prise Kräuter (Mixed Herbes)
schwarzer Pfeffer aus der Mühle
Salz

Bedarfsfall etwas Wasser angießen. Den Inhalt des Potjie vor dem Servieren umrühren. Das Fleisch sollte sich nun vom Knochen lösen. Dazu braunen Reis und süßen, mit Zimt abgeschmeckten Kürbisbrei reichen.

Estuary Country Hotel

Das Estuary Country Hotel befindet sich an einer der schönsten Flussmündungen an der Südküste von KwaZulu Natal. Vom gepflegten Rasen vor dem 4 Sterne-Hotel bietet sich ein herrlicher Blick auf die Lagune am Indischen Ozean.

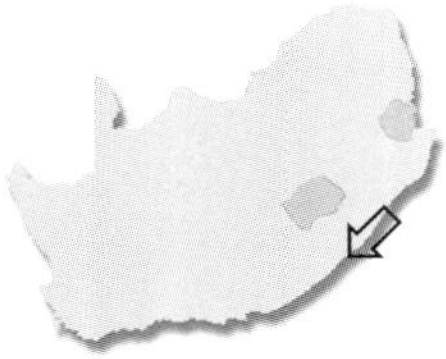

Das Hotel wurde im Jahre 1941 ursprünglich als Herrenhaus einer wohlhabenden Familie im kap-holländischen Stil erbaut. Es wurde geschmackvoll in ein Hotel und Restaurant umgewandelt und bewahrt die Harmonie der Proportionen und den Stil so, wie der Architekt das Haus geplant hatte.

Illyria House
Pretoria ◆ Gauteng

Perlhuhn à la Illyria House

Mit einem Perlhuhn pro Person ist dieses Gericht eine Hauptspeise.

Zutaten:

1 Perlhuhn
etwas Zitronensaft
125 ml Brown Vinegar (Brauner Essig, alternativ: Balsamico)
65 ml Rotwein
65 ml Soja Sauce
Koriander, gemahlen

Zubereitung:

Das Perlhuhn mit Zitronensaft einreiben. Den braunen Essig, den Rotwein und die Soja Sauce in eine Schüssel geben. Das Perlhuhn hineingeben und darin marinieren. Anschließend aus der Marinade nehmen und mit dem Koriander, der Muskatnuss und den Nelken einreiben. Das Perlhuhn nun über Nacht marinieren lassen. Das Olivenöl

in einem Bräter erhitzen und das Perlhuhn darin goldbraun anbraten. (Auf Wunsch kann das Perlhuhn auch mit der Hühnerleber, braunem Reis, einem Ei und gehackten Zwiebelngefüllt werden). Mit dem Wasser ablöschen und die Frühlingszwiebel-"Köpfe", die kleinen Champignonköpfe, die getrockneten Pfirsiche, die Karottenscheiben, die Selleriestücke, den Bacon, den Ingwer, die ganzen Knoblauchzehen und etwas Butter hinzugeben. Alles bei kleiner Hitze 1 bis 3 Stunden garen, bis das Perlhuhnfleisch zart ist. Im Bedarfsfall noch etwas Wasser hinzugießen. Für die Glasur die Aprikosenmarmelade, den Orangensaft sowie den Honig zu gleichen Teilen miteinander vermischen und das Huhn beim Braten damit bestreichen, bis es goldbraun ist. Mit jungen Kartoffeln oder Safran-Reis und Sauerkraut sowie eingekochten Quitten mit Rosinen servieren. Für die Sauce das Gemüse und den Bratensaft durch ein Sieb passieren und die Sahne unterrühren.

Muskatnuss, gemahlen
Nelken, gemahlen
Olivenöl
500 ml Wasser
250 g Frühlingszwiebel-Köpfe"
250 g Champignons
250 g getrocknete Pfirsiche
125 g Karotten, in Scheiben
60 g Selleriestängel, in Scheiben
60 g Bacon, gehackt
1 TL Ingwer, gerieben
2 Knoblauchzehen
Butter

Glasur:
Aprikosenmarmelade
Orangensaft
Honig
Sahne

Die Küche:

Das Illyria House ist ein erstklassiges Herrenhaus im Kolonialstil für anspruchsvolle Gäste. Es bietet außergewöhnliche Gastfreundlichkeit und beste Küche. Das oft als kleines Paradies beschriebene herrschaftliche Haus mit seinem Garten empfängt immer wieder königliche Herrschaften, Staatsoberhäupter und bekannte Persönlichkeiten aus Politik und Kultur. Kenner schätzen dort eine Sammlung antiker Wandteppiche aus dem 17. Jahrhundert. Ein Butler kümmert sich um Sie und sorgt für ausgezeichneten Service. Vom Haus aus hat man einen ausgezeichneten Blick auf Pretoria, die historische „Jakaranda-Stadt". Auf Wunsch begleitet Sie Ihr persönlicher Chauffeur zu den Sehenswürdigkeiten in und um Pretoria.

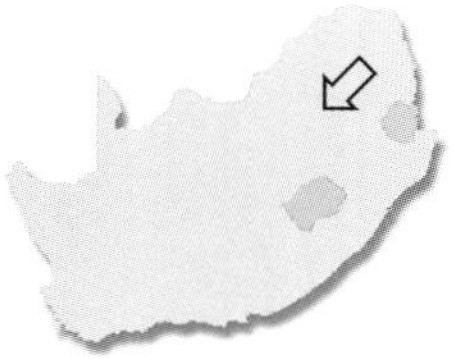

Illyria House

Das Illyria House bietet außergewöhnliche Gastlichkeit und die Küche konzentriert sich gemäß der klassischen Tradition des Hauses auf die Klassiker der traditionellen Küche Südafrikas.

Montusi Mountain Lodge
Bergville • KwaZulu Natal

Die Küche:

Der Küchenchef und sein Team haben ihr Können bereits mit hervorragenden Kreationen unter Beweis gestellt. Vor allem seine gastronomischen Themenabende sind sehr erfolgreich. Eine große Auswahl an vorzüglichen Weinen ergänzt die Speisenliste. Nach oder vor dem Essen bietet sich die Bar des Hauses an, die bei Gästen und Freunden bereits großen Anklang gefunden hat.

Montusi Straußenfilet mit Sherry-Sahnesauce

Zubereitung:

Die Straußenfilets mit Pfeffer und Salz würzen und in einer heißen Pfanne mit etwas Öl braten, bis das Fleisch medium gar ist. Den Spinat in kochendem Wasser mit etwas Salz blanchieren. Die Kartoffeln reiben und die ganze Flüssigkeit in einem Geschirrtuch aus dem Brei pressen, bis die Masse trocken ist. Die Kartoffelmasse mit Pfeffer und Salz würzen und etwas Olivenöl unterrühren. Die Kartoffelmasse ausrollen und mit einem Plätzchen-Ausstecher 12 (oder mehr) Plätzchen mit einem Durchmesser von 5 Zentimeter ausstechen. Anschließend auf ein Backblech geben und andrücken. Diese Kartoffel-Waffeln im Backofen bei 180 °C backen, bis sie goldbraun und knusprig sind. Wenn die Kartoffel-Waffeln anfangen braun zu werden, diese gut beobachten, denn sie brennen sehr schnell an. Den Bratensaft und den Bratensatz von den Straußenfilets in der Pfanne mit der Rinderbrühe, dem Wein und dem Sherry bei mittlerer Hitze kochen. So lange köcheln lassen, bis sich die Flüssigkeit auf die Hälfte reduziert hat. Nun die Sahne hinzugeben und unter Rühren die Sauce eindicken lassen. Dann mit Pfeffer und Salz abschmecken. Zum Anrichten ein dickes Stück Medaillon vom Straußenfilet auf eine Kar-

Zutaten:

(für 4 Portionen)
300 g Straußenfilets
2 große Kartoffeln
1 große Hand voll Spinat
Olivenöl
Pfeffer aus der Mühle
Salz

Sherry-Sahnesauce:
80 ml vollmundiger Sherry
200 ml Rotwein
125 ml Schlagsahne
125 ml Rinderbrühe
Pfeffer aus der Mühle
Salz

toffelwaffel geben. Darüber etwas von dem blanchierten Spinat drapieren, dann erneut eine Kartoffelwaffel, ein Stück Medaillon vom Straußenfilet sowie Spinat darauf schichten und mit einer weiteren Waffel abdecken. Auf einen Teller setzen und die Sauce herum auf den Teller träufeln. Mit frischem Thymian garnieren.

Montusi Mountain Lodge

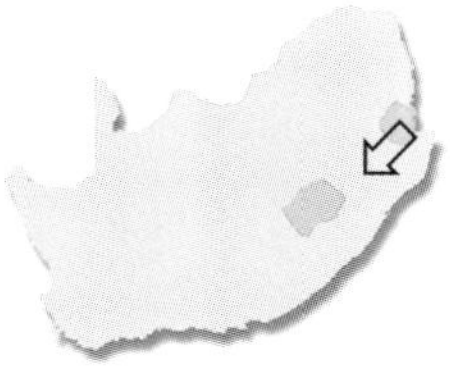

Die Montusi Mountain Lodge liegt in den KwaZulu Natal Drakenbergen und bietet einen wundervollen Ausblick auf die Bergkette „Amphitheatre“ in der Nähe des Royal Natal Nationalparks. Die Lodge gehobenen Standards wird von den Besitzern geführt und zeichnet sich so durch ihre persönliche und gastfreundliche Atmosphäre aus.

Kings Walden Lodge
Tzaneen ◆ Limpopo Province

Kings Walden Lodge

Huhn à la Kings Walden

Das Rezept stammt von Tana Hilton-Barber, der Eigentümerin der Kings Walden Lodge.

Zubereitung:

Das Hühnerfleisch mit Zitronensaft, dem Joghurt, dem Currypulver und dem Geflügelbrühepulver einreiben und 3 Stunden marinieren. Im Backofen bei eingeschaltetem Grill etwa 35 Minuten grillen, bis es gar ist. Das Hähnchen mit dem Mango Salsa und dem Zuckermaiskuchen servieren. Für das Mango Salsa die Zutaten kurz vor dem Servieren in einer Schüssel zusammenrühren. Den Mais, die Sahne, die Eier und das Muskatnusspulver in einer Schüssel mischen und mit etwas Salz abschmecken. Die Maismischung in eine gebutterte Auflaufform geben und im auf 180 °C vorgeheizten Ofen etwa eine Stunde backen. Dabei mit Aluminiumfolie bedecken und in den letzten 15 Minuten ohne Folie bräunen.

Zutaten:

1 kleines Hähnchen
3 Zitronen, Saft davon
150 ml Joghurt, natur
1 EL Currypulver
1 EL Geflügelbrühepulver

Mango Salsa:
1 Mango gehackt
125 ml Mayonnaise
Korianderblätter, gehackt

Zuckermaiskuchen:
1 Dose Zuckermais
250 ml Sahne
2 Eier, leicht geschlagen
1 Prise Muskatnuss
1 Prise Salz

Die Küche:

Die „Cordon bleu“ - Küche serviert ein traditionelles englisches Frühstück und das abendliche Menü nach Wunsch.

Kings Walden Lodge

Die Lodge - ein 3-Sterne-Haus - ist ein authentisches, traditionelles englisches Kolonialanwesen, eingerichtet mit Antiquitäten aus dem 1900 Jahrhundert, Erinnerungsstücken der Familie und afrikanischen Kunstgegenständen. Das ursprüngliche Gehöft wurde im Jahre 1904 erbaut. Die Gärten der Kings Walden Lodge sind von der Zeitschrift „House & Leisure“ als der romantischste Garten der letzten 100 Ausgaben bezeichnet worden.

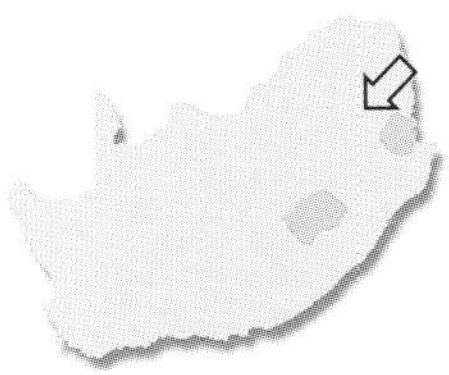

Singita Private Game Reserve
Sabi Sand Reserve ◆ Mpumalanga

Singita

Gegrilltes Straußenfilet mit Beeren-Portweinsauce

Das Filet wird mit gerösteten Kartoffeln nach Bush-Art und Beeren-Portweinsauce serviert (Grilled Ostrich fillet with bush roast potatoes and nastergal port sauce).
[Anm. der Red.: Da die dem Nastergal bei uns verwandte Beere die giftige Hundsbeere ist, sollte man in unseren Breiten nur die vom südafrikanischen Küchenchef alternativ empfohlene Cranberries oder Preiselbeeren verwenden]

Zutaten:

(für 4 Portionen)
4 Portionen Strauenfilet
4 Zitronenspalten
60 ml Preiselbeerenkompott
500 ml gute Rinderbrühe, selbst gemacht
250 ml Portwein
1 EL Himbeeressig
2 EL Butter
Pfeffer (rosa Pfeffer gibt ein exzellentes Aroma und schmeckt sehr gut zu Strauß)
Salz
verschiedene Gemüse
2 EL Olivenöl

Zubereitung:

Für die Sauce die Zitronenspalten, die Preiselbeeren, die Rinderbrühe, den Portwein, den Himbeeressig und die Butter in einer Kasserolle 30 Minuten reduzieren, bis die Sauce zur gewünschten Konsistenz eingedickt ist. Dann mit Pfeffer und Salz abschmecken.
Für die Zubereitung des Gemüses, dieses in möglichst großen Stücken mit dem Öl und der Rinderbrühe in eine Bratpfanne geben. Etwas mit Salz abschmecken und anschließend mit Aluminiumfolie gut verschließen. Bei 220 °C etwa 10 bis 15 Minuten braten.
Die Kartoffeln gut waschen, da sie nicht geschält werden. Dann in Stücke schneiden, die in der Form kleinen

Kartoffeln ähneln. In Olivenöl wälzen und mit dem Salz und Monkey Orange (bzw. Muskatnuss) bestreuen. Mit Aluminiumfolie umwickeln und im auf 220 °C vorgeheizten Backofen etwa 30 Minuten rösten, bis die Kartoffeln gar und braun sind. Vor dem Servieren eine Grillpfanne erhitzen, das Filet mit dem Öl einstreichen und in die Pfanne geben. Von jeder Seite 4 Minuten grillen. Das Filet mit den Kartoffeln und den Gemüsen auf den Tellern anrichten und die Sauce darüber geben.

60 ml Rinderbrühe
2 große Kartoffeln
4 Babykartoffeln
etwas Olivenöl zum Einpinseln
¼ TL Monkey Orange, fein gehackt (alternativ: Muskatnuss, gemahlen)

Die Küche:

Singita hat zahlreiche internationale Auszeichnungen für seine außergewöhnlichen Standards bei Unterkunft, Küche und Service verleiehen bekommen. Man ist stolz auf einen der feinsten afrikanischen Busch-Weinkeller mit über 12.000 Flaschen. Darunter befinden sich neben zahlreichen prämierten auch einige der Raritäten von den Weinbergen im Land am Kap der Guten Hoffnung.

Singita Private Game Reserve

„Africa's Finest Private Game Reserve" bietet eine außergewöhnliche südafrikanische Safari in einem exklusiven Naturschutzgebiet am Krüger Nationalpark. Singita ist exquisiter Luxus, erlesene Einsamkeit und vollkommene Ruhe in einer juwelengleichen Umgebung, in der engagierte und aufmerksame Mitarbeiter den Besuchern jeden Wunsch von den Augen ablesen und Sie verwöhnen. Die beiden Lodges im Singita Private Game Reserve: Ebony Lodge und Boulders Lodge liegen in einem 18.000 Hektar großen Gebiet am westlichen Rand des Krüger Nationalparks. Singita bietet außerdem 2 exklusive Lodges an der östlichen Grenze des Krüger Nationalparks. Größter Komfort, Stil, Mahlzeiten und die besten Weine schmeicheln den Sinnen. Beide Lodges bieten Tierbeobachtungsfahrten am Morgen und am Nachmittag im offenen Landrover an. Die Nachmittagsfahrt geht in eine Fahrt in die Dunkelheit über, während der Sie nachtaktive Tiere im Licht eines Handscheinwerfers sehen können. Außerdem kann man an geführten Buschwanderungen teilnehmen. Zahlreiche Tiere leben im Bereich der Lodges: Löwen, Elefanten, Büffel, Leoparden, das Breitmaulnashorn, Geparden, Giraffen, Zebras, Wasserbock, Flusspferde, Gnus, Kudus und viele andere Säugetier- sowie Vogelarten.

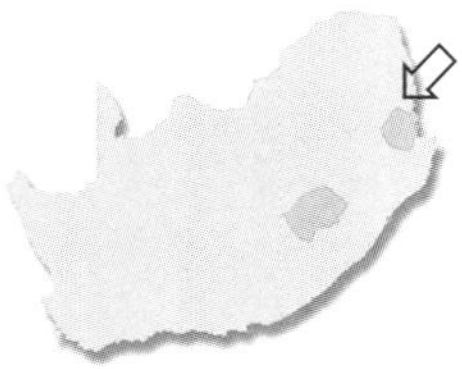

Lanzerac Manor
Stellenbosch ◆ Western Cape

LANZERAC MANOR
& Winery
1692

Karoo-Lammrücken mit Balsamico-Trüffel-Jus

Der Lammrücken wird mit aromatisiertem Ziegenkäse überbacken auf einem Straußen-Medaillon serviert. Dazu werden Baby-Spargel, Baby-Karotten und Butterkürbis-Streifen, umgeben von einer Balsamico-Trüffel-Jus, gereicht.

Zubereitung:

Den Ziegenfrischkäse (er muss sehr trocken sein, sonst läuft er) in eine Schüssel geben und mit dem Eiweiß und einigen Esslöffeln Oregano-Öl gut vermischen. Alternativ frisch gehacktes Oregano verwenden. Das Fleisch 30 Minuten vor Beginn der Garzeit aus dem Kühlschrank nehmen und stehen lassen, damit es Raumtemperatur annimmt. Die Oberseite des Lammrückens mit Öl bestreichen und mit Pfeffer und Salz würzen. Den Lammrücken in einen Bräter legen. Im auf 200 °C vorgeheizten Backofen auf der mittleren Schiene 40 Minuten braten. Während des Bratens nach und nach die Fleischbrühe angießen. Dann den Ziegenkäse darauf verteilen und weiter 10 Minuten gratinieren. Den Braten 10 Minuten zugedeckt warm stellen und vor dem Servieren die Koteletts so schneiden, dass an beiden Seiten des Knochens Fleisch ist, die beiden Rippen am Rand nicht verwenden. Die Straußen-Medaillons in heißem Öl von jeder Seite etwa 2 Minuten scharf anbraten, herausnehmen und warm stellen. Die Baby-Karotten putzen,

Zutaten:

1 Lammrücken (mit 6 Rippenstücken)
4 Straußen-Medaillons
500 ml Fleischbrühe
250 g Muskat- oder Butterkürbis
500 g Ziegenfrischkäse
1 Eiweiß
Öl mit Oregano aromatisiert
200 g kleine Karotten
200 g Spargelspitzen
2-3 EL Butter
100 ml Fleischbrühe
5 EL Balsamico
Trüffelöl
Öl
etwas Zucker
Pfeffer aus der Mühle
Salz

kochen und blanchieren. Anschließend in einer Pfanne in Butter und etwas Pfeffer und Zucker glasieren. Inzwischen in einem Topf Butter zergehen lassen und die Spargelspitzen darin ca. 6 bis 8 Minuten anschwitzen. In einem weiteren Topf Öl erhitzen, die Kürbisstreifen zugeben und mit Pfeffer und Salz würzen. Vorsicht: Kürbis wird schnell weich. Für die Soße nun die Fleischbrühe zum Kochen bringen und etwas einkochen lassen. Den Balsamico in einem Topf sirupartig einkochen, in die Sauce geben und mit Trüffelöl verfeinern. Zum Servieren das Straußen-Medaillon auf einen Teller geben und die Lammkoteletts darauf setzen. Die Gemüse daneben anrichten und die Balsamico-Trüffel-Jus herum träufeln.

Die Küche:

Das Governors Hall Restaurant serviert an 60 Plätzen à la Carte. Die Lanzerac Terrasse mit ihren 70 Plätzen bietet einen schönen Ausblick auf das Manor House.

Lanzerac Manor

Das Lanzerac Manor liegt in einem 300 Jahre alten und 155 Hektar großen Country Estate. Die vorherrschende kapholländische Architektur vermittelt den Besuchern die elegante Atmosphäre der guten alten Zeit. Als Mitglied der Gatsby International Hotels versteht das Lanzerac Manor Exklusivität als Schlüssel für einen unvergesslichen Aufenthalt.

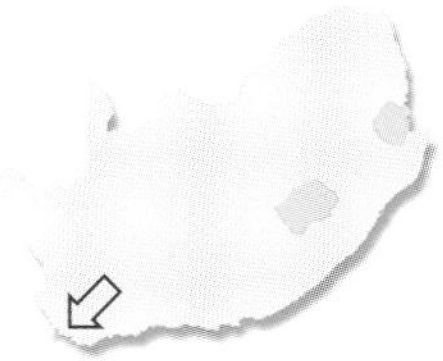

THE CAPE TOWN Ritz HOTEL

Top of the Ritz

Cape Town ◆ Western Cape

Gemsbockfilet

Der Gemsbock ist eine Antilopenart.

Zutaten:

(für 5 Portionen)
1 kg Gemsbockfilet
40 g Butter
80 g Zwiebeln
180 g Cranberry-Sauce
2 Äpfel
2 Rosmarinzweige
200 ml Wildfond
400 ml Sahne
100 ml Apfelwein
Pfeffer aus der Mühle
Salz

Zubereitung:

Zur Vorbereitung das Gemsbockfilet parieren und in etwa 1 ½ Zentimeter große Würfel schneiden. Die Zwiebeln fein hacken, die Äpfel schälen und in ca. 1 cm große Würfel schneiden. Bei der Zubereitung den Gemsbock und die Apfelwürfel in wenig Öl stark ansautieren und aus der Pfanne nehmen. Die Butter und die Zwiebeln in derselben Pfanne anziehen, dann die Cranberry-Sauce dazugeben, mit Apfelwein ablöschen und einreduzieren. Den Wildfond und die Rosmarinzweige hinzugeben. Mit Sahne auffüllen und einreduzieren, bis die Sauce eine dickflüssige Konsistenz hat. Mit Pfeffer und Salz abschmecken, die Gemsbock- und die Apfelwürfel hineingeben. Noch einmal aufkochen lassen und servieren.

Die Küche:

Die Gastgeber Florian (Deutschland) und Marcel (Schweiz) verwöhnen ihre Gäste mit kulinarischen Genüssen aus der europäischen und afrikanischen Küche.

Top of the Ritz

Das Top of the Ritz - Drehrestaurant, das sich im 21 Stockwerk des Ritz Hotels befindet, bietet einen atemberaubenden Blick über ganz Kapstadt und seinen Gästen das Gefühl, über der Welt zu schweben. Eine Umdrehung des Restaurants dauert 75 Minuten, in denen man einen Ausblick auf den Atlantischen Ozean, die V&A Waterfront, Kapstadts Hafen, Signal Hill und den Lion's Head genießen kann. Die Live-Klaviermusik im Hintergrund, der Blick auf Kapstadts Lichtermeer, die exzellente Küche und der Service machen das Top of the Ritz - Drehrestaurant zu einem unvergesslichen Erlebnis.

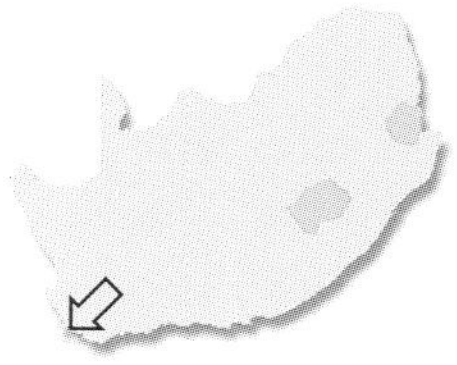

HARVEYS at the Mansions
RESTAURANT • BAR • COURTYARD & TERRACES

Winchester Mansions Hotel
Cape Town • Western Cape

Straußensteak mit Bohnenpüree & Crème fraîche Sauce

Zubereitung:

Für das Bohnenpüree die Bohnen, den Kreuzkümmel, den Koriander, die Knoblauchzehen, den Zitronensaft und das Olivenöl in einen Küchenmixer geben und zu einem dicken Püree mixen. Wenn nötig noch etwas Olivenöl hinzugeben. Mit Pfeffer und Salz abschmecken. Für die Sauce den Lauch und die Zwiebeln in etwas Öl anbraten. Wenn diese glasig geworden sind, mit dem Wein und dem Martini ablöschen und die Flüssigkeit auf die Hälfte reduzieren. Nun die Geflügelbrühe angießen und 10 Minuten köcheln

Zutaten:

4 Straußenfilets (à 200 g)
Öl zum Braten
Pfeffer aus der Mühle
Salz

Bohnenpüree:
2 Dosen weiße Bohnen (à 410 g)
10 ml Kreuzkümmel (Cumin), geröstet
4-5 Knoblauchzehen, geschält
20 g Koriandergrün, gehackt

1 Zitrone, Saft davon
45 ml Olivenöl
Pfeffer aus der Mühle
Salz

Crème fraîche Sauce:
250 ml braune Geflügelbrühe
50 ml Martini Bianco
50 ml Weißwein
50 g Crème fraîche
2 Schalotten, fein gehackt
1 kleine Lauchstange, nur das Weiße
20 g frischer Majoran
Pfeffer aus der Mühle
Salz

lassen, bis die Sauce eine glatte Konsistenz erreicht hat. Den Majoran hinein streuen und 10 Minuten ziehen lassen, bevor man die Sauce durch ein feines Sieb streicht. Etwas abkühlen lassen, bevor man die Crème fraîche einrührt. Mit Pfeffer und Salz abschmecken. (Die Sauce kann bereits im Vorfeld vorbereitet werden, darf aber beim erneuten Erwärmen nicht mehr kochen). Das Straußenfilet mit Pfeffer und Salz würzen, etwas Öl in einer Pfanne stark erhitzen und das Filet darin anbraten. Dann in einen auf 220 °C vorgeheizten Ofen braten, bis es gar ist (etwa 5min-MR / 7min-M / 9min-MW / 10min-WD). Zum Servieren einen Esslöffel des Bohnenpürees in die Mitte des Tellers geben. Etwa 40 ml der Sauce darum gießen. Das Filet auf das Püree legen und mit roten Pfefferkörnern und Kräutern bestreuen. Dazu die Sauce reichen.

WINCHESTER Mansions HOTEL

Die Küche:

Den schönen Blick auf den Atlantischen Ozean hat auch das vielfach ausgezeichnete Restaurant Harveys at The Mansions, welches auch über einen malerischen Innenhof verfügt. Das Harveys bietet lokale Spezialitäten, hergestellt mit den frischesten Zutaten, egal ob es sich um Springbock oder um Crayfish handelt.

Winchester Mansions Hotel

Dieses traumhaft schön gelegene Hotel ist eines der wenigen noch in Privatbesitz befindlichen Häuser der 4 Sterne Kategorie. Nur etwa 5 Minuten von der bekannten Victoria & Alfred Waterfront und ein Katzensprung in die Stadt oder zum Tafelbergentfernt, bietet dieses Hotel den idealen Ausgangspunkt für Tagestouren rund ums Kap. Das Personal des Winchester Mansions Hotel ist bekannt für seine Freundlichkeit und seine Gäste erfahren wahre Gastfreundschaft.

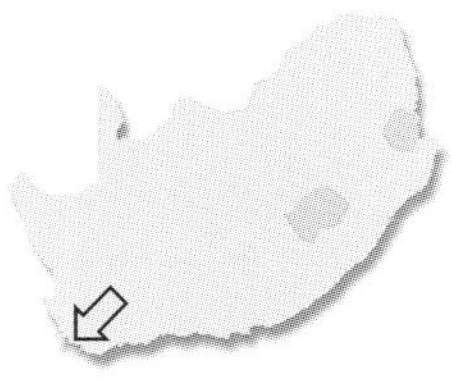

Ekukhanyeni Country Lodge
Nelspruit • Mpumalanga

Ekukhanyeni Country Lodge´s falsche Wildpastete

„Falsche Wildfleisch Pastete“ mit Papaya Chutney. Das Wort „Venison“ ist ein südafrikanischer Sammelbegriff, der das meiste Wildfleisch bezeichnet. Hauptsächlich werden Kudu, Springbock und Impala als „Venison“ verkauft. Die Jagdzeit ist eher kurz (im südafrikanischen Winter, etwa von Anfang Juni bis Ende August) und meistens ist es nicht einfach, „Venison“ zu bekommen, wenn man nicht gerade gute Beziehungen zu einem Jäger hat. Südafrikaner essen gerne und viel rotes Fleisch und dieses Rezept habe ich entwickelt, weil ich wieder einmal kein „Venison“ bekommen konnte.

Zubereitung:

Für die Marinade die Zwiebeln, den Zucker, die Butter, Currypulver, Koriander, die Kräuter mit Salz anbraten, dann mit den Zimtstangen, den Lorbeerblättern, dem Essig, dem Zitronensaft und dem Rotwein in einen Topf geben und bei schwacher Hitze etwa eine halbe Stunde kochen lassen. Wenn die Marinade erkaltet ist, das Fleisch hineingeben und 24 Stunden an einem kühlen Ort marinieren lassen. Das Fleisch morgens und abends wenden. Für die Pastetenfüllung das Fleisch aus der Marinade nehmen und trocken tupfen. In einer Schüssel mit den Zwiebeln, den Speckwürfeln, den Pilzen, den Pfefferkörnern und dem Kümmel sowie den Lorbeerblättern in der Fleischbrühe mit dem kräftigen Rotwein gar kochen. Anschließend mit dem Maismehl mischen. Den Blätterteig in der Größe der Pastetenform ausrollen. Die Fleischfüllung hineingeben

Zutaten:

Marinade:
3 Zwiebeln, in Scheiben geschnitten
75 g Zucker
2 EL Butter
1 TL Currypulver
1 TL Koriander, gemahlen
2 Teelöffel frische oder getrocknete Kräuter
Salz
2-3 Zimtstangen
2-3 Lorbeerblätter
350 ml Rotwein, trocken
Essig und Zitronensaft nach Geschmack

Füllung:
1 kg Rindfleisch, mager, in 1 ½ cm Würfel geschnitten

3 Zwiebeln, in Scheiben geschnitten
250 g Speck, gewürfelt
300 g Pilze, in Scheiben geschnitten
1 EL Pfefferkörner
1 EL Kümmel
3 Lorbeerblätter
500 ml Rinderbrühe
Rotwein, nach Geschmack
1-3 EL Maismehl

außerdem:
400 g Blätterteig, tiefgefroren
Papaya Chutney:
2 Zwiebeln, in dünne Scheiben geschnitten
1 Papaya, in Würfel geschnitten
2 EL Butter
1 EL Zucker
2 EL Essig
Salz
2-3 Tropfen Tabasco-Sauce

und nun den Blätterteig als Deckel darauf geben und den Rand andrücken. Mit etwas Blätterteig Verzierungen formen und auf dem Blätterteigdeckel befestigen, indem man die Unterseite mit Wasser befeuchtet. Den Deckel mit der Milch bestreichen. Einige Löcher in den Deckel stechen, dass der Dampf beim Backen entweichen kann und im Ofen bei 200 °C 25 bis 30 Minuten backen bis die Oberseite goldgelb geworden ist. Für das Papaya Chutney die Zwiebel in der Butter weich braten, dann die Papaya, den Zucker und den Essig beifügen und 5 bis 10 Minuten einkochen lassen. Dabei darauf achten, dass es nicht zu trocken wird und falls nötig etwas Wasser dazugeben. Mit Salz, Tabasco (Vorsicht - scharf!) und eventuell Zucker oder Essig abschmecken. Die Pastete heiß mit dem Papaya Chutney servieren.

Die Küche:

Entspannen und erholen Sie sich in unserer gemütlichen Bar während Sie auf das großartige Abendessen nach Landesküche warten, welches Ihnen entweder im Speisezimmer oder draußen unter afrikanischem Himmel in unserer Boma serviert wird, wo die einzige Störung der nächtliche Chor der Frösche und Bushbabies ist - neben dem Flackern und Knacken des großen Lagerfeuers. Wir bieten Übernachtung mit Frühstück, auf Wunsch aber auch ein Drei-Gang-Abendessen auf Vorbestellung.

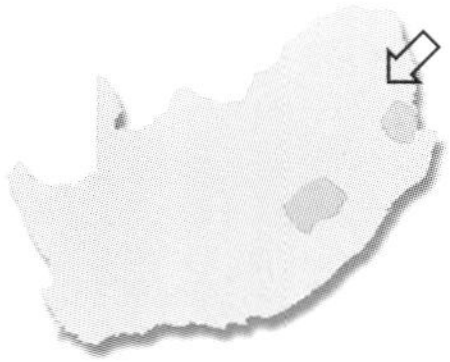

Ekukhanyeni Country Lodge

Die Ekukhanyeni Country Lodge ist ein idealer Ort, um Entspannung, Ruhe und Frieden zu finden. Ihre Gastgeber, Ian und Stephanie verwöhnen Sie mit warmer und liebenswürdiger Gastfreundschaft.

Wartburger Hof
Wartburg ◆ KwaZulu Natal

Ochsenschwanz à la Hof

Dieses Gericht benötigt eine lange Vorbereitungszeit, ist aber die Mühe auf jeden Fall wert. Dieses Rezept wurde von Conrad Coetsee kreiert. Er ist Chefkoch des Wartburger Hof Hotel.

Zubereitung:

Das Bouquet Garni in ein Säckchen einbinden. Den Ofen auf 200 °C (oder mehr) vorheizen. Die Stücke des Ochsenschwanzes in eine Röstpfanne legen und mit Pfeffer und Salz würzen. Im Ofen bräunen, dabei mehrfach wenden. 20 Minuten garen, dann das Tomatenpüree und das Tomatenmark darüber geben und im Ofen bräunen lassen. Während dieser Zeit die Zwiebel, den Lauch und den Sellerie in einem Bräter mit der Butter bei geschlossenem Deckel schmoren. Die Karotten hinzugeben und wenn das Gemüse gar ist die gebräunten Ochsenschwanzstücke in den Bräter mit dem Gemüse geben. Nun den Rotwein darüber gießen. Die Röstpfanne mit dem Port und der Coke ablöschen und den Bratensatz vom Boden der Pfanne lösen. Den gelösten Bratensatz mit der Flüssigkeit zum Ochsenschwanz gießen. Das Bouquet Garni und die geschälten Tomaten aus der Dose an den Ochsenschwanz geben, mit Wasser aufgießen, bis der Ochsenschwanz mit Flüssigkeit bedeckt ist. Im auf 160 °C vorgeheizten Ofen mindestens 4 Stunden schmoren. Das Fleisch ist gar, wenn es vom Knochen fällt. Mit Pfeffer und Salz abschmecken. Das Gericht am Besten einen Tag im Voraus zubereiten.

Zutaten:

(für 6 Portionen)
1-1 ½ kg Ochsenschwanz, in Stücke geschnitten
Pfeffer aus der Mühle
Salz
115 g Tomatenpüree
50 ml Tomatenmark
1 Zwiebel, groß, gehackt
1 Lauch, gehackt
3 Sellerie-Stängel, gehackt
15 ml Butter
2 mittlere Karotten, gerieben oder fein gehackt
125 ml Rotwein
410 g ganze Tomaten aus der Dose
165 ml Coca Cola (½ Dose)
125 ml Portwein

Bouquet Garni:
2 Knoblauchzehen
1 Lorbeerblatt
1 Zweig Thymian
1 Stängel Petersilie

Die Küche:

Eigene Brauerei, das Wartburg Brauhaus, eine gemütliche Cocktail Bar (Kaminfeuer, Glühwein) und ausgezeichnete deutsche Küche.

Wartburger Hof

Der Wartburger Hof, das elegante und komfortable Landhaushotel, welches bestrebt ist, seine Gäste auf das Äußerste zu verwöhnen, wurde 1984 im Stil eines Gebirgs-Chalets erbaut. Die Blumenkästen vor den Fenstern sowie der wunderschöne Garten mit Teich verleihen diesem Haus eine einladende, ganz spezielle Atmosphäre mit freundlichem, deutsch sprechendem Personal, wo sich die Gäste rundum wohlfühlen. Dem Empfangsraum ist ein prächtiger Aufenthaltsraum mit kostbaren alten Möbeln und Teppichen sowie ein großer Kamin angeschlossen. An kühleren Tagen verleitet sein gemütliches Feuer zum Verbleiben und nur zu gerne streckt man die Beine bei einem Glas Glühwein davor aus.

Avalon Springs Hotel
Montagu ◆ Western Cape

Die Küche:

Was die Küche anbetrifft, kann Avalon Springs mit Recht auf seine beiden Restaurants stolz sein und bietet dem Besucher das Cogman's à la carte Restaurant & Grill Room wie auch das V.I.E.W.S. Restaurant an. Eine 24 Stunden Küche sorgt für Room Service und Take Aways und es gibt Räumlichkeiten für Hochzeiten, Partys usw. - darunter eine al fresco Terrasse und eine mit Reet gedeckte „Lapa", die direkt neben den Schwimmbädern liegt.
Cogman's ist 7 Tage pro Woche für Frühstück, Mittag - und Abendessen offen und bietet Mittags ein kleines, sehr preiswertes table d'hotel Menu wie auch ein à la Carte Menu an, wobei

die Menukarte aus mehr als 50 Gerichten besteht. Die Auswahl besteht aus Steaks & Chateaubriand wie auch vielen Fischgerichten und sogar Krokodil und südafrikanisches Wildfleisch. Abends spielt meistens ein Pianist Klavier.
V.I.E.W.S. und die dazugehörige Cocktail Sky Bar ist dienstags bis sonntags ab 18 Uhr offen und ist im 6. & 7. Stockwerk von Avalon Springs gelegen. Gerade nachts ist der Blick über das ganze Ressort mit erleuchteter Bergschlucht im Hintergrund atemberaubend. Hier ist die Küche auf südafrikanische Spezialitäten wie zum Beispiel unser Haus Rezept eingestellt. Wie auch in Cogman's werden nur die besten & feinsten Zutaten verwendet und jeder Teller ist ein Kunstwerk, das schon mit den Augen verschlungen werden möchte, wobei die einheimischen Gerichte & Gewürze jedem Gourmet eine große Freude machen werden.

Gegrillte Keule vom Muskadel-Lamm d'Avalon

Obwohl Lammkeulen am besten geeignet wären, ist es auch möglich, eine Hammelkeule zu verwenden, da der Muskadelwein das Fleisch zart macht und den möglichen Hammelgeschmack wegnimmt. Das Rezept ist so weit wir wissen ein Originalrezept, das durch unseren Executive Chef Frl. Monica Faul zusammengestellt worden ist. Die ganze Lammkeule (mit oder ohne Knochen) muss in eine Ofenpfanne, die zugedeckt werden kann, gelegt werden und wird im Muskadel gebraten.

Zubereitung:

Den Ofen auf 180 °C vorheizen. Die Lammkeule mit kaltem Wasser waschen und hier und da Löcher einbohren und

Zutaten:

1 ½ kg Lammkeule, mit Knochen
2 TL Salz

1 TL Pfeffer, gemahlen
2 Zwiebeln
frischer Rosmarin
8 Knoblauchzehen
750 ml Muskadel oder anderer Dessert-Wein
500 ml Wasser

Knoblauch sowie Rosmarin in die Löcher füllen. Anschließend die Lammkeule mit Salz und Pfeffer einreiben. Mit ganzen Zwiebeln und 500 ml Muskadel in die Bratpfanne legen und zugedeckt etwa 45 Minuten braten. Nun den Deckel entfernen und 250 ml Muskadel nachfüllen. Ohne Deckel wieder in den Ofen geben und weitere 30 Minuten braten. Der Braten sollte nun außen schön braun sein und innen zart rosa. Den Braten aus der Pfanne nehmen. Sollte der Muskadel zu diesem Zeitpunkt eingekocht sein, 500 ml Wasser sowie weiteren Knoblauch und Rosmarin wie auch etwas Mehl hinzufügen und das Ganze zu einer Sauce durchrühren. Die Sauce kurz aufkochen lassen und mit der in dünne Scheiben geschnittenen Lammkeule servieren. Geröstete oder gekochte Kartoffeln und fast jedes frische Gemüse passen gut zu dem leicht süßen und aromatischem Lamm.

Avalon Springs Hotel

Seit 1985 wird das Avalon Springs von dem Eigentümer Wolf-Dieter Sowade (ein geborener Münchner, der schon seit 1966 in SA ist) geführt. Avalon Springs ist ungefähr 180 km von Kapstadt entfernt und liegt auf der sogenannten „Scenic Route" oder Route 62 auf dem Weg nach Oudtshoorn, die auch die längste Wein-Route der Welt ist. 3 Kilometer außerhalb der Stadt Montagu steht Avalon Springs am Eingang einer fabelhaften Bergschlucht, wo auch die 43 °C heiße Thermalquelle entsteht. Avalon Springs bietet dem Besucher eine unerwartete Menge an „Leisure Activities & Facilities", wobei die Thermal-Bäder natürlich an erster Stelle stehen und seit mehr als 200 Jahren zeugen Gäste, die an Artritis, Rheumatismus, Gicht und anderen Schmerzen leiden, immer wieder von den „magischen Heilkräften" dieses Wassers. Für Jung & Alt gibt es viel zu sehen und zu tun. Avalon Springs ist als Familien Kur- & Ferienort wie auch als Konferenz-Zentrum weit und breit bekannt und ein Besuch am Breede River Tal und in der kleinen Karoo wäre ohne einen Abstecher zu den Avalon Springs nicht komplett. Was die Unterkunft anbetrifft hat man eine große Auswahl an B&B-Angeboten. Die Preise pro Person pro Nacht fangen bei ZAR 300 an. Zu diesem Preis bekommt man bereits eine Semi-Lux-Ferienwohnung, wobei natürlich auch Luxuszimmer sowie eine Präsidenten Suite zur Verfügung stehen.

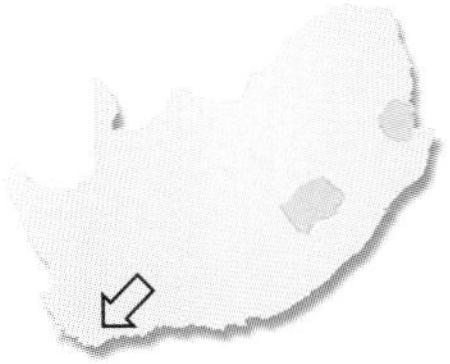

Place of the Lion
NGALA PRIVATE GAME RESERVE

Ngala Tented Safari Camp
Krüger National Park • Mpumalanga

Gegrillte Hühnerbrustfilets mit Balsamico und Limetten

Zutaten:

(für 4 Portionen)
3 EL Balsamico
2 Knoblauchzehen, zerdrückt
2 EL Olivenöl
schwarzer Pfeffer, zerstoßen

Zubereitung:

Den Essig mit dem Knoblauch, dem Olivenöl und dem Pfeffer mischen und über die Hühnerbrustfilets gießen. Die Filets darin 5 Minuten marinieren lassen und anschließend aus der Marinade nehmen. Auf dem Grill 1 bis 2 Minuten

4 Hühnchenbrustfilets
4 Limetten, halbiert
Beilage:
grüne Salatblätter mit Balsamico

von jeder Seite grillen, bis sie durchgegart sind. Während dieser Zeit die Limetten auf dem Grill „karamellisieren" lassen. Die Salatblätter auf den Tellern arrangieren und die Filets mit den Limetten darauf anrichten. Zum Schluss etwas Balsamico darüber träufeln.

Die Küche:

Ngala bietet Pan-Afrikanische Küche mit entzückendem Flair. Diese einzigartige Mischung von traditionellen afrikanischen Rezepten und der Moderne entfaltet eine ganz besondere Charakteristik. Die Gerichte bieten beides: einen Genuss für den Gaumen und eine Freude für die Augen. Gewürze und Aromen, für welche Afrika berühmt ist, wie Vanille, Safran, Koriander, Kreuzkümmel, ergänzen die monatlich wechselnden Speisen wie Gemüsesuppe, über dem Feuer geröstetes Fleisch und selbst gemachte Eiscreme.
„Bush Banketts": Ngala bietet „Moonlight bush dinners" und „Bush Sundowners". Die „Bush-Dinner" werden unter klarem Sternenhimmel serviert. Die Erfahrung des Genießens in der Wildnis unter dem Himmel Afrikas ist spektakulär und ein unvergleichliches Fest.

Ngala Tented Safari Camp

Ngala Tented Safari Camp ist ein elegantes und luxuriöses Zelt-Camp der frischen und zeitgenössischen Art. Klassische und originelle Elemente aus der Zeit von 1950 bis 1970 sind in die Lounge sowie den Speise- und Wohnbereichen integriert. Das erste Zeltcamp von CC Africa besteht aus sechs luxuriösen Zelten mit Veranden, die auf erhöhten Plattformen stehen. Jedes geräumige Zelt verfügt über eine Außendusche und ein stilvolles Bad. Täglich werden zwei Pirschfahrten in offenen Landrovern durchgeführt, so dass Sie ausgezeichnete Möglichkeiten haben, Tiere zu sehen und zu fotografieren. Auch an Nachtfahrten zur Beobachtung nachtaktiver Tiere und an Fahrten off-road, abseits der Wege, können Sie teilnehmen.

Auch auf entspannten Wanderungen mit einem erfahrenen und kenntnisreichen Guide und Fährtenleser lernen Sie die Natur und einige ihrer Geheimnisse kennen. Das Ngala Private Game Reserve ist Heimat einer erstaunlichen Vielzahl unterschiedlicher Tiere, zu denen auch die „Big Five", also Löwe, Büffel, Leopard, Nashorn und Elefant, gehören. Grasfressende Tiere wie Gnus, Zebras und Warzenschweine finden sich vorwiegend auf offenen Flächen, während sich Impalas, Schwarzfersenantilopen lieber am Rande von Wald oder im Buschland aufhalten. Zu sehen sind auch Giraffen, Flusspferde, Buschböcke, Kronenducker und Kudus. Besonders eindrucksvoll sind natürlich Elefantenherden. Während der Trockenzeit sind die Chancen, Nashörner zu sehen größer.

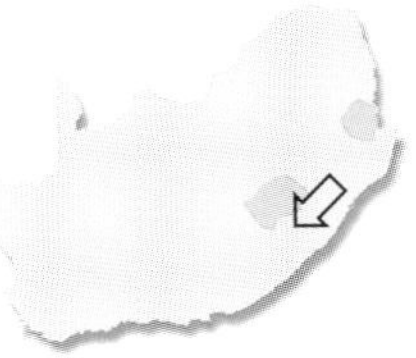

Iketla Lodge
Ohrigstad ◆ Mpumalanga

Straußenhals

Das Rezept stammt von Hennielene aus dem Jahr 1996. Straußenfleisch wird in ganz Südafrika gerne gegessen. Dieses Rezept ist etwas Besonderes, das man als Gast der internationalen Küche nur selten zu essen bekommt. Alternativ kann statt dem Straußenhals auch Ochsenschwanz verwendet werden, welcher aber fettiger ist.

Zutaten:

1-2 Straußenhälse
2 Zwiebeln, groß
3 Knoblauchzehen, gehackt
Pfeffer aus der Mühle
Salz
2 TL Thymian
1 TL Basilikum, gehackt

Zubereitung:

Die Zwiebeln in Ringe schneiden. Die Butter oder das Öl in einem Bräter erhitzen und bei mittlerer Hitze mit dem Knoblauch anbraten. Dabei darauf achten, dass die Zwiebeln oder der Knoblauch nicht anbrennt. Wenn die Zwiebeln gar sind, den Bräter vom Herd nehmen, die Zwiebeln herausnehmen und zur Seite stellen. Die Hitze

Butter oder Öl

Sauce:
1 Dose (410 g) Tomatenpüree oder –Suppe
1 Pkg. dicke Zwiebelsuppe, mit 400 ml kaltem Wasser gemischt
300 ml Rinderbrühe
250 ml Weißwein
50 ml Zitronensaft
4 EL brauner Zucker
4 Lorbeerblätter

weiter:
2 Dosen Bohnen (Butterbeans) (à 410 g)

erhöhen, etwas Öl in den Bräter geben und das Fleisch mit den Gewürzen darin braten, bis alle Fleischstücke braun sind. Für die Sauce alle Zutaten miteinander mischen und zu dem Fleisch in den Bräter geben. Im auf 150 °C vorgeheizten Ofen zweieinhalb Stunden braten. Dabei regelmäßig umrühren. Nach dieser Zeit den Bräter aus dem Ofen nehmen und die Bohnen hineingeben. Anschließend weitere 30 Minuten im Ofen braten. Wenn nötig die Sauce vor dem Servieren weiter eindicken. Dazu gekochten Reis oder Kartoffelbrei reichen.

Die Küche:

Während man ein vorzügliches südafrikanisches Abendessen am Feuer im Camp genießt, kann man die Milchstraße am sternenklaren Himmel bewundern. Das kontinentale oder das englische Frühstück wird zwischen 8.00 und 9.00 serviert. Ein leichtes Mittagessen wartet zwischen 13.00 und 14.00 Uhr auf seine Gäste.

Iketla Lodge

Die Iketla Lodge ist eine kleine, beschauliche Guest Lodge am nördlichen Ende der Panorama Route, nahe am Blyde River Canyon, in der Provinz Mpumalanga. Dies ist die ideale Ausgangsbasis um die Region zu erkunden und liegt auf dem Weg zum Krüger Nationalpark. Iketla bietet Unterkunft in mit Stroh gedeckten Steinhäusern, jedes mit Bad und privatem Patio. Die Gäste können am Pool entspannen. Vögel und Wild können von verschiedenen Aussichtspunkten beobachtet werden.

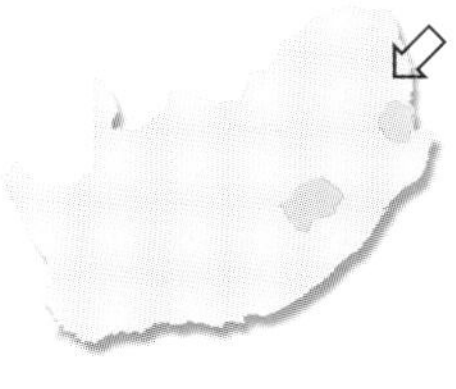

Colona Castle Manor House
Cape Town • Western Cape

Colona Castle
LUXURY MANOR HOUSE
FALSE BAY CAPE TOWN

Die Küche:

Unsere Chefköche werden inspiriert von den besten und frischesten Zutaten vom Kap. Sie zelebrieren die kulinarischen Erlebnisse in der großartigen Architektur des mit Kerzen beleuchteten Speisesaals. Diese Kombination aus traditioneller Küche und Fusion-Food bietet zahlreiche Geschmacksrichtungen und eine gesunde Küche.

Gegrilltes Hähnchenbrustfilet mit Hühnerleberpastete & Estragon-Weißweinsauce

Zutaten:

6 Hähnchenbrustfilets
Mehl
Hühnchenleber-Füllung
Weißwein
Estragonsauce

Hühnchenleber-Füllung:
250 g Hühnerleber
1 Zwiebel
3 Knoblauchzehen
2 Thymianzweige
1 Zweig Rosmarin
2 Lorbeerblätter
30 ml Brandy
50 ml Sherry
125 ml Frischkäse
Cayennepfeffer
2-3 EL frische Petersilie

Zubereitung:

Die Hühnchenleber-Füllung wie folgt zubereiten: Die Hühnchenleber putzen und waschen. Die Zwiebel in Würfel schneiden und in etwas Butter mit dem Knoblauch, den Kräutern und Gewürzen anschwitzen. Nun die Hühnchenleber darin 3 Minuten garen, den Brandy darüber gießen und flambieren. Mit dem Sherry ablöschen, die Flüssigkeit etwas reduzieren und anschließend abkühlen lassen. Dann mit der Petersilie und der Sahne in einen Küchenmixer geben und zu einer Creme pürieren. Anschließend durch ein Sieb streichen.

Für die Weißwein-Estragon-Sauce die Hähnchenkarkasse in einem Bräter oder einer Bratpfanne mit etwas Öl anrösten, bis sie braun ist. Die Zwiebel und den Sellerie in Würfel schneiden und mit der Karotte in die Pfanne geben. Darin gut anrösten und anschließend das Tomatenmark und die Kräuter hineinrühren. Mit dem Wein ablöschen

und so lange reduzieren lassen, bis nur noch ein Viertel der Flüssigkeit übrig ist. Den Topf mit Wasser auffüllen und 2 Stunden simmern lassen. Den Fond durch ein Sieb in einen neuen Topf geben und so lange weiter kochen, bis der Fond zu einer sirupartigen Konsistenz reduziert ist. Die Sahne zugießen, würzen und erneut bis zur gewünschten Konsistenz reduzieren. Schließlich etwas Butter darin schmelzen lassen und unterrühren.
Taschen in die Hähnchenbrüste schneiden und mit der Hühnchenleber-Füllung füllen. In Mehl wenden und in heißem Öl kurz anbraten. In eine Auflaufform legen und 12 Minuten im auf 200 °C vorgeheizten Backofen grillen. Mit der Sauce einen Spiegel auf dem Teller bereiten, die Hähnchenbrustfilets darauf legen und mit gegrillten Tomaten und Estragonblättern garnieren.

Estragon-Weißwein-Sauce:
1 Zwiebel
1 Karotte, gerieben
2 Stängel Sellerie
6 Knoblauchzehen
1 Hähnchenkarkasse (-knochen)
50 ml Tomatenmark
1 Handvoll frischen Estragon, gehackt
750 ml Chardonnay (Weißwein)
3 Stängel Thymian
250 ml Sahne

Colona Castle Manor House

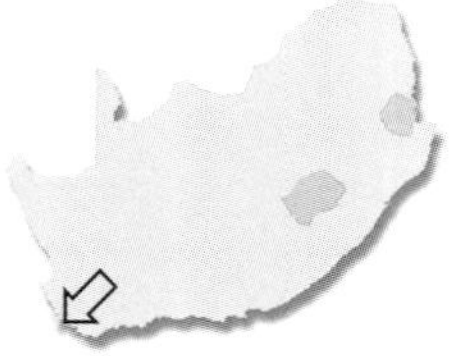

Das mit 5 Sternen ausgezeichnete Manor House bietet eine majestätische Panorama-Aussicht auf den Tafelberg, über die Kap-Halbinsel, zu den Winelands bis hin zu den blauen Wassern des südatlanitschen Ozeans. Colona Castle wartet mit ausgewählter Gastlichkeit und persönlichem Service auf und liegt nahe bei Kapstadt. 1929 ursprünglich als ein Haus mit Türmen und Mauerzinnen gebaut, wurde es vor kurzem im Stil toskanischer Häuser renoviert und luxuriös mit Antiquitäten ausgestattet. Es ist für den anspruchsvollen Reisenden eine komfortable und elegante Basis zur Erkundung der Kaphalbinsel und von Kapstadt. Das Haus bietet vier luxuriöse und außerordentlich gestaltete Suiten, zwei Schlafräume der Spitzenklasse, Familien-Suites und jede Art von Komfort.

Bonniedale Farm
Hartenbos • Western Cape

Bonniedale Hühner-Potjie

Zubereitung:

Das Öl in den 3-Bein-Topf aus Gusseisen (Potjie) geben und über den Kohlen halten, bis das Öl heiß ist. Das ganze Huhn in einem Stück in den Topf geben, Salz und Zitronen-Pfeffer darüber sprenkeln und eine halbe Stunde auf einer Seite bräunen. Anschließend das Huhn umdrehen und von der anderen Seite würzen. 5 Minuten bei geschlossenem Deckel braten. Weiter auf dem Feuer lassen. Die Kartoffeln um das Huhn anordnen, von einer Seite anbräunen und die Kartoffeln anschließend wenden. Das Huhn leicht anheben, um die Kartoffeln darunter rollen zu lassen. Einen Zweig Rosmarin auf das Huhn legen. Das andere Gemüse darauf verteilen. Den Deckel darauf geben und kochen lassen, bis alles gar ist. Die Kochzeit beträgt etwa anderthalb Stunden. Einzeln entnehmen, das Huhn in Stücke zerlegen und sofort servieren.

Zutaten:

250 ml Öl
1 ganzes Brathühnchen
Salz und Zitronen-Pfeffer
Kartoffeln
Verschiedene weitere Gemüse:
Möhren, Butternut (Kürbis),
Bohnen, Kohl
(Zutaten aus eigenem Anbau)
1 Stängel Rosmarin

Die Küche:

Danette Hesterman kocht traditionelle südafrikanische Gerichte, welchen sie durchaus auch ihre eigene Note gibt. Es werden frische Gemüsesorten aus dem farmeigenen Garten verwendet, auch das meiste Fleisch kommt von selbstgezogenen Schweinen, Rindern und Hühnern. Selbstgemachter Käse, ausgefallene Kuchen und Puddings gehören außerdem zu Danettes Spezialitäten.

Bonniedale Farm

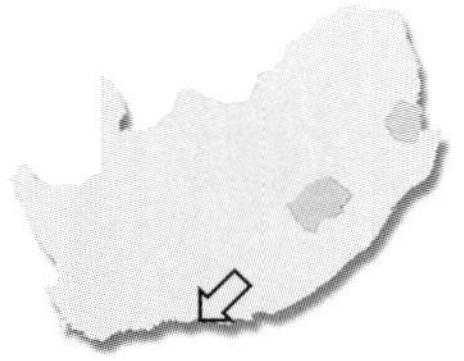

Die Bonniedale Farm erstreckt sich über 16 Quadratkilometer und bietet zahlreiche Erlebnismöglichkeiten. An Bonniedale schließt sich darüber hinaus ein großes Naturschutzgebiet an, in dem Sie reiten oder wandern können. Bonniedale bietet Ihnen ganzjährig den blauen afrikanischen Himmel in einer malariafreien Zone mit mediterranem Klima.

Klein Paradijs Country House
Gansbaai ◆ Western Cape

Klein Paradijs Country House

Schweinefilet mit Basilikum-Sabayon

Zutaten:

2 Schweinefilets
¼ TL Chilipulver
1 EL Senf
1 Bund Basilikum

Basilikum-Sabayon:
2 Eigelb

Zubereitung:

Die Filets würzen und mit Senf bestreichen. Die Basilikumblätter auf ein Filet legen, das Zweite darauflegen und mit Küchengarn zusammenbinden. Die Filets 3 Minuten in heißem Öl anbraten. Erst wenden, wenn sich eine Kruste gebildet hat. Dann die Hitze reduzieren und weitere 10 Minuten braten. Herausnehmen und auf eine feuerfeste, vorgewärmte Platte legen und im auf 80 °C vorgewärmten Ofen etwa 1,5 Stunden garen (Kerntemperatur 63 °C). Für die Basilikum-Sabayon die frischen Eigelbe, die Fleischbouillon, den Weißwein, die fein gehackten Basilikumblätter mit dem Salz und dem Pfeffer mit dem Schneebesen in einer Schüssel verrühren. Im heißen Wasserbad rühren, bis die Masse schaumig ist und sich „Rührspuren“ am Schüsselrand abzeichnen. Dann die Schüssel herausnehmen, kurz weiterrühren und abschmecken. Die Sabayon auf vorgewärmte Teller verteilen und die tranchierten Filets darauf anrichten. Die restliche Sabayon separat dazu servieren. Dazu passen Reis oder Teigwaren.

100 ml Fleischbouillon (Fond)
100 ml Weißwein
1 EL Basilikumblätter, fein gehackt
Pfeffer aus der Mühle
Salz

Die Küche:

Der Koch Michael Fuchs wurde in der Schweiz ausgebildet. Seine Gerichte verbinden die Raffinesse der französischen Küche mit dem multikulturellen Flair der südafrikanischen Küche.

Klein Paradijs Country House

Klein Paradijs Country House befindet sich auf einer Farm von 140 Hektar und ist umgeben von alten Milkwood-Bäumen, einer grossen Gartenanlage und typischer Fynbos-Vegetation. Pearly Beach, zwischen Hermanus und Cape Agulhas gelegen, ist ein idealer Ort für einen Zwischenstopp zum Ausspannen oder als Ausgangspunkt für zahlreiche Wanderungen. Das Haus ist großzügig konzipiert. Die fünf Gästezimmer unter dem hohen Reetdach sind individuell und modern eingerichtet. Die Anlage wurde vom South African Tourism Grading Council als 5-Sterne Lodge eingestuft.

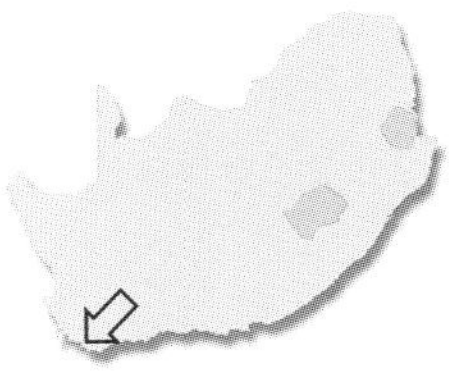

The Copper Pot Restaurant
George ◆ Western Cape

Copper Pot
RESTAURANT OF DISTINCTION

Karoo-Lammrücken mit Kräuterkruste

Karoo-Lamm gehört zum besten Fleisch, welches man in Südafrika bekommen kann. Überall auf der Welt schätzen Kenner den einzigartigen Geschmack, welcher hervorragend zu vielen Rotweinen schmeckt. Das Fleisch wird im Backofen zartrosa gegart und mit Port-Merlot-Jus serviert. Dazu werden in Balsamico glasierte Perlzwiebeln und in Kirschwasser marinierte Kirschen und traditioneller Maize oder Polenta gereicht.

Zutaten:

Fond und Sauce:
1 kg Lammknochen
100 g Karotten, gewürfelt
100 g Pilze
2 Zwiebeln
1 Stängel Sellerie
2 EL Tomatenmark
4 Tomaten, gehackt
3 Knoblauchzehen
1 Bouquet Garni
2 L Wasser
300 ml Merlot (Rotwein)
120 ml Portwein

Kräuterkruste:
500 ml Paniermehl
1 EL Thymian, gehackt
1 EL Rosmarin, gehackt
2 EL Parmesan, fein gerieben
2 EL Butter, weich
Pfeffer aus der Mühle
Salz

Zubereitung:

Für den Fond und die Sauce die Lammknochen im Backofen bräunen und anschließend in einen Topf geben. Die Zwiebeln hineingeben und ebenfalls bräunen. Dann das restliche Gemüse darin anbräunen. Das Tomatenmark einrühren und mit dem Wasser und Wein kochen. Wenn die Flüssigkeit auf einen halben Liter eingekocht ist, diese durch ein Mousselin-Tuch in eine Kasserolle gießen. Mit Pfeffer und Salz abschmecken. Etwas Mehl mit der Butter mischen und diese in Klumpen hineingeben und unter Rühren auflösen lassen. Die Masse für die Kräuterkruste wird einfach zubereitet, indem man sämtliche Zutaten in einer Schüssel vermischt. Etwas Öl in einer Pfanne erhitzen, das Lammfleisch darin anbraten und mit Pfeffer und Salz würzen. Die Kräutermasse auf die 6 Lammrückenstücke verteilen und dann im auf 220 °C vorgeheizten Backofen bei eingeschaltetem Grill 10 bis 12 Minuten überbacken. Dann ist das Fleisch fertig zum Servieren. Für die Perlzwiebeln mit Balsamico diese zunächst im Ofen rösten, bis sie goldbraun sind. In dieser Zeit den Balsamico bei mittlerer

Hitze reduzieren und den braunen Zucker darin auflösen. Die Zwiebeln hineingeben und einige Minuten einkochen lassen, bis sie dickflüssig und klebrig sind. Zum Servieren die Lammrücken-Portionen zerlegen und herum die Maize (auf die gleiche Weise wie Polenta zubereitet) anrichten, mit etwas Portweinsauce nappieren und mit den schwarzen Kirschen und den Balsamico-Zwiebeln garnieren.

Fleisch:
6 Lammrückenstücke (gutes Lammfleisch mit wenig Fett)
Den Metzger bitten, das Fleisch "französisch" zu schneiden

Schwarze Kirschen:
Die Kirschen 1-2 Tage vor der Zubereitung im Kirschwasser marinieren

Balsamico-Perlzwiebeln:
18 Perlzwiebeln
Olivenöl
125 ml Balsamico
4 EL brauner Zucker

Die Küche:

Die Küche bietet eine breite Palette an ausgesuchten Gerichten. Vom Straußenfilet über gegrillten Felsenhummer, Garnelen, frische Knysna-Austern, Seezunge aus Mosselbay bis hin zu Karoo-Lamm, begleitet von verschiedenen Currys aus der ganzen Welt. The Copper Pot Restaurant wurde vom Wine Magazin zu den Top 100 Restaurants in Südafrika gewählt und die Weinkarte gewann jeweils den Diners Platinum Award in den vergangenen 2 Jahren. Es ist berühmt für seine ausgezeichnete Qualität sowie den freundlichen und professionellen Service. Aus diesem Grund ist für viele Besucher aus allen Teilen der Welt eine Reise entlang der Garden Route nicht vollständig ohne einen Abend im The Copper Pot Restaurant.

The Copper Pot Restaurant

Das Restaurant The Copper Pot bietet seinen Gästen gehobene Küche und liegt im Herzen der Garden Route. Das wundervoll dekorierte Haus aus den 20er Jahren des letzen Jahrhunderts liegt am Stadtrand von George. Die warme und einladende Atmosphäre ist der ideale Rahmen für ein vorzügliches Abendessen.

Fraai Uitzicht 1798
Robertson ◆ Western Cape

Fraai Uitzicht 1798

Springbock-Rippchen à la Fraai Uitzicht 1798

Zubereitung:

Das Senfpulver, die Speisestärke, den schwarzen Pfeffer, das Salz und den Knoblauch miteinander mischen und das Fleisch damit einreiben. Die Butter in einer Pfanne erhitzen und die Rippchen darin anbraten. In eine eiserne Backform geben, die restliche Mischung darüber verteilen und im Backofen bei geringer Hitze etwa 2 Stunden garen, bis das Fleisch zart ist. Für die Sauce den Rotwein, die Worcestersauce, das Chutney, die Aprikosenmarmelade, das Tomatenmark und die Sahne verrühren. Auf die Teller je einen Löffel der Sauce geben und ein Stück Fleisch darauf setzen. Mit Kartoffelbrei, grünen Bohnen, Reis mit Pilzen und gekochten Trockenfrüchten (Aprikose, Apfel, Birne) servieren.

Zutaten:

10 Springbockrücken-Koteletts (Rippchen)
2 EL Senfpulver
3 EL Speisestärke
etwas schwarzer Pfeffer
1 Knoblauchzehe, zerstoßen
Salz
150 g Butter
200 ml Rotwein
1 TL Worcestersauce
2 EL Mrs Balls' Chutney
2 EL ml Aprikosenmarmelade
1 EL Tomatenmark
100 g Joghurt oder Sahne

Gebackenes Huhn mit Waterblometjes

Zutaten:

(für 6 Portionen)
6 Hühnerbrustfilets
25 ml Öl
1 Zwiebel, in Scheiben geschnitten
2 Knoblauchzehen, gehackt
1 Dose geschälte Tomaten, gehackt (410 g)
1 TL Kräuter, getrocknet
1 Prise Zucker
850 g Waterblommetjies, abtropfen lassen
600 ml Weiße Sauce (Grundsauce)
375 g Cheddar Käse, gerieben
etwas Senfpulver
25 g Semmelbrösel
Pfeffer aus der Mühle
Salz

Zubereitung:

Die Hühnerbrustfilets garen und in mundgerechte Stücke schneiden. Öl in einer Pfanne erhitzen und den Knoblauch darin 2 Minuten braten. Die Tomaten mit der Flüssigkeit zugeben und verrühren. Unter Rühren die Kräuter sowie den Zucker beigeben und zum Kochen bringen. Nun die Hitze reduzieren und 10 bis 15 Minuten simmern lassen. Die Hühnchenstücke und die Waterblometjes zufügen und alles in eine gefettete Auflaufform gießen. Die Weiße Sauce mit 300 g geriebenem Cheddar, dem Senf sowie Pfeffer und Salz mischen und über die Hühnchenmischung gießen. Darüber den restlichen Käse und die Semmelbrösel streuen. Im auf 180 °C vorgeheizten Ofen 20 bis 25 Minuten garen, bis sie goldbraun ist. Sofort servieren.
(Anmerkung des Herausgebers: Wenn keine Waterblometjes verfügbar sind, kann man sie durch grüne Stangenbohnen ersetzen. Die weiße Sauce wird aus 2-5 EL Butter, 3 EL Mehl, 250 ml Wasser, 125 ml Schmand, Pfeffer und Salz bereitet, indem man das Mehl mit der Butter röstet, mit Wasser ablöscht und unter Schlagen mit dem Schneebesen zu einer dicken Sauce kochen lässt. Vom Herd nehmen und den Schmand unterrühren - Mengenangaben entsprechend der geforderten Saucenmenge verändern).

Die Küche:

Die Mahlzeiten können im mit zahlreichen Preisen gekrönten Country Restaurant eingenommen werden. Die Gerichte sind abwechslungsreich und werden mit absolut frischen Zutaten aus dem eigenen Gemüse- und Gewürzgarten zubereitet. Geöffnet ist das Restaurant von Mittwoch bis Sonntag, geschlossen ist es Juni/Juli. Die Reetdecke, warme Farben, Möbel aus alter Oregon-Kiefer und ein offener Kamin vor einem bequemen Sofa und ein alter Ofen schaffen eine freundlich entspannte Farmatmosphäre, in der man sich sofort wohl fühlt. Die Mahlzeiten vervollkommnen hervorragende südafrikanische Weine, insbesondere natürlich aus dem Robertson Valley wie der Fraai Uitzicht 1798 Merlot. Neben den à la carte Menüs empfiehlt sich „The Fine Wine and Dine Menu“, ein sieben Gänge Menü mit sieben ausgewählten Weinen aus dem Robertson Valley.

Fraai Uitzicht 1798

Fraai Uitzicht, „Schöne Aussicht“, liegt zwischen Montagu und Robertson am Fuße der Langeberg Mountains. Es ist eine historische Gäste- und Weinfarm mit luxuriösen Unterkünften und liegt ideal für Ausflüge entlang der Robertson Wine Route und für Erholung in der schönen und ruhigen Natur. Fraai Uitzicht 1798 bietet 4-Sterne-Unterkünfte in einer Reihe von Chalets und Garten-Suiten, von denen man auf Gärten und Rasenflächen, Skulpturen und einen kleinen Bambushain schaut. Über 100 Jahre alte Eichen und ein kleiner Fluss mit einem Damm ziehen zahlreiche Vögel an. Von jeder Unterkunft aus blickt man über die Weinfelder, Obstgärten, das Robertson Tal und die Sonderend Mountains. Die Chalets und Zimmer liegen in wunderschönen Blumengärten mit Rosen und Gewürzen.

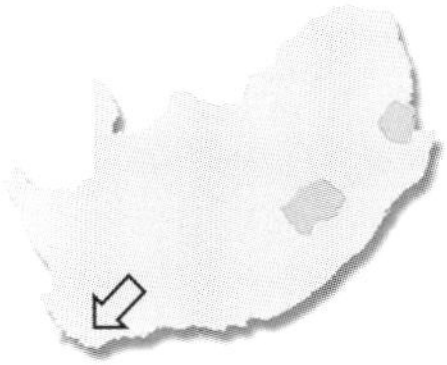

Die Tuishuise

Cradock ◆ Eastern Cape

Hackbraten vom Karoo-Lamm mit Backpflaumen und Rotwein

Dieses Gericht wurde im Tuishuise kreiert und hat seine Wurzeln in der südafrikanischen Küche. Die Karoo ist sehr berühmt für das Karoo-Lamm und dieser besondere Geschmack bereichert das Gericht außerordentlich.

Zutaten:

1 kg Hackfleisch vom Lamm aus der Karoo
500 g Backpflaumen
3-5 Zwiebeln, in Ringe geschnitten
500 ml Rotwein
750 ml Wasser
Knoblauch, zerdrückt
Gemischte Kräuter
Barbeque-Gewürz

Zubereitung:

Den Ofen auf 180 °C vorheizen. Eine Auflaufform einfetten und das Hackfleisch, die Pflaumen und die Zwiebeln schichtweise hineingeben. Den Wein mit dem Wasser, dem Knoblauch, den Kräutern und dem Barbeque Gewürz mischen und jeweils über die Schichten mit dem Lammhackfleisch gießen. Mit Aluminiumfolie abdecken und in den vorgeheizten Ofen geben. 30 bis 60 Minuten backen und kurz vor dem Ende der Garzeit die Aluminiumfolie entfernen, damit die Oberfläche braun werden kann.

Die Küche:

Das Abendessen wird im Manor House serviert. Speisen im Victoria Manor ist eine Angelegenheit traditioneller Karoo-Küche und typischen Speisen der südafrikanischen Küche.

Die Tuishuise

Das Tuishuise besteht aus 25 wunderbar eingerichteten Cottages im Karoo-Stil und liegt an der Market Street in Cradock. Jedes Haus ist individuell ausgestattet und spiegelt eine ganz bestimmte Zeit in den Bildern und antiken Möbeln wieder. Diese Mischung aus Eleganz und Understatement ist eine Reminiszenz an die englischen und holländischen Siedler zu Beginn des 19. Jahrhunderts. „Die Tuishuise“ wurde mit der „Simon van der Stel“ Goldmedallie ausgezeichnet.

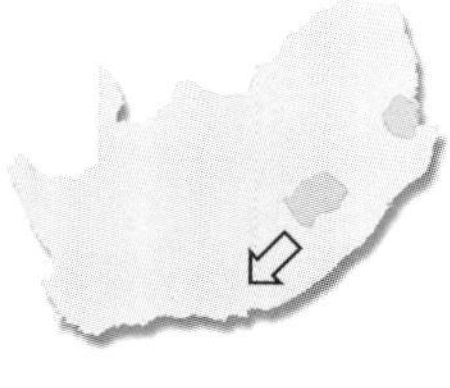

The Phantom Forest Eco Reserve
Knysna • Western Cape

Äthiopische Doro Wot-Hühnchen mit Paprika-Couscous

Zubereitung:

Etwas Öl in einer Pfanne erhitzen und die Zwiebel mit dem Knoblauch darin anschwitzen, bis die Zwiebel glasig wird. Die Gewürze hinzugeben und kurz mit braten. Die Tomate hacken und in die Pfanne geben. Unter gelegentlichem Rühren simmern lassen. Während dieser Zeit die Hühnerkeulen kräftig anbraten. Anschließend in die Tomatenmischung geben, mit Wasser auffüllen und bei schwacher Hitze 2 Stunden simmern lassen. Für das Couscous die Hühnerbrühe zum Kochen bringen und den Couscous hineinstreuen. Den Deckel darauf geben und den Couscous 10 Minuten ziehen lassen, bis die Flüssigkeit aufgesogen wurde. Nun die Paprika und die fein gehackte, glatte Petersilie darunter rühren. Zum Servieren einen Kranz von Couscous auf den Teller formen und das Doro Wot-Hühnchen mit der Sauce in die Mitte geben. Etwas Petersilie darüber streuen.

Zutaten:

4 Zwiebeln, fein gehackt
4 Knoblauchzehen, zerstoßen
2 TL Kreuzkümmel (Cumin), gemahlen
2 TL Koriander, gemahlen
2 TL Currypulver, scharf
1 TL Tumeric (Kurkuma)
2 Sternanis
2 TL schwarzer Pfeffer, gemahlen
2 TL Salz
340 ml Tomaten aus der Dose, geschält
6 Hühnerkeulen
500 ml Wasser

Couscous:
400 ml Hühnerbrühe
400 g Couscous
2 TL Paprikapulver
3-4 EL glatte Petersilie

Die Küche:

Die Küche ist pan-afrikanisch mit lokalen Einflüssen. Bei Nacht wird das Essen im mit Reet gedeckten „Boma“ serviert. Gelegentlich erhält man hierbei Besuch vom Buschbock, der auf einen „Drink“ vorbei schaut.

The Phantom Forest Eco Reserve

Das Restaurant bietet neben den Plätzen für die Gäste des Phantom Forest Eco Reserve maximal 8 Plätze für Gäste, die nicht im Eco Reserve wohnen. Die Lodge liegt am Rücken der Lagune von Knysna auf einem Berg in einem naturbelassenen Wald. Die Gäste für das Abendessen parken ihre Fahrzeuge bei der Rezeption am Fuße des Berges und werden dann zur Eyrie-Bar gefahren, wo das Tagesmenü vorgestellt wird. Danach geht die Fahrt weiter zum Boma, wo das Abendessen serviert wird.

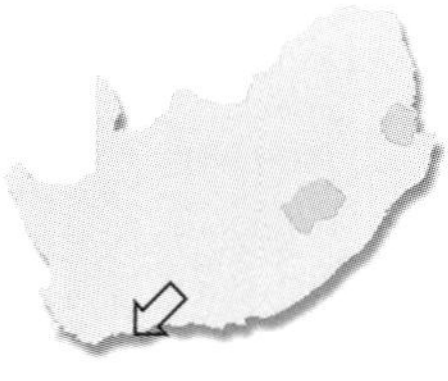

Ken's Place

Ken‘s Place
Hermanus ◆ Western Cape

Perlhuhn mit erlesenen Kräutern und Weißwein

Zubereitung:

Das Perlhuhn mit Öl bestreichen und innen sowie außen mit Pfeffer und Salz einreiben. Die Petersilie und die gemischten Kräuter in das Perlhuhn geben. In einen Bräter legen und um es herum die gehackten Zwiebeln, den Knoblauch, die Nelken, die Pfefferkörner und die Lorbeerblätter verteilen. Die Geflügelbrühe mit dem Wasser und dem Wein mischen und über die Zwiebeln gießen. Anschließend den Deckel darauf geben, im auf 180 °C vorgeheizten Backofen auf der mittleren Schiene eineinhalb Stunden braten, bis das Fleisch zart ist und sich leicht vom Knochen löst. Während dieser Zeit alle 30 Minuten wenden. Wenn man den Deckel herunter nimmt, um das Perlhuhn zu bräunen, kann es schnell trocken und zäh werden. Nach dem Braten aus dem Bräter nehmen, in Portionen schneiden und auf die Teller geben. Die Bratflüssigkeit mit der Instant-Bratensauce, etwas Butter und ein wenig Zucker binden, während man sie unter Rühren etwas köcheln lässt. Anschließend die Sauce über die Perlhuhn-Portionen gießen und sofort servieren. Dazu servieren: Quittengelee mit Rosinen, Bratkartoffeln und Cranberry-Sauce.

Zutaten:

1 Perlhuhn (1,5 kg)
1 TL Salz
½ TL weißer Pfeffer
3 Knoblauchzehen, gehackt
2 Lorbeerblätter
1 TL Nelken, ganz
1 TL schwarze Pfefferkörner
2 TL gemischte, getrocknete Kräuter (Thymian, Rosmarin, Salbei und Oregano)
1 EL Petersilie, gehackt
3 große Zwiebeln, fein gehackt
750 ml Weißwein, trocken
1 L Wasser
1 Würfel Geflügelbrühe
½ EL Maismehl
1 EL braune Instant-Bratensauce
125 ml Öl
1 EL Butter
1 EL Zucker

Die Küche:

Die Küche, in welcher der Chef seit über 30 Jahren selbst kocht, ist reichhaltig und vielseitig. Neben der Küche Südafrikas haben die Küchen Englands, Deutschlands, Frankreichs und Italiens Einfluss auf die Speisekarte im Ken´s Place. Aus der französischen Küche kommt die gute Meeresfrüchte-Suppe oder der Muscheltopf mit Weißwein, frischen Kräutern und Knoblauch. Die geräucherte

Haxe, welche anschließend auf dem Grill mit Nelken geröstet und mit Erbsenpüree serviert wird, hat ihre kulinarischen Wurzeln in Deutschland. Das „Stuffed Roast Beef" mit Bacon und Yorkshire Pudding ist traditionell englisch, doch die gegarte Hühnchenleber mit Calamari-Steaks und Pilzen auf zarter Pasta stammt aus dem mediterranen Klima Italiens. Die südafrikanische Straußenhals- oder Ochsenschwanzkasserolle mit Rotwein und frischen Kräutern sollte man sich auf keinen Fall entgehen lassen.

Ken's Place

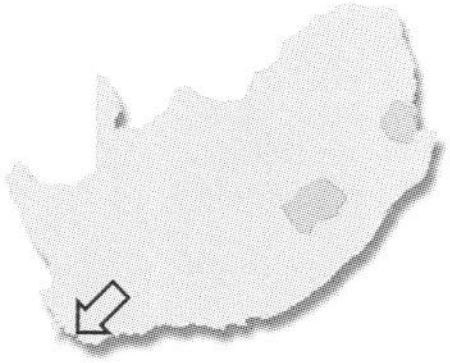

Ein altes Fischerhaus aus dem Jahr 1885 beherbergt das Restaurant mit seinen knapp 40 Plätzen. Das Restaurant bietet weiter eine Bar und Plätze im Garten hinter dem Fischerhaus. Auch auf der Veranda vor dem Haus können bis zu 10 Personen den Ausblick über das Bergpanorama genießen.

The Elephant House
Addo ◆ Eastern Cape

Gebratenes Zitronenhühnchen

Dieses Rezept ist sehr einfach aber sehr schmackhaft und kommt aus Südafrikas Anbaugebiet für Zitronen.

Zubereitung:

Das Huhn in einen Bräter geben. Die restlichen Zutaten miteinander in einer Schüssel vermischen und über das Huhn geben. 10 Minuten braten, danach die Temperatur auf 180 °C reduzieren und das Huhn wenden. Weitere 30 bis 35 Minuten braten und mit Couscous und gemischtem Salat servieren.

Zutaten:

(für 4 Portionen)
8 Hühnchenstücke
3 EL Honig oder Aprikosenmarmelade
1 Zitrone, Saft davon, Schale gerieben
1 Orange, Saft davon, Schale gerieben
1 TL Ingwer, gehackt
4 Knoblauchzehen, zerdrückt
3 EL Sojasauce
1 gehäufter TL Geflügelbrühe-Pulver
1 Bund Koriandergrün
Pfeffer aus der Mühle
Salz

Die Küche:

Im Elephant House serviert man die Landesküche im Afro-Mediterranen Stil. Die Gerüche des Buschs mischen sich mit der frischen Abendluft, wenn man am mit Kerzen beleuchteten Tisch, welcher jeden Abend neu dekoriert wird, Platz nimmt. Zu exzellent zubereitetem Kudufilet genießt man ein Glas gekühlten Sauvignon Blanc und lässt sich vom Ambiente auf die Abenteuer des kommenden Tages einstimmen.

The Elephant House

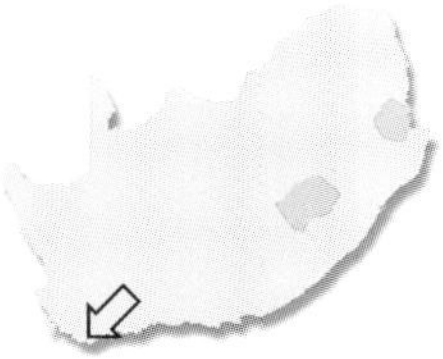

Das Elephant House ist eine exklusive, Reet gedeckte Lodge im von der Sonne verwöhnten Sundays River Valley gelegen und nur 2 Minuten entfernt vom Addo Elephant Park. Seine luxuriösen und geräumigen Schlafräume sind wundervoll dekoriert und öffnen sich zu Innenhöfen oder Verandas. Lassen Sie sich gefangen nehmen von diesem Ort, an dem Zeit seine Bedeutung verliert und der Klang des fließenden Wassers Sie beruhigt.

Bongani Mountain Lodge
Mthethomusha • Mpumalanga Province

BONGANI MOUNTAIN LODGE

Lammkoteletts mit Mango Salsa und Salat

Zubereitung:

Für das Mango Salsa sämtliche Zutaten in eine Schüssel geben und gut miteinander verrühren. Anschließend im Kühlschrank ziehen lassen, bis die Salsa serviert werden kann. Die Lammkoteletts in der Pfanne braten oder grillen und wenn sie gar sind, auf einer Platte anrichten. Den Salat und die Tomaten in eine Schüssel geben, mit Pfeffer und Salz abschmecken und etwas Olivenöl und Essig darüber träufeln. Mit der Fleischplatte und dem Mango Salsa servieren.

Zutaten:

(für 6 Portionen)
12 Lammkoteletts
Endivien- oder Eichblattsalat
2 Tomaten, in Scheiben geschnitten
Pfeffer aus der Mühle
Salz
Olivenöl
Rotweinessig

Mango Salsa:
1 Mango, geschält und gewürfelt
1 rote Paprika, Kerne entfernen, gewürfelt
1 rote Zwiebel, geschält und gewürfelt
3 EL Koriandergrün, fein gehackt
schwarzer Pfeffer aus der Mühle
Salz
2 EL Olivenöl

Die Küche:

Das Abendessen im Pan-Afrikanischen Stil wird im traditionellen, vom Lagerfeuer beschienenen Swazi-Boma (traditioneller Hof) oder im Speiseraum serviert. „Bush Banquets“, Frühstück im Busch, Sundowners und Dinner bei Kerzenschein im Busch gehören zum Service-Repertoire des Hauses. Im zentralen Bereich der Lodge befinden die Lounge, ein gemütlicher Speiseraum und eine Safaribar, die zu einem Deck hin geöffnet ist und einen großartigen Blick auf die Lebombo Bergkette freigibt.

Bongani Mountain Lodge

Bongani hat 20 geräumige klimatisierte Chalets, jedes mit angeschlossenem Badezimmer und eigenem Deck mit Blick auf das Tal sowie weitere neun Suiten und eine Präsidenten-Suite. Die Suiten sind ideal für Familien mit kleinen Kindern. Die Bongani Mountain Lodge liegt im 80 qkm großen Methetomusha Game Reserve. Dieses Tierschutzgebiet liegt in den Malelane Bergen und grenzt an den Krüger Nationalpark. Die Steinmegalithen von Bongani waren schon in der Frühzeit der Geschichte ein wichtiger Ort, wie die Felszeichnungen der Buschleute zeigen. Gäste lassen ihr Fahrzeug am Fuße der Felsen stehen und werden in Landrovern hinauf zur Lodge gefahren.

Cellars-Hohenort Hotel - Greenhouse Restaurant
Cape Town • Western Cape

The Cellars-Hohenort Hotel
☆☆☆☆☆

Gebratenes Rinderfilet

Dieses Gericht ist eine Gourmet-Version des in England sehr beliebten „Steak and Kidney Pie".

Zutaten:

(für 6 Portionen)
4 Rinderfilets (à 180 g)
4 Lammnieren
4 Kartoffelrösti, groß
24 Champignons
12 Confit-Karotten
12 Perlzwiebeln
4 Platten Blätterteig
160 ml Rotwein-Jus

Zubereitung:

Für die Confit-Karotten die Karotten schälen und waschen. Alle Zutaten in Aluminiumfolie wickeln und im auf 180 °C vorgeheizten Ofen 10 Minuten garen. Für die Perlzwiebeln die Zwiebeln schälen und waschen. Alle Zutaten in Aluminiumfolie wickeln und im auf 180 °C vorgeheizten Ofen 10 Minuten garen. Die Kartoffeln schälen und reiben. In ein sauberes Küchentuch geben und die Flüssigkeit auspressen. Die Kartoffelmasse mit der Hälfte der Butter in eine Schüssel geben und mit den Thymianblättern

mischen. Mit Pfeffer und Salz abschmecken. Etwas Butter in einer kleinen Pfanne erhitzen und jeweils ein Viertel der Kartoffelmasse flach verteilen und langsam braten, bis die Rösti goldbraun sind. Wenden und auf dieser Seite ebenfalls braten, bis sie goldbraun sind. Die Filets und die Nieren in einer heißen Pfanne braten. Die Pilze waschen und in kochendem Wasser mit etwas Butter etwa 30 Minuten garen. Die Kartoffelrösti in der Pfanne erhitzen und die Zwiebeln garen. Die Rösti auf den Tellern anrichten und das Filet darauf geben. Dann die Niere obenauf setzen und mit den Confit-Karotten sowie den Pilzen garnieren. Den Rotwein-Jus erwärmen und über das Fleisch gießen. Dazu wird Cabernet-Sauvignon mit viel Körper empfohlen, welcher das Aroma des Rindfleisches vortrefflich unterstreicht.

Confit-Perlzwiebeln:
24 Perlzwiebeln
1 Zweig Thymian
1 Knoblauchzehe
1 TL Meersalz
Pfeffer aus der Mühle
1 EL Olivenöl

Confit-Karotten:
24 Baby-Karotten
1 Zweig Thymian
1 Knoblauchzehe
1 TL Meersalz
Pfeffer aus der Mühle
1 EL Olivenöl

Kartoffelrösti:
4 große Kartoffeln
100 g Butter, geklärt
1 Thymianzweig, Blätter gezupft
Pfeffer aus der Mühle
Salz

Die Küche:

The Greenhouse at the Cellars:
Das Greenhouse, das aufregend neue Restaurant im exzeptionellen Stil, ist von Liz McGarth gestaltet. Das Dekor ist in Erdfarben aufeinander abgestimmt. Die Räumlichkeit strahlt Ruhe und Klarheit aus. Der Gedanke, die Schönheit eines Gartens in die Weinkeller zu bringen, macht diese gastfreundlich und angenehm. Die sonnendurchflutete Terrasse und der Wintergarten bieten einen spektakulären Ausblick auf den Tafelberg. Das Greenhouse ist geräumig und die großen Fenster geben den Blick auf die über 300 Jahre alten Camphorbäume frei. Phil Alcock beschreibt seine Küche als zeitgenössisch klar und frisch. Zubereitet mit lokalen sowie biologisch angebauten Zutaten. Das erlesene Menü wurde designed, um ein großes Angebot an Aromen, Geschmacksnoten und kulinarischen Erlebnissen zu bieten. Die preisgekrönte Weinkarte umfasst etwa 350 Weine, welche auch in der Wein-Bar verkostet werden können. Vom Weinfreund bis zum Connoisseur, Weinliebhaber werden überwältigt und verzaubert von der entzückenden Entdeckungsreise durch die Weinregionen am Kap.

Cellars-Hohenort Hotel - Greenhouse Restaurant

Das Cellars-Hohenort Hotel liegt im Herzen des wunderschönen Constantia Valley. Ein Hafen der Ruhe und des Friedens, der zwei große Traditionen pflegt: Die Klaasenbosch Weinkeller aus dem 18. Jahrhundert und das prächtige Hohenrot Manor House.

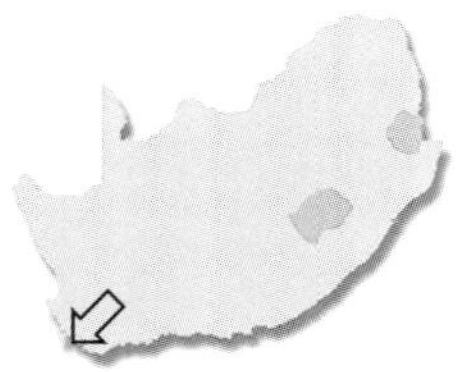

Bushfellows Private Game Lodge and Conference Centre
Marble Hall ◆ Mpumalanga

Bushfellows Warzenschwein Potjie

Die Kochzeit für dieses Gericht beträgt 4 Stunden und traditionell wird dieses Gericht in einem gusseisernen Topf (Potjie) über dem offenen Feuer bereitet.

Zutaten:

(6-8 Portionen)
1 kg Warzenschwein, in Würfel geschnitten (alternativ: Schweinshaxe)
2 Zwiebeln
1 rote Paprikaschote
1 grüne Paprikaschote
500 ml Hühnerbrühe
3 Tomaten, grob geschnitten
1 kleiner Weißkohl, in Scheiben geschnitten
10 Karotten
4 Kartoffeln
4 Süßkartoffeln
2 Schalen Petty Paws
2 Baby-Kürbisse
1 Schale kleine Champignons
½ TL Salz
1 TL Koriander
3-4 Knoblauchzehen, zerdrückt

Zubereitung:

Einen Topf auf dem Herd sehr stark erhitzen, das Öl und die grüne Paprikaschote hineingeben und anschwitzen. Die Paprika herausnehmen und darin die Fleischwürfel und den Koriander unter Rühren bräunen. Nach maximal 2 Minuten aus dem Topf nehmen. Die Hühnerbrühe hineingießen, zum Kochen bringen und dann das Fleisch dazugeben. Die Zwiebeln und die Paprikas darauf verteilen. Die Hitze reduzieren und die weiteren Gemüse (ohne die Champignons) darüber schichten. Am Schluss den geraspelten Kürbis und die Tomatenstücke daraufgeben. Die Flüssigkeit sollte etwa die Hälfte der Höhe der geschichteten Zutaten erreichen. Mehr Flüssigkeit sollte es nicht sein, da das Gemüse eigene Flüssigkeit hat. Bei geschlossenem Deckel und ohne zu Rühren 2 Stunden garen lassen. Danach prüfen, ob noch ausreichend Flüssigkeit im Topf ist. Wenn notwendig, etwas heißes Wasser hinzugeben und eine weitere Stunde bei geschlossenem Deckel und ohne zu Rühren garen lassen. Nun die Pilze darübergeben und eine letzte Stunde garen lassen. Je zwei Löffel auf die Teller geben, wobei die untere Schicht mit dem Fleisch nach oben kommt. Dazu wilden Reis oder selbst gebackenes Brot reichen. Am besten genießt man dieses Mal unter dem Sternenhimmel, an einem Lagerfeuer mit einem Glas schweren Rotwein, welcher im Barriquefass ausgebaut wurde.

Rooihartebees Stew

Rooihatebees (Red Hartebeest/Kuhantilope) ist eine Antilopenart, die in der Steppe lebt.

Zutaten:

(für 6 Portionen)
1 kg Wildfleisch, in Würfel geschnitten (wenn das Fleisch nicht abgehangen ist, in Sahne 12 Stunden marinieren)
2 Zwiebeln, gehackt
4 Karotten
1 Schale braune Champignons, grob gehackt
1 große Tomate, gehackt
20 ml Tomatenmark
1 Lorbeerblatt
2 Knoblauchzehen, zerdrückt
300 ml Rotwein
Frischer Thymian oder Oregano
2 Prisen Salz
1 Brühwürfel
½ TL schwarzer Pfeffer, grob zerstoßen
Mehl
Emmentaler Käse, gerieben

Zubereitung:

In einer Kasserolle die Zwiebeln etwas anbräunen und beiseite stellen. Das Fleisch trocken tupfen und in Mehl wenden. Etwas Öl in der Kasserolle erhitzen und das Wild darin kräftig, aber kurz anbraten. Die Hitze reduzieren, mit dem Wein ablöschen und die Zwiebeln, den Brühwürfel, die Karotten, das Lorbeerblatt und die Gewürze hinzugeben. 5 Minuten sanft kochen lassen, dabei gelegentlich rühren, vom Herd nehmen und das Tomatenmark hineinrühren. Den Deckel darauf geben und im auf 150 °C vorgeheizten eine Stunde garen lassen. Dann aus dem Ofen nehmen und die Tomatenstücke, die Pilze, den Pfeffer und etwas Sahne einrühren. Wenn nötig, noch etwas Geflügelbrühe hinzugeben, falls die Flüssigkeit nicht ausreicht. Mit dem Deckel verschließen und im Ofen bei gleicher Temperatur weitere 30 bis 45 Minuten garen. Wenn das Gericht gar ist, den Deckel entfernen, den geriebenen Käse über das Stew streuen und im Ofen bei eingeschaltetem Grill den Käse bräunen. Sofort servieren. Zu diesem Gericht empfiehlt sich ebenfalls ein Sternenhimmel, ein Platz am Lagerfeuer und ein Glas schwerer Rotweins, welcher im Barriquefass ausgebaut wurde.

Die Küche:

Unter einer hohen, strohgedeckten Zimmerdecke wärmt ein offenes Feuer das Herz der Besucher des Restaurants „Little Eden“. Das Menü ist eine Mischung aus gesunden Speisen und authentischer „Busch-Küche“. Die Gäste erwartet ein mehrgängiges Menü auf höchstem Niveau. Das Frühstück überrascht mit frisch gebackenen Muffins, Joghurts und Müsli. Neben dem Restaurant liegt Mandy´s Weinkeller, wo hervorragende Weine der Region darauf warten, entdeckt zu werden. Die Bar ist ein informeller Begegnungsort mit „open air spirit“, wo am Grill Wild und Lamm mit viel Liebe bereitet werden.

Bushfellows Private Game Lodge and Conference Centre

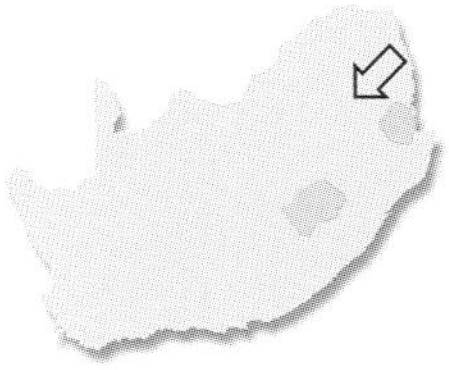

Bush Fellows bietet mehrere aussergewöhnliche Plätze zum Speisen in der freien Natur. Die Abendessen werden im milden Ambiente des Sommer-Bushveld serviert, dessen außergewöhnliche Wirkung durch die nächtlichen Geräusche des Buschs verstärkt wird. Der Küchenstandard ist an allen „Locations“ beispielhaft und macht stets Lust auf mehr.

Subroview Country Guesthouse & Peter´s Bistro

Krugersdorp ◆ Gauteng

Die Küche:

Peter‘s Bistro bietet eine gemütliche Atmosphäre mit offenem Feuer im Winter, wo man gutes Essen mit internationalem

Standard und den ausgezeichneten südafrikanischen Wein genießen kann. Im Sommer und bei schönen Wetter kann man das Menü auf der Terrasse genießen.

Pig in the Mud

Schweinefilet im Sesam-Mantel mit Cognacsauce.

Zutaten:

(für 6 Portionen)
3 Schweinefilets
Mehl
Salz
Pfeffer aus der Mühle
1-2 Eier
Currypulver
Paprikapulver, edelsüß
Butterfett
Sesamkörner

Cognacsauce (etwa 1 L):
750 g Rinderknochen, gehackt
Salz
2 EL Öl
200 ml kräftiger Rotwein
8 schwarzer Pfefferkörner
2-3 Lorbeerblätter
3 El Tomatenmark
2-4 Stängel Petersilie
2-4 Thymianstängel
1 ¼ L dunkler Fond
250 ml Cognac
Pfeffer aus der Mühle

Zubereitung:

Die Filets in jeweils 2 gleich große Stücke schneiden. Salz, Pfeffer, Currypulver und den edelsüßen Paprika miteinander vermischen. Das Fleisch damit einreiben und anschließend im Mehl wenden. Inzwischen ein Ei aufschlagen und die Filets darin wenden und anschließend im Sesam wälzen, bis die Filets eine starke Hülle bekommen haben. Das Butterfett auf mittlerer Stufe erhitzen und die Filets langsam rundum leicht bräunen. Etwas Wasser hinzugeben und die Pfanne mit dem Deckel verschließen. Langsam weiter garen, bis das Filet von innen rosa ist. Für die Cognacsauce die Knochen mit etwa einem halben Teelöffel Salz bestreuen und in heißem Öl bei starker Hitze braten. Etwa die Hälfte des Weins angießen, um den Bratensatz damit abzulöschen. Den Wein ganz einkochen lassen Diesen Vorgang wiederholen. Die Knochen rösten bis sie wieder trocken sind. Dann mit Mehl bestäuben. Dieses wieder bräunen, das Tomatenmark untermischen und mit dem Fond ablöschen. Die zerdrückten Pfefferkörner, die Lorbeerblätter, die Petersilie und den Thymian dazugeben. Das Ganze aufkochen lassen und offen bei sehr schwacher Hitze eine Stunde köcheln lassen. Dabei öfter Fett und Schaum mit einer Schaumkelle entfernen. Die fertige Sauce durchpassieren und etwas einkochen lassen. Mit Cognac, Salz und Pfeffer abschmecken.

Subroview Country Guesthouse & Peter´s Bistro

Dieses wundervolle Gästehaus liegt in einer ländlichen Gegend mit grandioser Aussicht auf die Magalies Berge und das Welt-Naturschutzgebiet (World Heritage Site), in dem man das älteste Skelett der Welt gefunden hat. Die Cottages sind im europäisch - afrikanischem Stil eingerichtet und bieten allen Komfort.

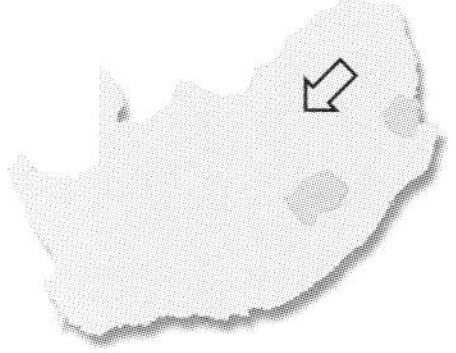

Vuyatela - Djuma Game Reserve
Hluvukani • Mpumalanga

Djuma
Game Reserve

Gebratene Ente mit Litchis

Zubereitung:

Die Zwiebeln in einen Bräter legen. Die halben Enten darauf legen, mit der Hautseite nach oben und mit Salz einreiben. In einer Schüssel den Honig, den Kreuzkümmel (Cumin), das Paprikapulver, das Nelkenpulver und den Cayennepfeffer mit dem Zitronensaft mischen. Die Enten damit bestreichen und im heißen Backofen etwa 45 Minuten braten. Anschließend herausnehmen und abkühlen lassen. Die Haut abziehen und in einer Bratpfanne im Backofen knusprig rösten. Danach die knusprige Haut und das Entenfleisch in Streifen schneiden. Etwas von dem Entenfett in einer Pfanne erhitzen und den Lauch und die Zuckerschoten darin braten. Nun den Zitronensaft und die Worcestersauce einrühren. Danach die Entenstücke, die Haut und die Litchis zugeben und darin erwärmen. Auf Kürbis-Salbei-Pfannkuchen servieren.

Zutaten:

1 ¼ EL Salz
4 Zwiebeln, in Scheiben geschnitten
4 Enten – Flügelspitzen und Bürzel entfernt, halbiert
4 EL Honig
2 TL Kreuzkümmel
1 EL Paprikapulver
2 TL Cayennepfeffer
90 ml Zitronensaft
½ TL Nelken, gemahlen
2 Schälchen Zuckerschoten, in Streifen geschnitten
1 Bund Lauch, in Streifen geschnitten
2 Dosen Litchis, durch ein Sieb abgießen, in Stücke schneiden (Flüssigkeit aufheben)
60 ml Worcestersauce

Die Küche:

Die Mahlzeiten bestehen aus südafrikanischen Spezialitäten und werden durch ausgezeichnete Weine ergänzt.

Vuyatela - Djuma Game Reserve

Vuytela - ein Wort aus der Shangaan Sprache, die in dieser Gegend gesprochen wird und übersetzt „Kommen Sie wieder“ bedeutet - hat acht intime Luxushütten mit Klimaanlagen, diese werden Khayas genannt. Jede Khaya ist eine Ansammlung von Gebäuden und hat ein wunderschönes Schlafzimmer, einen Ankleideraum, eine Außendusche sowie einen Gemeinschaftsraum mit Getränkekühlschrank. Außerdem hat jede Khaya eine große Teakholzterrasse und einen Pool. Die Bauweise ist eine Mischung aus verschiedenen einheimischen Baustilen und die Hütten sind mit afrikanischer Kunst dekoriert. Den Gästen steht auch ein Sportstudio und eine Internetbibliothek zur Verfügung.

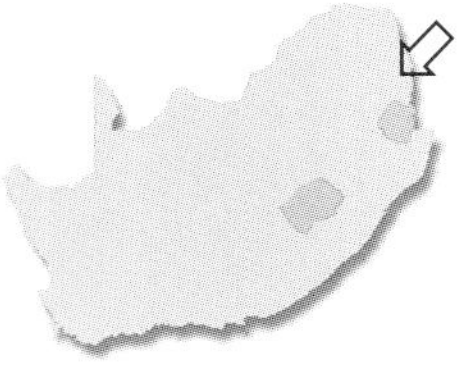

De Kuilen Country House
★★★★★
and Luxurious Bed and Breakfast Cottages

De Kuilen Country House
Bryanston ◆ Gauteng

Strauß mit Amarula und Kapstachelbeeren

Dieses Straußengericht stammt von Mrs Annemarie Moltenos Großmutter, Anna Hoffmann. Anna Hoffmann war verheiratet mit Georges Jaques De Villiers und sie lebten auf dem Saxenburg Weingut in der Kap Provinz. Die De Villiers waren die Ersten, die in Saxenburg Wein anbauten und der Wein und die Weinkellerei ist heute sehr bekannt.

Zubereitung:

Für die Marinade den Zitronensaft, trockenen Weißwein, Öl, das Nelkenpulver, den Thymian, den Koriander, den schwarzen Pfeffer, die Knoblauchpaste und das Lorbeerblatt in einen Topf geben, kurz aufkochen lassen und anschließend abkühlen lassen. Die Straußenfilets zwischen Frischhaltefolie legen und platt klopfen. Das Filet in der Weinmarinade 3 bis 4 Stunden marinieren, anschließend herausnehmen und trocken tupfen. Die Marinade durch ein Sieb geben und auffangen. Das Straußenfilet würzen. In einer großen Pfanne das Öl und die Butter erhitzen. Die Filets darin von jeder Seite 2 Minuten braten und anschließend warm stellen. Die Kapstachelbeeren durch ein Sieb abgießen und die Flüssigkeit auffangen. Die Flüssigkeit in einem Topf auf die Hälfte reduzieren. Den Amarula und einige Esslöffel Marinade hineinrühren und erneut auf die Hälfte reduzieren. Dann die Kapstachelbeeren hinzugeben und sanft unterrühren. Die grünen Pfefferkörner hineingeben und die Sauce mit Pfeffer und Salz abschmecken.

Zutaten:

(für 4 Portionen)
12 Straußenfilets, rund, mit 8 cm Durchmesser und 1 cm dick

Weißweinmarinade:
50 ml Zitronensaft
125 ml trockener Weißwein
60 ml Öl
1 Prise gemahlene Nelken
1 Prise Thymian
1 Prise Koriander, gemahlen
schwarzer Pfeffer aus der Mühle
1 Knoblauchzehen, zerdrückt
1 Lorbeerblatt
Salz
15 ml Öl
30 g Butter
50 g frische Kapstachelbeeren (oder aus der Dose)
200 ml Amarula (Ersatzweise: Baileys oder alternativ 100 ml Orangenlikör)
1 EL grüne Pfefferkörner

Die Küche:

Das Haus serviert seinen Gästen das Frühstück auf den privaten Verandas und in dem mit Rosen bewachsenen Innenhof des Haupthauses. Für alle anderen Speisen stehen viele Einrichtungen zum Selbst-Catering zur Verfügung.

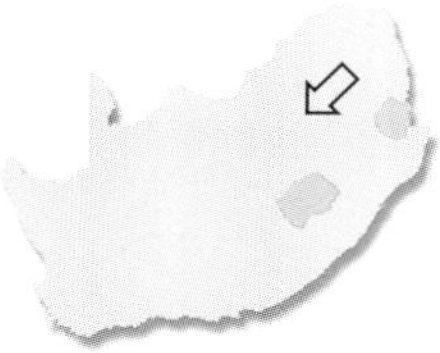

De Kuilen Country House

De Kuilen verbindet die Herzlichkeit und die Freundlichkeit der traditionellen kapholländischen Gastlichkeit mit dem modernen Komfort in einem von Johannisburgs angenehmsten nördlichen Vororten. Die friedvolle Umgebung ist perfekt zum Entspannen.

Laborie Restaurant
Suider Paarl • Western Cape

LABORIE

Straußenfilet mit Ananas und Rotweinsauce

Zutaten:

(für 4 Portionen)
600 g Straußenfilet

Zubereitung:

Das Straußenfilet in einer Pfanne mit heißem Öl von allen Seiten anbraten. Aus der Pfanne nehmen und die Pfanne mit dem Bratensaft beiseite stellen. Das Filet mit dem Ananas-Brei umhüllen und den Pfeffer grob darauf geben. Auf ein Backblech geben und im Ofen bei vorgeheiztem Grill bräunen. Während dieser Zeit die Sauce zubereiten. Dafür die Pfanne mit dem Bratensaft erhitzen, den Rotwein und die Fleisch(Rinder-)brühe hineingießen und ohne Deckel bei schwacher Hitze simmern lassen, um die Flüssigkeit zu reduzieren. Die Butter mit dem Schneebesen unterschlagen und die Sauce mit Pfeffer und Salz abschmecken. Das Filet aus dem Ofen nehmen, in 4 Stücke schneiden, die Sauce auf die Teller verteilen und die Filetstücke darauf setzen. Mit einigen frischen Kräutern dekorieren.

schwarzer Pfeffer aus der Mühle
Salz
1 Ananas, geschält, der feste Kern in der Mitte entfernt, zu Brei zerdrückt
Öl zum Braten
250 ml Rotwein
250 ml Fleischbrühe
2 EL Butter

Die Küche:

Die traditionelle Küche vom Kap wird ergänzt mit mediterranen Gerichten. Unter Verwendung ganz frischer Zutaten wird den Gästen ein breite Palette an Aromen, Farben und Stilarten mit den Speisen serviert.

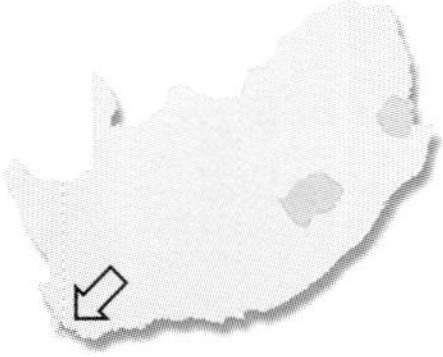

Laborie Restaurant

Das Restaurant liegt im Laborie Estate in Paarl.

Camps Bay Terrace
Camps Bay ◆ Western Cape

Camps Bay Terrace

Südafrikanisches Braai

Zutaten:

(für 6-8 Portionen)
1 Filetsteak (1,5 - 2 kg)
8-12 große schwarze Pilze
6-8 große Kartoffeln
2 große Zwiebeln
1 kg Boerewors
Knoblauchsalz
Olivenöl
Knoblauch, zerdrückt

Zubereitung:

In das Filet kleine Schnitte machen, den Knoblauch hineinreiben und beiseite stellen. Optional über Nacht in Rotwein, Olivenöl und gemahlenem Pfeffer marinieren. Zur weiteren Vorbereitung das Knoblauchsalz auf die Unterseite der Pilze streuen und etwas Olivenöl darüber träufeln. Die Kartoffeln längs aufschneiden. Die Zwiebeln in dicke Ringe schneiden, so dass ein Ring für jede Kartoffel zur Verfügung steht. Et-

was Salz und Pfeffer auf die Schnittflächen der Kartoffeln streuen. Zwischen zwei Kartoffelhälften einen Zwiebelring (Anm.: Zwiebelscheibe) geben und jede Kartoffel mit Aluminiumfolie umwickeln. Um das Braai (Barbeque) vorzubereiten werden Holzkohlen oder Grill-Bricketts auf dem Grill angeheizt. Etwa 30 Minuten vor dem Servieren die Kartoffeln um die glühende Kohle herum legen und alle 5 Minuten wenden. Die Pilze auf Stäbe stecken und aufrecht nahe den Kartoffeln etwa 10 Minuten vor dem Servieren platzieren. Das Filet auf die Mitte des Grillrosts legen und 8 Minuten grillen. Dabei alle 2 Minuten wenden. Auch die Boerewors von beiden Seiten grillen. Zum Servieren das Filet gegen die Faser schneiden und auf die Teller verteilen. Die Pilze auf jede der Scheiben verteilen. Die Kartoffeln aus der Glut nehmen, die Aluminiumfolie entfernen und neben das Filet geben. Dazu ein Stück gegrillte Boerewors und gemischten Salat geben. Dazu südafrikanische Chutneys, Senf, Meerrettich und andere Saucen reichen. Man sagt, am besten schmeckt ein Braai am Fuße des Tafelbergs mit einem großartigen Ausblick auf den Atlantik.

Boerewors:
500 g Rindfleisch
500 g Schweinefleisch
250 g grüner Speck (wenn das Fleisch zu mager ist)
1 Knoblauchzehe
2 EL Worcestersauce
3 EL Essig
10 g Koriandersamen
1 Prise Cayennepfeffer
1 Prise Thymian
1 Prise Muskatnuss
1 Prise gemahlene Nelken
1 Teelöffel gemahlener Pfeffer
½ TL Salz
Darm, dünn

Für die Zubereitung von Boerewors das Rind- und das Schweinefleisch fein würfeln oder im Fleischwolf grob durchdrehen. Die gesamten Zutaten gut mit dem Fleisch mischen. Nun die Masse in die Wursthülle füllen. Dabei

eine Tortenspritze verwenden oder mit dem Wurstaufsatz des Fleischwolfs arbeiten. Nicht zuviel der Masse einfüllen, da die Würste anschließend zu „Spiralen“ gedreht werden. Über der Holzkohle 8 bis 10 Minuten grillen.

Camps Bay Terrace

Genießen Sie die wunderbaren Sonnenuntergänge bei einem Glas südafrikanischen Wein. Wachen Sie auf von dem Geräusch der Brandung, die gegen die Felsen schlägt. Das Penthouse und Suite Apartment haben jedes einen privaten solargeheizten Pool mit Sonnenterrasse, das Lodge Apartment und die Palm Suite teilen den grossen ebenfalls solargeheizten Pool mit Blick auf den Atlantik, Bakoven Bay und die Zwölf Apostel Bergkette.

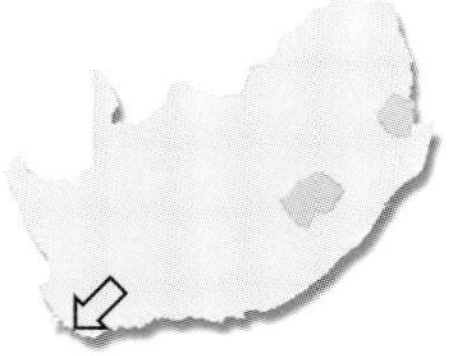

Anlo Guest House
De Kelders • Western Cape

Anlo Bobotie

Zubereitung:

Einen Topf erhitzen und das Currypulver, den Ingwer, den braunen Zucker, das Salz und den Pfeffer darin vorsichtig bräunen. Dabei darauf achten, dass die Mischung nicht anbrennt. In dieser Zeit die Zwiebeln hacken, die Butter zur Currymischung geben und mit den Zwiebeln goldbraun und weich braten. Dann die Rosinen, die Aprikosenmarmelade, den Essig, das Chutney, die Worcestersauce und das Tomatenmark in einer Schüssel mit dem Hackfleisch mischen. Das Weißbrot untermischen und alles in den Topf geben. Bei kleiner Hitze 30 Minuten kochen. Dann in eine Auflaufform füllen, die Milch mit den Eiern verrühren und über die Hackfleischmischung gießen. Im auf 180 °C vorgeheizten Ofen 50 bis 60 Minuten backen. Das Bobotie mit einer Auswahl von Sambals servieren, wie zum Beispiel frische Guave, Kokosnuss, Banane, Tomate und Zwiebel. Dazu Roti (Anm.: dünnes Fladenbrot) oder gelben Reis reichen.

Zutaten:

20 g Currypulver
30 g Ingwerpulver (oder 15 g frisch geriebener Ingwer)
30 ml brauner Zucker
2-3 TL Salz
1 TL Pfeffer aus der Mühle
3-5 Zwiebeln (abhängig von der Größe)
100 g Butter
100 g kernlose Rosinen
2 EL Aprikosenmarmelade
2 EL Weißweinessig
4 EL Chutney, mild
2 EL Worcestersauce
2 EL Tomatenmark
500 g Hackfleisch vom Strauß
500 g Rinderlende
2-3 Scheiben Weißbrot, in Milch eingeweicht
250 ml Milch
2 Eier

Die Küche:

Die Küche bietet seinen Gästen ein köstliches Frühstück. Abendessen im traditionellen südafrikanischen Stil kann auf Wunsch arrangiert werden. Die Möglichkeiten zum Braai (Grill) und wohl bestückte Picknickkörbe bieten eine gute Gelegenheit, die Küche des Landes unter freiem Himmel kennenzulernen.

Anlo Guest House

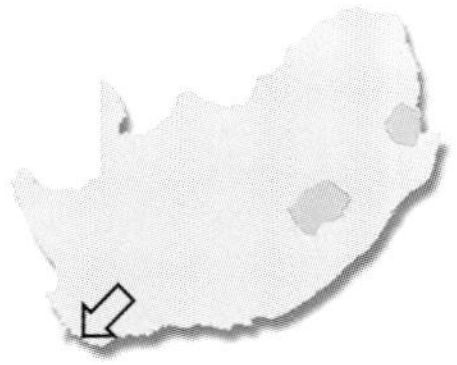

Das Anlo Guest House liegt im Osten von Hermanus, 5 Kilometer von Gansbaai und eine halbe Stunde Fahrtzeit von Kapstadt in dem anheimelnden Städtchen De Kelders mit seinen prächtigen Aussichtsplätzen über die Walker Bay.

Falaza Game Park
Hluhluwe ◆ KwaZulu Natal

FALAZA Game Park

Impalakeule aus dem Bräter

Zutaten:

(für etwa 10 Personen)
1 Impalakeule
10 Knoblauchzehen, geschält
10 Scheiben Bacon (Frühstücks-speck)
Oregano
Pfeffer aus der Mühle
Salz

Zubereitung:

Die Zutaten für die Marinade in einer Schüssel gut verrühren und die Keule an einem kühlen Ort darin über Nacht marinieren. Danach herausnehmen, trocken tupfen und mit einem scharfen Messer 10 Einschnitte/Stiche über die gesamte Keule verteilt machen. In diese Schnitte je eine Knoblauchzehe und ein Stück Bacon, welches zuvor in Oregano, Pfeffer und Salz gewendet wurde, stecken. Öl in einem Bräter erhitzen und die Impalakeule von allen Seiten anbraten. Danach mit der Marinade ablöschen und um die Keule herum die Tomaten legen. Den Sherry angießen und mit Salz, dem Pfeffer und etwas Oregano würzen. Den Deckel auf den Bräter geben und im auf 180 °C vorgeheizten Ofen so lange braten bis das Fleisch gar ist. Dazu gebutterte Reisnudeln und kräftigen Cheddar Käse servieren.

Öl zum Braten
8 reife Tomaten
250 ml Sherry
Meersalz
schwarzer Pfeffer aus der Mühle
Oregano
Marinade:
125 ml Tomatensauce
125 ml Chutney
125 ml Essig
125 ml Worcestersauce
125 ml Öl

Die Küche:

Wenn die Sonne über Afrika aufgeht, sollte man unbedingt an einer Ausfahrt zur Tierbeobachtung unter Leitung eines professionellen Führers teilnehmen. Danach wartet ein gemütliches Frühstück auf die Gäste, bevor diese sich am Pool entspannen oder den Hluhluwe/Umfolozi- oder den Mkuze Wildpark besuchen können. Auch ein Ausflug in ein authentisches Zulu-Dorf bietet sich an.

Falaza Game Park

Auszeichnungen: Luxury / Up market Game Lodge. Luxury, Great Comfort and Good Food Accolade. 4 Star Grading SA Grading Council. Portfolio The Country Places and Safari Collection.

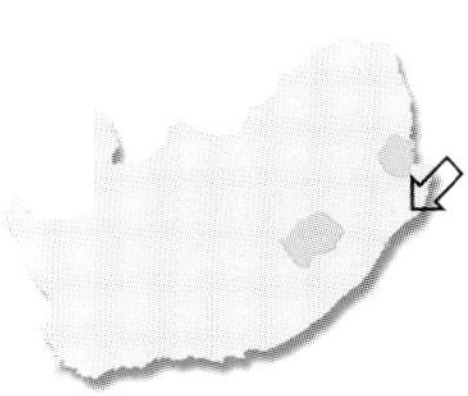

Aubergine Restaurant
Cape Town ◆ Western Cape

Lammrücken und Aubergine in Strudelteig mit geschmortem Knoblauch

Zutaten:

(für 4 Portionen)
Lamm:
1 Lammrücken, die Knochen vom Metzger entfernen lassen
2 Auberginen
1 Zweig Thymian
1 Zweig Rosmarin
Olivenöl
Balsamico
Pfeffer aus der Mühle
Salz

Strudelteig:
250 g Mehl
130 g Wasser
30 ml Pflanzenöl
Salz

Knoblauch:
20 g Butter
1 Knoblauchknolle
1 TL brauner Zucker
250 ml Portwein
150 ml Rotwein

Zubereitung:

Für den Strudelteig das Wasser, das Mehl, das Pflanzenöl und etwas Salz in eine Schüssel geben und mit Küchenmixer und Knethaken einen glatten Teig herstellen. Diesen abgedeckt an einem warmen Ort ruhen lassen.
Den Knoblauch schälen, die Knollen in etwas Butter und Zucker karamellisieren, bevor man den Rotwein und den Portwein angießt. Nach Geschmack noch einige Kräuterzweige hinzugeben und den Knoblauch gar schmoren. Nachdem die Flüssigkeit reduziert ist, den Knoblauch warm stellen.
Für die Füllung die Aubergine in lange Scheiben von etwa einem Zentimeter Dicke schneiden. In Salz, Pfeffer, Knoblauch, Balsamico und Olivenöl marinieren lassen und danach in einer Pfanne mit etwas Öl von beiden Seiten braten, bis sie braun sind. Nun herausnehmen und das Fett auf Küchenpapier abtropfen lassen.
Den Lammrücken in vier Stücke schneiden, mit Pfeffer und Salz würzen und in heißem Öl anbraten, um die Poren zu schließen.
Den Strudelteig auf einem bemehlten Tuch strecken, bis er dünn wie Papier ist. Mit geschmolzener Butter bestreichen und in 4 Streifen schneiden, welche breiter als die Lammstücke sind. Die Aubergine um das Lamm herum legen und beides in den Strudelteig einrollen.

Die 4 Teigrollen von außen mit Butter bestreichen und im auf 220 °C vorgeheizten Backofen 8 bis 10 Minuten backen. Dann herausnehmen und an einem warmen Ort für 10 Minuten ruhen lassen. Den Strudel auf den Teller geben, den Knoblauch dazu anrichten und mit Gemüse nach Wahl servieren.

Die Küche:

Die exquisite Küche der „Aubergine" und das Augenmerk für Details ist weit bekannt und erklärt, warum so viele Gäste dem Restaurant über so lange Zeit treu geblieben sind. Die frischesten Zutaten sind die Passion des Hauses und wo immer möglich, werden diese aus ökologischem Anbau eingekauft. Die Küche fußt in der traditionellen, europäischen Küche, mit einem Fokus auf die

französische und mediterrane Art der Zubereitung. Jedoch finden auch Aromen und Zutaten aus dem asiatischen Raum den Weg auf die Teller der Gäste. Ferner stehen vegetarische Gerichte auf der Speisekarte. Die Stärke des Aubergine Restaurant ist der Bereich Fisch und Meeresfrüchte, doch werden auch Spezialitäten aus der südafrikanischen Wild-Küche und Straußenfleisch serviert.

Aubergine Restaurant

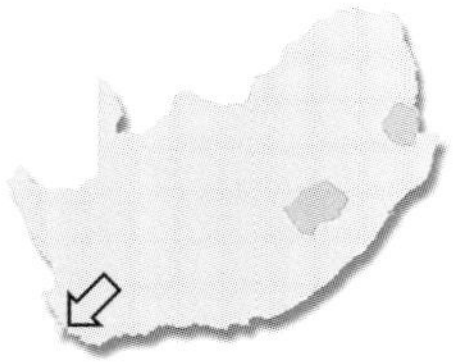

Erlesene Speisen im Schatten des Tafelbergs. Das Aubergine Restaurant ist ein häufiger Gewinner von vielen Preisen, seit der Chefkoch und Besitzer Harald Bresselschmidt das Restaurant vor 7 Jahren eröffnete. Die Räumlichkeiten und das Haus sind im modernsten Stil eingerichtet, die das 19. Jahrhundert zu bieten hatte. Der erste Chief Justice of the Cape, Sir John Wylde erbaute es im historischen Zentrum von Kapstadt. Die Gäste nehmen Platz auf Kirchenbänken, die noch aus dieser Zeit stammen. Während der warmen Sommerabende serviert man im Aubergine Restaurant das ‚Cinq-à-Sept' (von 17.00 bis 19.00 Uhr): Cocktails, begleitet von wunderschön angerichteten Hors d'Oeuvres auf der Gartenterrasse im Schatten des Tafelberges. Bei rauhem Wetter wird das ‚Cinq-à-Sept' in den Räumen des außergewöhnlichen Restaurants serviert.

Rietvallei Wine Estate
Robertson • Western Cape

RIETVALLEI WINE ESTATE

Huhn mit Rietvallei Muscadel und Pilzen

Dieses alte Familienrezept wird seit langem von der Mutter zur Tochter weitergegeben.

Zutaten:

(für 6 Portionen)
1 ½ kg Hähnchenteile

Zubereitung:

Das Öl und die Butter in einer Pfanne erhitzen und die Hähnchenteile darin braun anbraten. Danach herausnehmen und zur Seite stellen. Nun in der Pfanne die Frühlingszwiebeln und die Pilze dünsten. Wenn diese gar sind, den Knoblauch hinzugeben und noch eine Minute mitdünsten lassen. In einer Schüssel das Mehl mit dem Salz und dem Pfeffer mischen und unter Rühren zu den Zwiebeln geben. Mit den restlichen Zutaten vermischen, das Huhn, die Petersilie und den Rosmarin hineingeben. Den Rietvallei Muscadel in einem Topf erhitzen, die Hühnerbrühe und den Zitronensaft hineingießen. Dann zu den Hähnchenteilen gießen, den Deckel auf die Pfanne geben und bei schwacher Hitze etwa eine Stunde simmern lassen, bis die Hähnchenteile gar sind. Vor dem Servieren den Schmand unterrühren. Dazu Reis und Gemüse oder einen frischen Salat reichen.

1 EL Butter
1 EL Öl
6 Frühlingszwiebeln, geschnitten
1 grüne Paprikaschote, in Juliennes geschnitten
250 g Champignons, geschnitten
2 Knoblauchzehen, zerdrückt
1 EL Mehl
schwarzer Pfeffer aus der Mühle
Salz
6 EL Petersilie, gehackt
2 EL Rosmarin, gehackt
125 ml Rietvallei Muscadel
125 ml Hühnerbrühe
3 EL Zitronensaft
125 ml Schmand oder saure Sahne

Die Küche:

Die Robertson Region ist die Heimat der besten Chardonnay-Produzenten. Der Kieselboden im Rietvallei sichert stets ein elegantes Ergebnis für den Gaumen. Ein fruchtiger und lebendiger Sauvignon Blanc ist der jüngste Neuzugang in der Angebotspalette.

Rietvallei Wine Estate

Das Weingut ist einer der führenden Produzenten von Südafrikas berühmten, kräftigen Muscadel-Weinen. Rietvallei erzeugt auch andere ausgezeichnete Weine.

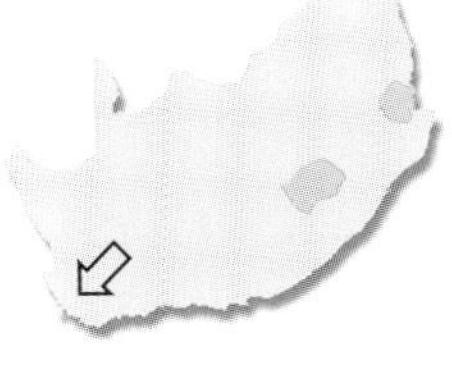

Valley of the Rainbow
Potchefstroom • Mpumalanga

Rinderfilet mit Portwein-Pflaumen-Sauce

Zutaten:

(für 6 Portionen)
1 Rinderfilet (etwa 1 ½ kg)
30 g Butter, geschmolzen
1 EL Meerrettichsauce
schwarzer Pfeffer aus der Mühle
Salz

Portwein-Pflaumen-Sauce:
50 ml Apfelbrei
250 ml Fruchtsaft Apfel und Schwarze Johannisbeere
1 EL Zitronensaft
1 TL Sojasauce
30 ml frischer Ingwer, sehr fein gehackt
1 EL Zitronenschale, gerieben
1 EL Maismehl
250 g Pflaumen, entsteint und geviertelt
50 ml Portwein
3 EL Mandeln, geröstet

Zubereitung:

Die Pflaumen im Portwein ziehen lassen. Um das Fleisch zuzubereiten, dieses auf ein Ofengitter legen, darunter eine Fettpfanne platzieren und das Filet im auf 160 °C vorgeheizten Backofen braten. Die Garzeit beträgt je 500 g 15 bis 20 Minuten + 15 Minuten, wenn das Fleisch innen noch roh („rare"/englisch) sein soll oder 20 bis 25 Minuten je 500 g + 20 Minuten, wenn das Fleisch „medium" gar sein soll. Die geschmolzene Butter mit der Meerrettichsauce, etwas Salz und dem Pfeffer mischen. Das Fleisch während des Bratens damit regelmäßig einpinseln.
Für die Sauce alle Zutaten außer den Pflaumen und den Mandeln in einer Kasserolle mischen und zum Kochen bringen. Regelmäßig rühren und die Sauce einkochen, bis sie eindickt. Dann die Hitze reduzieren, die Pflaumen mit dem Portwein hineingießen und etwa 2 Minuten simmern lassen, so dass die Pflaumen warm werden. Das Filet tranchieren, auf vorgewärmten Tellern anrichten, die Sauce darüber geben und mit den gerösteten Mandeln dekorieren.
Tipp: Bevor man das Fleisch tranchiert, sollte es an einem warmen Ort etwa 10 Minuten ruhen, damit der Fleischsaft sich im Fleisch besser verteilt und man das Fleisch so besser schneiden kann.

Die Küche:

Das Restaurant bietet seinen Gästen ein großartiges Menü, welches südafrikanische und internationale Küche vereinigt. Eine reichhaltige Weinkarte ergänzt das Angebot der Gerichte ausgezeichnet.

Valley of the Rainbow

Im Manour House haben die Gäste die Wahl zwischen fünf luxuriösen Suiten, von welcher jede über einen komfortablen Lounge-Bereich und Bad mit WC verfügt. Im Manour House gibt es eine große Lounge mit einer offenen Feuerstelle für kalte Winterabende. Eine Bar, einen Speiseraum mit Kamin, eine Bücherei und Fernseher bieten den Gästen mehr als die Annehmlichkeiten, die man von zu Hause gewohnt ist.
Das Country House ist im klassischen Landhausstil eingerichtet und bietet 5 luxuriöse Doppelzimmer, mit Bad und WC sowie Zugang zur Veranda, welche einen großartigen Ausblick auf das Tal gewährt. Die offene Lounge bietet einen Speiseraum und Fernsehzimmer. Das Country House ist ideal für Firmengruppen, Familien und Freunde.

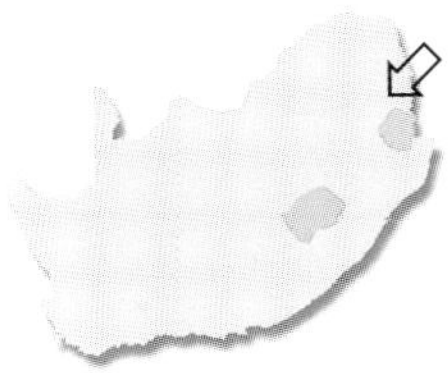

Merlot Manor
Pietermaritzburg • KwaZulu Natal

Pesto Filet-Medaillons belegt mit Austernpilzen und Paprikasaucen

Zutaten:

(für 4 Portionen)
Basilikum-Pesto:
Basilikumblätter (so viele, dass ein Messbecher etwa bis 750 ml gefüllt ist)
1 Knoblauchzehe
Olivenöl
125 g Parmesankäse
125 g Pinienkerne oder Mandeln
Pfeffer aus der Mühle
Salz

Rote und grüne Paprikasauce:
500 g roter- und grüner Paprika
20 g Feinzucker
1,5 EL Weißweinessig

Filet:
1 kg Rinderfilet, davon 12 Scheiben à 80 g schneiden
1 Schale Austernpilze
Butter
Knoblauch
Pfeffer aus der Mühle
Salz

Zubereitung:

Für das Basilikum-Pesto die Basilikumblätter, die Knoblauchzehe, etwas Olivenöl, den Parmesan, die Pinienkerne, den Pfeffer und das Salz in einen Küchenmixer geben und mixen. Die Paste sollte dicklich, nicht zu fein sein. Für die Paprikasauce die Paprikas in stücke schneiden und farblich getrennt mit 3 ½ Esslöffeln Wasser in den Küchenmixer geben und darin pürieren. Anschließend durch ein Mousselintuch oder ein feines Sieb drücken. Jeweils die Hälfte des Zuckers und des Essigs zu der Flüssigkeit geben und zum Kochen bringen. Die Flüssigkeit so lange reduzieren, bis sie die Konsistenz erreicht hat, um die Rückseite eines Löffels zu bedecken. Die Austernpilze in Butter und dem Knoblauch sautieren, dann mit Pfeffer und Salz würzen. Auf vier Tellern die beiden Paprikasaucen verteilen und mit einem Stab ineinander ziehen. Die Rindermedaillons in einer heißen Pfanne von beiden Seiten braten, dann in die Mitte des Tellers legen und die sautierten Austernpilze und die Filetscheiben in Schichten darauf legen. Mit einer Filetscheibe abschließen und darauf das Pesto geben. Dazu geröstete Kartoffelecken/Wedges servieren.

Cape Waterblommetjie Bredie

Die Waterblommetjie (aponogeton distachyus) ist eine Pflanze, welche in den "Vleis" (Wassertümpeln) der Boland Region am Kap wächst. Sie wird gesammelt, wenn die Blüten sich geöffnet haben. (Anm. d. Verf.: Waterblommetjies sind in unseren Breiten kaum zu beziehen. Gelegentlich kann man sie als Konserve erwerben. Wenn man keine Waterblommetjies bekommen kann, können grüne Stangenbohnen verwendet werden.

Zubereitung:

Die Waterblommetjies gründlich waschen und in Salzwasser stehen lassen. Die Stängel entfernen. Das Lammfleisch mit Pfeffer und Salz bestreuen. Anschließend das Fett in einer Pfanne erhitzen und das Lammfleisch darin von beiden Seiten braun anbraten. Das Fleisch aus der Pfanne nehmen und die Zwiebeln und den Knoblauch darin bräunen. Dann das Fleisch und alle anderen Zutaten außer den Waterblommetjies, den Kartoffeln und den Zitronensaft hinzugeben. Bei schwacher Hitze simmern lassen bis es gar ist. Nun die Waterblommetjies, die Kartoffeln und den Zitronensaft darauf geben und langsam gar kochen. Möglichst nicht umrühren und falls notwendig lieber etwas Wasser angießen. Dazu Reis oder Süßkartoffeln (siehe Rezept) servieren.

Zutaten:

2 kg Waterblommetjies
1-1 ½ kg Lammkoteletts oder dicke Rippenstücke
2 Knoblauchzehen, zerdrückt
Pfeffer aus der Mühle
Salz
Fett oder Butter
1 Bund Lauch, geschnitten
2 Zwiebeln, gehackt
1 Bund Sellerie, geschnitten
2 Bund Sauerampfer, gehackt, oder 2 große saure Äpfel, gerieben
250 ml Enten- oder Hühnerbrühe
Baby-Kartoffeln
75 ml Zitronensaft

Die Küche:

Deutlich international, aber saisonal mit einem Anklang der regionalen Geschmacksrichtungen, garniert mit einem Spritzer Fantasie und abgerundet durch den guten südafrikanischen Wein, welcher zu den Gerichten serviert wird. Ob es die „Roaring Twenties" oder die 90er Jahre sind, Doris Day oder das Soweto Streichquartett, Shakespeare's Kaufmann von Venedig oder Athol Fugard's Weg nach Mekka. Merlot Manor bietet bekennenden Genussmenschen ein Stück opulente Fantasie in seiner Küche, dem Ambiente und dem exzentrischen Dekor. Für das Erlebnis „Südafrika" ist es eine bedauerliche Lücke, nicht im Merlot Manor verweilt und gespeist zu haben.

Merlot Manor

Hoch über dem kolonialen Außenposten Pietermaritzburg liegt Merlot Manor, von dessen Veranda man den Blick über die Stadt genießen kann. Dieses elegant restaurierte Anwesen liegt bewusst etwas außerhalb der Welt und der Stadt unter ihr. Mit Wurzeln, die bis in das späte 19. Jahrhundert zurückreichen, ist Merlot Manor eine prächtige Heimstätte. Zwischen ehrwürdigen Eichen gelegen, vom Laub der Bäume bedeckt und umgeben mit aufwändigen Gartenanlagen, Pavillons und murmelnden Springbrunnen ist das Manor eine erste Adresse für gutes Essen und einen angenehmen Aufenthalt.

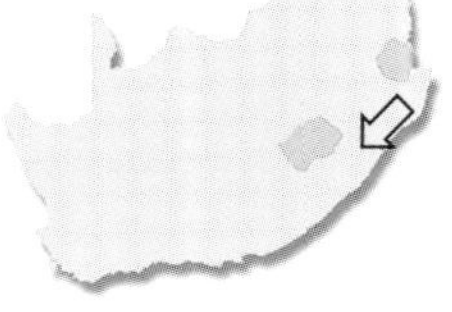

Belvidere Manor
Knysna ◆ Western Cape

Gegrillter Springbock mit Blaubeer-Balsamico-Jus und glasierten Kartoffeln

Zubereitung:

Die Kartoffeln kochen bis sie gar sind. In einer Pfanne mit Butter, Pfeffer und Salz erneut erhitzen. Das Gemüse 2 bis 3 Minuten braten und ständig dabei rühren. In einem Topf den Balsamico, den Feinzucker und die Blaubeeren zum Kochen bringen und dann bei schwacher Hitze simmern lassen, bis die Flüssigkeit zu einer dickflüssigen Jus reduziert ist. Wenn nötig, mit etwas Beurre manié (gleiche Mengen Butter und Mehl miteinander verknetet) eindicken. Die Keule nach Wunsch gar grillen und würzen. Das gebratene Gemüse auf der Mitte der Teller anrichten und die Springbockkeule darauf legen. Die Sauce darüber träufeln und die Kartoffeln so anordnen, so dass diese sich jeweils gegenüber liegen. Mit frischen Kräutern garnieren und dazu selbst gebackenes Brot reichen, mit dem man die Sauce dippen kann.

Zutaten:

(für 4 Portionen)
4 x 250 g Springbockkeule (Portionen ohne Knochen)
8 Kartoffeln
4 Karotten, geschält und in Juliennes geschnitten
4 Baby Zucchini, Enden entfernt, in Juliennes geschnitten
1 Rotkraut, fein gehobelt
1 rote Paprika, in Juliennes geschnitten
1 gelbe Paprika, in Juliennes geschnitten
250 g Blaubeeren, frisch oder gefroren
600 ml Balsamico
750 g Feinzucker
Pfeffer aus der Mühle
Salz

Die Küche:

Das Restaurant im Belvidere bietet südafrikanische Küche mit asiatischen Geschmacksnoten.

Belvidere Manor

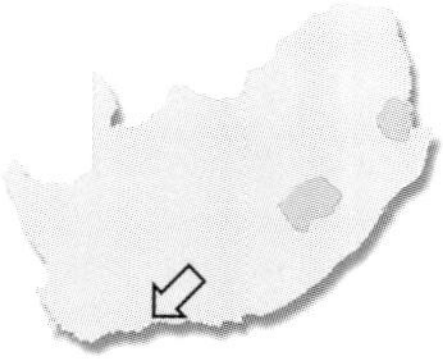

Das historische Landhaus bietet einen wunderschönen Ausblick über die Lagune von Knysna. Es wurde gewählt als Südafrikas bestes Countrystyle Retreat (Large) 2000, 2001 & 2002. Ferner gewann es mehrere AA Tourism Awards.

Mogg´s Country Cookhouse
Hermanus ◆ Western Cape

Die Küche:

Das Haus umgibt eine familiäre und entspannte Atmosphäre. Die gehobene Küche bietet landestypische Gerichte, die mit täglich frischen Zutaten, je nach Saison, bereitet werden. Neben den Tagesgerichten erwartet die Gäste des Mogg´s Country Cookhouse eine wöchentlich wechselnde Speisekarte.

Kaya Huhn

Dies ist ein sehr vielseitiges Gericht, da man den Belag je nachdem, was in der Vorratskammer zur Verfügung steht, verändern kann. Aus langjähriger Erfahrung empfehlen wir das nachfolgende Rezept. Im Mogg´s Country Cookhouse wird das Huhn mit Kapernbrei und Kräuter-Pesto serviert.

Zubereitung:

Die Hähnchenbrüste leicht klopfen und dann in nicht zu stark erhitztem Olivenöl braten. Aus der Pfanne nehmen, wenn sie innen noch etwas rosa sind und zum Abkühlen beiseite stellen. Während des Bratens die Hähnchenbrüste leicht salzen und mit frischem Pfeffer bestreuen. In der gleichen Pfanne die Zwiebel glasieren. Wenn nötig, etwas Öl angießen. Dann den braunen Zucker zu den Zwiebeln geben und so lange rühren, bis der Zucker sich aufgelöst hat. Dann eine großzügige Menge Verjuice hineingießen, die Hitze reduzieren, kräftig rühren, bis der Zucker sich mit dem Verjuice verbunden hat. Dann abkühlen lassen. In einem Küchenmixer die Oliven, eine Knoblauchzehe mit etwas Olivenöl zu einer feinen Paste, ähnlich einer Tapanade, mixen. Die Tomaten in dünne Scheiben schneiden. Nun die Hähnchenbrüste auf eine feuerfeste Platte legen und die Oberseite mit der Olivenpaste bestreichen. Darüber die karamellisierten Zwiebeln geben, mit den Tomatenscheiben belegen und darauf zwei Scheiben Mozzarella legen. Die Platte in den vorgeheizten Backofen geben und etwa 15 Minuten garen bis der Käse geschmolzen ist.
Für das Kräuter-Pesto die Basilikumblätter, die Salatrauke, das Koriandergrün, das Olivenöl und die Knoblauchzehe in einen Küchenmixer geben. Die Zitrone auspressen und den Saft sowie Juliennes von der Schale zu den Kräutern geben und alles gut mixen. Anschließend mit frisch gemahlenem Pfeffer und Salz abschmecken. Für den Kapernbrei

Zutaten:

(für 4 Portionen)
4 Hähnchenbrüste, ohne Knochen und Haut
1 Hand voll Calamata (schwarze) Oliven, entsteint
1 Knolle Knoblauch
Olivenöl
2 frische, feste Tomaten
2 Zwiebeln
2 EL brauner Zucker
Verjus (Anm.: Newton Johnson Verjus - produziert aus der „grünen Traubenlese" oder Essig)
Pfeffer aus der Mühle
Salz
8 Scheiben Mozzarella Käse, etwa 2 cm dick

Kräuter-Pesto:
1 Handvoll Basilikum
1 Handvoll Koriandergrün
1 Handvoll Rucola
1 Zitrone
Olivenöl
1 Knoblauchzehe

Kapernbrei:
1 Hand voll Kapern, grob gehackt
4 große Kartoffeln, geschält
2 EL Butter
100 ml Sahne

die Kartoffeln kochen, bis sie weich sind. Die Kartoffeln mit Butter und Sahne zu Brei stampfen, bis dieser glatt ist. Die Kapern unterrühren und den Brei mit Pfeffer und Salz abschmecken.

Auf die Mitte der Teller ein Bett aus dem Kapernbrei setzen und die fertig gegarten Hähnchenbrüste darauf legen. Das Kräuter-Pesto außen herum träufeln und mit knackigem Salat aus dem Garten oder gebratenem Gemüse servieren. Wir empfehlen hierzu einen Wein, welcher aus unserem Tal kommt: Newton Johnsons Felicite ist ein vielseitiger Rosé-Wein aus der Pinot Noir Traube und eignet sich sehr gut zu diesem Gericht.

Mogg´s Country Cookhouse

Mutter und Tochter führen das rustikale Country-Restaurant inmitten von Weinbergen und Wiesen des pittoresken Hemel-en-Aarde Valleys.

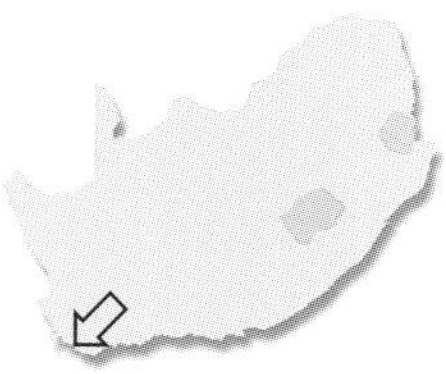

Rhubarb Gourmet
Sandton • Gauteng

Straußenspieße mit Beerensauce

Zubereitung:

Auf die hölzernen Spieße jeweils 3 Würfel Straußenfleisch stecken (man sollte 2 Spieße pro Person rechnen). Zwischen das Fleisch werden jeweils ein Stück getrocknete Aprikose und ein Stück der grünen Paprika gesteckt. Aus dem Olivenöl, dem Zitronensaft, etwas gemahlenem Pfeffer und einer Prise Salz eine Marinade bereiten und die Spieße darin mindestens 3 Stunden marinieren. Danach die Spieße herausnehmen und über Holzkohle grillen oder in der Pfanne braten. Länger als 6 Minuten sollten sie keinesfalls gegart werden, da das Fleisch sonst trocken wird. Für die Sauce die Beeren in etwas Rotwein mit der Hühnerbrühe erhitzen, ohne sie kochen zu lassen. Die Spieße auf den Tellern anrichten, die Sauce darüber geben und sofort servieren. Dazu Kartoffeln reichen.

Zutaten:

250 g Straußenfleisch pro Person
getrocknete Aprikosen
2 grüne Paprika
Olivenöl
Zitronensaft
Salz
schwarzer Pfeffer aus der Mühle
Fleischspieße

Für die Sauce:
Rotwein
Hühnerbrühe
frische rote Beeren (rote Johannisbeeren, Himbeeren oder Erdbeeren / Wenn keine frischen Beeren verfügbar sind, sollte man tiefgefrorenen den Vorzug geben)

Die Küche:

Die Küche ist progressiv, nicht überfrachtet und basiert auf saisonalen, frischen Produkten. Ungewöhnliche Geschmacksrichtungen werden kombiniert, um ein breites Feld an Erlebnissen für den Gaumen zu bieten. Dabei wird die Betonung auf einen einzigartigen Kochstil gelegt.

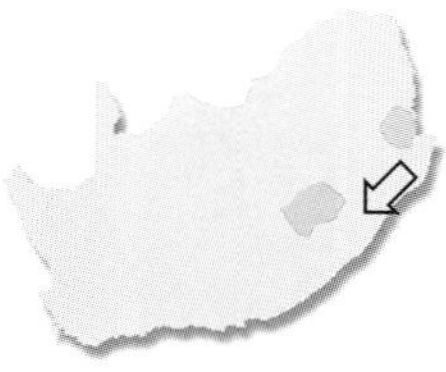

Rhubarb Gourmet

Ein progressives Restaurant im postmodernen Look und mit komfortablen Sitz-Arrangements.

Delheim
Stellenbosch • Western Cape

Traditionelles Huhn der Kapmalayen

Zutaten:

45 ml Weintraubenöl
1 Tomate

Hühnchenmischung:
2 kg Hühnchenbrustfilets, ohne Knochen und Haut
1 TL Kreuzkümmel, gemahlen
1 TL Koriander, gemahlen
1 EL Masala
1 EL Currypulver, mild
1 TL Kurkuma

Zubereitung:

Das Öl in einer großen Kasserolle erhitzen und sämtliche Zutaten der Gewürzmischung darin anschwitzen, ohne diese braun werden zu lassen. Dann die Tomate hinzu geben und zum Kochen bringen. Die Hühnchenbrustfilets darin garen und die Gewürze der Hühnchenmischung darüber streuen. Während des Garens mehrfach wenden. Wenn das Filet gar ist, zum Abschmecken eine Hand voll frisch gehackte Dania darüber streuen und die gekochten Kartoffeln, Karotten und Zucchini mit den frischen Tomatenstücken unterrühren. Dazu Reis und Sambals servieren.

Gewürzmischung:
1 große Zwiebel, in Scheiben geschnitten
3 Kardamom-Samen
2 Stücke Cassia (eine Art Hülsenfrucht / Ihr Geschmack erinnert an Schokolade oder Lakritze)
1 TL Fenchelsamen
1 TL Kreuzkümmel, ganz
1 TL Dillsamen
3 Sternanis-Samen
5 Knoblauchzehen, geschält und gehackt
2 cm grüner Ingwer, gehackt
1 Chilischote, Kerne entfernt, gehackt

Zum abschmecken:
1 Hand voll Dania, gehackt (fragaria Dania / Frigopflanze)
Kartoffel, gekocht, in Würfel geschnitten
Karotten, in Scheiben geschnitten, gekocht
Zucchini, in Scheiben geschnitten, gekocht

Die Küche:

Das wundervolle Gartenrestaurant liegt nur wenige Meter von der Probierstube entfernt und ist ein Muss nach jeder Weinprobe. Die Auswahl auf der Speisekarte reicht von einer leichten Käseplatte bis zu den beliebtesten südafrikanischen Gerichten.

Delheim

Delheim beheimatet eine Wein-Farm und ein Gartenrestaurant.

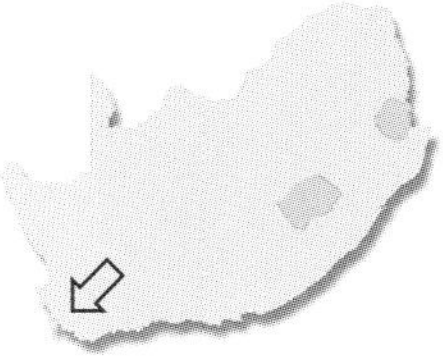

Emerald Guesthouse
Kempton Park ◆ Gauteng

EMERALD

Emerald Rindercurry mit Reis

Zutaten:

1 kg Rumpsteak
Curry
Barbequegewürz (Grillgewürz)
Salz
Pfeffer
Tomate
Zwiebeln
Kartoffeln
Karotten
Öl

Zubereitung:

Die Kartoffeln und die Karotten schälen, in Stücke schneiden und in etwas Salzwasser gar kochen. Das Wasser abgießen und das Gemüse beiseite stellen. Das Rumpsteak in Koteletts schneiden, etwas Öl in einer großen Kasserolle erhitzen und die Koteletts darin 10 Minuten braten. Mit dem Salz, dem Barbequegewürz, etwas Pfeffer und Currypulver würzen. Dann die Zwiebeln, die Kartoffeln und die Karotten hinein geben, 5 Minuten mit braten, die Hitze reduzieren und weitere 5 Minuten garen. Mit gekochtem Reis servieren.

Die Küche:

Im Restaurant sind alle willkommen, die das Essen lieben. Auf der Karte stehen gegrilltes Huhn, Lasagne, Fisch vom Fang des Tages, Makkaroni mit Käse, etc.

Emerald Guesthouse

Das Emerald Guesthouse liegt nahe am Johannesburg International Airport und bietet ein Restaurant, Selbst-Catering- und Bed & Breakfast-Unterkünfte für Gäste, die von und nach Südafrika reisen. Zu den Leistungen des Hauses gehören Flughafentransfers, Autovermietung, Swimming Pool, Fernseher auf allen Zimmern, Bad und WC. Außerdem werden Touren zu fast allen Orten in Südafrika angeboten.

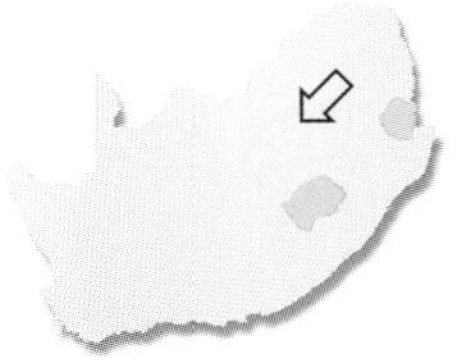

Catharina's

Catharinas Restaurant at The Steenberg Hotel

Cape Town ◆ Western Cape

Springbocklende mit Polenta, Portobello und roter Zwiebelmarmelade

Der Springbock und die Maispolenta sind ein traditionelles südafrikanisches Gericht. Die Kombination mit dem Portobello-Pilz, auch genannt Bayerischer Paraplue oder Brauner Champignon und der Marmelade aus roten Zwiebeln bereitet ein im wahrsten Sinne des Wortes geschmackvolles Erlebnis.

Zutaten:

1,2 kg Springbocklende
Olivenöl
schwarzer Pfeffer aus der Mühle
Salz

Polenta:
800 g Polenta
1 Zwiebel, gehackt
2 Knoblauchzehen, gehackt
1 EL frischer Thymian, gehackt
Salz

Portobello-Pilze:
8 große Portobello-Pilze
Butter

Rote Zwiebelmarmelade:
1 kg große rote Zwiebeln
750 ml Rotwein
125 ml Zucker
½ Chilischote, entkernt
½ Knoblauchzehe

Zubereitung:

Zur Vorbereitung zunächst die Rinder-Jus bereiten. Hierfür röstet man die Rinderknochen im Backofen, bis sie gut gebräunt sind. Dann in einen großen Topf geben, die Hälfte des geputzten und etwas zerkleinerten Gemüses hinzu geben und soviel Wasser hinein geben, dass alles gut bedeckt ist. Bei schwacher Hitze 6 bis 8 Sunden simmern lassen. Das verbliebene Gemüse ebenfalls klein schneiden, in einer Kasserolle ordentlich anrösten, mit dem Rotwein ablöschen und auf etwa 200 ml einkochen lassen. Daran die seit mehreren Stunden gekochte Brühe gießen, weiter auf die notwendige Konsistenz reduzieren und abschließend durch ein Sieb streichen.

Für die Marmelade aus roten Zwiebeln die Zwiebeln schälen, in dünne Scheiben schneiden und zusammen mit dem Zucker und dem Rotwein in einen Topf geben. Die Chilischote und die Knoblauchzehen hineingeben und bei mittlerer Hitze 1 bis 1,5 Stunden köcheln, so dass die Zwiebeln weich werden und die Flüssigkeit zu einer sirupartigen

Konsistenz reduziert ist. Schließlich die Chilischote sowie die Knoblauchzehe entfernen und die Marmelade abkühlen lassen.
In einem Topf 2,5 Liter Wasser zum Kochen bringen, die Zwiebel, den Knoblauch und den Thymian hineingeben und kurz kochen lassen. Dann die Polenta unter ständigem Rühren in einem dünnen, stetigen Strahl hineingießen. Mit etwas Salz abschmecken und weitere 5 Minuten rühren, bevor man die Polenta auf ein mit Backpapier ausgelegtes Backblech gibt. Etwa 1,5 Zentimeter dick auf dem Backblech verteilen und dann ruhen lassen.
Die Springbocklende großzügig mit frischem Pfeffer und Salz würzen. Dabei die Gewürze fest auf die Oberfläche der Lende drücken. Dann mit etwas Olivenöl einreiben und scharf anbraten oder grillen, bis die Lende rundherum gut braun ist. Nach insgesamt 8 Minuten ist sie servierfertig und innen noch medium.
Für die Zubereitung der Portobello-Pilze: Die Stiele entfernen und die Kappen schälen. Dann auf ein Backblech setzen, nach Geschmack würzen, obenauf ein Stückchen Butter setzen und im heißen Backofen „al dente" garen.
Zum Servieren mit einem Ausstecher (Timbale) von 9 Zentimeter Durchmesser die Polenta in runden Scheiben ausstechen. Den Ausstecher auf die Mitte des Tellers setzen. Mit einem Löffel etwas gekochtes Gemüse hineingeben und fest drücken. Dann eine Scheibe Polenta darauf geben, gefolgt von einem Portobello-Pilz. Die Marmelade aus roten Zwiebeln zum Schluss mit einem Löffel darübergeben und andrücken. Den Ring entfernen, die Lende in Portionen schneiden, auf der Zwiebelschicht anrichten und sofort servieren.

Rinder-Jus:
5 kg Rinderknochen
200 g Karotten
200 g Zwiebeln
200 g Sellerie
750 ml Rotwein

außerdem:
gekochtes Gemüse

STEENBERG HOTEL ANNO 1682 ★★★★★

Die Küche:

Eine frische und innovative Mischung klassischer Küche inmitten zeitloser Pracht.

Catharina´s Restaurant at The Steenberg Hotel

Die älteste Weinfarm am Kap bietet einen typisch kapholländischen Ort zum Speisen, welcher in den alten Weinkellern untergebracht ist. Man kann den Tag mit einem Frühstück im Patio beginnen, das Mittagessen auf der Terrasse nehmen und dabei den Blick über den historischen Hof schweifen lassen, das Abendessen in der traditionellen Atmosphäre der Weinfarm genießen und wird anschließend an der Bar herzlich willkommen geheißen.

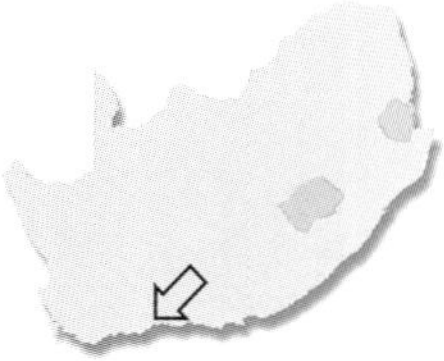

THE WESTCLIFF

La Belle Terrasse and Loggia - The Westcliff Hotel
Johannesburg ◆ Gauteng

Gegrillte Medaillons vom Warzenschwein mit gepfefferter Ananas und Shiraz-Sauce auf Spargel & Gersten-Risotto

Zubereitung:

Alle Zutaten für die Marinade in einer Schüssel mischen. Die Lende und das Filet darin zugedeckt 24 Stunden marinieren.
Für die Shiraz Sauce die Butter in einer Kasserolle erhitzen und die Zwiebeln darin braten. Wenn sie braun sind, den Zucker hinzu schütten und so lange rühren, bis der Zucker geschmolzen ist. Nun den Shiraz und den Wildfond angießen, kurz verrühren, die Hitze reduzieren und die Sauce einkochen lassen.
Um das Gersten Risotto zu bereiten, den Spargel in heißer Butter kurz andünsten. Die Gerste und die Hühnerbrühe hinzugeben und bei schwacher Hitze simmern lassen. Wenn die Gerstenkörner anschwellen, die Sahne angießen und erneut simmern lassen. Vor dem Servieren den geriebenen

Zutaten:

(für 4 Portionen)
Lende und Filet:
4 x 100 g Portionen Lende vom Warzenschwein
4 x 80 g Filet vom Warzenschein
4 Scheiben Tiroler Speck
1 EL Dijon Senf
1 Prise Salz
schwarzer Pfeffer, zerstoßen

Marinade:
½ Zwiebel, geschält und gewürfelt
1 TL Knoblauch, zerstoßen
60 ml Olivenöl
100 ml Rotwein
2 EL frischer Thymian und Rosmarin, gehackt
2 Wacholderbeeren
1 Lorbeerblatt
60 g Mire Poix (Suppengrün: Sellerie, Karotte, Zwiebel, Lauch)

Gersten Risotto:
Etwa 180 g Gerste, ohne Spelzen
100 ml frische Sahne
100 ml Hühnerbrühe

100 g grüner Spargel, geputzt und in Stücke geschnitten
25 g Butter
15 g Parmesan Käse, gerieben
Pfeffer aus der Mühle
Salz
1 TL Majoran, gehackt

Shiraz Sauce:
200 ml Wildfond
120 ml Shiraz (kräftiger Rotwein)
1 Zwiebel, geschält und gewürfelt
25 g Butter
1 TL brauner Zucker

Gepfefferte Ananas:
4 Scheiben frische Ananas, geschält und Strunk/Kern entfernt
1 TL schwarzer Pfeffer aus der Mühle
1 TL Öl zum Braten

Parmesan sowie die gehackten Majoranblätter unterrühren und nach Geschmack mit Pfeffer und Salz abschmecken.
Für die gepfefferte Ananas diese im Pfeffer wenden, Öl in einer Pfanne erhitzen und die Ananasscheiben darin braten.
Die Warzenschweinlende aus der Marinade nehmen und mit einer Prise Salz und zerstoßenem Pfeffer bestreuen, bevor man sie in einen Mantel aus Senf hüllt. Dann mit dem Speck umwickeln und auf den vorgeheizten Grill legen.
Die Filets ebenfalls aus der Marinade nehmen, mit Pfeffer und Salz würzen. Wenn die Lende zur Hälfte gar ist, die Filets mit auf den Grill geben und von beiden Seiten grillen.
Das Fleisch der Filets, wie auch der Lende sollte medium gegrillt werden.
Die Sauce durch ein Sieb streichen und im Topf erneut reduzieren lassen. Alle Zutaten auf einem vorgewärmten Teller anrichten, die Sauce über das Wild geben und servieren.
(Anm: Da Warzenschein in unseren Breiten nur schwer zu bekommen ist, kann man alternativ auf Wildschein zurückgreifen).

Die Küche:

Zeitgenössische internationale Küche mit ausgeprägtem südafrikanischen Flair. Für die Zubereitung werden nur die frischesten Zutaten verwendet.

La Belle Terrasse and Loggia - The Westcliff Hotel

Das Flaggschiff der gehobenen Restaurants im Westcliff Hotel offeriert seinen Gästen eine elegante Küche und einen Panorama-Blick auf die Strandlandschaften am Tage und die Sterne am Himmel Afrikas bei Nacht.

Makakatana Bay Lodge
Johannesburg ◆ Gauteng

Rindfleisch in Phyllo-Teig mit Blauschimmel-Käsesauce

Zubereitung:

Die Zwiebeln und den Knoblauch in einer Pfanne mit etwas Öl anbraten. Dann das Rindergeschnetzelte und die Sojasauce hinzugeben und anbraten. Anschließend die Pfanne vom Herd nehmen. Auf einen leicht bemehlten Untergrund das erste Blatt Phyllo-Teig legen, mit etwas von der geschmolzenen Butter bestreichen und ein zweites Blatt Phyllo-Teig darauf legen. So lange fortfahren, bis alle Teigblätter übereinander geschichtet sind. Das Geschnetzelte in einer geraden Linie auf den Teig legen, den Teig längs dazu anheben und zu einer Teigrolle mit dem Fleisch in der Mitte aufrollen. Die restliche Butter darüber gießen und

Zutaten:

(für 4-5 Portionen)
2 dicke Scheiben Rinderfilet, geschnetzelt
2 EL Sojasauce
125 g Butter, geschmolzen
Phyllo-Teig
1 Zwiebel, gehackt
1 TL Knoblauch, gehackt
1 EL Öl, zum Kochen
500 ml Sahne
Blauschimmelkäse (Anm.: Roquefort)

verteilen. Auf ein gefettetes Backblech legen und im auf 180 °C vorgeheizten Backofen 40 bis 45 Minuten backen. Für die Blauschimmel-Käsesauce die Sahne in einem Topf erhitzen und den zerbröselten Blauschimmelkäse (etwa die Hälfte eines handelsüblich geschnittenen „Tortenstücks") darin auflösen. Unter gelegentlichem Rühren auf schwacher Hitze simmern lassen, bis die Sauce die gewünschte Konsistenz erreicht hat. Zum Servieren die noch heiße Rolle in Scheiben aufneiden, die Portionen auf die Teller verteilen und mit der Blauschimmel-Käsesauce nappieren.

Die Küche:

Traditionelle Südafrikanische Küche mit mediterranen Einflüssen.

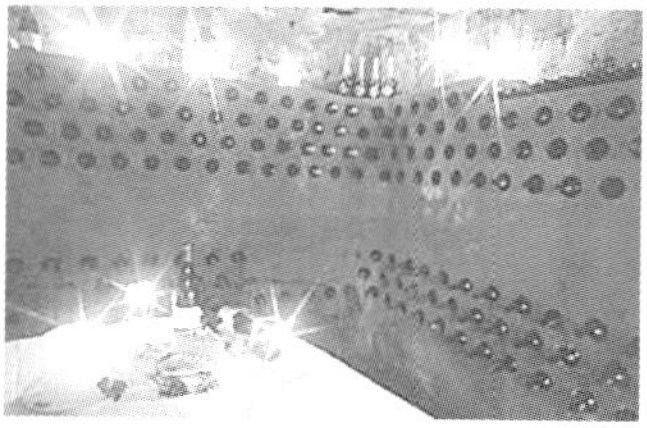

Makakatana Bay Lodge

Die Lodge liegt im Greater St. Lucia Wetland Park Reserve und ist die einzige Lodge im Privatbesitz in diesem ursprünglichen Welt-Naturerbe. 6 luxuriöse Suiten liegen zurückgezogen im dichten Laub des Sand Forest. Die geschmackvollen Möbel bieten eine ruhige Mischung im afro-asiatischen Design. Die Umgebung ist eine großartige Kombination von Seeufern, Wald, Dünen, Steppe, Korallenriffen und Dornensavanne.

Rosedene Guest House
Cape Town ◆ Western Cape

Straußenhals Potjie

Dieses Gericht wird in einer schweren Eisenkasserolle langsam mit Tomaten, Gemüse und Shiraz Rotwein gegart.

Zubereitung:

Das Olivenöl in einer schweren Kasserolle erhitzen und die Zwiebeln darin bräunen. Die Gewürze hinzugeben und den Straußenhals anbraten, bis er rundherum braun ist. Den Knoblauch, das Tomatenpüree und die sonnengetrockneten Tomaten zugeben und mit einem halben Liter Wasser und dem Rotwein ablöschen. Die Hitze reduzieren und 20 Minuten simmern lassen. Dann etwas Wasser nachfüllen und weitere 40 Minuten simmern lassen. Während der ganzen Zeit häufig rühren und immer soviel Wasser nachfüllen, dass das Fleisch bedeckt ist. Nach dieser Zeit das Gemüse zugeben und das Ganze weitere 20 Minuten simmern lassen, bis das Gemüse gar ist. Mit Jasminreis oder Kartoffelbrei servieren.

Zutaten:

(für 4 Portionen)
1 kg Straußenhals Medaillons
500 g sonnengetrocknete Tomaten
500 g Tomatenpüree
2 große Zwiebeln, gewürfelt
250 g Karotten, gewürfelt
250 g Kartoffeln, gewürfelt
250 g Grüne Bohnen, gewürfelt
Salz
schwarzer Pfeffer aus der Mühle
Paprika
Frischer Knoblauch, zerstoßen
250 ml Shiraz (kräftiger Rotwein)
Olivenöl

Die Küche:

Im Speiseraum oder unter einer 100 Jahre alten Eiche wird das koloniale, englische oder kontinentale Frühstück serviert. Im Winter sitzt man zum Speisen nahe des wärmenden Kamins. Die Muffins und die Croissants werden täglich frisch gebacken. Dazu wird frisch gemahlener Blue Mountain Kaffee eingeschenkt.

Rosedene Guest House

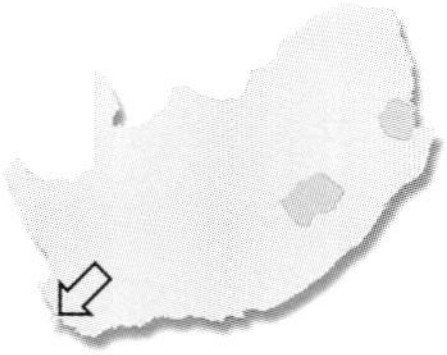

Das Rosedene Guest House hat 15 Zimmer mit Afro-Chic und kolonialer Pracht und ist berühmt für seine Gastlichkeit. Das Haupthaus mit seinen 11 Zimmern liegt versunken in einem Garten mit einheimischen Pflanzen. Das Garden Cottage mit der privaten Lounge grenzt an den Pool. Das historische Gate House bietet 3 Schlafzimmer und den Komfort eines Zuhauses, fern der Heimat. Lassen sie sich von dem Ausblick auf den Tafelberg gefangen nehmen, während sie auf dem Liegestuhl am Pool entspannen.

Stocklands Farm
Howick ◆ KwaZulu Natal

Stocklands Farm
Bed & Breakfast
Self Catering

Bobotie

Das Bobotie ist ein traditionelles Gericht der Kapmalayen. Auf der Stocklands Farm wird es oft den Gästen aus Übersee serviert, denen die normalen KwaZulu Natal-Curries zu scharf sind.

Zutaten:

1,4 kg Hackfleisch
3 Zwiebeln, fein gehackt
3 Knoblauchzehen, fein gehackt
2 Lorbeerblätter, im Mörser zerstoßen
2 EL Öl

Zubereitung:

In einer Pfanne das Öl erhitzen und die Zwiebeln mit dem Knoblauch darin anbräunen. Die zerstoßenen Lorbeerblätter hinzugeben und dann das Hackfleisch darin anbraten. In einer großen Schüssel den Essig, das Currypulver, den Kurkuma, den Zucker, das Salz, den Pfeffer, die weiteren

Gewürze, das Chutney und die Tomatensauce mischen. Das angebratene Hackfleisch, die Sultaninen und die Nüsse hinzu geben. Das Brot in eine Schüssel mit Wasser legen und darin einweichen. Danach ausdrücken und über dem Fleisch zerbröseln. Das Ei und die Milch in einer kleinen Schüssel mischen und dann zum Hackfleisch geben. Die Äpfel oder Karotten beifügen, alles gut rühren und erneut abschmecken. Die Mischung in eine mit Butter ausgestrichene Auflaufform oder Kasserolle verteilen. Darüber die Mischung aus der Milch, den Eiern, Pfeffer und Salz für den Belag gießen und die Zitronenschalen darüber verteilen. Im auf 190 °C vorgeheizten Backofen 45 Minuten backen.

3 EL Essig
1 EL Currypulver
½ TL Kurkuma
1 EL Zucker
1 TL Koriander, gemahlen
1 Prise Nelken, gemahlen
1 Prise Muskatnuss, gerieben
1 EL Chutney
125 ml Tomatensauce
80 g Sultaninen (halbe Tasse voll)
1 EL Nüsse, fein gehackt
2 Scheiben Brot
1 Ei
125 ml Milch
Salz
Pfeffer aus der Mühle
250 ml Äpfel oder Karotten, geraspelt

Belag:
250 ml Milch
2 Eier
Pfeffer aus der Mühle
Salz
Schale einer halben Zitrone

Die Küche:

Die Gäste können wählen, ob sie das Frühstück im Speiseraum oder im Garten mit dem herrlichen Ausblick auf die Pflanzenwelt serviert haben möchten. Dabei haben sie ferner die Auswahl zwischen kontinentalem und englischem Frühstück. Alle Speisen werden mit ganz frischen Zutaten aus der Umgebung oder dem eigenen Garten zubereitet. Auch besteht die Möglichkeit, sich das Frühstück selbst zuzubereiten. Jedes Häuschen hat ein eigenes Stück Garten und eine "Braai Area".

Stocklands Farm

Stocklands Farm liegt auf den Midlands Meander und bietet luxuriöse Unterkünfte in privater Atmosphäre mit Bad und WC im Hauptgebäude. Auch Cottages für Selbstverpfleger stehen zur Auswahl.

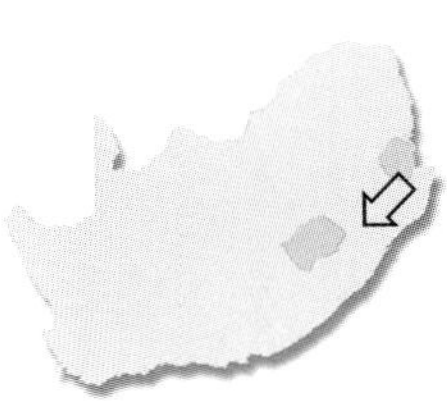

Brothers Restaurant
Plettenberg Bay • Western Cape

Straußenfilet an Süßholzsauce mit sahniger Thymian-Polenta, Butternut und gerösteter Süßkartoffel

Zutaten:

(Hauptzutaten für 1 Portion)
250 g Straußenfilet
1 Scheibe Thymian-Polenta
120 g Butternut-Kürbis, geröstet
120 g Süßkartoffel, geröstet

Die Beilagen:

Thymian-Polenta:
62 g Polenta
1 Bund Thymian
1 El Knoblauch, zerdrückt
250 ml Sahne
Pfeffer aus der Mühle
Salz

Süßholz Sauce:
500 ml Rindfleischsauce (siehe u.a. Rezept)
100 ml Portwein
50 ml Black Sambuca (Anm.: z.B. "Romana Black Sambuca Classica Liqueur")
1 Sternanis-Samen
Süßkartoffel und Butternut:

Zubereitung:

Das Straußenfilet auf dem Grill von beiden Seiten medium grillen.
Für die Thymian-Polenta die Sahne in einen mittelgroßen Topf gießen und bei schwacher Hitze zum Kochen bringen. Die Polenta hineinschütten und unter ständigem Rühren eindicken lassen. Das permanente Rühren ist wichtig, da sonst Klumpen entstehen. Wenn die Polenta dick ist, den Topf vom Herd nehmen und den gehackten Thymian, den zerdrückten Knoblauch, frisch gemahlenen Pfeffer und etwas Salz unterrühren. Dann die Polenta auf ein Backblech geben, die Masse 4 Zentimeter dick verteilen und die Oberfläche mit einem Messer glatt streichen. 20 Minuten abkühlen lassen, bevor man runde Kreise von 10 Zentimeter Durchmesser ausschneidet. Kurz vor dem Servieren die Polentascheiben in heißem Öl goldbraun und knusprig backen. Um die Süßholz-Sauce zuzubereiten, gibt man die Rindfleischsauce in einen kleinen Topf, lässt sie aufkochen und reduziert anschließend die Hitze. Den Sambuca, den Portwein und den Sternanis hineingeben und so lange simmern lassen, bis die Sauce leicht eindickt.

120 g Butternut-Kürbis, mit Schale
120 g Süßkartoffeln, mit Schale
100 ml Olivenöl (Extra Virgin)

Rindfleischsauce:
2 kg Rinderknochen
260 g Zwiebeln
2 Karotten, in Scheiben geschnitten
½ Bund Zitronengras
½ Stängel Rosmarin
200 g Tomatenpüree
500 ml Rotwein
2 EL Knoblauchzehen, geschält und halbiert
0,25 Bund Selleriegrün
7,5 L Wasser
3 g Zimtstange
1 Nelke
1 Lorbeerblatt

Die Süßkartoffeln und den Butternut-Kürbis in dicke Streifen mit einer Länge von 15 Zentimetern schneiden. Die Schale nicht entfernen. Flach auf einem Backblech verteilen, mit Olivenöl bestreichen und das Blech mit Aluminiumfolie abdecken. Im auf 180 °C vorgeheizten Ofen 15 Minuten backen, bis das Gemüse gar, aber nicht weich ist.
Im Vorfeld der Zubereitung dieses Gerichts sollte man die Rindfleischsauce kochen. Dazu gibt man die Rinderknochen in einen großen Topf und bräunt sie an. Dann das Tomatenpüree beigeben und so lange kochen, bis der Topfboden damit überzogen ist. Nun sämtliche Zutaten, außer dem Wasser, hinzugeben und so lange kochen, bis es am Boden haften bleibt. Es darf jedoch nicht anbrennen. Nun 5 Liter Wasser hineingießen und 1 Stunde kochen lassen. Nach dieser Zeit die restlichen 2,5 Liter hinzugießen und weitere 5 Stunden kochen lassen. Nach dieser Zeit durch ein Sieb abgießen.
Zum Anrichten eine Servierplatte mittlerer Größe verwenden. In die Mitte der Platte die Polentascheiben setzen. Das geröstete Gemüse über und um die Polenta verteilen. Die gegrillten Straußenfilets außen herum platzieren und die Süßholz-Sauce über das Gemüse und die Polenta sowie das Fleisch gießen. Es sollte soviel Sauce angegossen werden, dass der Boden der Servierplatte damit bedeckt ist. Mit Rosmarin und Petersilienblättern dekorieren.

Die Küche:

Die Küche im Brothers Restaurant hat sich nie einen Stempel aufdrücken lassen und bevorzugt Speisen, die man im Brothers selbst auch liebt. Zu jeder Zeit gibt es traditionelle Gerichte mit modernen Einflüssen. Das Menü wechselt regelmäßig und wenn man bereit ist, sich auf ein kulinarisches Abenteuer einzulassen, ist das Brothers Restaurant dafür der richtige Ort.

Brothers Restaurant

Das Brothers Restaurant and Terrasse liegt im Herzen der Plettenberg Bay. Mit seinen Panoramen auf die Berge und die See ist das Brothers der ideale Ort zum Verweilen, von früh morgens bis spät in den Abend. Kenner beginnen ihren Tag mit einem Schluck Espresso, hausgemachten Muffins oder einem großen Frühstück, gefolgt von einem gemütlichen Mittagessen im Patio. Das Abendessen ist eine eher gehobene Angelegenheit. Kerzen und frische Blumen bereiten die erlesene Atmosphäre für das Dinner auf der Terrasse an einem angenehmen Abend.

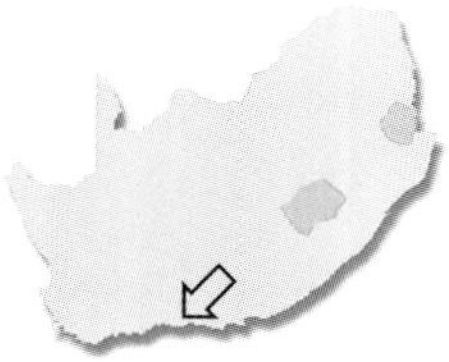

Madiba´s Tide Country House Hotel
Knysna ◆ Western Cape

Gestopfte Lammrippe mit Orangen-Koriandersauce

Dieses Gericht wurde von Madiba´s Tide Country House Hotel mit Freund Donovan im Jahr 2000 für eine ganz besondere Dinnerparty kreiert, welche für einige Mitglieder einer African Royal Family gegeben wurde.

Zubereitung:

Mit einem scharfen Messer vorsichtig zwischen dem Fleisch und dem Rippenknochen eine Tasche schneiden. Die Minze mit dem Salz, dem frisch gemahlenen Pfeffer und dem Knoblauch mischen und fest in die Tasche stopfen. Nun die Rippe salzen und im Ofen backen oder rösten, bis sie goldbraun ist. Natürlich schmeckt sie auch ganz vorzüglich, wenn sie frisch vom Rost des Holzkohlegrills kommt. Für die Sauce den frischen Orangensaft in einen Topf gießen und bei mittlerer Hitze reduzieren. Die Korianderblätter hinzugeben und die Sauce weitere 15 Minuten simmern lassen. Sie soll dann nicht zu dick, aber auch nicht zu dünnflüssig sein. Anmerkung des Kochs: „Diese Sauce ist nichts für Feiglinge!“ Die Rippe auf einem Reisbett, Couscous oder Kartoffeln anrichten und die Sauce dazugeben. Als Beilage gedämpftes Gemüse reichen.

Zutaten:

(für 4 Portionen)
1 ganze Lammrippe
500 g frische, scharfe Minze
Eine großzügige Portion frische Kräuter (Thymian, Rosmarin, Minze, Oregano, Petersilie)
1 Knoblauchzehe, zerdrückt
schwarzer Pfeffer, grob gestoßen
Salz

Koriandersauce:
500 ml frischer Orangensaft
1 Hand voll Korianderblätter (Dhania), gehackt

Die Küche:

Das ausgezeichnete englische Frühstück bietet unter anderem frisch gebackenes Brot, Gebäck, Muffins und Pfannkuchen. Abends kann man den Cocktail nehmen, wenn man die Galerie besichtigt hat und man anschließend zum Dinner Platz nimmt, offenbart sich ein herrlicher Ausblick über die Lagune.

Madiba´s Tide Country House Hotel

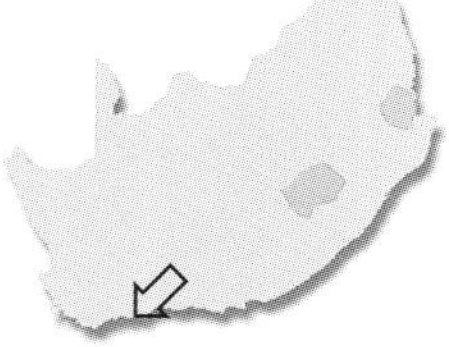

Die 16 luxuriösen Zimmer haben extra lange Betten, Federbetten, einige haben Spa-Bäder und private Balkone. Man kann einen ruhigen Tag am Pool genießen, während man auf der Terrasse liegt, welcher alte Eichen Schatten spenden, sich eine Massage oder Reflexology gönnen sowie Aromatherapie-Sitzungen besuchen.

Restaurant 101
Paarl ◆ Western Cape

Gebratene Wildkeule

Ein Rezept aus dem Herzen der Cape Winelands.

Zubereitung:

Mit einem Messer Löcher in die Keule stehen. Das Loch jeweils mit den Fingern öffnen und ein Stück Speck und eine Scheibe Knoblauch hineinstecken. So lange fortfahren, bis der Knoblauch und der Speck aufgebraucht sind. In einer kleinen Schüssel den Wein, den Essig mit dem Honig (oder der Marmelade) mischen. Die gespickte Keule in eine Glasschüssel legen und die Essig-Honig-Mischung über die Keule gießen. In einer trockenen, heißen Pfanne die Koriandersamen rösten, um ihnen so mehr Aroma zu verleihen. Diese dann in einer Kaffeemühle zu Pulver mahlen oder fein im Mörser zerstoßen. Den gemahlenen Koriander mit den gemahlenen Nelken mischen und die Keule damit einreiben. Die Keule abgedeckt 2 bis 3 Tage marinieren und sie dabei täglich zweimal wenden. In einer großen Kasserolle oder einem Bräter (abhängig von der Länge der Keule) das Öl erhitzen und die Zwiebeln darin leicht braun anbraten. Die Keule hinzugeben und die Marinade darüber gießen. Mit dem Deckel verschließen und bei reduzierter Hitze simmern lassen. Wenn die Flüssigkeit soweit reduziert ist, dass das Fleisch anbrät, die Keule wenden und einen Viertel Liter Wasser hinzugießen. So lange auf diese Weise verfahren, bis das Fleisch gar ist. Die Dauer ist abhängig von der Dicke der Keule und liegt etwa zwischen 1 und 3 Stunden. Der Chefkoch des „101" empfiehlt, während dieser Zeit ein Buch zu lesen und dabei den verbliebenen Wein zu trinken. Am Ende der Bratzeit mit Pfeffer und Salz würzen. Um die Bratensauce zu bereiten, nimmt man die Keule aus dem Bräter und stellt sie warm. In

Zutaten:

2 kg Keule vom Wild
250 g Speck, in kleine Stücke geschnitten
10 Knoblauchzehen, in Scheiben geschnitten
250 ml Traubenessig
250 ml Weißwein
1 TL Nelken, gemahlen
1 EL ganze Koriandersamen
3-4 EL Honig oder Aprikosenmarmelade
100 ml Öl
400 g Zwiebeln, in Scheiben geschnitten
Pfeffer aus der Mühle
Salz

Sauce:
375 ml Wasser
1 Stück Butter
2 EL Mehl

den Bräter das Wasser für die Sauce gießen und etwas simmern lassen. Die Butter in einer separaten Pfanne erhitzen, das Mehl hinein streuen und zu einer Paste verrühren. Diese in den Bräter geben und mit dem gelösten Bratensatz gut verrühren. Zum Servieren die Keule in Scheiben schneiden und auf die vorgewärmten Teller anrichten. Die heiße Sauce darüber gießen und dazu gekochte oder pürierte Kartoffeln sowie gekochtes Gemüse reichen.

Die Küche:

Kap Küche mit laufend wechselndem Menü.

Restaurant 101 at Simonsvlei Winery

Das Haus im Tudor-Dekor hat einen Kamin und serviert vortreffliche Speisen in reichhaltigen Mengen zu vernünftigen Preisen. Dies gilt auch für die Weinkarte. Diese und ein exzellenter und freundlicher Service machen das 101 zur idealen Lokalität für Hochzeiten, Firmenveranstaltungen, Jubiläen und vieles mehr.

Polfyntjies
Franschhoek ◆ Western Cape

POLFYNTJIES
Traditional South African Restaurant

Springbock-Bredie geschmort mit Aprikosen und Bier

Zubereitung:

Die Wildfleisch-Würfel mit gewürzten Mehl (Pfeffer und Salz) bestäuben. Das Öl in einer großen Kasserolle erhitzen und das Fleisch darin anbraten. Nicht alles Fleisch auf einmal in die Kasserolle geben, sondern es in mehreren Tranchen anbraten. Wenn nötig, noch etwas Öl hinzu geben. Das angebratene Fleisch beiseite stellen. Nun in der gleichen Kasserolle die Butter erhitzen und die Zwiebeln, den Knoblauch und die Karotten darin 5 Minuten braten. Dann das Fleisch mit dem Tomatenmark in die Kasserolle zurück geben und das Bier sowie die Rinderbrühe angießen. Die Hitze reduzieren und das Fleisch etwa 1,5 Stunden simmern lassen, bis es gar ist. Während dieser Zeit gelegentlich umrühren. Danach den Zucker, den Senf sowie die Aprikosen hinzu geben und das Bredie mit Pfeffer und Salz würzen. Das Ganze weitere 30 Minuten garen, bis das Fleisch ganz zart ist. Zum Schluss die Petersilie unterrühren und noch einmal mit Pfeffer und Salz abschmecken. Heiß mit gebuttertem Maisbrei oder Reis und Gemüse nach Saison servieren.

Zutaten:

1 ½ kg Wild, gewürfelt (Springbock oder Kudu, Impala)
40 g Mehl, gewürzt
1 EL Öl
1 EL Butter
2 Zwiebeln, geschält, in Scheiben geschnitten
1 EL Knoblauch, zerdrückt
5 Karotten, geschält und gewürfelt
340 ml Bier
500 ml Rinderbrühe
1 EL Tomatenmark
2 EL brauner Zucker
2 EL körniger Senf
schwarzer Pfeffer
Salz
300 g Aprikosen, saftig
4 EL frische Petersilie, gehackt

Die Küche:

Das Menü ist spezialisiert auf traditionell südafrikanische Gerichte wie: Bobotie, geschmorter Snoek, Ochsenschwanz, Wild, Kapmalayen Curry und nicht zu vergessen die Desserts wie: Malva Pudding und Cape Brandy Tart. Lokale Spezialitäten wie geräucherter Lachs und gegrillte Regenbogen Forelle werden ebenso neben dem absolut frischen Gemüse serviert. Knackige Salate, Käse, Pasteten, Samoosas oder eingelegter Fisch werden als Picknick-Lunches den ganzen Sommer über gereicht. Weiter wird eine Auswahl der Weine aus Franschhoek angeboten oder Tee und Kaffee zu frischem Gebäck, serviert mit hausgemachter Erdbeermarmelade und Schlagsahne.

Polfyntjies

Ein Besuch im Polfyntjies ist eine Reise in das Herz der südafrikanischen Küche, zu feinen Weinen und traditioneller Gastlichkeit. Der Name Polfyntjies (Pol-fain-kees) ist Afrikaans und bedeutet soviel wie „Souvenir“ oder „Andenken“. Das Wort wurde in einem kleinen alten südafrikanischen Kochbuch gefunden.

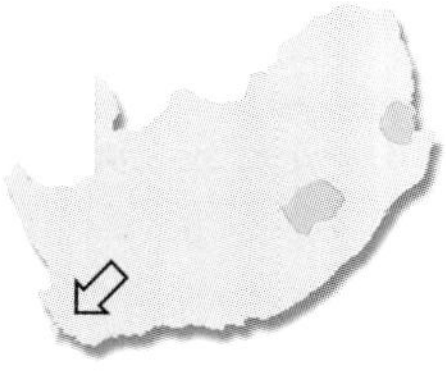

ZUIDER ZEE
Guest House / Herberg

Zuider Zee Guesthouse
Salt Rock ◆ Kwazulu Natal

Schweinefilet-Medaillons mit Passionsfrucht

Als Bestandteil eines dreigängigen Menüs aus Maissalat zur Vorspeise und Schweinefilet-Medaillons mit Passionsfrucht als Hauptgang. Dazu werden Nudeln und grüner Salat serviert. Als Nachspeise werden echte afrikanische Pfannkuchen gereicht. Die Gäste des Zuider Zee Guesthouse schätzen dieses Menü sehr. (Anm.: Die Rezepte finden Sie in den jeweiligen Kapiteln).

Zubereitung:

Das Fett und die Haut vom Schweinfilet schneiden. Dann das Filet in Medaillons schneiden, mit Knoblauchbutter bestreichen und in einer heißen Pfanne braten. Die Medaillons aus der Pfanne nehmen und warm stellen. Die Zutaten für die Sauce miteinander mischen, in die Pfanne mit dem verbliebenen Bratensaft geben und auf die Hälfte reduzieren. Vor dem Servieren das Fleisch darin nochmals erwärmen. Dazu Nudeln und grünen Salat servieren.

Zutaten:

(für 2 Personen)
1 Schweinefilet
Knoblauchbutter

Sauce:
125 ml süßer Weißwein
1 EL Aprikosenmarmelade
1 EL Zitronensaft
100 g Passionfrucht-Brei/Mark aus der Dose

Die Küche:

Die Küche ist eine Kombination von zeitgenössischen europäischen und afrikanischen Einflüssen. Diese Fusion gibt den klassischen Speisen einen neuen Look, verändert die Struktur und bietet den Gästen auf diese Weise ein mehr als nur interessantes Geschmackserlebnis.

Zuider Zee Guesthouse

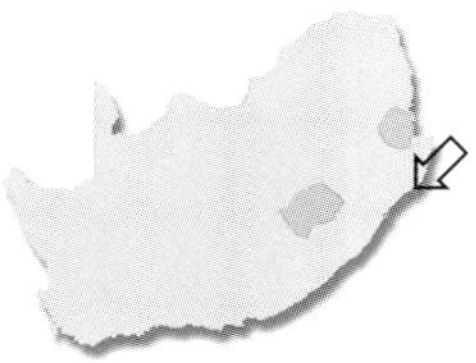

Zuider Zee Guesthouse steht für häusliche Gastlichkeit in einem privat geführten Gästehaus, welches viel Charme und Charakter besitzt. Weiter bietet es atemberaubende Aussichten auf das unterhalb liegende Tal, den Strand von Salt Rock und den indischen Ozean. Wenn man auf dem Sonnendeck am plätschernden Pool sitzt, kann man den Delfinen bei ihrem Spiel im nahe gelegenen Ozean zusehen. Kinder sind herzlich willkommen. Es wird auch holländisch gesprochen.

Saxon Lodge
Overberg ◆ Western Cape

Saxon Straußenfilet mit Pilzen in Rotwein-Sahnesauce

Straußenfilets sind auch außerhalb Südafrikas erhältlich. Man sollte bei der Planung der Menge berücksichtigen, dass das Fleisch beim Kochen auf die Hälfte reduziert. Zu diesem Gericht eine Flasche guten südafrikanischen Rotwein servieren.

Zubereitung:

Den Rotwein mit dem Wasser mischen. Die Straußenfilets in heißer Butter, Pfeffer und Salz stark anbraten, die Hitze anschließend reduzieren und die Filets simmern lassen. Dabei mehrfach wenden, die Mischung aus Wasser und Wein dosiert zugießen, wenn keine Flüssigkeit mehr in der Pfanne ist, um die Filets feucht zu halten. Straußenfleisch muss lange bei schwacher Hitze garen. (Viele machen den Fehler, zu denken, sie könnten Straußenfilets wie Rindersteaks zubereiten, doch wird es am Besten, wenn man es langsam ca. 2 Stunden gart). Nach einer Stunde die Zwiebeln in die Pfanne geben und weiter simmern lassen. Wenn die Filets fast gar sind, die Pilze in der Pfanne 5 Minuten kochen. Die Filets und die Pilze aus der Pfanne nehmen. Die Sahne in die Pfanne gießen, mit dem Bratensatz erwärmen, jedoch nicht kochen lassen. Reis oder Kartoffelbrei auf einer Platte anrichten. Die Straußenfilets darauf geben und mit der Sauce übergießen. Zur Dekoration etwas gehackte Petersilie darüber streuen und dazu knackiges Gemüse reichen.

Zutaten:

(für 4 Portionen)
1 Straußenfilet
1 Zwiebel, in Scheiben geschnitten
250 g frische Pilze
125 ml Rotwein
125 ml Wasser
125 ml Sahne
50 g Butter
1 EL Knoblauch, zerdrückt
schwarzer Pfeffer aus der Mühle
1 TL Salz

Die Küche:

Das Restaurant für die Gäste der Saxon Lodge ist Spezialist für Fische und Meeresfrüchte. Während des Essens genießt man den spektakulären Ausblick über den Hafen, auf die See und Hermanus sowie zum Cape Point am Kap der guten Hoffnung. Das Guesthouse mit dem Restaurant hat einen Pub mit Schanklizenz und Overberg Weinen. Die maßgeschneiderten Dinners sind eine Erfahrung, die viel mehr bieten als einfach nur Essen.

Saxon Lodge

Die Saxon Lodge wird vom Besitzer geleitet und bietet ganz persönlichen Service nach den Wünschen der Gäste. Das best gehütete Geheimnis des Hauses ist Lindy´s Küche. Ihre Art zu Kochen ist in der gesamten Gansbaai berühmt und so manche Gäste weigern sich, auch nur einen Abend außerhalb der Saxon Lodge zu dinieren. Im Winter speist man am wärmenden Kaminfeuer und im Sommer kann man auch ein typisch südafrikanisches „Braai" zum Sonnenuntergang genießen. Vor dem Abendessen besucht man Alan im Saxon Arms auf einen Drink und einen Plausch über die Erlebnisse des Tages mit den anderen Gästen. Die Saxon Lodge bietet spektakuläre Ausblicke direkt über den Fischerhafen, über die Walker Bay nach Hermanus und zum Cape Point. Von der privaten Veranda genießt man das Panorama und lauscht dem Brechen der Wellen an den Hafenmauern.

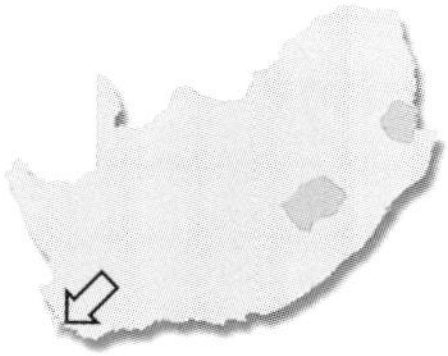

The Royal Hotel
Durban ◆ KwaZulu Natal

The Royal Hotel

Der im Kolonialstil eingerichtete Speiseraum bietet insgesamt 120 Plätze für Gäste. Das elegante Milieu der Lounge lädt zu einem Aperitif ein und bietet den Herren nach dem Dinner die Gelegenheit, eine gute Zigarre bei einem Glas Cognac zu genießen. Das Restaurant wurde mit der prestigeträchtigen „Chaine des Rotisseurs Blazon" für seinen außergewöhnlichen Standard in den beiden Bereichen Speisen und Service ausgezeichnet. Die antiken Möbel und Kerzenleuchter bieten das rechte Ambiente für ein kulinarisches Erlebnis der ganz besonderen Art.

Rindertournedos mit Austernpilz-Lauchragout und Kartoffel-Quenelle

Zubereitung:

Etwas Olivenöl in einer Pfanne erhitzen und die mit Pfeffer und Salz gewürzten Tournedos darin anbraten. Anschließend im heißen Backofen weitere 6 Minuten rösten. Herausnehmen und ruhen lassen. In einer Kasserolle den Lauch, den gehackten Majoran und die Austernpilze in etwas Öl sautieren. Dann die Sahne angießen, die Mischung bei schwacher Hitze auf die Hälfte reduzieren lassen und erneut abschmecken. Den Kartoffelbrei mit Thymian würzen, daraus fingergroße Würste (Quenelle) formen und diese im heißen Öl knusprig frittieren. Den Rotwein in einem kleinen Topf so lange reduzieren, bis er einen Film auf der Rückseite eines Löffels bildet. Das Garn vom Fleisch lösen und halbieren. Die Tournedos sollten medium gar sein. Die Austernpilz-Lauch Mischung auf den Teller geben. Darauf die Hälfte des Filets setzen, nun die Sahne mit etwas Austernpilz-Lauch Mischung darauf geben, so dass die Sahne über das erste Fleischstück läuft, bevor man das zweite Filet darauf setzt. Darüber die Kartoffel-Quenelle drapieren und drum herum die Wein-Jus träufeln.

Zutaten:

200 g Rindertournedo am Stück (mit Garn umwickelt, damit sie die Form halten)
50 g Lauch und Austernpilze gemischt, in feine Juliennes geschnitten
75 ml Sahne
etwas Majoran
80 g Kartoffelpüree
Thymian
Öl zum Frittieren
200 ml Rotwein
Pfeffer aus der Mühle
Salz

Die Küche:

Traditionelle Regenbogen-Küche mit Grill. Zahlreiche Auszeichnungen, unter anderem „Best Deluxe Restaurant in the Province“ und siebenfacher Gewinner bei der „International Food and Wine Society Shield“.

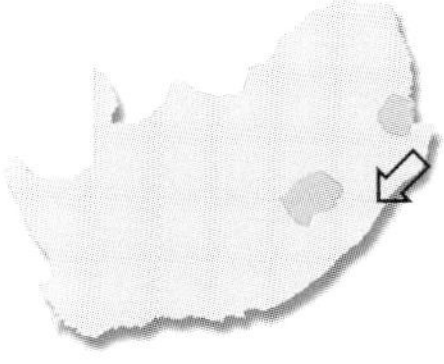

The Fairlawns
Johannesburg ◆ Gauteng

Fairlawns famose, langsam geröstete Lammsstelzen in Port-Rotwein Jus

Für dieses Gericht empfiehlt der Küchenchef die Vorderschenkel eines Lamms, da diese normalerweise nicht so groß und kräftig wie die anderen sind. Auch ist es wichtig, für die Jus einen Wein von guter Qualität zu wählen, da sonst leicht das kräftige Aroma der Stelzen den Geschmack der Jus überlagert.

Zutaten:

8 kleine Lammstelzen
1 Zwiebel, gehackt
2 Karotten, gehackt
2 Stangen Sellerie, gehackt
2 Lorbeerblätter
8 Salbeiblätter
½ Knoblauchzehe, gehackt
1 Stange Lauch, gehackt
2 L Hühnerbrühe
60 g Salz
1 TL schwarzer Pfeffer, zerstoßen

Glasur:
500 ml Demi Glace
125 ml Honig
2 TL Zucker
2 EL Salbei
250 ml Portwein
250 ml Rotwein
1 TL Thymian
1 TL Rosmarin

Zubereitung:

Die Lammstelzen mit den übrigen Zutaten in einen großen Topf geben. Die Flüssigkeit kurz aufkochen lassen und anschließend bei schwacher Hitze 2,5 Stunden simmern lassen. Anschließend herausnehmen und das Gemüse von den Stelzen entfernen. Die Demi Glace in eine feuerfeste Form geben. Die Lammschenkel darauf legen, mit Honig einstreichen und die verbliebenen Zutaten für die Glasur hinzugeben. Im auf 220 °C vorgeheizten Backofen 10 Minuten backen.

Die Küche:

Das englische Frühstück ist reichhaltig und kann auch als Wegzehrung mitgenommen werden. Für die Gäste des Hauses gibt es keine zeitliche Begrenzung für das Frühstück und es ist ein besonderes Vergnügen, dieses auf der Terrasse oder am Pool zu verzehren.
Die Mittags- und Dinner-Menüs sind à la Carte. Die „Candlelit Gourmet Dinners“ werden im Restaurant, als Zimmerservice oder in privaten Speisezimmern sowie auf der Terrasse serviert. Weiter bietet man den Gästen im Sommer auch einen Tisch unter freiem Sternenhimmel in der Nähe der Fontainen an.
Am Abend entspannt man bei einem Aperitif auf der ruhigen Terrasse, nippt am Cognac vor dem Kamin oder hält einen Plausch in der eleganten kolonialen Bar. Im Winter versammeln sich die Gäste um die Feuerstelle und genießen die „good old-fashioned Gemütlichkeit“.
Die Colonial Bar ist gut bestückt und preisgekrönt. 2 Merit-, 3 Platinum- und 1 Diamond-Award (einer der 5 nationalen Preisträger überhaupt), sowie „Wine list of the year“ wurden ihr vom Diners Club verliehen. Weiter sind die Weinkeller mit lokalen und internationalen Spitzenweinen gefüllt.
Private Dinner können in separaten Speiseräumen arrangiert werden. Im "La Scala Room" oder auf der "Rose Terrace" können eine lange Tafel oder bis zu 28 6er-Tische für Festbanketts bereitgestellt werden.

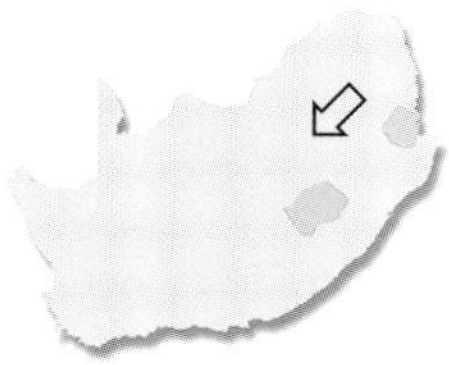

The Fairlawns

Das Fairlawns wird von John & Anna Thacker geführt, welche mit diesem Haus etwas ganz Besonderes im Rahmen der Häuser der Relais & Chateaux Hotels geschaffen haben. Abgesehen von der wunderschönen Umgebung and dem dazu passenden warmen, heimeligen Ambiente liegt die Betonung des Hauses auf dem besonderen persönlichen Service. Die Mitarbeiter werden regelmäßig unterwiesen, dass ‚going the extra mile' eine Maxime im Fairlawns ist und alles getan wird, um den Gästen den angenehmsten Aufenthalt zu bereiten, den sie sich nur wünschen können.

Restaurant Tafelberg
Bensheim • Hessen

Straußencurry

Zutaten:

(für 4 Portionen)
4 Zwiebeln
2 Knoblauchzehen
800 g Gulasch vom Strauß
Meersalz
schwarzer Pfeffer
flüssige Margarine
1 EL Tomatenmark
3 EL Currypulver
1 EL Mehl
750 g Bratenfond
150 g Crème fraîche
nach Wunsch 1 frische Ananas

Zubereitung:

Die Zwiebeln und den Knoblauch schälen und klein würfeln. Das Fleisch unter kaltem Wasser abspülen und trocken tupfen. Das Fleisch in Würfel schneiden und mit Meersalz und schwarzem Pfeffer einreiben. Die Zwiebel- und Knoblauchwürfel in einem Topf mit flüssiger Margarine anschwitzen und das Fleisch bei starker Hitze kurz scharf anbraten. Tomatenmark und Currypulver unterrühren. Mit Mehl bestäuben und 750 ml Bratenfond zufügen. Etwa 45 Minuten bei schwacher Hitze köcheln lassen. Gelegentlich umrühren. Den Topf von der Flamme nehmen. 150 Gramm Crème fraîche in das nicht mehr kochende Curry unterrühren. Nach Geschmack können noch frische Ananasstücke dazugegeben werden. Basmati Reis passt am besten zu einem Curry.

Restaurant Tafelberg

Das Restaurant Tafelberg in Bensheim an der Bergstraße (Hessen) bietet südafrikanische Spezialitäten, exotische Fleischsorten von A wie Antilope bis Z wie Zebra. Ferner Fisch von den Küsten Namibias und Südafrikas, Weine und Spirituosen aus Südafrika. Neben den 80 Plätzen im Restaurant bietet das Haus Raum für Feierlichkeiten von bis zu 70 Personen sowie einen Weinhandel.

Fisch

The Andros Guest House
Cape Town ◆ Western Cape

Seezunge Andros

Ein Rezept des ehemaligen schweizer Küchenchefs von The Andros Guest House.

Zutaten:

Seezungenfilets
Champignons
Kartoffeln
Tomaten
Zwiebeln
Butter
Bratensauce
Zitronensaft
Worcestersauce
Sahne

Zubereitung:

Die Tomaten blanchieren, schälen und in Würfel schneiden. Die Zwiebel hacken und in etwas Butter anschwitzen. Nun die Tomaten beigeben und mit Salz und Pfeffer würzen. Das Ganze auf die Seite stellen. Die Seezungenfilets (4 Stück pro Person) in Worcestersauce, Zitronensaft und Sahne marinieren. Die Kartoffeln in Knoblauchform und Knoblauchgröße schneiden, kurz blanchieren und gut anbraten. Die Champignons in kleinere Stücke schneiden und ebenfalls gut anbraten. Nun die Seezungen in Öl anbraten und auf einem Teller der Reihe nach anrichten. Die Kartoffeln, Champignons, klare Bratensauce, die Marinade, die Tomaten und etwas braune Butter über die Seezungen geben.

Die Küche:

Die Küche des Andros Guest House bietet eine traditionell europäische Küche und ist die ganze Woche, außer samstags, geöffnet.

The Andros Guest House

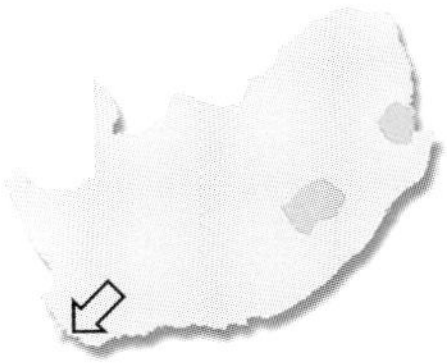

Das Andros ist ein kap-holländisches Herrschaftshaus mit einem 5.000 qm grossen, parkähnlichen Garten mit Schwimmbad. Es liegt in Claremont, einer der schönsten Gegenden Kapstadt's.

Mimosa Lodge
Montagu ◆ Western Cape

Butterfisch-Zöpfchen auf Tomaten

MIMOSA LODGE

Die Küche:

Die Mimosa Lodge serviert jeden Abend einen table d'hôte, der sich nach dem aktuellen Marktangebot richtet.

Dazu empfohlener Wein: Pinno Pinotage, Graham Beck, 2001

Zutaten:

4 Butterfischfilets (alternativ: Mönchsfisch oder Scholle)
12 Garnelen
2 Zwiebeln, grob gehackt
5 Knoblauchzehen, fein gehackt
1 Dose geschälte Tomaten, fein geschnitten
15 Oliven, entsteint
1 Bund frischer Oregano
Pfeffer aus der Mühle
Salz
Olivenöl

Zubereitung:

Die Zwiebeln und den Knoblauch in reichlich Olivenöl in einer Pfanne gut anschwitzen. Die Tomaten dazugeben und reduzieren lassen. Sobald eine konzentrierte Sauce entsteht, diese mit Salz und Pfeffer abschmecken und das grob gehackte Basilikum dazu geben. Die Garnelen auf die Sauce legen, zudecken und auf schwacher Hitze gar ziehen lassen, jedoch nicht kochen. Die Fischfilets längs halbieren und jede Hälfte noch einmal zu vier Fünftel einschneiden und auffalten. Die so erhaltenen Filetstreifen über Kreuz legen und zu einem Zopf überschlagen. Die Fischzöpfchen im heißen Olivenöl kurz auf beiden Seiten anbraten und folgendermaßen anrichten: Einen Esslöffel Tomatensauce auf den Teller geben, den Fisch aufsetzen und mit Garnelen und frischem Oregano dekorieren.

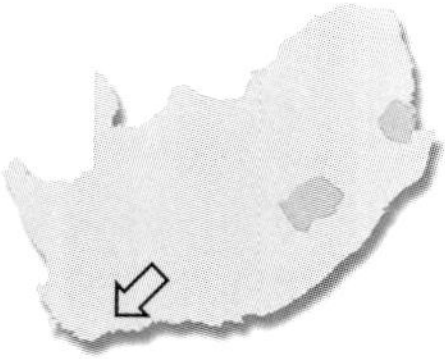

Mimosa Lodge

Die Reputation der Mimosa Lodge beruht auf dem persönlichen Service, der Liebe zum Detail und der hervorragenden Küche unter Besitzer und Chef-Koch Andreas Küng.

The Oystercatcher Cattle Baron
St. Helena Bay ◆ Western Cape

Kingklip Lucullus à la Shelley Point

Eine Symphonie von Meeresfrüchten mit frischem Kingklip, Tiger Prawns (Kaisergranat) und in Pernod gegarten Miesmuscheln - frisch vom Strand vor dem Restaurant. Diese exquisite Fisch- und Meeresfrüchte-Spezialität kann mit schmackhaftem Reis oder in Butter gewendeten Petersilien-Kartoffeln serviert werden. Ein ausgesprochen harmonischer Wein zu diesem Gericht ist ein Goue Valley Chardonnay, welcher an der Westküste angebaut wird.

Zutaten:

200 g Kingklipfilet
3 Tiger Prawns (Kaisergranat)
3 Miesmuscheln, obere Schale entfernt
25 ml Pernod
100 ml Fischfond
2 TL Olivenöl
2 TL Zitronensaft
1 TL Weißwein, trocken
50 ml Sahne
150 g Champignons, in Scheiben geschnitten
½ TL Basilikum, fein gehackt
½ TL Petersilie, fein gehackt
50 g Zwiebel, fein gehackt
1 Knoblauchzehe, fein gehackt
etwas Paprikapulver
Pfeffer aus der Mühle
Salz

Zubereitung:

Für die Zubereitung der Pilze die Zwiebeln und den Knoblauch im Öl glasig dünsten. Die Pilze und den Zitronensaft hinzu geben und den Weißwein angießen. Mit dem Paprika, dem Salz und dem Pfeffer abschmecken und einige Minuten simmern lassen, bis die Pilze gar sind. Dann das Basilikum darüber streuen und die Pfanne beiseite stellen. Den Kaisergranat (Tiger Prawns) säubern und vom Rücken her halbieren (Butterfly). Etwas Öl in einer Pfanne erhitzen und die Prawns mit der Schalenseite nach unten in das zischende Öl legen. Etwas Salz, Pfeffer und Paprika darüber streuen. Wenn die Prawns etwa zu drei Viertel gar sind, den Pernod in die Pfanne geben und entzünden. Anschließend die Prawns heraus nehmen und die Flüssigkeit für die Sauce aufbewahren. Das Kingklipfilet in Mehl wenden. Erneut Olivenöl in der Pfanne erhitzen und das Fischfilet darin von beiden Seiten anbraten, bis es zu drei Viertel gar ist. Den Bratensaft für die Sauce aufbewahren. Die halbierten Muscheln säubern und zum Kochen vorbereiten. Einen halben Teelöffel gehackten Knoblauch in heißem Öl anschwitzen, zwei Teelöffel Weißwein darüber geben und anschließend mit dem Fischfond ablöschen. Darin die Muscheln gar kochen und die gehackte Petersilie darüber streuen. Für die Sauce die Bratflüssigkeit der Garnelen und vom Fisch mit den Pilzen und deren Flüssigkeit in einen Topf geben. Bei schwacher Hitze die Flüssigkeit auf die Hälfte reduzieren und abschließend mit Pfeffer, Salz und etwas Paprika abschmecken. Vor dem Servieren Öl in einer Pfanne erhitzen und den Kingklip darin fertig braten. Die Pilze darüber geben, die Prawns obenauf legen und fertig garen. Die Sauce darüber geben und mit erwärmen. Den Fisch auf einer vorgewärmten Platte mit den Muscheln anrichten. Die Prawns und die Muscheln an die Seite legen. Die Sauce darüber gießen und mit einem Zitronen-Stern oder -achteln garnieren. Mit Petersilienkartoffeln servieren.

Die Küche:

Die Küche bietet Seafood, Steaks und kulinarische Spezialitäten des Kontinents.

The Oystercatcher Cattle Baron

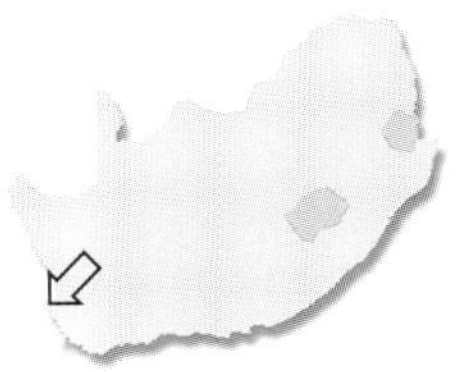

Das Restaurant im kapholländischen Stil liegt an der Küste und bietet dem Besucher einen atemberaubenden Rundblick über den brausenden Atlantik, Delfine und Wale, den wahren Sensationen der West Coast.

Plumwood Inn Country Guesthouse
Franschhoek ◆ Western Cape

PLUMWOOD INN
country guest house

Knuspriger Curry-Fisch

Der Curry-Fisch ist ein buntes Gericht mit vielen Aromen. Die Süße der Äpfel passt besonders gut zu den Gewürzen des Currys.

Zutaten:

400 g Fischfilet
Zitronensaft
1 Apfel, sauer (Granny Smith)
250 ml Crème fraîche
1 EL Früchte-Chutney
1 EL Weißwein, trocken
1 TL Zucker
1 EL Currypulver, mild
etwas Butter
Pfeffer aus der Mühle
Salz

Zubereitung:

Das Fischfilet mit etwas Zitronensaft einreiben, mit Pfeffer und Salz würzen und an einem kühlen Ort 15 Minuten ruhen lassen. Eine Auflaufform mit etwas Butter bestreichen und den Fisch hineingeben. Das Kerngehäuse des Apfels entfernen, diesen fein hacken und in eine Schüssel geben. Die Crème fraîche, das Chutney, den Wein, den Zucker und das Currypulver hinzugeben und gut verrühren. Die Sauce über den Fisch geben und im auf 200 °C vorgeheizten Ofen 30 bis 40 Minuten garen. Die Garzeit hängt von der Dicke des Fisches ab. Dazu Reis, Broccoli und Karotten servieren.

Die Küche:

Gerne servieren wir Ihnen von unserer täglich wechselnden Speisekarte auf Anfrage ein Gourmet-Abendessen. Um Ihr Mahl perfekt abzurunden, bieten wir eine Auswahl guter Kapweine. Beenden Sie einen unvergesslichen Abend mit Geschichten erzählen, berichten Sie von Ihren Erlebnissen und genießen Sie dazu einen köstlichen Wein, eine gute Tasse Kaffee oder einen Likör.

Plumwood Inn Country Guesthouse

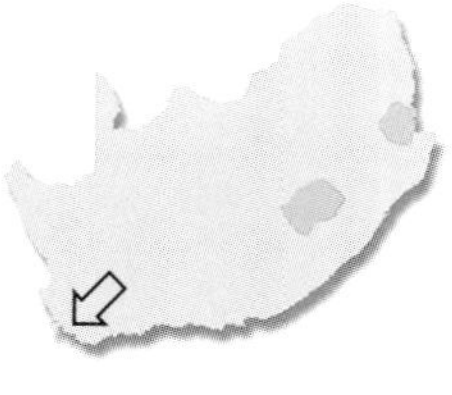

Das Gästehaus befindet sich im historischen Herzen von Franschhoek und überblickt Pflaumen- und Weingärten sowie die Berge von Franschhoek. Erwachen Sie mit diesem wunderschönen Ausblick in ländlicher Stille und sauberer Luft und genießen Sie die ruhige Atmosphäre und den zeitlosen Charme unseres luxuriösen Gästehauses - ein Ort, an dem Sie ohne Aufdringlichkeit verwöhnt werden.

GROOTBOS
PRIVATE NATURE RESERVE

Grootbos Private Nature Reserve
Gansbaai • Western Cape

Seezungenröllchen im Orangensud

Seezunge ist ein sehr bekannter Fisch in Südafrika, der sich leicht und schnell zubereiten lässt. Er kann hervorragend vorbereitet werden und wenn der Besuch da ist, kurz im Backofen gegart werden. Das gelingt immer. Dazu Wild- oder Vollkornreis (oder kleine neuen Kartoffeln) und frisches knackiges Gemüse reichen.

Zubereitung:

Die Seezungenfilets der Länge nach halbieren. Eine Auflaufform mit Butter bestreichen. Die Filets leicht salzen und mit den frischen Basilikumblättern belegen. Dann aufrollen und mit dem Schnittlauch zusammenbinden. Die Röllchen nebeneinander in die Form setzen. Den Orangen- und Zitronensaft sowie die zerdrückten Pfefferkörner über die Röllchen gießen. Pergamentpapier mit der restlichen Butter bestreichen und die Filets damit abdecken. Den Backofen auf 225 °C vorheizen. Auf der mittleren Schiene 15 Minuten backen. Mit einer Gabel die Crème Double in den Sud rühren.

Zutaten:

2 Seezungenfilets (300 g)
1 EL Butter
Salz
Basilikum, frisch
Schnittlauch, frisch
1 Orange, Saft davon
½ Zitrone, Saft davon
½ EL eingelegter grüner Pfeffer
2 EL Crème Double

Die Küche:

Eine ausgezeichnete Küche und erlesene Weine runden das Grootbos Erlebnis ab. Hier lässt man die Seele baumeln.

Grootbos Private Nature Reserve

Eine Harmonie von Luxus und Natur. 17 qkm erstreckt sich die Anlage über die Dünenausläufer der Walker Bay. Zum Greifen nahe tummeln sich hier die südlichen Glattwale zwischen Juli und Dezember. Geführte Wanderungen und Fahrten in die vielfältige Pflanzenwelt und zur nahegelegenen Küste gehören ebenso zum Tagesprogramm wie Reiten, Spaziergänge an einsamen Stränden und der Besuch archäologischer Höhlen. Inmitten eines Gartens mit der einheimischen Flora liegen großzügige Chalets mit Meerblick, separatem Wohnzimmer und Terrasse.

Auszeichnungen/Awards:
British Airways Tourism for Tomorrow
Protected Areas and National Parks. Highly Commended
MTN & Western Cape Tourism
Winner - Eco-Tourism experience of the year
The Iris Darnton Award
for International Nature Conservation
AA Travel Guides
Accommodation Awards, Gold Achiever
IM Velo Award For Tourism

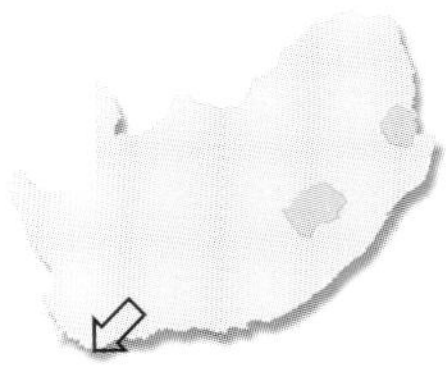

HARVEYS
at the Mansions
RESTAURANT • BAR • COURTYARD & TERRACES

Winchester Mansions Hotel
Cape Town • Western Cape

Gegrillter Kingklip mit Late Harvest-Sauce

Zubereitung:

Für die Late Harvest-Sauce die Zwiebeln und die Pilze langsam in Butter sautieren, bis sie weich sind. Mit dem Wein ablöschen und auf die Hälfte einkochen lassen. Dann die Hühner- und die Fischbrühe hinzugeben und ebenfalls auf die Hälfte reduzieren lassen. Dann die Sahne hineingießen und 5 Minuten einkochen. Die Sauce durch ein feines Sieb streichen und beiseite stellen. Um den Zuckersirup zu bereiten, den Zucker und das Wasser in einen Topf geben und 5 Minuten köcheln lassen. Wenn der Sirup eindickt, die Traubenhälften hineingeben und noch eine Minute mit kochen. Danach wieder aus dem Sirup nehmen und beiseite stellen. Sie dienen später zum Garnieren der Sauce.
Das Currypulver mit zwei Dritteln des Olivenöl mischen,

Zutaten:

(für 4 Portionen)
4 Kingklipfilets (à 220 g)
100 ml Olivenöl
2 EL Currypulver
12 Weintrauben (grün), halbiert, entkernt
200 ml Zuckersirup (150 g Zucker, 10 ml Wasser)
Pfeffer aus der Mühle
Salz

Late Harvest Sauce:
4 Schalotten, fein gehackt
4 junge Champignons, sehr fein geschnitten
30 g Butter

200 ml Weißwein – Spätlese (süß)
100 ml Hühnerbrühe
100 ml Fischbrühe
200 ml Sahne
Pfeffer aus der Mühle
Salz

um eine dünnflüssige Paste zu bereiten. Den Fisch damit bestreichen, würzen und diesen in etwas Öl von beiden Seiten anbraten. Dann den Fisch in den auf 210 °C vorgeheizten Ofen 4 Minuten garen. In dieser Zeit die Late Harvest Sauce erwärmen. Den Fisch aus dem Ofen nehmen und auf den Teller geben. Die Sauce darum träufeln und mit den Traubenhälften garnieren. Obenauf einige frittierte Thymianzweige legen. Dazu werden im Winchester Mansions Hotel Süßkartoffel-Curry gereicht.

Die Küche:

Den schönen Blick auf den Atlantischen Ozean hat auch das vielfach ausgezeichnete Restaurant Harveys at The Mansions, welches auch den malerischen Innenhof einschließt. Das Harveys bietet lokale Spezialitäten, hergestellt mit den frischesten Zutaten, egal ob es sich um Springbock oder um Crayfish handelt.

WINCHESTER Mansions HOTEL

Winchester Mansions Hotel

Dieses traumhaft schön gelegene Hotel ist eines der wenigen noch in Privatbesitz befindlichen Häuser der 4 Sterne Kategorie. Nur etwa 5 Minuten von der bekannten Victoria & Alfred Waterfront und einen Katzensprung in die Stadt oder zum Tafelberg entfernt, bietet dieses Hotel den idealen Ausgangspunkt für Tagestouren rund ums Kap. Das Personal des Winchester Mansions Hotel ist bekannt für seine Freundlichkeit und seine Gäste erfahren wahre Gastfreundschaft.

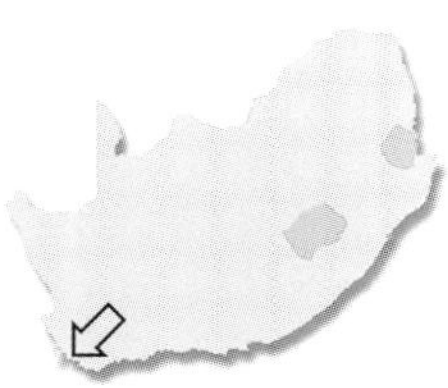

Hout Bay Manor Hotel
Cape Town ◆ Western Cape

Hout Bay Manor

Gegrilltes Thunfischfilet mit Zitrus-Dauchette-Kartoffeln

Zubereitung:

Für die Zubereitung der Dauchette-Kartoffeln die Kartoffeln schälen, in einen Topf geben, mit Wasser bedecken und so lange kochen, bis die Kartoffeln gar sind. Anschließend das Wasser abgießen und die Kartoffeln zur Seite stellen. Den Zitronensaft, den Estragon, den Senf und die Zitronen-Fruchtfleischstücke in einer Schüssel mischen. Die Kartoffeln hinzu geben und mit der Butter mischen und zerdrücken. Die Masse mit Pfeffer und Salz abschmecken. Diese anschließend in einen Spritzbeutel geben und auf ein gefettetes Backblech Dauchettes mit 2 sich türmenden Kreisen spritzen. Im auf 180 °C vorgeheizten Backofen 30 Minuten backen, bis die Zitrus-Dauchette-Kartoffeln goldbraun sind. Die Pfefferschoten würfeln und in Olivenöl sautieren. Mit Pfeffer und dem Kurkuma-Öl abschmecken. Etwa 5 Minuten bevor die Zitrus-Dauchette-Kartoffeln gar sind, die Thunfischsteaks in diesem aromatisierten Öl von jeder Seite etwa 2,5 Minuten braten. Der Thunfisch sollte „medium" sein, denn so entfaltet er sein bestes Aroma. Die Dauchette-Kartoffeln in der Mitte der Teller anrichten, den gebratenen Thunfisch darauf legen, die Pfefferschoten um die Dauchette-Kartoffeln herum arrangieren und mit Fenchel und Zitronenstücken garnieren.

Zutaten:

2 Thunfischsteaks (à 250 g)
6 Kartoffeln, mittelgroß
5 Blätter frischer Estragon
1 Zitrone, Saft und Stücke
½ TL englisches Senfpulver
50 ml Sahne
1 Stück Butter
2 rote Pfefferschoten
50 ml Olivenöl
Öl mit Kurkuma
Pfeffer aus der Mühle
Salz

Die Küche:

Ein ruhiges und feines Domizil zum Entspannen und ein idealer Ort für Tagungen. Auch ist Hout Bay Manor der perfekte Platz für anspruchsvolle Küche. Die Hout Bay Brasserie heisst jeden Tag Hotelgäste und Besucher willkommen. Sie bieten einen hervorragenden Zwischenstop für Reisende auf den Weg zum Kap der guten Hoffnung.

Hout Bay Manor Hotel

Unter deutscher Leitung bietet dieses jüngst restaurierte Erbe des kapholländischen Stils eine ruhige und gastfreundliche Atmosphäre und bereitet seinen Gästen ein herzliches Willkommen. Alle 20 Zimmer sind geschmackvoll und individuell eingerichtet und die Annehmlichkeiten des Hauses gehen über eine Bibliothek, einen privaten Swimmingpool und zahlreiche Angeboten zum Relaxen weit hinaus. Computer- und Internet-Einrichtungen sind ebenfalls vorhanden.

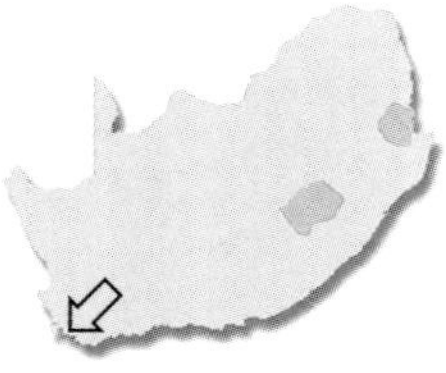

Five Flies Restaurant & Bars
Cape Town ◆ Western Cape

Kingklip mit Pesto und Roter-Pfeffer-Risotto

Der Kingklip gehört zu der Familie der Ophidiidae, auch Schlangenfische genannt. Chefkoch Gerard Reidy vom Five Flies Restaurant hat dieses Gericht mit Rotem-Pfeffer-Risotto und Kreuzkümmelsauce kreiert.

Zubereitung:

Die Kingklipfilets mit Pfeffer und Salz würzen. Mit geschmolzener Butter bestreichen und in eine Auflaufform geben. In den auf 180 °C vorgeheizten Ofen geben und darin 6 Minuten braten. Anschließend herausnehmen und 3 Minuten ruhen lassen. Etwa 20 Gramm Pesto auf jedes Filetstück geben und mit einem Spatel oder Messer darauf gleichmäßig verteilen, dass die Oberfläche des Filets bedeckt ist. Im Backofen weitere 3 Minuten überbacken. Das Risotto auf die Mitte der Teller verteilen, die Sauce herum gießen. Den Fisch aus dem Ofen nehmen und auf das Risotto legen. Die Karotten oben auf dem Fisch platzieren und mit einem Dillzweig garnieren.

Basilikum-Pinienkern Pesto: Das Basilikum mit dem Knoblauch und den Pinienkernen in den Küchenmixer geben und mixen. Dabei langsam das Öl hinein gießen, mit Pfeffer und Salz abschmecken und so lange mixen, bis alles fein zerkleinert ist.

Roter-Pfeffer-Risotto: Die Butter in einer Kasserolle auf dem Herd zum Schmelzen bringen und die Zwiebeln darin glasig braten. Das Risotto zugeben und einige Minuten rühren. Die Brühe angießen und unter Rühren etwa 12 Minuten gar kochen. Den roten Pfeffer und die Petersilie einrühren und mit Pfeffer und Salz abschmecken.

Zutaten:

(für 4 Portionen)
850 g frisches Kingklipfilet, in 4 Portionen geschnitten
80 g Basilikum-Pinienkern Pesto
190 ml Kreuzkümmelbutter-Sauce
Schwarzer Pfeffer aus der Mühle
Salz

Garnitur:
Frittierte Karotten mit einem Dillzweig

Pesto:
150 g frisches Basilikum
10 g frischer Knoblauch
30 g Pinienkerne
85 ml Olivenöl
schwarzer Pfeffer aus der Mühle
Salz

Roter-Pfeffer-Risotto:
100 g Risotto Reis
40 g roter Pfeffer, geschält, entkernt
250 ml Geflügel- oder Fischbrühe
30 g Zwiebel, gewürfelt
2 TL glatte Petersilie, gehackt
10 g Butter

Pfeffer aus der Mühle
Salz

Kreuzkümmelbutter-Sauce:
120 g Butter
125 ml trockener Weißwein
65 ml Sahne
20 g Zwiebel, gewürfelt
5 g gemahlener Kreuzkümmel (Cumin), geröstet

Kreuzkümmelbutter-Sauce: Die Zwiebeln und den Weißwein in eine Kasserolle geben und den Wein auf drei Viertel reduzieren. Den Kreuzkümmel hinzugeben und 3 Minuten kochen lassen. Dann die Sahne einrühren und 4 Minuten reduzieren. Vom Herd nehmen und die in Würfel geschnittene Butter darin unter vorsichtigem Rühren auflösen lassen.
Frittierte Karotten: Die Karotten schälen und längs in dünne Scheiben schneiden. In kochendes Wasser mit etwas Salz geben und 4 Minuten kochen, dann herausnehmen und zum Blanchieren in kaltes Wasser geben. Das Wasser durch ein Sieb abgießen und die Karotten mit einem Geschirrtuch trocken tupfen. Die Karotten in heißem Öl frittieren, bis sie goldbraun sind.

Die Küche:

Ab dem Moment, wenn man die Schwelle mit den schweren Holztüren durchschreitet, breitet sich die Stimmung von Beständigkeit und Speisen mit historischem Flair aus. Dies drückt sich auch in dem Kontrast der Auswahl zwischen zeitgenössischen Abendessen und den auf die Minute perfekt zubereiteten Menüs aus. Das Fives Flies hat sich auf die stylischen Präsentation der Speisen und eine spektakulären Küche spezialisiert. Das Menü ist angefüllt mit aufregenden Kombinationen der Speisen aus den besten Zutaten der südafrikanischen Küche und der ganzen Welt.

Five Flies Restaurant & Bars

Bekannt für seine außergewöhnliche Mischung von innovativem, kosmopolitischem Flair, viel Atmosphäre und außergewöhnlichem Service bietet das Five Flies Restaurant ein urbanes Restauranterlebnis im Herzen von Kapstadt´s „legal district“.

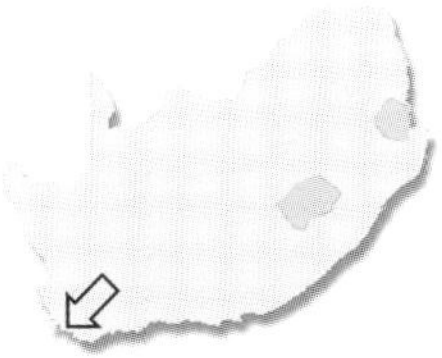

Emdoneni Lodge
Hluhluwe • Kwazulu Natal

Im Ofen gebackenes Thunfischsteak mit Sauce Provencial

Dazu eine angenehm gekühlte Flasche Chardonnay aus Südafrika servieren.

Zutaten:

(für 4 Portionen)
4 Thunfischsteaks
Öl
Butter
4 Anschovisfilets
250 ml Chardonnay

Sauce Provencial:
Tomaten
Knoblauch
Zwiebel
Pfeffer
Salz

Zubereitung:

Das Öl und die Butter in einer Pfanne stark erhitzen und die Thunfischsteaks von beiden Seiten kurz anbraten. Dann die Thunfischfilets in eine feuerfeste Form geben und auf jedes ein Anschovisfilet legen. Um die frische Tomatensauce zuzubereiten, die Tomaten, den Knoblauch, die Zwiebel, das Salz und den Pfeffer in einen Mixer geben und mixen. Die Tomatensauce in eine Kasserolle gießen, zum Kochen bringen und dann den Weißwein zugießen. Die Sauce noch etwas reduzieren und dann über die Thunfischsteaks gießen. Die Auflaufform mit Aluminiumfolie abdecken und im vorgeheizten Ofen 15 Minuten garen.

Die Küche:

Genießen Sie ein paar Drinks im Boma am offenen Feuer. Das Restaurant ist für exzellente südafrikanische Küche bekannt und das Dinnerangebot umfasst ein 3-Gänge-Menü. Lunch wird auf Wunsch serviert.

Emdoneni Lodge

Die Emdoneni Lodge bietet seinen Gästen eine heimelige und komfortable Unterkunft mit Bed and Breakfast und Dinner in den Chalets, so dass die Gäste die Gaumenfreuden echter südafrikanischer Küche genießen können. Nach dem Abendessen ist es dann Zeit für einen Drink am offenen Feuer im Boma ...

Aubergine Restaurant
Cape Town • Western Cape

Kingklip mit Ananas und Briochekruste mit einer Garnelensauce

Zutaten:

(für 4 Portionen)
Kingklip:
500 g Kingklip, filetiert und gehäutet

Kruste:
150 g Brioche (einen Tag alt) oder französisches Baguette, in ½ cm große Würfel geschnitten
100 g Ananas, gewürfelt
1 EL Kokosnuss, getrocknet und geröstet
2 Basilikumblätter, fein gehackt
1 Ei
50 ml Sahne
Pfeffer
Salz

Garnelensauce:
300 g Garnelenschalen
100 ml Wermut
200 ml Weißwein
100 ml Hühnerbrühe
200 ml Sahne
2 Kardamomkapseln
3 Sternanis-Samen
1 kleine Zwiebel
1 Lauchstange, davon das Weiße
1 Stück Sellerie
1 Knoblauchzehe
Basilikumstängel

Zubereitung:

Anstelle des Kingklip kann man auch einen anderen frischen Fisch vom Fischhändler filetieren und enthäuten lassen. In vier gleichgroße Stücke schneiden und mit Salz, Zitronensaft und 2 Umdrehungen aus der Pfeffermühle würzen. In einer Schüssel die Eier mit der Sahne, dem Salz und dem Pfeffer verrühren. Die Briochestücke hinein geben und darin ziehen lassen bis die Flüssigkeit aufgesogen ist. Dann die Kräuter, die Kokosnuss und die kleinen Ananasstücke zu den Briochestücken geben und gut vermischen. Anschließend dünn auf dem Fisch verteilen. Diesen in eine mit Butter bestrichene Auflaufform legen, etwas Weißwein angießen und im Kühlschrank aufbewahren, bis die weiteren Zutaten fertig sind und der Fisch dann im auf 200 °C vorgeheizten Backofen etwa 6 Minuten gegart wird. Den Ananasbelag dabei bei eingeschaltetem Grill bräunen.
Für die Sauce die Garnelenschalen auf ein Backblech geben und rösten. Die Butter in einer Kasserolle erhitzen und darin die Zwiebel, den Knoblauch und den Lauch anschwitzen. Mit dem Weißwein ablöschen und den Wermut angießen. Einige Minuten kochen lassen, die Gewürze und Kräuter hinzu geben. Dann die Hühnerbrühe zugießen und das Ganze 25 Minuten bei geschlossenem Deckel simmern lassen. Dann die Sauce durch ein Sieb geben und in der Kasserolle erneut erhitzen. Die Sahne einrühren und die Sauce auf die gewünschte Konsistenz reduzieren lassen. Mit Pfeffer und

Salz abschmecken. Mit Tagliatelle oder Basmatireis und jungem Gemüse wie Spargel und Broccoli servieren.

Die Küche:

Die frischesten Zutaten sind die Passion des Hauses und wo immer möglich, werden diese aus ökologischem Anbau eingekauft. Die Küche fußt in der traditionellen, europäischen Küche, mit einem Fokus auf die französische und mediterrane Art der Zubereitung. Jedoch finden auch Aromen und Zutaten aus dem asiatischen Raum den Weg auf die Teller der Gäste. Ferner stehen vegetarische Gerichte auf der Speisekarte. Die Stärke des Aubergine Restaurant ist der Bereich Fisch und Meeresfrüchte, doch werden auch Spezialitäten aus der südafrikanischen Wild-Küche und Straußenfleisch serviert.

Aubergine Restaurant

Erlesene Speisen im Schatten des Tafelbergs. Das Aubergine Restaurant ist ein stetiger Gewinner von vielen Preisen, seit der Chefkoch und Besitzer Harald Bresselschmidt das Restaurant vor 7 Jahren eröffnete. Die Räumlichkeiten und das Haus sind im modernsten Stil eingerichtet, den das 19. Jahrhundert zu bieten hatte. Der erste Chief Justice of the Cape, Sir John Wylde erbaute es im historischen Zentrum von Kapstadt. Während der warmen Sommerabende serviert man im Aubergine Restaurant das ‚Cinq-à-Sept' (von 17.00 bis 19.00 Uhr): Cocktails, begleitet von wunderschön angerichteten Hors d'Oeuvres auf der Gartenterrasse im Schatten des Tafelberges. Bei rauhem Wetter wird das ‚Cinq-à-Sept' in den Räumen des außergewöhnlichen Restaurants serviert.

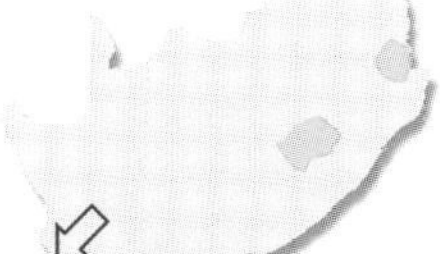

The Cormorant Guesthouse
Wilderness • Western Cape

Cormorant Wilderness Guesthouse

Lachssteak mit Spargel und Champagnersauce

Dieses Gericht ist für Fischliebhaber eine exquisite Gaumenfreude und wird mit einem der erlesenen Champagner aus der Kap Region oder der Garden Route zu einem kulinarischen Hochgenuss.

Zutaten:

(für 4 Personen)
4 Steaks vom Cape Lachs
½ Zitrone
20 Stangen frischer Spargel

Für die Sauce:
50 g Butter
50 g Schalotten oder kleine Zwiebeln, fein geschnitten
50 g Pfifferlinge, fein geschnitten
400 ml trockener Champagner
300 ml Fischfond
500 ml Crème Double
Pfeffer aus der Mühle
Salz
Zitronengras zum Garnieren

Zubereitung:

Für die Sauce die Hälfte der Butter in einer Pfanne zum Schmelzen bringen. Die klein gehackten Schalotten darin kurz anschwitzen, die Pilze dazugeben und unter ständigem Rühren 2 Minuten dünsten. Den Champagner hinzugeben und bei geringer Hitze auf zwei Drittel reduzieren lassen, dann mit dem Fischfond auf die Hälfte einkochen. Die Crème Double hinzufügen und reduzieren lassen bis sie die Außenseite eines Löffels dünn bedeckt. Das Ganze durch ein Sieb in eine Schüssel geben und die restliche Butter unterschlagen.
Für den Fisch den Backofen auf 220 °C vorheizen. Den Fisch auf ein mit Öl dünn bestrichenes Blech legen und den Saft der halben Zitrone darüber verteilen. Die Steaks für 5 bis 8 Minuten garen. Dabei ist es nicht notwendig, sie zu wenden. In der Zwischenzeit den Spargel für 5 Minuten dünsten. Zum Servieren den Spargel in der Tellermitte arrangieren, das Lachssteak darauf betten, die Sauce darüber geben und mit dem Zitronengras garnieren.

Die Küche:

Das Frühstück - als großzügiges Büffet mit kleinen Überraschungen an jedem neuen Tag - wird im Palmengarten serviert. Zum Abendessen gibt es zahlreiche sehr gute Restaurants in unmittelbarer Nähe. Ein Geheimtipp - 5 Minuten vom Haus entfernt - ist das „Serendipity“ - ein einzigartiges Gourmetrestaurant, das vom “Wine-Magazine” als eines der Top 100 Restaurants in Südafrika ausgezeichnet wurde.

The Cormorant Guesthouse

Das Cormorant Guesthouse liegt unmittelbar an der Wilderness Lagune, die zum Wilderness National Park gehört, an der sich Kormorane und andere seltene Vögel tummeln. Jedes der großzügig und elegant gestalteten Zimmer ist individuell und komfortabel eingerichtet; darunter auch ein Familienzimmer mit kleiner Küchenzeile und gesondertem Eingang. Alle Zimmer haben entweder den direkten Zugang zum Palmengarten oder den Vorgarten und verfügen über Sat-Fernsehen und Tee- & Kaffee-Kochmöglichkeiten. Die 3 großen Sonnendecks mit „Sun-Downer -Chairs", mit Liegestühlen und Tischen laden zum Lesen oder Sonnenbaden ein und bieten viel Freiraum für individuelles Verweilen.

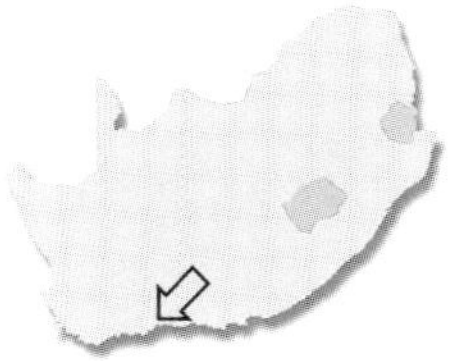

Bread & Wine Restaurant

Franschhoek ◆ Western Cape

Die Küche:

Die mediterrane Küche mit globalen Einflüssen kann beschrieben werden als auf die traditionelle Art und Weise mit ursprünglichen Zutaten bereitet, neu verpackt und mit zeitgenössischem Flair versehen. Unkonventionell kann als Begriff verwendet werden, um die Geschmacksrichtungen und Zusammenstellung der regelmäßig wechselnden Menüs zu beschreiben.

Selbst geräucherter Lachs mit warmer Kartoffel & Avocado

Ein Originalrezept aus dem Bread & Wine Restaurant von Neil Jewell.

Zutaten:

Norwegisches Lachsfilet
Babykartoffeln
Avocado
1 Kopfsalat
Crème fraîche
Keta Kaviar (Anm.: roter Kaviar vom Wildlachs)
Schnittlauch, gehackt
Natives Olivenöl

Für die Lauge:
600 ml Wasser, warm
125 g Zucker
125 g Meersalz
1 Prise Salpeter
10 Wacholderbeeren, zerstoßen
1 Zimtstange, zerstoßen
10 Pfefferkörner, zerstoßen
(& ein Räucherofen)

Zubereitung:

Die Zutaten für die Lauge in eine Schüssel geben und so lange rühren, bis der Zucker und das Salz sich aufgelöst haben. Wenn nötig, den Lachs schuppen, die Gräten entfernen. Das Lachsfilet in eine Plastikbox legen, mit der Lauge begießen und 20 Minuten darin belassen. Anschließend herausnehmen und trocken tupfen. Den Räucherofen für das Kalträuchern anheizen und den Lachs darin je nach Größe zwischen 45 Minuten und 2 Stunden räuchern. In der Zwischenzeit die Kartoffeln schälen und im Dampf gar kochen. Den Salat waschen und in Streifen schneiden. Die Avocado schälen, den Kern herausnehmen und in Würfel schneiden. Den Keta Kaviar mit der Crème fraîche und dem gehackten Schnittlauch vorsichtig mischen und mit etwas Pfeffer und Salz abschmecken. Vor dem Anrichten den geräucherten Lachs in einer heißen Pfanne von beiden Seiten kurz anbraten. Die Kartoffeln erhitzen und mit dem Olivenöl zerdrücken. Den Salat unterrühren, diese

Kartoffelmischung mit Pfeffer und Salz abschmecken und dann in einen Metallring drücken. Auf den Teller einen Kreis mit der Crème fraîche-Mischung verstreichen. Darauf den Ring mit der Kartoffelmischung stürzen und den Metallring abnehmen. Schließlich den Lachs auf den Kartoffelkreis legen.

Bread & Wine Restaurant

Das Restaurant im Moreson Weingut hat mittwochs bis sonntags ab 12.00 Uhr geöffnet. Im Innen- und Außenbereich serviert man kulinarische Spezialitäten aus der hauseigenen Schlachterei, selbst gebackenes Brot und preisgekrönte Weine von Moreson. Gelistet in Eat Out 2003 Top 50 in South Africa.

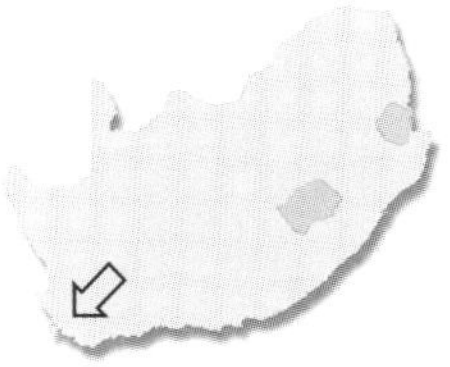

Stonecutters
the fine art of conferencing

Stonecutters
Lydenburg ◆ Mpumalanga

Die Küche:

Die Küche bietet ausgewählte Speisen und die Kreationen des Chefkochs entzücken den Gaumen. Gute Weine und glitzerndes Tafelsilber begleiten die Gerichte und machen das Dinieren in der Stonecutters Lodge zu einem unvergesslichen Erlebnis.

Forellen-Goujonettes

Frische Forellenfilets aus heimischen Bächen, ummantelt und perfekt gebraten. Dazu werden Pommes Pont-Neuf und grüner Salat mit einem Senf-Joghurt Dressing serviert. Weinempfehlung: Vergelegen Sauvignon Blanc.

Zutaten:

Forellen-Goujonettes:
8 Forellenfilets, ohne Gräten und Haut
3 Eier, getrennt
1 EL Anissamen, gemahlen
1 EL Cayennepfeffer
2 TL Kardamomsamen, gemahlen
250 ml Mehl mit Backpulver
100 ml Bier
100 ml Mineralwasser
500 ml Öl

Pommes Pont-Neuf:
8 Kartoffeln, geschält
1 EL Paprikapulver
1 EL Kurkuma
1 EL Selleriesalz
500 ml Öl

Grüner Salat:
Kopfsalat
Frühlingszwiebel
Salatgurke
Rote Paprika
Rosmarin
Petersilie
Basilikum
Cocktailtomaten

Salatdressing:
200 ml Olivenöl
200 ml Balsamico
20 g Zucker
1 EL gemischte Kräuter
20 ml Zitronensaft
1 Knoblauchzehe, zerdrückt
1 TL Ingwer, sehr fein gerieben
200 ml Wasser

Zubereitung:

Für die Pommes Pont-Neuf das Öl in einem Topf erhitzen. Die Kartoffeln in dicke Spalten (Wedges) schneiden und goldbraun braten. Aus dem Topf nehmen und das Fett abtropfen lassen. Die trockenen Zutaten in einer Schüssel miteinander vermischen und über die Pommes streuen. Den Salat waschen und die Blätter in Stücke brechen. Mit den restlichen, zerkleinerten Zutaten und Kräutern mischen und bis zum Servieren beiseite stellen. Für das Dressing alle Zutaten im Küchenmixer mischen. Maximal eine Minute vor dem Servieren noch einmal kurz mixen, damit sich das Öl nicht von der restlichen Flüssigkeit trennt. Für die Forellen-Goujonettes das Eiweiß in einer Schüssel steif schlagen und beiseite stellen. In einer zweiten Schüssel alle trockenen Zutaten miteinander vermischen. In einer weiteren Schüssel die Eigelb mit dem Bier und dem Mineralwasser vermischen. Die trockenen Zutaten hineinrühren und anschließend das Eiweiß unterziehen. Die Forellenfilets in lange, fingerartige Stücke schneiden, in die Ei-Mischung tauchen und dann in heißem Öl goldbraun braten. Heiß mit den Kartoffeln und dem Salat servieren.

(Anm.: Die Pommes werden wegen ihrer sichelförmigen Form nach einer Pariser Seine-Brücke benannt. An dieser Brücke sollen damals dicke Kartoffelscheiben über Holzkohlen gebraten worden und als Snack an Passanten verkauft worden sein - also gebraten und nicht frittiert).

Stonecutters

Die Stonecutters Lodge liegt auf dem Weg zum Krüger Nationalpark und ist etwa 2,5 Stunden vom Johannesburg International Airport entfernt. Die Lodge schmiegt sich zwischen einen Fluss und den Bergen und bietet seinen Gästen Unterkunft auf dem höchsten Standard. Stonecutters ist mit 4 Sternen ausgezeichnet und AA-Approved.

Rhebokskloof Private Cellar
Nooder Paarl ◆ Western Cape

RHEBOKSKLOOF
ESTABLISHED SINCE 1797

Trio von der Lachsforelle

Filet von der Lachsforelle mit Mousse aus geräuchertem Lachs auf einem Couscous-Kuchen. Dazu ein Dressing von gerösteter Paprika und dekoriert mit etwas Lachsforellen Kaviar. Kann als Vorspeise oder als Hauptgang serviert werden.

Zutaten:

(für 2 Portionen)
1 Lachsforellen-Filet, gesäubert, horizontal halbiert
2 Spinatblätter
100 g geräucherter Lachs
Abschnitte von der Lachsforelle (Ränder / Salmon trout trimmings)
1 EL Sahne
Knoblauch
schwarzer Pfeffer aus der Mühle
Salz

Paprika-Dressing:
1 gelbe Paprika
25 ml Weißweinessig
50 ml Olivenöl
½ TL Zucker
1 EL Sahne
10 g Lachsforellen Kaviar

Couscous-Kuchen:
50 g Couscous
1 Ei
50 g Tomatenpüree
Petersilie
10 g milde Pfefferschote, fein gehackt

Zubereitung:

Die Hautseite der Filets mit Pfeffer und Salz würzen. Für die Mousse die Hälfte des geräucherten Lachs, die Abschnitte der Lachsforelle und etwas Sahne im Küchenmixer zu einer feinen Crème mixen. Mit Pfeffer und Salz abschmecken und in eine Schüssel mit Eiswürfeln stellen und aufschlagen. Danach die Mousse über die Filets verteilen. Die Spinatblätter blanchieren und auf die Mousse legen. Darüber den verbliebenen Räucherlachs verteilen und das Ganze längs aufrollen. Die Rolle mit Frischhaltefolie umwickeln und diese in einer Pfanne mit Wasser gar simmern lassen. Für das Paprika-Dressing die gelbe Paprikaschote rundum in Öl braten bis die Haut Bläschen wirft. Etwas abkühlen lassen und die Haut abziehen. Die Kerne entfernen und mit dem Essig, dem Olivenöl sowie dem Zucker in den Küchenmixer geben und zu einer sämigen Flüssigkeit mixen. Kurz vor dem Servieren die Sahne und den Kaviar hineingeben und das Dressing erhitzen. Um den Couscous-Kuchen zu bereiten, kocht man zunächst den Couscous in Wasser. Etwas abkühlen lassen und dann das Ei, das Tomatenpüree, die Petersilie und die Pfefferschote unterrühren. Aus dieser Mischung kleine Kuchen mit einem Durchmesser von 5 Zentimeter und einer Höhe von 1 Zentimeter formen. Öl in einer Pfanne erhitzen und die Kuchen darin von beiden

Seiten goldbraun braten. Dann das Fett auf Küchenkrepp abtropfen lassen. Zum Servieren die Kuchen auf die Teller legen. Die Lachsforellen-Röllchen aus der Frischhaltefolie wickeln, aufschneiden, auf den Kuchen arrangieren und die Sauce darüber geben.

Die Küche:

Das Cape Dutch and Victorian Restaurants wird vom bekannten deutschen Küchenchef Andreas Roscher geführt. Er sammelte seine Erfahrungen in mit Sternen ausgezeichneten Restaurant- und Hotelküchen innerhalb Europas sowie einer 5-Sterneküche in Südafrika, dem Grande Roche Hotel in Paarl. Seine Küche ist innovativ, kreativ und gewürzt mit ungewöhnlichen Kräutern und Gewürzen. In Südafrika ist er für einige vegetarische Gerichte sehr berühmt und das à la Carte-Menü wechselt regelmäßig.

Rhebokskloof Private Cellar

Das Rhebokskloof Wine Estate's bietet 2 charmante Restaurants, das Victorian Restaurant und das Cape Dutch Restaurant. Sie sind benannt nach den Architektur-Stilen und bieten beide eine wundervolle Umgebung im gemütlichen Speiseraum für kalte Wintertage und eine Terrasse mit Blick auf den Garten und die Weinberge während der Sommermonate.

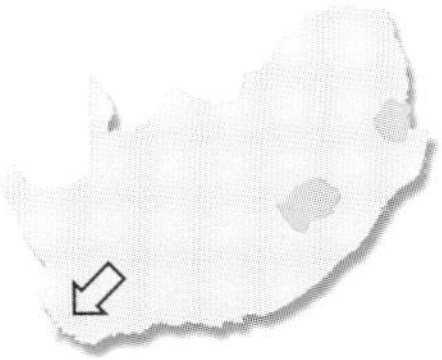

SPIER Wine Estate - Figaros Restaurant
Western Cape ◆ Western Cape

SPIER

Lachstartar

Zutaten:

(für 1 Portion)
Lachstartar:
50 g geräucherter Lachs
25 g Lachs aus Norwegen
100 g Lachsforelle
10 g Zwiebel
40 g Kapern
1 TL in Essig eingelegte Gurke
1 Msp. Dill
1 TL Frischkäse
1 TL Forellenkaviar
1 Wachtelei
Scheiben von der Salatgurke

Dressing:
20 g Äpfel, in Stücke geschnitten
1 TL Apfelessig
1 EL Öl
½ TL Englischer Senfpulver (z.B. Colman's)

Zubereitung:

Das Dressing aus dem Apfelessig, dem Öl und dem Senf verrühren und Apfelstückchen hineingeben. Das Dressing am Besten lauwarm servieren. Die Zwiebeln und die eingelegten Gurken in Scheiben schneiden. In einer Schüssel mit den Kapern und dem Dill mischen. Den norwegischen Lachs sowie die Lachsforelle grob hacken und mit den Zwiebeln und den Gurken in der Schüssel vermischen. Anschließend Dressing darüber träufeln, um alles zu befeuchten. Die Apfelstücke und Flüssigkeit zum Bedecken jedoch zurückbehalten. Den Frischkäse mit dem gehackten Dill mischen und in Löffelform abstechen. Den geräucherten Lachs als Basis nehmen und damit die Füllung aus dem gehackten Lachs und den Kapern aufrollen. Die Rolle auf einem Bett von Gurkenscheiben auf dem Teller anrichten. Das Wachtelei kochen, schälen und auf der Lachsrolle platzieren. Mit dem Forellenkaviar garnieren und das Dressing mit den Apfelstückchen um das Röllchen herum träufeln.

Die Küche:

Die Küche ist leicht, klar und frisch gehalten, so dass viele der einzelnen Aromen zur Geltung kommen, ohne dass die Speisen "verkompliziert" werden. Die Qualität der Zutaten, die Geschmackskombinationen und die akzentuierte Präsentation der Speisen machen das Essen im Figaros Restaurant zu einem ganz besonderen Erlebnis.

Chefkoch Craig Cormack kochte schon für Queen Elizabeth II, war Chef de Partie im Victoria and Alfred Hotel und stieg dort zum Jnr. Sous Chef auf. In England arbeitete er mit Meisterkoch John Towey, kochte in Griechenlad auf Santorin und wurde nach seiner Rückkehr nach Südafrika Senior Sous Chef im Bay Hotel. Später wurde er Chefkoch im Ellerman House (No.1 in Südafrika und No. 13 weltweit) und Executive Chef im Cape Grace Hotel. Heute ist er Executive Chef im The Village Hotel im SPIER Wine Estate und ist Mitglied im Komite der `South African Chefs Association of the Western Cape´.

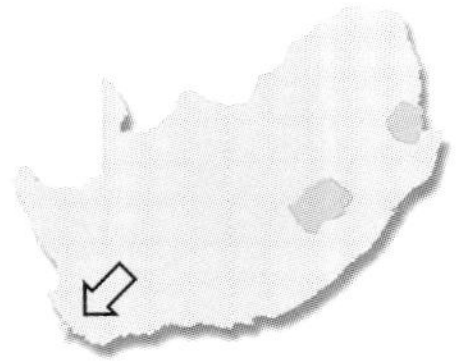

SPIER Wine Estate - Figaros Restaurant

Das Figaros Restaurant liegt im Village Hotel des SPIER Wine Estate. Die Küche basiert auf dem klassisch französischen Stil. Das Restaurant bietet eine entspannte Atmosphäre für das abendliche Dinner. Das Frühstück mit dem reichlichem Angebot aus Speisen der Region wird in den Sommermonaten auf der Terrasse am Pool serviert.

Schalen- & Krustentiere

Boulders Beach Lodge
Simons Town ◆ Western Cape

Meeresfrüchtepfanne

Zutaten:

(für 10 Portionen)
500 g Line Fish oder Kingklip, gewürfelt
300 g Krebsfleisch
500 g Miesmuscheln, frisch
300 g Calamari
500 g Tiger Prawns (Kaisergranat)
500 g Felsenhummer (Crayfish)
1 Zwiebel, gehackt
1 rote Paprikaschote, in Scheiben
1 gelbe Paprikaschote, in Scheiben
1 grüne Paprikaschote, in Scheiben
100 g Butter
500 ml Sahne
300 ml Chili Danja Sauce (siehe Saucenrezepte)
1 Prise Pfeffer
1 Prise Salz

Zubereitung:

Die Butter in einer schweren Pfanne schmelzen und die Zwiebeln und die Paprikaschoten darin sautieren. Den Fisch und die Meeresfrüchte zugeben und mit Pfeffer und Salz würzen. Nun die Chili Danja Sauce und die Sahne zugießen und so lange kochen lassen, bis der Fisch und die Meeresfrüchte gar sind. Mit Zitronen, Paprikaschoten-Juliennes und frischen Kräutern garnieren.

Die Küche:

Ausgewählte Küche mit mediterranem Flair und täglich frischen Meeresfrüchten. Täglich geöffnet von Sonnenaufgang bis Sonnenuntergang für Frühstück, Mittag- und Abendessen.

Boulders Beach Lodge

Beim Eintreten erwartet den Besucher eine Atmosphäre, die allen Sinnen schmeichelt. Bei spektakulären Ausblicken über die Bucht und komfortablem Ambiente erfüllt das freundliche Servicepersonal alle Kundenwünsche.

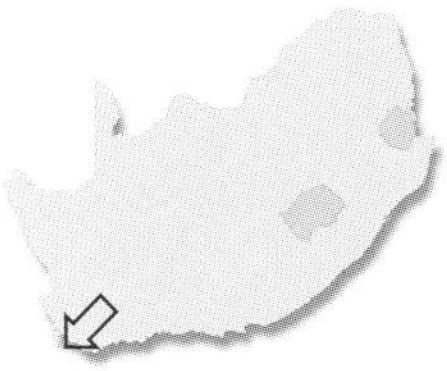

Villa Belmonte Manor House

Cape Town ◆ Western Cape

Villa Belmonte

★★★★★

Petite Marmite du Pêcheur Safranée

Meeresfrüchteplatte mit Felsenhummer und Fischsuppe.

Zutaten:

(für 2 Portionen)
1 Crayfish (Felsenhummer)
2 frische Fischfilets, nach Saison (à 250 g)
2 Seezungenfilet (à 100 g)
12 Kaisergranat (King Prawns)
12 Muscheln
250 g Tintenfischstreifen
Zucchini, in Streifen geschnitten
6 Scheiben Baguette, getoastet
2 x 200 ml Fischsuppe
etwa 400 g Butter
Milch
Mehl
Gewürze
Sahne

Fischsuppe:
50 g Fisch, frisch
50 g Crayfish
50 g Shrimps
50 g Seezunge
Butter

Pomodoro-Salsa:
175 g Tomaten, geschält
3 frische Tomaten
1 Zwiebel
Tomatenpüree
20 g Basilikum, frisch
20 ml Balsamico
Olivenöl
Pfeffer aus der Mühle
Salz

Zubereitung:

Den Crayfish längs halbieren und in einer Bratpfanne etwa 2 Minuten anbraten. Dann aus der Pfanne nehmen, in eine Auflaufform legen und im auf 200 °C vorgeheizten Ofen 10 bis 15 Minuten garen. Die Tintenfischstreifen in Milch und Gewürzen marinieren lassen. Nach dem Marinieren aus der Milch nehmen, abtropfen lassen und in Mehl wenden. Öl in einer Pfanne auf 180 °C erhitzen und die Tintenfrischstreifen darin braten. Die Zucchinistreifen in Milch und Gewürzen marinieren lassen. Nach dem Marinieren aus der Milch nehmen, abtropfen lassen und in Mehl wenden. Öl in einer Pfanne auf 180 °C erhitzen und die Zucchinistreifen darin braten. Die Muscheln in Milch und Gewürzen marinieren lassen. Anschließend die Muscheln mit Sahne in eine Pfanne geben und so lange kochen, bis die Sahne eingekocht ist. Die Prawns reinigen, schälen und den Darm vom hinteren Ende her entfernen. Dann in eine Auflaufform geben und mit Pfeffer und Salz würzen. Auf jede Prawn 50 g Butter legen und im heißen Ofen überbacken, bis die Prawns die rosa Farbe angenommen hat. Den frischen Fisch säubern, mit schwarzem Pfeffer, Salz und 50 g Butter bestreichen. Den Fisch in eine Auflaufform geben und im Backofen bei eingeschaltetem Grill oder im Salamander 6 Minuten grillen. Mit der Seezunge auf die gleiche Weise verfahren, jedoch nur 5 Minuten grillen. Für die Fischsuppe die Pomodoro-Salsa bereiten. Die Zwiebel in Scheiben schneiden und in Öl braten bis sie glasig sind. Die geschälten und die frischen Tomaten würfeln und hinzugeben. Dann das Tomatenpüree, das Basilikum, den Balsamico, das Olivenöl hineingeben und mit Pfeffer und Salz würzen. Mit einem Liter Wasser zum Kochen bringen und unter Rühren 1 Stunde köcheln lassen, vom Herd nehmen und die Salsa pürieren. Für die Fischsuppe Butter in einer Pfanne erhitzen und die Seezunge, den Fisch, die Shrimps und den Hummer darin braten. Nun

250 ml der Pomodoro-Salsa hineinschütten und bei mittlerer Hitze 5 Minuten kochen lassen. Die Fischsuppe in eine Souffléform oder eine kleine Schüssel mit 125 ml geben und als Dip in die Mitte einer Servierplatte stellen. Den Fisch und die Meeresfrüchte auf der Platte um die Souffléform anrichten und heiß mit Zitronenwasser servieren.

Die Küche:

Für Feinschmecker bietet Villa Belmonte exzellente Küche - beides, à la carte und table d'hôte - serviert im geschmackvoll dekorierten Speisezimmer.

Villa Belmonte Manor House

Gewinner des Diners Club Winelist Of The Year Platinum Award. Vor ein paar Jahren haben die Besitzer, Cliff und Tabea Jacobs, ihre großzügige Villa zu einem exklusiven Hotel umgebaut. Der beneidenswerte Ruf von höchster Qualität hat mit der Anerkennung zu einem Fünf Sterne Hotel für hervorragenden Service einen neuen Höhepunkt erreicht.

Deetlefs Wine Estate
Rawsonville ◆ Breede River Valley

Gegrillte Langusten

Weinempfehlung: Funkelfeuersunset Rosé von Deetlefs.

Zutaten:

2 Langusten
1 Zitrone
Salz
4 Knoblauchzehen
Chilipulver
Rosenpaprika
Olivenöl
etwas Balsamico
1 Ciabatta

Zubereitung:

Die Langusten mit dem Zitronensaft beträufeln und salzen. 4 frische Knoblauchzehen hacken und Chili- und Rosenpaprikapulver sowie Olivenöl in einer Schale verreiben. Damit die Langusten immer wieder während des Grillens bestreichen. Auf dem Teller die gegarten Schalentiere mit einem Hauch von Aceto Balsamico Riserva besprenkeln. Dazu frisches Ciabatta reichen.

Deetlefs Wine Estate

Handverlesene Weine von Exzellenz und Eleganz. Kobus Deetlefs ist Winzer und Eigentümer in 6. Familiengeneration seit 1822.

Die Küche:

Die Deetlefs Küche ist geprägt von den kosmopolitischen Einflüssen am Kap. Auch stammen viele der Kapbewohner aus Indien. Die Vorliebe für Chili und Curry ist eindeutig. Die Tradition aus 6 Generationen übermittelt die gute deutsche Küche wie Eintopf, Suppen, Frikadellen. Die süße Küche stammt von den Großmüttern. Es schmeckt eben am besten ‚wie bei Muttern'. Die moderne Küche kam mit dem Erfolg der Deetlefs Weine in Übersee. Isaline Deetlefs kocht leidenschaftlich gern und freut sich über neue Rezepte aus der Alten Welt. Kobus ist der Braaimaster, sprich Grillmeister. Sobald Fleisch auf dem Speiseplan steht, rührt er die Marinade und grillt das zarteste Filet in ganz Südafrika. Seine Vorliebe sind Scampis gegrillt mit einem Touch guten Balsamico Essigs, etwas Salz und Olivenöl. Dazu ein weißer Deetlefs Estate Wein und die Seele lehnt sich zufrieden zurück.

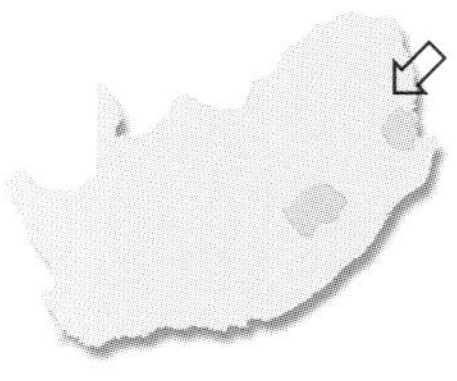

Five Flies Restaurant & Bars
Cape Town • Western Cape

Saldanha Bay Muscheln mit Basilikum-Sahnesauce

Ein Rezept vom Five Flies Chefkoch Gerard Reidy.

Zubereitung:

Die Butter in eine Pfanne geben und bei mittlerer Hitze schmelzen lassen. Die Zwiebel darin anbraten, bis sie süß und gar ist. Den Knoblauch hinzugeben und 2 Minuten garen. Danach die Muscheln in die Pfanne geben, den Wein hineingießen und so lange kochen lassen, bis der Wein auf die Hälfte reduziert ist. Muscheln, welche sich nicht

Zutaten:

(für 4 Portionen)
1 kg Muscheln, geputzt
1 EL Butter
1 Zwiebel, gehackt
30 g Knoblauch, gehackt
2 EL Basilikum, gehackt
200 ml Weißwein, trocken

250 ml Sahne
schwarzer Pfeffer aus der Mühle

geöffnet haben, entfernen und wegwerfen. Vor dem Servieren das Basilikum und frisch gemahlenen Pfeffer darüber streuen. Anmerkung: Salz ist nicht erforderlich, da die Muscheln über ausreichend natürliches Salz verfügen.

Die Küche:

Ab dem Moment, wenn man die Schwelle mit ihren schweren Holztüren durchschreitet, breitet sich die Stimmung von Beständigkeit und Speisen mit historischem Flair aus. Dies drückt sich auch in dem Kontrast der Auswahl zwischen zeitgenössischen Abendessen und den auf die Minute perfekt zubereiteten Menüs aus. Das Fives Flies hat sich auf die stylischen Präsentation der

Speisen und eine spektakuläre Küche spezialisiert. Das Menü ist angefüllt mit aufregenden Kombinationen der Speisen, aus den besten Zutaten der südafrikanischen Küche und der ganzen Welt.

Five Flies Restaurant & Bars

Bekannt für seine außergewöhnliche Mischung aus innovativem, kosmopolitischem Flair, viel Atmosphäre und außergewöhnlichem Service bietet das Five Flies Restaurant ein urbanes Restauranterlebnis im Herzen von Kapstadt´s „legal district“.

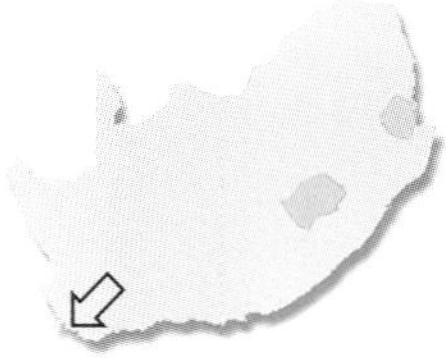

Mogg´s Country Cookhouse
Hermanus • Western Cape

Muschel Chowder

Zutaten:

(für 4 Portionen)
1 Zwiebel, fein gehackt
24 Miesmuscheln, gekocht oder tiefgefroren, den oberen Deckel entfernen
3 Blätter von der Kaffernlimette (Citrus hystrix DC.) (Anm.: alternativ Zitronenblätter)
3 Stängel frisches Zitronengras, gehackt und zerdrückt
2 Knoblauchzehen
1 Dose Mais, püriert (creamed sweet corn)
½ Zitrone, Saft davon
500 ml Vollmilch
einige Spritzer Fischsauce
Fenchelgrün

Zubereitung:

Die Zwiebel mit dem Zitronengras, dem Knoblauch und den Blättern von der Kaffernlimette in etwas Öl goldbraun braten. Die Milch hinzugeben und bei schwacher Hitze 15 Minuten simmern lassen. Vom Herd nehmen und so lange wie möglich (mindestens 1 Stunde) stehen lassen, damit das Aroma des Zitronengras und der Limettenblätter sich entfalten kann. Anschließend die Flüssigkeit durch ein Sieb in einen Topf gießen. Den Mais, den Zitronensaft, die Fischsauce und die Muscheln hineingeben und abschmecken. Wenn nötig, noch etwas Fischsauce oder Zitronensaft einrühren. Sobald die Muscheln warm sind, in vorgewärmte Suppenschüsseln verteilen, so dass jede Portion 6 Muscheln erhält. Mit etwas Fenchelgrün garnieren.

Die Küche:

Das Haus bietet eine familiäre und entspannte Atmosphäre. Die gehobene Küche serviert landestypische Gerichte, die mit täglich frischen Zutaten je nach Saison bereitet werden. Neben den Tagesgerichten bietet das Mogg´s Country Cookhouse eine wöchentlich wechselnde Speisekarte.

Mogg´s Country Cookhouse

Mutter und Tochter führen das rustikale Country-Restaurant inmitten von Weinbergen und Wiesen des pittoresken Hemel - en- Aarde Valleys.

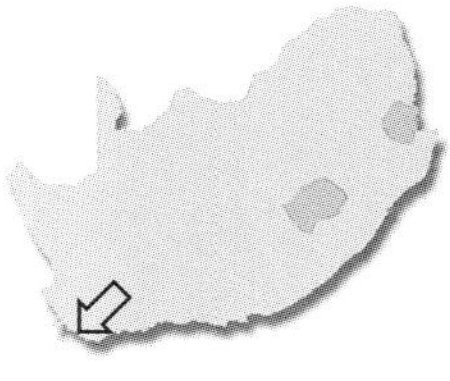

Barristers Grill Room & Café on Main
Cape Town ◆ Western Cape

BARRISTERS
GRILL ROOM & CAFÉ ON MAIN

Barristers Cioppino

Cioppino wird mit all den Zutaten zubereitet, die "Seafood lovers" so schätzen.

Zubereitung:

Den Knoblauch, die Paprika und die Zwiebeln in einem tiefen Topf 10 Minuten braten. Dann die Tomaten, das Tomatenmark und das Koriandergrün hinzugeben, wobei man einige Blätter des frischen Koriander zurückbehält. Den Weißwein angießen, kurz aufkochen lassen und bei kleiner Hitze 20 Minuten simmern lassen. Anschließend den portionierten Fisch, die Garnelen und den Crayfish in den Sud geben und erneut 20 Minuten simmern lassen. Schließlich die Muscheln zufügen und so lange simmern lassen, bis sie sich geöffnet haben. Muscheln, die nach

Zutaten:

(für 6 Portionen)
24 Muscheln (gut gebürstet)
500 g Garnelen (ausgenommen)
2 kg Linefish, ohne Gräten (Linefish ist die Bezeichnung für den Fang des Tages)
3 Crayfish (Felshummer), in Stücke geschnitten, noch in der Schale
800 g Tomaten aus der Dose
2 Zwiebeln, gehackt
1 grüne Paprika

Olivenöl
65 g Tomatenmark
frischer Koriander
Oregano
6 Knoblauchzehen, zerdrückt
Salz
400 ml Weißwein

10 bis 15 Minuten nicht geöffnet sind, entfernen. Auf den Tellern anrichten, die Korianderblätter darüber streuen und mit einigen Scheiben Knoblauchbaguette servieren.

Die Küche:

Wenn man guten Service, Steaks, Seafood und Backspezialitäten liebt, muß man am Kap zu Barristers gehen.

Barristers Grill Room & Café on Main

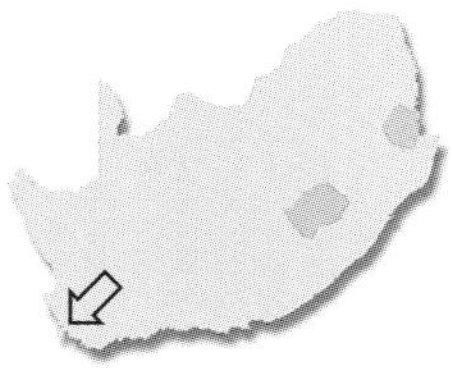

Barristers wurde 1980 von Peter Gordon eröffnet. Er leitet dieses erfolgreiche Steakhouse auch noch heute und als 2002 der Fischmarkt in Kapstadt seine Tore öffnete, hat er das Angebot für seine Gäste um Geelbek, Kingklip, Yellowtail and Kabeljau erweitert. Das frische Brot und weitere Backspezialitäten kommen aus der eigenen Bäckerei.

96 Winery Road
Stellenbosch ◆ Western Cape

Saldanha Bay Muscheln in einer Sahnesauce mit Curryaroma

Ein Gericht, welches die Gäste immer wieder zu unserem Haus führt, sind die „Saldanha Bay Mussels in a lightly curried cream sauce".

Zubereitung:

Die frischen Muscheln in einen Topf geben und mit etwas Weißwein, den Kräutern und den Zwiebeln bei geschlossenem Deckel dämpfen, bis sich die Schalen geöffnet haben. Dann noch geschlossene Muscheln entfernen. Die Kochflüssigkeit durch ein Sieb in eine Pfanne gießen. Sahne hinzu geben und bei mittlerer Hitze reduzieren lassen. Etwas Chenin Blanc angießen, erneut kochen lassen und dann das Currypulver, den Kurkuma sowie den Zitronensaft unterrühren und mit etwas Pfeffer würzen. Die Sauce auf die gewünschte Konsistenz reduzieren lassen, bevor man sie mit dem Salz abschmeckt. Vor dem Servieren die Muscheln in die Sauce geben und darin erwärmen. Dazu frisch gebackenes Brot reichen.

Zutaten:

Frische Miesmuscheln
Weißwein
Kräuter
Zwiebeln, in Scheiben geschnitten
Sahne
Ken Forrester Chenin Blanc (Weißwein)
mildes Currypulver
süßer Kurkuma
Zitronensaft, frisch gepresst
Pfeffer aus der Mühle
Salz

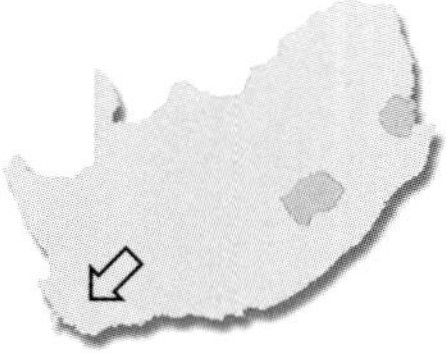

Die Küche:

Das Menü wechselt nach Saison und die Highlights bilden lokale Speisen und natürliche Zutaten. Durch die Lage inmitten der Weinberge ist auch die Weinkarte umfangreich ausgefallen. Über 2.000 verschiedene Weine warten auf die Gäste. Da ist für jeden Geschmack etwas dabei.

96 Winery Road

Das 96 Winery Road liegt zwischen Stellenbosch und Somerset West. Perfekt für eine Mittagspause, wenn man auf der Helderberg oder Stellenbosch Wine-Route unterwegs ist.

Benguerra Lodge
Benguerra Island

Taschenkrebs-Roulade

Zutaten:

Teig:
65 g Butter
50 g Mehl
250 ml Milch
5 Eier, getrennt
Pfeffer aus der Mühle
Salz

Füllung:
500 g Krebsfleisch, gegart
Tomaten, gehackt
grüner Pfeffer
Zwiebel, fein gehackt
Mayonnaise
Pfeffer aus der Mühle
Salz

Zubereitung:

Für den Teig die Butter schmelzen und mit dem Mehl verkneten. Dann die Milch zugießen und diese langsam unterrühren, bis die Mischung dick wird. Dann schnell die Eigelb unterrühren. Das Eiweiß in eine Schüssel geben und mit dem Handmixer steif schlagen. Anschließend den Eischnee unter den Teig ziehen. Den Teig auf ein mit Backpapier ausgelegtes Backblech dünn verteilen und im Backofen goldbraun backen. Aus dem Ofen nehmen, das Backpapier entfernen, den Teig in ein über Wasserdampf befeuchtetes Küchentuch einrollen, dann wieder ausrollen, das Tuch entfernen und erneut zusammenrollen. Für die Füllung das Krebsfleisch, die gehackten Tomaten, die grünen Pfefferkörner, die fein gehackte Zwiebel mit der Mayonnaise sowie Pfeffer und Salz mischen. Anschließend auf die Innenseite der Teigroulade verteilen und diese wieder zusammenrollen. Im Kühlschrank abkühlen lassen und in Scheiben geschnitten servieren.

Calderada Meeresfrüchte-Eintopf

Zubereitung:

Das Fischfilet in Würfel, den Tintenfisch in Ringe und den Crayfish in mundgerechte Stücke schneiden. Die Garnelen säubern und zusammen mit dem Fisch, den Tintenfischen und dem Crayfish in Zitronensaft und etwas Knoblauch marinieren. Die Zutaten in einen sehr großen Topf schichten. Dabei mit den Garnelen als letzte Schicht enden. Das Öl, den Wein, etwas Peri-Peri sowie den Knoblauch miteinander verrühren und über die Meeresfrüchte gießen. Das Lorbeerblatt und die Korianderblätter darübergeben und darauf einige Butterflöckchen setzen. Auf den Herd geben und bei schwacher Hitze 1 Stunde simmern lassen ohne zu rühren. Nach dieser Zeit den Eintopf direkt aus dem Topf servieren oder diesen in einer frisch geöffneten Kokosnuss reichen.

Zutaten:

(für 6 Portionen)
750 g Fischfilet
300–400 g Tintenfisch
1-2 Felshummer (Crayfish)
300-400 g Garnelen
Zitronensaft
3 Knoblauchzehen, fein gehackt
4 Zwiebeln
6 Tomaten
1 Grüne Paprika, in Ringe geschnitten
500 ml Weißwein, trocken
125 ml Öl
2 Lorbeerblätter
ein wenig Peri-Peri
Korianderblätter
Butter
Pfeffer aus der Mühle
Salz

Die Küche:

Die Haupt-Lodge besteht aus einer exklusiven separaten Lounge mit Speiseraum, Bar und einem großen Innenhof.

Benguerra Lodge

Gewählt zum „Most Friendly Beach Hideaway" im Harpers & Queen Travel Awards 2002. In die Bucht geschmiegt auf der Nordwestseite der Insel liegt die Benguerra Lodge in einem Wald von Milkwood-Bäumen und Akazien.

Gemüse & Vegetarisches

Klein Paradijs Country House
Gansbaai ◆ Western Cape

Samp und Bohnen

Als Beilage zu allen Fleisch- und Geflügelgerichten oder zu gegrilltem Fisch.

Zutaten:

250 g Samp (weißer Spaltmais)
250 g Bohnen, getrocknet
3 Zwiebeln, gehackt
1 ½ Liter Wasser
2 TL Salz
1 Bouillonwürfel
50 g Butter
etwas Speck, gewürfelt
Tomaten , gewürfelt
2 Chilischoten, in feine Ringe geschnitten

Zubereitung:

Den Samp und die getrockneten Bohnen in Wasser zugedeckt etwa 8 Stunden stehen lassen. Anschließend abgießen und mit frischem Wasser gut spülen. Die Zwiebeln hacken. Nun die 1,5 Liter Wasser, den Bouillonwürfel und die Butter in einem Topf aufkochen lassen. Den Samp, die Bohnen und die Zwiebeln zugedeckt 3 Stunden auf kleinem Feuer kochen lassen (eventuell Wasser dazugeben). Das Salz und den Speck erst am Ende der Kochzeit daruntergeben. Die Tomaten blanchieren und anschließend die Haut abziehen. Anschließend in feine Würfel schneiden. Die Chilis zugeben und mit frischen Kräutern abschmecken.

Samp und Bohnen in kleine ausgebutterte runde Förmchen geben. Die Tomaten auf dem Teller ausbreiten und den Inhalt des Förmchens auf das Tomatenbett stürzen.

Klein Paradijs
Country House

Die Küche:

Der Koch Michael Fuchs wurde in der Schweiz ausgebildet. Seine Gerichte verbinden die Raffinesse der französischen mit dem multikulturellen Flair der südafrikanischen Küche.

Klein Paradijs Country House

Klein Paradijs Country House befindet sich auf einer Farm von 140 Hektar und ist umgeben von alten Milkwood-Bäumen, einer grossen Gartenanlage und typischer Fynbos-Vegetation. Pearly Beach, zwischen Hermanus und Cape Agulhas gelegen, ist ein idealer Ort für einen Zwischenstopp zum Ausspannen oder als Ausgangspunkt für zahlreiche Wanderungen. Das Haus ist grosszügig konzipiert. Die fünf Gästezimmer unter dem hohen Reetdach sind individuell und modern eingerichtet. Die Anlage wurde vom South African Tourism Grading Council als 5-Sterne Lodge eingestuft.

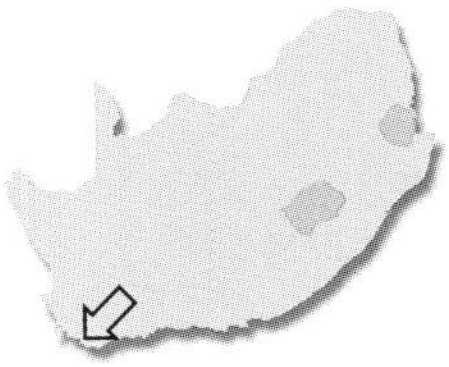

W. WELGELEGEN

Welgelegen Guest House
Cape Town ◆ Western Cape

Welgelegen´s berühmte Butternut-Quiche

Zutaten:

1 Butternut-Kürbis, groß
1 Peperoni, rot
Kürbiskerne (optional)
Pilze
etwas Olivenöl

Zubereitung:

Den Kürbis, die Frühlingszwiebeln, die Pilze und die Korianderstängel waschen und hacken. Das Öl in einer Pfanne erhitzen und das Gemüse darin dünsten, bis es gar ist. Nun die Gewürzmischung, den Ingwer und den

½ Zitrone, Saft davon
1 Bund Frühlingszwiebeln
1 TL Knoblauch, zerdrückt
1 TL Ingwer, gerieben
1 TL Thai-Gewürzmischung
8 getrocknete Tomaten
1 Bund Koriandergrün
Chilis, nach Geschmack
4-6 Eier
250 ml saure Sahne (Schmand)
125 ml Cheddar Käse, gerieben

Knoblauch hinzugeben. Eine Springform mit Blätterteig auslegen und die Hälfte des Gemüses aus der Pfanne darauf verteilen. Die getrockneten Tomaten und die Chilis fein hacken und mit den gehackten Korianderblättern darüber geben. Anschließend wieder eine Schicht Gemüse darüber verteilen. Den geriebenen Käse darauf streuen. In einer Schüssel die Eier mit der sauren Sahne verrühren und die Mischung über die Quiche gießen. Die Quiche in den Ofen geben und so lange backen, bis sie hellbraun ist.

Die Küche:

Das Frühstück wird als reichhaltiges Buffet im Speiseraum oder im Sommer unter einem großen Sonnenschirm auf der Terrasse serviert. „Das beste Frühstück in Kapstadt" glänzt neben dem kontinentalen und englischen Frühstücksangebot vor allem mit den hausgemachten Muffins und Quiches.

Welgelegen Guest House

Welgelegen ist ein stattliches viktorianisches Haus in Kapstadt, im Stadtteil unterhalb des Tafelbergs gelegen, in dem sich zahlreiche schöne und gut erhaltene alte Häuser befinden. Welgelegen gelangte in den vergangenen drei Jahren bis in die Endausscheidung des AA Unterkunftswettbewerbs und wird als eines der 10 besten Gästehäuser in Kapstadt im Reiseführer von Condé Nast genannt.

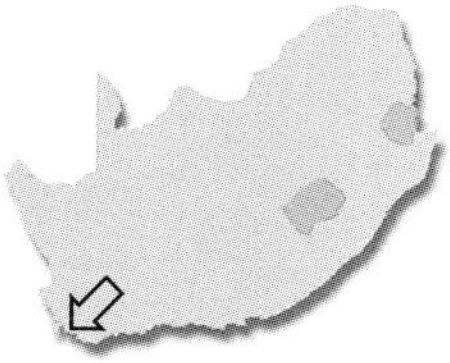

Ken's Place
Hermanus • Western Cape

Rotkraut mit Apfel und Röstkartoffeln in Rosmarin-Senf

Eine ideale Beilage zu im Ofen gebratenem Wild und Geflügel.

Zubereitung:

Die geputzten Karotten in Wasser gar kochen. Aus der geschmolzenen Butter, dem Senfpulver, dem Rosmarin, dem Knoblauch und dem Zucker eine Paste bereiten. Mit den Karotten in eine Kasserolle geben, noch einen Esslöffel Butter hinzu fügen und leicht simmern lassen. Bis zum Servieren warm halten und mit frisch gehackter Petersilie und Dillspitzen garnieren. Um für das Rotkraut eine schöne Farbe zu erhalten einen Esslöffel Essig in das Kochwasser gießen. Das Rotkraut kochen, dann das Wasser abgießen und in einen Topf geben. Etwas Honig darüber träufeln und ein Stück Butter sowie einige Apfelstückchen unterheben. Etwas gemahlene Nelke und Zucker über die Apfelschnitze geben und in etwas Wasser leicht köcheln. Mit dem Rotkraut anrichten.

Zutaten:

Karotten
Senfpulver
Rosmarin, fein gehackt
¼ TL Knoblauch, gepresst
etwas geschmolzene Butter
Zucker
frisch gehackte Petersilie
Dillspitzen
Rotkraut (Rotkohl)
1 EL Essig
Apfelstücke
Honig
Butter

Ken's Place

Ein altes Fischerhaus aus dem Jahr 1885 beherbergt das Restaurant mit seinen knapp 40 Plätzen. Das Restaurant bietet weiter eine Bar und Plätze im Garten hinter dem Fischerhaus. Auch auf der Veranda vor dem Haus können bis zu 10 Personen den Ausblick über das Bergpanorama genießen.

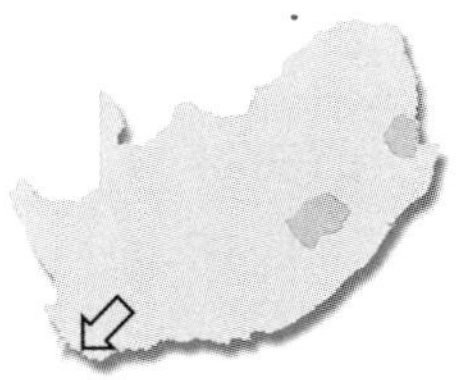

Falcons View Manor
Knysna ◆ Western Cape

Linsen mit Auberginen-Biryani

Ein köstliches und geschmackvolles Biryani mit dem Aroma des Kaps der guten Hoffnung. Dieses Gericht kann als eigenständige vegetarische Speise oder als Beilage zu gegrillter Hähnchenbrust serviert werden.

Zutaten:

Basmatireis
Tomate
Spinat
Pecannüsse
Zucchini
Aubergine

Gurken-Joghurt-Sauce:
1-2 Becher Joghurt
1 Salatgurke, gerieben
1 Knoblauchzehe, fein zerdrückt
Salz

Grüne Linsen-Curry:
300 g grüne Linsen, gekocht
4 EL Öl
2 Zwiebeln, fein gehackt
1 Knoblauchzehe, fein gehackt
1 EL Koriander, gemahlen
1 EL Kurkuma
½ TL Chilipulver
¼ TL Bockshornkleesamen
Salz
Weißweinessig
1 TL Tomatenmark (oder
1 frische Tomate, fein gehackt)

Zubereitung:

Zunächst den Basmatireis kochen, die Tomate in Scheiben schneiden, den Spinat in Öl braten, die Pecannüsse rösten und warm halten. Die Zucchini, Tomate und Aubergine in Scheiben schneiden und gut rösten. Anschließend warm halten. Die Zwiebel- und Knoblauchstücke in Öl braten, bis sie goldbraun sind. Die Gewürze und das Salz in einer kleinen Schüssel mischen und soviel Essig hinzugeben, dass diese bedeckt sind. Die Gewürzmischung und die Zwiebeln anbraten und die gekochten Linsen einrühren. Wasser nach Bedarf zugeben, schließlich das Tomatenmark einrühren und bei milder Hitze 10 bis 15 Minuten simmern lassen. Das Linsen-Curry mit den warm gehaltenen Zutaten auf den Teller geben und außen herum die Gurken-Joghurtsauce gießen.

Die Küche:

Die Küche bietet seinen Gästen die ganze Bandbreite der kulinarischen Genüsse aus Südafrika. Von den rustikalen Rezepten der Holländer über die raffinierte Küche der französischen Hugenotten, Pikantes mit den Gewürzen der Malaien, cremige Tandoori-Varianten der indischen Einwanderer aus der Kolonie in Durban und Frisches aus unser Lagune und unserem Garten.

Falcons View Manor

Ein elegant restauriertes Landhaus mit einer wundervollen Aussicht über die Lagune von Knysna. Falcons View Manor liegt in einer privaten Gartenanlage und bietet seinen Gästen 9 Schlafräume mit allen modernen Annehmlichkeiten, ein Restaurant mit feinster Küche, Weine vom Winzer, eine Bar, schattige Verandas, Pools und weitläufige Gärten.

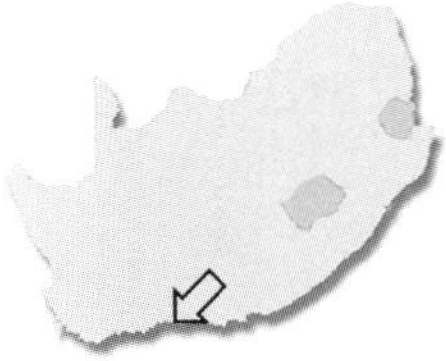

Merlot Manor
Pietermaritzburg • KwaZulu Natal

Gedämpfte Süßkartoffeln

Zubereitung:

Die Süßkartoffeln schälen, waschen und in Scheiben schneiden. In leicht gesalzenes Wasser legen, damit sie nicht braun

Zutaten:

Süßkartoffeln
Salz

Brauner Zucker
30 ml Butter
Orangensaft
Zimtstange
Ingwer
Mandarinen- oder Orangenschale

werden. Die Kartoffeln in eine schwere Kasserolle legen. In einem Topf den braunen Zucker mit der Butter karamellisieren und über die Kartoffeln gießen. Einige Stücke von der Zimtstange, Ingwer und getrocknete Mandarinen- oder Orangenschale hinzugeben. Noch etwas Orangensaft zu den Kartoffeln geben und diese darin kochen. Die Hitze sollte nicht zu stark sein, so dass die Kartoffeln langsam garen und braun werden. Mit etwas Salz abschmecken. Schmeckt sehr gut zu Cape Waterblommetjie Bredie (siehe Rezept).

Die Küche:

Deutlich international, aber saisonal mit einem Anklang der regionalen Geschmacksrichtungen, garniert mit einem Spritzer Fantasie und abgerundet durch den guten südafrikanischen Wein, welcher zu den Gerichten serviert wird. Ob es die „Roaring Twenties" oder die 90er Jahre sind, Doris Day oder das Soweto Streichquartett, Shakespeare's Kaufmann von Venedig oder Athol Fugard's Weg nach Mekka, Merlot Manor bietet bekennenden Genussmenschen ein Stück opulente Fantasie in seiner Küche, dem Ambiente und dem exzentrischen Dekor.

Merlot Manor

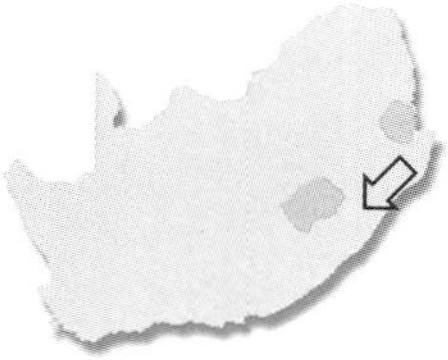

Hoch über dem kolonialen Außenposten Pietermaritzburg liegt Merlot Manor, von dessen Veranda man den Blick über die Stadt genießen kann. Dieses elegant restaurierte Anwesen liegt bewusst etwas außerhalb der Welt und der Stadt unter ihr. Mit Wurzeln, die bis in das späte 19. Jahrhundert zurückreichen, ist Merlot Manor eine prächtige Heimstätte.

Stocklands Farm
Howick ◆ KwaZulu Natal

Stocklands eingelegte Zitronen

Auf Stocklands werden die Zitronen von den eigenen Bäumen auf der Farm gepflückt. Die eingelegten Zitronen schmecken sehr gut zu Speisen mit Tomaten oder Fisch sowie Lamm.

Zutaten:

Zitronen mittlerer Größe, reif, saftig und unbehandelt
Einmachgläser
Grobes Meersalz
Kochendes Wasser
Olivenöl

Zubereitung:

Jede Zitrone von oben in Viertel schneiden. Dabei diese nicht ganz durchschneiden, so dass die Viertel am Boden noch verbunden sind. In diese Schnitte das Salz streuen und anschließend das Glas mit den Zitronen befüllen. Dabei so viele Zitronen wie möglich in das Glas packen. Das Wasser zum Kochen bringen, über die Zitronen gießen und bis knapp zum Rand auffüllen. Eine dünne Schicht Olivenöl darauf gießen und anschließend mit dem Deckel luftdicht verschließen. In einem Schrank oder einem Raum ohne Licht lagern und alle 3 Tage gut durchschütteln. Nach drei Wochen sind die Zitronen fertig zum Verzehr. Ein geöffnetes Glas anschließend im Kühlschrank aufbewahren.

Die Küche:

Die Gäste können wählen, ob sie das Frühstück im Speiseraum oder im Garten mit dem herrlichen Ausblick auf die Pflanzenwelt serviert haben möchten. Dabei haben sie ferner die Auswahl zwischen kontinentalem und englischem Frühstück. Alle Speisen werden mit ganz frischen Zutaten aus der Umgebung oder dem eigenen Garten zubereitet. Auch besteht die Möglichkeit, sich das Frühstück selbst zuzubereiten. Jedes Häuschen hat ein eigenes Stück Garten und eine "Braai Area".

Stocklands Farm

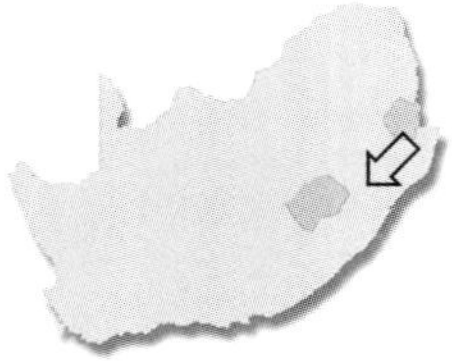

Stocklands Farm liegt auf dem Midlands Meander und bietet luxuriöse Unterkünfte in privater Atmosphäre. Auch Cottages für Selbstverpfleger stehen zur Auswahl.

Jambo Guest House
Cape Town ◆ Western Cape

Jambo Guest House

Jambo Guest House

Jambo ist eine Oase der Ruhe und des Friedens am Fuße des Signal Hill und direkt am geschäftigen Green Point gelegen. Fünf liebevoll eingerichtete Doppelzimmer mit Bad und WC und allen sonstigen Extras ausgestattet, sorgen für einen unvergesslichen Aufenthalt. Gewinner zahlreicher AA Travel Guides Accommodation Awards und Hall of Fame. SA Tourism Grading Council 5 Star Guest House.

Bananensalat

Dieser Salat wird im Jambo Guest House zu "Braai", der traditionellen, südafrikanischen Art des Barbeque serviert und ist ein köstlicher Begleiter zu jeder Speise.

Zubereitung:

Die Mayonnaise, das Currypulver sowie die Aprikosenmarmelade in eine Schüssel geben und gut verrühren. Dann die Bananen schälen und in 4 Millimeter dicke Scheiben schneiden. Sofort unter die Curry-Mayonnaise heben und vor dem Servieren mindestens eine Stunde im Kühlschrank ziehen lassen.

Zutaten:

Bananen
250 ml Mayonnaise
1 EL Aprikosenmarmelade, weich
1 EL Currypulver

Die Küche:

In Barry's exklusiver Bar kann man einen Drink nehmen, sich unterhalten oder einfach nur der Musik zuhören. Anschließend geht man an der nahe gelegenen Waterfront oder am Green Point in ein trendiges Restaurant.

Villa Hilda
Cape Town • Western Cape

Villa Hilda

Nudelsalat mit Curry

Zutaten:

Etwa 750 ml kleine Nudeln, gekocht
20 g Sellerie, fein gehackt
½ Grüne Paprika, gehackt
½ Zwiebel, gehackt
30 g Nüsse, gehackt
2 TL Petersilie
30 g Rosinen, kernlos
190 ml Mayonnaise
125 ml süßes Chutney
1 gehäufter TL Currypulver
etwas Salz

Zubereitung:

Die Mayonnaise mit dem Chutney und dem Currypulver vermischen. Die frisch gekochten Nudeln abkühlen lassen und mit der Mayonnaise-Mischung sowie den restlichen Zutaten vermischen. Dieser Salat schmeckt noch besser, wenn er Tags zuvor zubereitet wurde. Wenn er dann etwas zu trocken ist, mehrere Esslöffel frischen Joghurt unterheben. Mit einigen Scheiben saure Gurke garnieren.

Die Küche:

Auf der Terrasse kann man das morgendliche englische Frühstück einnehmen, wenn dies das Wetter zulässt – was fast immer der Fall ist.

Villa Hilda

Villa Hilda liegt in einer stillen Seitenstrasse des vornehmen Stadtteils Ober-Gardens. Den Hintergrund des Hauses bilden die imposanten Hänge des Tafelbergs und des Lion´s Head. Das Haus blickt hinüber zum Parkgelände des Leeuwenhofs, der stilvollen alten Residenz des Ministerpräsidenten von West Kapland. Auch liegt die Villa in Stadtnähe, aber Gäste können dennoch die ruhige Lage des Hauses genießen. Es wird Deutsch, English, Afrikaans und Xhosa gesprochen.

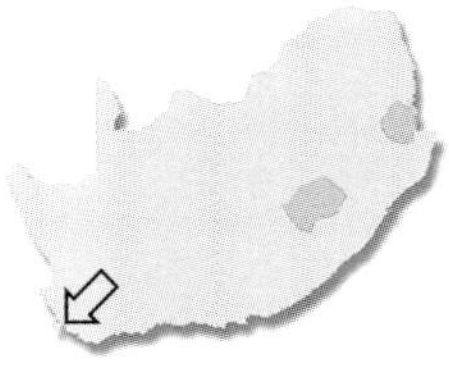

Saucen

Lion Sands Private Game Reserve
Krüger National Park ◆ Mpumalanga

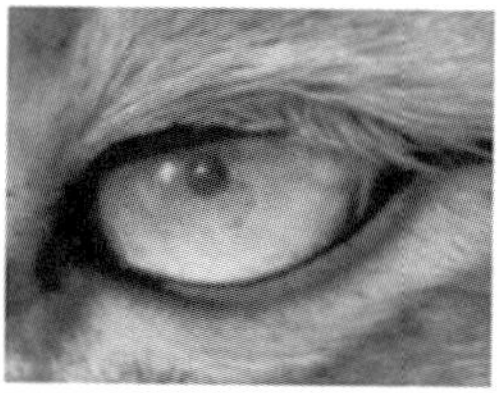

LION SANDS
PRIVATE GAME RESERVE

Thai Crème-Sauce

Zutaten:

2 Dosen Kokosmilch
1 TL grüne Thai Chili-Paste
50 g Paprika, in Juliennes geschnitten
1 Handvoll Koriandergrün, gehackt
¼ TL Knoblauch, fein gehackt

Zubereitung:

Die Paprika, den Knoblauch und die Chili-Paste in einer Pfanne leicht sautieren. Dann die Kokosmilch zugießen und bei schwacher Hitze simmern lassen, bis die Flüssigkeit auf die Hälfte reduziert ist. Zum Schluss den Koriander hinein streuen.

Die Küche:

Die Küche von Lion Sands wurde aus der Idee geboren, die Vielfalt der einheimischen Aromen zu einer einzigartigen Geschmackserfahrung zusammenzuführen, welche das Erlebnis einer Safari kulinarisch begleitet und bereichert.

Lion Sands Private Game Reserve

Die River Lodge hat 14 luxuriöse, reetgedeckte Räume mit Badezimmer und einer Außendusche, Klimaanlage und Deckenventilator sowie einer privaten Veranda. Den Gästen steht ein Wäsche- und Dienstservice zur Verfügung, Flughafentransfer kann arrangiert werden. Außerdem gibt es einen Swimmingpool, ein Sonnendeck, eine Lounge und eine Bar sowie eine Gymnastik- und Gesundheitseinrichtung. Gäste können Tiere nicht nur auf den Tages- und Nachtpirschfahrten, sondern auch von den Aussichtsunterständen aus beobachten.

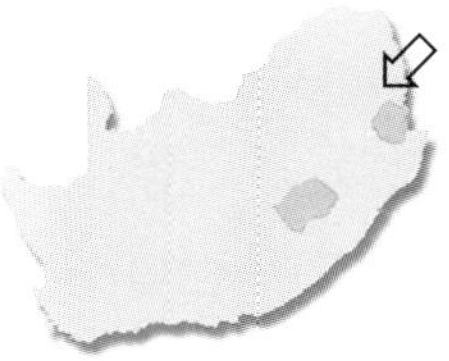

Boulders Beach Lodge
Simons Town • Western Cape

Chili-Danja-Sauce

Zubereitung:

Etwas Öl in einem Topf erhitzen und die Zwiebeln, den Knoblauch und den Ingwer darin sautieren. Die Chilis entkernen, den Stil entfernen und in den Topf geben. Mit dem Balsamico und dem Weißweinessig ablöschen. Anschließend den Zucker unterrühren und mit dem Salz und etwas Pfeffer abschmecken. Unter gelegentlichem Rühren auf die Hälfte reduzieren lassen, dann das Olivenöl zugießen und aufkochen lassen. Vom Herd nehmen und pürieren. Die Korianderblätter in einem Küchenmixer mixen und die Paste in die pürierte Sauce geben. Diese Sauce kann im Kühlschrank 3 Monate aufbewahrt werden.

Zutaten:

300 g grüner Chili
5 Büschel Koriandergrün (Danja)
250 ml Balsamico Essig
500 ml Weißweinessig
50 g Knoblauch
50 g Ingwer
500 ml Olivenöl
200 g Zucker
1 Zwiebel, gehackt
1 Prise Pfeffer
1 Prise Salz

Die Küche:

Ausgewählte Küche mit mediterranem Flair und täglich frischen Meeresfrüchten. Täglich geöffnet von Sonnenaufgang bis Sonnenuntergang für Frühstück, Mittag- und Abendessen.

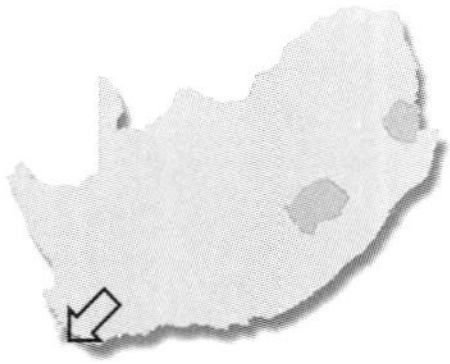

Boulders Beach Lodge

Beim Eintreten erwartet den Besucher eine Atmosphäre, die allen Sinnen schmeichelt. Bei spektakulären Ausblicken über die Bucht und komfortablem Ambiente erfüllt das freundliche Servicepersonal alle Kundenwünsche.

Five Flies Restaurant & Bars
Cape Town • Western Cape

FIVE FLIES

Die Küche:

Ab dem Moment, wenn man die Schwelle mit ihrem schweren Holztüren durchschreitet, breitet sich die Stimmung von Beständigkeit und Speisen mit historischem Flair aus. Dies drückt sich auch in dem Kontrast der Auswahl zwischen zeitgenössischen Abendessen und den auf die Minute perfekt zubereiteten Menüs aus. Das Menü ist angefüllt mit aufregenden Kombinationen der Speisen, aus den besten Zutaten der südafrikanischen Küche und der ganzen Welt.

Rotwein-Salatdressing

Ein Rezept vom Five Flies Chefkoch Gerard Reidy.

Zubereitung:

Den Wein und den Port in einen Topf geben und bei schwacher Hitze mit den Schalotten und dem Zucker reduzieren lassen, bis die Flüssigkeit eine sirupartige Konsistenz erreicht hat. Den Rotweinessig hineingießen und erneut reduzieren lassen. Vom Herd nehmen und wenn der Sirup abgekühlt ist, das Olivenöl unterrühren und das Dressing mit Pfeffer und Salz abschmecken. In einen Schüttelbecher geben und so lange schütteln, bis Sirup und Öl sich zu einer Emulsion verbunden haben.

Zutaten:

170 ml Rotwein
170 ml Portwein
3 Schalotten, gehackt
1 EL Zucker
85 ml Rotweinessig
125 ml Olivenöl
Pfeffer aus der Mühle
Salz

Five Flies Restaurant & Bars

Bekannt für seine außergewöhnliche Mischung von innovativem, kosmopolitischem Flair, viel Atmosphäre und außergewöhnlichem Service bietet das Five Flies Restaurant ein urbanes Restauranterlebnis im Herzen von Kapstadt´s „legal district“.

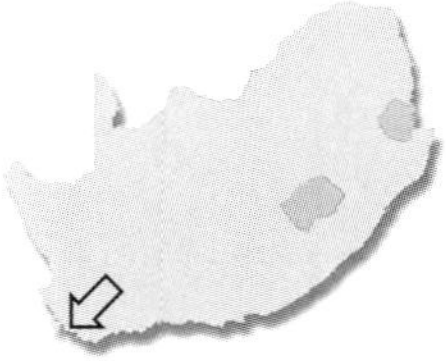

Falaza Game Park
Hluhluwe ◆ KwaZulu Natal

Wildmarinade No. 1

Zutaten:

125 ml Olivenöl
125 ml Zitronensaft
1 frischer Rosmarinzweig
Knoblauchzehen

Zubereitung:

Die Zutaten in einer Schüssel gut verrühren und das Fleisch an einem kühlen Ort darin marinieren.

Wildmarinade No. 2

Zutaten:

1 Ananas, geschält, entkernt, zu Brei zerdrückt
1 EL Senfkörner
1 Knoblauchzehe, zerdrückt
1 EL Worcestersauce
1 L Ingwerbier (alternativ: Ginger Ale)

Zubereitung:

Die Zutaten in einer Schüssel gut verrühren und das Fleisch an einem kühlen Ort darin marinieren.

Wildmarinade No. 3

Zutaten:

125 ml Tomatensauce
125 ml Chutney
125 ml Essig
125 ml Worcestersauce
125 ml Öl

Zubereitung:

Die Zutaten in einer Schüssel gut verrühren und das Fleisch an einem kühlen Ort darin marinieren.

Wildmarinade No. 4

Zubereitung:

Die Zutaten in einer Schüssel gut verrühren und das Fleisch an einem kühlen Ort darin marinieren.

Zutaten:

500 ml Buttermilch
250 ml Öl
3 TL Aromat
3 TL Paprikapulver
2 TL Salz und Pfeffer
60 ml Balsamico
1 EL Brauner Zucker

Marinade für Sosaties

Zubereitung:

Die Zwiebeln hacken und im Olivenöl glasig braten. Den Curry, den Cayennepfeffer, die Marmelade, den Essig, das Salz und den Pfeffer hinzugeben, gut verrühren, abkühlen und einen Tag ziehen lassen.

Zutaten:

4 Zwiebeln
2 EL Olivenöl
2 EL Currypulver
1,5 TL Cayennepfeffer
2 EL Aprikosenmarmelade
1 EL Salz
½ TL Pfeffer
375 ml Essig

Die Küche:

Wenn die Sonne über Afrika aufgeht, sollte man unbedingt an einer Ausfahrt zur Tierbeobachtung unter Leitung eines professionellen Führers teilnehmen. Danach wartet ein gemütliches Frühstück auf die Gäste, bevor diese sich am Pool entspannen oder den Hluhluwe/Umfolozi- oder den Mkuze Wildpark besuchen können. Auch ein Ausflug in ein authentisches Zulu-Dorf bietet sich an.

Falaza Game Park

Auszeichnungen: Luxury / Up market Game Lodge. Luxury, Great Comfort and Good Food Accolade. 4 Star Grading SA Grading Council. Portfolio The Country Places and Safari Collection.

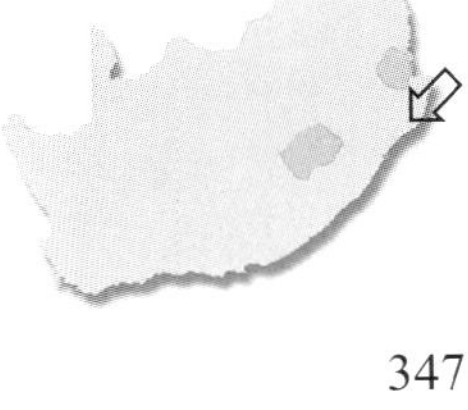

Haus Kopatsch
Kiepersol • Mpumalanga

Mango-Dipp

Eignet sich für Salat, als Dipp zu „Braai“
und ist auf jedem Buffett ein Hit.

Zutaten:

(für 4 Portionen)
2-3 reife Mangos
2-3 EL Mayonnaise
1 EL Masala, grob (pickled)
schwarzer Pfeffer aus der Mühle

Zubereitung:

Die Mangos schälen, in sehr kleine Stücke schneiden, mit der Mayonnaise und dem Masala mischen, mit dem Pfeffer abschmecken und im Kühlschrank eine Stunde ruhen lassen. Sehr delikat ist dieser Mangosalat auch zu gebratenen Hühnerstreifen mit Mandeln.

Die Küche:

Die Küche bietet neben deutscher Hausmannskost internationale sowie landesübliche Gerichte. Hausgemachte Backwaren wie Brot, Brezeln oder Kuchen sind obligatorisch. Das Frühstück und das Abendessen wird auf der großen Dachterrasse im Haupthaus serviert.

Haus Kopatsch

Haus Kopatsch, ein gemütlich-familiäres Gästehaus unter deutscher Leitung, befindet sich in der Nähe des Krüger Nationalparks und bietet einen unvergesslichen Aufenthalt im „Land der aufgehenden Sonne" (Mpumalanga). Es eignet sich hervorragend für Tagesausflüge in den Krüger Nationalpark sowie zu allen anderen Attraktionen der Gegend, wie zum Beispiel Wasserfälle, God's Window, Blyde River Canyon, Pilgrim's Rest und vieles mehr. Gerne organisieren die Gastgeber Safaris, Ballonfahrten, Fischen, Wildwasserfahrten, Reiten oder andere Aktivitäten.

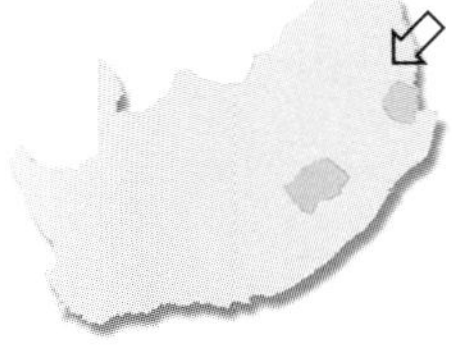

96 Winery Road
Stellenbosch ◆ Western Cape

Rotwein-Bordelaise-Sauce

Diese Sauce wird im 96 Winery Road bevorzugt zu Rindfleisch serviert.

Zubereitung:

Die Rinderknochen in einen großen Topf geben und die Knochen mit den Zwiebeln, Karotten, Sellerie und den Kräutern rösten. Wenn die Knochen braun sind, den Portwein und den Rotwein angießen, etwas Honig und etwas Balsamico hinzugeben und die Sauce auf die gewünschte Konsistenz reduzieren lassen. Durch ein Sieb geben, erneut erhitzen und zum Abschluss klein geschnittene Stücke vom Knochenmark in die Sauce geben.

Zutaten:

Rinderknochen
Zwiebeln
Sellerie
Karotten
Kräuter
Portwein
guter Rotwein
Honig
Balsamico
Knochenmark (Bone Marrow), in Stücke geschnitten

Die Küche:

Das Menü wechselt nach Saison und die Highlights bilden lokale Speisen und natürliche Zutaten. Durch die Lage inmitten der Weinberge ist auch die Weinkarte umfangreich ausgefallen. 2.000 verschiedenen Weine warten auf die Gäste. Da ist für jeden Geschmack etwas dabei.

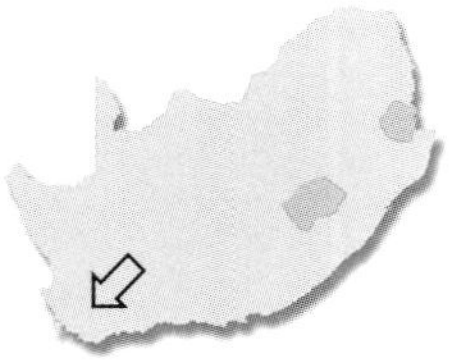

96 Winery Road

Das 96 Winery Road liegt zwischen Stellenbosch und Somerset West. Perfekt für eine Mittagspause, wenn man auf der Helderberg oder Stellenbosch Wine-Route unterwegs ist.

Nachspeisen & Süße Hauptspeisen

Lone Creek River Lodge
Sabie ◆ Mpumalanga

Traditioneller Brandy Pudding

Genissen Sie den Pudding heiß, mit Schlagsahne oder Crème Anglaise, verfeinert mit einem südafrikanischen Likör (z.B. Amarula). Die Köche der Lone Creek River Lodge wünschen Ihnen guten Appetit!

Zutaten:

Teig:
250 g Butter
500 g Zucker
4 Eier
2 g Backpulver
10 g Natron
500 g Mehl
100 g Erdnüsse, gehackt
250 g Datteln, fein gehackt
250 ml Wasser

Sirup:
500 g Zucker
60 g Butter
250 ml Brandy

Zubereitung:

Die gehackten Datteln und das Natron in eine Schüssel geben, mit kochendem Wasser aufgießen, umrühren und langsam abkühlen lassen. Die Butter und den Zucker schaumig schlagen, die Eier zugeben und gut verrühren. Das Mehl mit dem Backpulver vermischen und in die Butter-Zucker-Mischung sieben. Dann die gehackten Nüsse unterheben. Die Dattel-Mischung hineingeben und gut miteinander vermischen. Die Teigmischung in eine feuerfeste, eingefettete Form geben und etwa 40 Minuten im vorgeheizten Ofen backen. Für den Sirup den Zucker, die Butter und den Brandy vermischen und aufkochen lassen. Der Sirup wird nach der Garzeit des Puddings über diesen gegossen.

Die Küche:

Die Küche ist exklusiv und die Gäste lassen sich gerne in dem romantischen Lone Creek Restaurant von den Köchen mit einem außergewöhnlichen 5- Gänge Menü, serviert von aufmerksamem Servicepersonal, verwöhnen. Die Küche bietet etwas für jeden Geschmack: Von traditionellen südafrikanischen Speisen bis zu ausgefallenen mediterranen, französischen Spezialitäten.

Lone Creek River Lodge

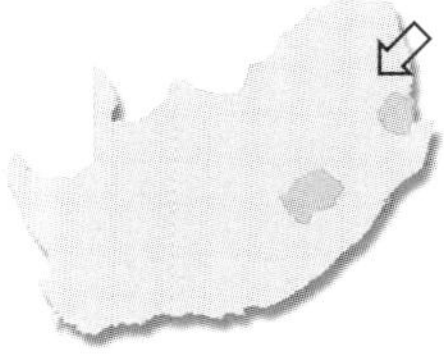

Die wunderschöne, luxuriöse 5 Sterne Lodge ist eingebettet im „Sabie Valley", Mpumalanga, einer der traumhaftesten Gegenden in Südafrika und lässt durch ihre Einzigartigkeit alle Wünsche und Träume unserer Gäste in Erfüllung gehen.

Estuary Country Hotel
Port Edward ◆ KwaZulu Natal

Brot und Butter Pudding

Zutaten:

(für 1 Portion)
1 Laib Brot
250 g Butter
450 ml Milch
220 ml Sahne
4 TL Zimt
4 TL Muskatnuss, gerieben
6-8 EL Zucker
3 EL Rosinen
2-3 Eier

Zubereitung:

Das Brot (kein Vollkornbrot) in Scheiben schneiden und die Scheiben von beiden Seiten mit Butter bestreichen, eine Lage in eine Auflaufform geben, darauf ein Esslöffel Rosinen und ein Drittel der Gewürze geben. Abwechselnd Brot und Rosinen bis zu fünf Lagen schichten. Die Eier mit der Milch und der Sahne in einer Schüssel verrühren und anschließend über das geschichtete Brot gießen. Das Ganze eineinhalb Stunden ziehen lassen. Danach den Zucker darüber streuen, damit er im Ofen karamellisieren kann und eine knackige Kruste ergibt. Im auf 150 °C vorgeheizten Ofen etwa 1 Stunde backen.

Die Küche:

Das Fish Eagle Restaurant im Estuary Estate hat sich seit seiner Eröffnung im Jahre 1996 einen sehr guten Ruf erworben und zählt inzwischen zu den fünf besten Restaurants an der Südküste. Es bietet sowohl örtliche als auch internationale Speisen.

Die gelungene Mischung aus lokaler und internationaler Küche hat dem Estuary Country Hotel das Prädikat „Ein Restaurant, das man erleben muss“ eingetragen. Ausgestattet mit einem Team von europäischen und lokalen Köchen sowie mehrsprachigen Mitarbeiten in Restaurant und Bar, bietet es ein umfassendes Angebot für Hochzeiten, Bankette, Empfänge und Konferenzen auf nationaler und internationaler Ebene.

Estuary Country Hotel

Das Estuary Country Hotel befindet sich an einer der schönsten Flussmündungen an der Südküste von KwaZulu Natal. Vom gepflegten Rasen vor dem 4 Sterne-Hotel bietet sich ein herrlicher Blick auf die Lagune am Indischen Ozean.

Das Hotel wurde im Jahre 1941 ursprünglich als Herrenhaus einer wohlhabenden Familie im kap-holländischen Stil erbaut. Es wurde geschmackvoll in ein Hotel und Restaurant umgewandelt und bewahrt die Harmonie der Proportionen und den Stil so, wie der Architekt das Haus geplant hatte.

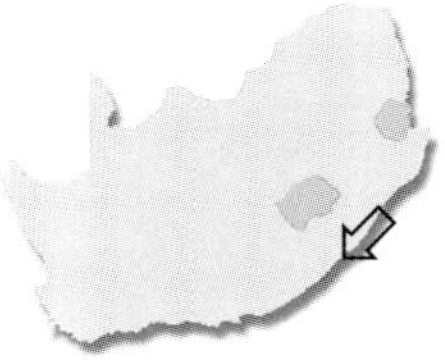

Illyria House
Pretoria ◆ Gauteng

Schwanen-Eclairs mit Beeren-Coulis

Zutaten:

Pastetenteig:
50 g Butter
150 ml Wasser
65 g Mehl
2 Eier, geschlagen

Füllung:
1 EL Gelatine
100 g Zucker
1 EL Mehl
4 Eigelb
225 ml Milch
1 TL Vanille Essenz
225 ml saure Sahne (Schmand)
Cognac
Schokolade
Beeren und etwas Zucker zu einer Coulis einkochen

Zubereitung:

Das Wasser und die Butter in eine Kasserolle geben, langsam erhitzen und aufkochen lassen. Vom Herd nehmen und unter Rühren mit einem Holzlöffel das Mehl hinzugeben. So lange schlagen, bis eine glatte Paste entsteht und eine Kugel in der Mitte der Kasserolle formt. Diese einige Minuten ruhen und etwas abkühlen lassen. Die geschlagenen Eier zugeben und so lange kräftig rühren, bis die Paste glänzt. Etwas vom Teig in einen Spritzbeutel mit einer flachen Tülle mit einem Durchmesser von etwa 3 Millimetern geben. Damit 12 gerundete Fragezeichen von 5 Zentimeter Länge auf die gefettete Seite von einem Bogen Backpapier spritzen. Dabei am Ende der Schwanenhälse einen „Blob" für den Kopf machen. Den restlichen Teig in einen Spritzbeutel mit einer runden Spitze von einem Zentimeter Durchmesser geben. Damit 12 tränenartige Formen von 4 x 2,5 Zentimeter für die Schwanenkörper spritzen. Die Hälse im auf 190 °C vorgeiheizten Ofen 10 Minuten und die tränenförmigen Körper 30 bis 35 Minuten backen. Anschließend auf einem Gitter abkühlen lassen. In dieser Zeit für die Füllung die Gelatine, den Zucker und das Mehl in einer Kasserolle mischen. Die Eigelb mit der Milch mischen und dann unter die Gelatine-Mischung rühren. Diese Mischung 10 Minuten unter ständigem Rühren kochen, bis die Masse sehr dick ist und den Löffel beim Rühren überzieht. Vom Herd nehmen und die Vanille-Essenz einrühren. Abgedeckt 45 Minuten gut abkühlen lassen. Die Sahne schlagen und unter die Masse heben. Den Deckel von den Schwanenkörpern schneiden. Die Füllung mit einem

Spritzbeutel, welcher eine große, sternförmige Spritze hat, auf die unteren Hälften des Schwanenkörpers geben. Die Deckel der Schwanenkörper halbieren und auf die Masse setzen. Die Schwanenhälse aufrecht in die Mitte der Masse, zwischen die beiden Deckelhälften setzen. Die Schwäne in einen „Pool" mit der Beeren-Coulis und Cognac-Spiegel setzen. Die Schokolade im Wasserbad erwärmen und im dünnen Strahl wellenförmige Spiralen in die Coulis geben. Vor dem Servieren mit Puderzucker bestreuen.

Die Küche:

Das Illyria House ist ein erstklassiges Herrenhaus im Kolonialstil für anspruchsvolle Gäste. Es bietet außergewöhnliche Gastfreundlichkeit und beste Küche. Das oft als kleines Paradies beschriebene herrschaftliche Haus mit seinem Garten empfängt immer wieder königliche Herrschaften, Staatsoberhäupter und bekannte Persönlichkeiten aus den politischen und kulturellen Bereichen. Kenner schätzen dort eine Sammlung antiker Wandteppiche aus dem 17. Jahrhundert. Ein Butler kümmert sich um Sie und sorgt für ausgezeichneten Service. Vom Haus aus hat man einen ausgezeichneten Blick auf Pretoria, die historische „Jakaranda-Stadt". Auf Wunsch begleitet Sie Ihr persönlicher Chauffeur zu den Sehenswürdigkeiten in und um Pretoria.

Illyria House

Das Illyria House bietet außergewöhnliche Gastlichkeit und die Küche konzentriert sich gemäß der klassischen Tradition des Hauses auf die Klassiker der traditionellen Küche Südafrikas.

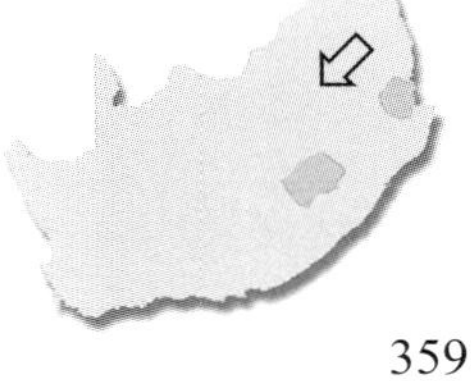

Ted´s Place
Pretoria ◆ Gauteng

Ted´s Place

Wasserbock

Ein echtes südafrikanisches Dessert, wie es schon von den Voortrekkern im 18. Jahrhundert bereitet wurde.

Zutaten:

500 ml Mehl
1 Prise Salz
1 TL Ingwer oder Zimt, gemahlen
2 TL Backpulver
1 EL Aprikosenmarmelade

Sirup:
1,25 L Wasser
500 ml Zucker

Zubereitung:

Das Wasser in einem Topf erhitzen und den Zucker darin auflösen. Die anderen Zutaten in einer Schüssel mischen. Unter Rühren soviel frisches Wasser hinzugeben, dass ein glatter, nicht zu fester Teig entsteht. Den Teig löffelweise in den heißen Sirup geben und bei gut geschlossenem Deckel etwa 10 Minuten kochen. Heiß mit Vanillesauce und Sahne servieren.

Die Küche:

Natürlich wird Ihnen in Ted's Place ein reichhaltiges Frühstück serviert. Auch traditionelle südafrikanische Küche „boere kos" wird den Gästen geboten.

Ted's Place

Ted's Place ist eines der besten Bed & Breakfast Gästehäuser in Südafrika. So sagen denn auch die Besitzer Annemarie & Ted Stilwell „Ted's Place is what Bed and Breakfast is all about!", ein echtes Heim mit Gastgebern, die sich um Sie kümmern. Auszeichnungen: Finalist AA Travel Accommodation Awards, 3 Sterne vom Tourism Grading Council of South Africa, Accommodation Awards in den vergangenen 4 Jahren und Teil der Portfolio Collection von Bed and Breakfasts in Südafrika.

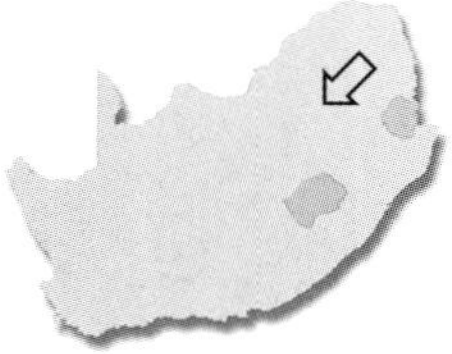

Kings Walden Lodge
Tzaneen ◆ Limpopo Province

Kings Walden Lavendel-Eiscreme

Das Rezept stammt von Tana Hilton-Barber, der Eigentümerin der Kings Walden Lodge.

Zutaten:

2 EL Lavendelblätter, gehackt
2 EL Weißwein, süß
500 ml Sahne
100 ml Zucker
2 Eiweiß
2 EL Lavendelblüten, frisch

Zubereitung:

Den Weißwein und die Lavendelblätter bei milder Hitze 5 Minuten unter Rühren köcheln lassen. Dann vom Herd nehmen und 10 Minuten abkühlen lassen. Die Sahne mit dem Küchenmixer schlagen und den aromatisierten Weißwein und den Zucker mischen. Die Eiweiß schlagen und mit den Lavendelblüten unter die Sahne heben. Abschließend die Masse gefrieren lassen.

Die Küche:

Die „Cordon Bleu" - Küche serviert traditionelles englisches Frühstück und das abendliche Menü nach Wunsch.

Kings Walden Lodge

Die Lodge - ein 3-Sterne-Haus - ist ein authentisches, traditionelles englisches Kolonialanwesen, eingerichtet mit Antiquitäten aus dem 19. Jahrhundert, Erinnerungsstücken der Familie und afrikanischen Kunstgegenständen. Die Gärten der Kings Walden Lodge sind von der Zeitschrift „ House & Leisure" als der romantischste Garten der letzten 100 Ausgaben bezeichnet worden.

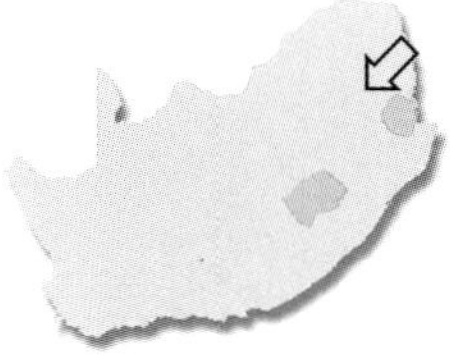

Singita Private Game Reserve
Sabi Sand Reserve ◆ Mpumalanga

Amarula & weißes Schokoladen-Mousse

Zutaten:

8 Eigelb
25 g Zucker
200 g weiße Schokolade
325 ml Sahne
15 ml Amarula Cream Liqueur
dunkele Schokolade
Löffelbisquit

Zubereitung:

Die Eigelb, den Zucker und den Amarula Likör in einer Schüssel so lange mit dem Schneebesen schlagen, bis sie locker und flockig sind. Die Schokolade über einem Wasserbad schmelzen und anschließend unter die Eicreme rühren. Ein kleines Stück Löffelbisquit auf den Boden der Schokoladenförmchen legen. Die Mousse darüber gießen und die Schokoladenförmchen mit der Mousse für einige Stunden im Kühlschrank abkühlen lassen. Für die Schokoladenförmchen ein kleines Schüsselchen oder Glas an der Innenseite mit etwas Essig bestreichen (das verhindert, dass die Folie anhaftet) und mit Frischhaltefolie auskleiden. Die Schokolade im Wasserbad schmelzen und mit einem Küchen- oder Malpinsel die Schokolade in mehreren Schichten auf die Folie pinseln. Zwischen den einzelnen Schichten kurze Zeit trocknen lassen. Wenn die Förmchen die gewünschte Dicke erreicht haben, mit der Folie aus dem Glas ziehen und die Folie anschließend vorsichtig entfernen.

Die Küche:

Singita hat zahlreiche internationale Auszeichnungen für seine außergewöhnlichen Standards bei Unterkunft, Küche und Service verliehen bekommen. Man ist stolz auf einen der feinsten afrikanischen Busch-Weinkeller mit über 12.000 Flaschen. Darunter befinden sich neben zahlreichen prämierten auch einige Raritäten von den Weinbergen im Land am Kap der Guten Hoffnung.

Singita Private Game Reserve

„Africa's Finest Private Game Reserve" bietet eine außergewöhnliche südafrikanische Safari in einem exklusiven Naturschutzgebiet am Krüger Nationalpark. Singita ist exquisiter Luxus, erlesene Einsamkeit und vollkommene Ruhe in einer juwelengleichen Umgebung, in der engagierte und aufmerksame Mitarbeiter den Besuchern jeden Wunsch von den Augen ablesen und Sie verwöhnen. Die beiden Lodges im Singita Private Game Reserve: Ebony Lodge und Boulders Lodge liegen in einem 18 000 Hektar großen Gebiet am westlichen Rand des Krüger Nationalparks. Allerbester Komfort, Stil, Mahlzeiten und die besten Weine schmeicheln den Sinnen. Beide Lodges bieten Tierbeobachtungsfahrten am Morgen und am Nachmittag im offenen Landrover an.

Buhala Game Lodge
Malelane ◆ Mpumalanga

Bananeneiscreme mit Waldbeeren

Dies ist ein delikates Dessert für heiße Tage und ein absolutes Muss in einer Region, in welcher Bananen wachsen. Die Waldbeeren (orig. Übersetzung: Wildbeeren) sind eine erfrischende Garnierung für diese ungewöhnliche Nachspeise.

Zutaten:

1 kg überreife Bananen, ohne Schale
200 g Feinzucker
500 ml Sahne, geschlagen
3 Eiweiß, steif geschlagen
125 ml Zitronensaft
Waldbeeren

Zubereitung:

Die Bananen gut pürieren und dabei den Zitronensaft und den Zucker zugeben. Die geschlagene Sahne und das steife Eiweiß unterheben und in einer Schüssel gefrieren lassen. Während dieser Zeit gelegentlich umrühren. In Dessertgläsern anrichten und mit den Beeren garnieren.

Die Küche:

Die köstliche Küche im Buhala ist stets klassisch und legt großen Wert auf die natürlichen Aromen der Zutaten.

Buhala Game Lodge

Ein elegantes Hotel im Kolonialstil, herrlich gelegen im Krüger Nationalpark. Das luxuriöse Krüger Park- und Golferlebnis.

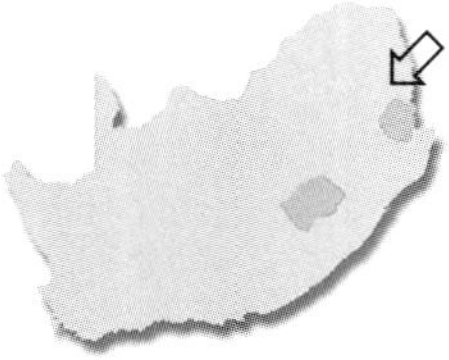

Woodall Country House
Addo ◆ Eastern Cape

Woodall
Country House

Woodall's berühmtes Zitroneneis

Zutaten:

1 Dose Kondensmilch (397 g)
250 ml Sahne
4 Eiweiß
125 ml Zitronensaft
Zesten (Juliennes) von einer Zitronenschale

Zubereitung:

Das Eiweiß mit einem Mixer steif schlagen. In einer weiteren Schüssel die Sahne mit dem Mixer ebenfalls steif schlagen. Dann den Zitronensaft unter die Sahne rühren. Die Kondensmilch mit dem Mixer rühren und dann mit der Sahne verrühren. Diese Sahnemischung und die Zitronenzesten unter den Eischnee heben und vorsichtig rühren. Nun in eine Eismaschine geben oder in einer Schüssel im Gefrierfach gefrieren lassen und dabei von Zeit zu Zeit mit einem Schneebesen umrühren, damit die Masse locker bleibt. Mit Stachelbeer-Coulis und frischen Beeren servieren.

Die Küche:

Geniessen Sie Ihr Abendessen bei Kerzenschein am Wasser, in dem mit afrikanischem Reet gedeckten Speiseraum. Wählen Sie Ihren Wein aus dem reich bestückten Weinkeller. Oder rauchen Sie genüsslich eine gute Zigarre unter dem Sternenhimmel.

Woodall Country House

Der friedvolle, ruhige Landsitz liegt versteckt auf einer wunderschönen Citrus-Farm, nur ein paar Kilometer entfernt vom fantastischen Addo Elephant Park und in der Nähe der Großwildreservate von Shamwari und Schotia. Dem Besucher öffnet sich ein traumhafter Blick auf die luxuriöse, im Kap-Stil eingerichtete Anlage, eingebettet in einen wunderschönen, heimischen Rosengarten, mit lebendigem Vogelgezwitscher, darunter seltene afrikanische Waservögel. Alle Zimmer mit Bad en suite, Klimaanlage, Mini Bar, CD Player, Bademänteln und eigenem Patio. Geniessen Sie eine erfrischende Abkühlung im von einem Wasserfall und Palmen umgebenen Schwimmbad oder beobachten Sie bei einem Sundowner die Wasservögel. Wildbeobachtungsfahrten nach Addo, Shamwari und Schotia können im Hause gebucht werden. Das Fünf-Sterne-Haus wurde in den Jahren 1998, 1999 und 2000 mit dem National Accomodation Award ausgezeichnet.

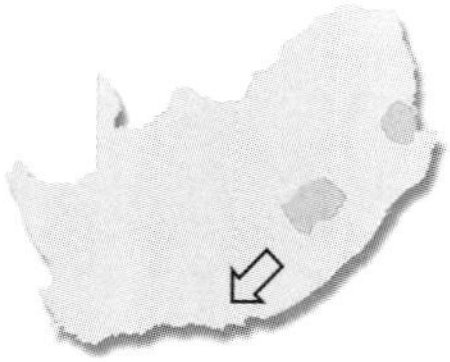

Plettenberg Park
Plettenberg Bay ◆ Western Cape

Malva Pudding

Diese Nachspeise ist eine der beliebtesten in Südafrika, welche von unserem Chefkoch zubereitet wird.

Zutaten:

250 ml Mehl
3 EL Aprikosenmarmelade, süß
80 g Zucker
1 Ei
20 ml Essig
125 ml Milch
30 g Butter
1 TL Backpulver
Salz

Zubereitung:

Die Zutaten für die Sauce in einen Topf geben, aufkochen lassen, anschließend die Hitze reduzieren und unter Rühren 2 Minuten simmern lassen. Die Butter und den Zucker in eine Schüssel geben und mit dem Mixer so lange rühren, bis die Butter locker und flockig ist. Danach die Marmelade unterschlagen. Das Backpulver in der Milch auflösen. Das Salz unter das Mehl mischen und diese Mischung löffelweise unter die Milch mischen. Abschließend den Essig hinein-

Sauce:
375 ml Sahne
125 g Butter
Salz
200 g Zucker
1 EL Aprikosenmarmelade

gießen und erneut gut verrühren. Die Mischung in eine gebutterte feuerfeste Form mit Deckel geben (z.B. Puddingform). Die Hälfte der Sauce darüber gießen, mit dem Deckel verschließen und im auf 180 °C vorgeheizten Ofen 30 Minuten backen. Den Deckel abnehmen, die restliche Sauce darüber gießen und ohne Deckel weitere 15 Minuten backen, bis das Innere das Puddings gar ist und die Sauce am Rand Bläschen wirft. Den Pudding heiß servieren.

Die Küche:

Das Plettenberg Park ist kein Hotel wie andere. Neben exklusiven Unterkünften bietet es persönlichen Service und maßgeschneiderte Küche. Vor der Ankunft der Gäste werden diese nach der von Ihnen bevorzugten Musik und Speisen gefragt. Der Chefkoch spielt eine wesentliche Rolle. Er bespricht das Dinner mit den Gästen im Laufe des Tages, so dass er ein Menu kreieren kann, das ganz nach den individuellen Wünschen und Geschmack zubereitet wird, sei es nun fangfrischer Fisch oder frische Muscheln in einer schmackhaften Weinsauce oder auch ein vegetarisches Gericht mit frischen Zutaten. Zu empfehlen ist auch ein Braten vom leckeren Karoo-Lamm.

Plettenberg Park

Plettenberg Park ist ein exklusives 5 Sterne Hotel etwa 10 Minuten / 8 Kilometer von Plettenberg Bay selbst entfernt. Es liegt in einem 200 Hektar großen privaten Naturschutzgebiet direkt an der Steilküste und bietet einen beeindruckenden Blick auf den Indischen Ozean. Der zum Naturschutzgebiet gehörende felsige Küstenabschnitt ist 3 km lang. In Plettenberg Park wird großer Wert auf einen angenehmen Lebensstil, eine perfekte Küche sowie Ruhe und Abgeschiedenheit gelegt. Plettenberg Park ist ein Hotel für alle Jahreszeiten. Bei Sonnenschein ist es transparent und voller Licht, bei schlechterem Wetter machen Naturreservat und Meer einen wilden und spektakulären Eindruck.

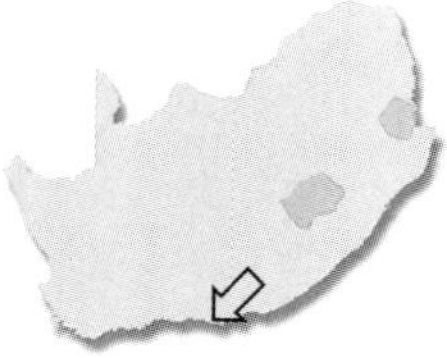

Phinda Rock Lodge
Maputaland ◆ KwaZulu Natal

Phinda

Gegrillte Mango mit Kokosnusspralinen

Zubereitung:

Um die Kokosnusspralinen zuzubereiten, den Zucker mit Wasser in eine Kasserolle geben und bei mittlerer Hitze unter Rühren erwärmen, bis der Zucker sich aufgelöst hat. Den Zuckersirup 5 bis 7 Minuten simmern lassen, so dass die Flüssigkeit eine leicht goldbraune Farbe annehmen kann. Die Kokosnussraspel in einer Auflaufform verteilen, den heißen Sirup darüber gießen und die Kokosraspel, damit bedecken. Etwa fünf Minuten abkühlen lassen, bis der Sirup hart ist und anschließend die Kokospralinen in kleine Stücke brechen. Spalten von der Mango schneiden und mit dem Zitronensaft bestreichen. Auf den vorgeheizten Grill mit der Fleisch-Seite nach unten geben und 3 Minuten grillen, bis sie goldbraun und warm sind. Zum Servieren die Mango auf den Tellern mit den Kokosnusspralinen anrichten.

Zutaten:

(für 4 Portionen)
2 Mangos
1 EL Zitronensaft

Kokosnusspraline:
200 g Zucker
125 ml Wasser
120 g Kokosraspel, geröstet

Die Küche:

Dinner in der Phinda Rock Lodge ist ein pan-afrikanisches Bankett, dargeboten unter handgearbeiteten Kerzenlüstern. Auch verfügt der Speiseraum über eine Feuerstelle. Bei den Busch-Banketts wird das Dinner auf einer Lichtung im Busch unter sternenklarem Himmel serviert. Phinda ist auch berühmt für sein elegantes Frühstück im Busch.

Phinda Rock Lodge

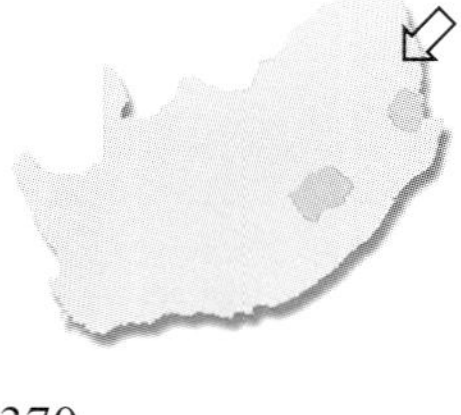

Die Rock Lodge liegt im südlichen Bereich des Tierschutzgebietes und ist ebenfalls eine sehr exklusive Anlage. Sie hat 6 Suiten mit großzügigen Schlafzimmern mit Sitzbereich, Bad und WC und Klimaanlage. Jede Suite hat auch eine private Veranda und einen kleinen Pool. Einige der Suiten verfügen außerdem über eine Außendusche. Mitglied von Small Luxury Hotels Of the World.

Colona Castle Manor House
Cape Town • Western Cape

Colona Castle
LUXURY MANOR HOUSE
FALSE BAY CAPE TOWN

Pochierte Birnen mit Gorgonzola-Crème

Zubereitung:

Die Birne schälen und das Kerngehäuse ausstechen. Den Zucker mit dem Rotwein in einem Topf auflösen und die Birnen hineinlegen. Bei schwacher Hitze die Birnen pochieren bis sie weich sind. Nun die Birnen herausnehmen und die Flüssigkeit einkochen bis sie eine sirupartige Konsistenz erreicht hat. Die Birnen in den Sirup zurücklegen und beides gemeinsam abkühlen lassen. Für die Gorgonzola-Crème in einem weiteren Topf die Sahne zum Kochen bringen, den Gorgonzola darin schmelzen und weitere 2 Minuten kochen. Vom Herd nehmen, abkühlen lassen und 3 Stunden im Kühlschrank kühlen. Zum Servieren die Birnen halbieren und etwas von dem Sirup darüber geben. Einen guten Löffel der Gorgonzola-Crème obenauf platzieren.

Zutaten:

6 Birnen
750 ml Rotwein
6 Nelken
1 Zimtstange
100 g Zuckersirup
3 Sternanis
1 Vanilleschote

Gorgonzola Crème:
200 ml Sahne
125 g Gorgonzola

Die Küche:

Unsere Chefköche werden inspiriert von den besten und frischesten Zutaten vom Kap. Sie zelebrieren die kulinarischen Erlebnisse in der großartigen Architektur der mit Kerzen beleuchteten Speisehalle. Diese Kombination aus traditioneller Küche und Fusion-Food bietet zahlreiche Geschmacksrichtungen und eine gesunde Küche.

Colona Castle Manor House

Das mit 5 Sternen ausgezeichnete Manor House bietet majestätische Panorama-Aussichten auf den Tafelberg, über die Kap-Halbinsel, über die Winelands bis hin zu den blauen Wassern der südatlantischen Ozeans. Colona Castle wartet mit ausgewählter Gastlichkeit und persönlichem Service auf und ist nahe von Kapstadt gelegen. 1929 ursprünglich als ein Haus mit Türmen und Mauerzinnen gebaut, wurde es vor kurzem im Stil toskanischer Häuser renoviert und luxuriös mit Antiquitäten ausgestattet. Es ist für den anspruchsvollen Reisenden eine komfortable und elegante Basis zur Erkundung der Kaphalbinsel und von Kapstadt. Das Haus bietet vier luxuriöse und außerordentlich gestaltete Suiten, zwei Schlafräume der Spitzenklasse, eine Familien-Suite und jede sonstige Art von Komfort.

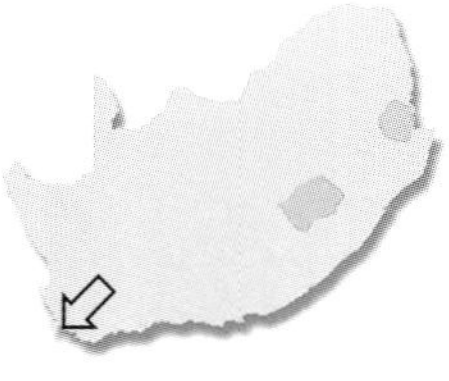

Mimosa Lodge
Montagu ◆ Western Cape

Gegrillter Pfirsich auf Pfirsich & Lavendel-Coulis

Zubereitung:

Die Pfirsiche über Kreuz etwas einschneiden, auf ein Backblech setzen, mit etwas Butter bestreichen und mit Zucker bestreuen. Bei 160 °C etwa 25 bis 30 Minuten im Ofen backen. Anschließend herausnehmen, schälen und warm stellen. Die Pfirsiche entsteinen und in kleine Stücke schneiden. In einer kleinen Kasserolle die Butter erhitzen, bis sie schäumt und dann die Pfirsiche dazu geben. Nach 2 Minuten die Hitze reduzieren. Den Zucker beigeben und ständig umrühren. Nach weiteren 2 Minuten den Wein angießen und auf die Hälfte reduzieren. Die Lavendelblüten zugeben und alles mit dem Mixer pürieren. Die Coulis in eine flache Schale geben, den Pfirsich darauf setzen und mit dem Lavendel dekorieren. Der dazu empfohlene Noble Late Harvest, Bon Courage stammt aus einem Familienbetrieb, wie er für das Robertson Weingebiet nach wie vor sehr typisch ist. Der Noble Late Harvest ist ein idealer Dessert-Wein: Eine ausbalancierte Süße mit großem Aroma an getrockneten Trauben, getrockneten Pfirsichen, Marmelade und Honig und mit einem schönen Nachklang.

Zutaten:

4 große, reife Pfirsiche
20 g Butter
20 g feiner Zucker

Coulis:
2 große reife Pfirsiche
10 g Butter
20 g feiner Zucker
50 ml trockener Weißwein
4-6 frische Lavendelblüten
Lavendel zum Dekorieren

Die Küche:

Die Mimosa Lodge serviert jeden Abend einen table d'hôte, der sich nach dem aktuellen Marktangebot richtet. Das Frühstücksbuffet bietet hausgemachte Happen und frische, nach den Wünschen der Gäste zubereitete Speisen. Ein altes Wasserreservoir mit schweren Mauern aus Naturstein wird heute als Weinkeller genutzt und dieser hält einige ausgezeichnete Tropfen bereit, die hervorragend zu einem exzellenten Abendessen munden.

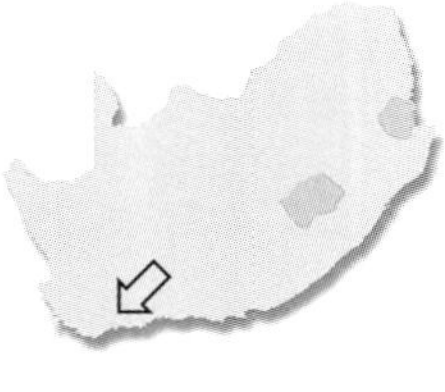

Mimosa Lodge

Die Reputation der Mimosa Lodge beruht auf dem persönlichen Service, der Liebe zum Detail und der hervorragenden Küche unter Besitzer und Chef-Koch Andreas Küng. Member of Johansens selected hotels.

Graham Beck Wines
Robertson ◆ Western Cape

GRAHAM BECK
WINES

Graham Beck Wines

Die Graham Beck Wines gehören zur Douglas Green Bellingham-Gruppe, eine der größten unabhängigen Weinproduzenten Südafrikas. In den vergangenen Jahren wurden 150 ha Rebland der Farm neu bepflanzt, wobei große Sorgfalt auf Bodenbeschaffenheit und geeignete Rebsorten gelegt wurde. Der Graham Brut war im übrigen der SAA Trophy Winner 2003, bester und einziger Sparkling Wine Served in First Class. Neben der Weinbereitung bieten rund 800 ha Farmland Lebensraum und Schutz für südafrikanische Wildtiere.

Graham Beck Brut-Gelee mit Sommer-Beeren

Zubereitung:

Den Graham Beck Brut in eine Kasserolle gießen und den Zucker dazu geben. Auf dem Herd zum Kochen bringen und dann die Kirschen simmern lassen. Bei geschlossenem Deckel etwa 5 bis 8 Minuten garen. Dabei darauf achten, dass die Kirschen nicht zu sehr kochen, weil sonst die Schale reißt. Die Kirschen mit der Flüssigkeit in eine Schüssel geben, die in dem Wasser aufgelöste Gelantine hinein gießen und dann gut verrühren. Die Mischung etwas abkühlen, sich aber nicht setzen lassen. Nun die anderen Beeren vorsichtig unterrühren. Eine große Form mit Öl bestreichen und von der Flüssigkeit soviel hineingeben, bis sie etwa 3 Zentimeter hoch ist. Einige der Früchte hineingeben. Dies im Kühlschrank fest werden lassen und anschließend die restliche Flüssigkeit mit den Früchten darauf gießen. Erneut in den Kühlschrank geben und dort über Nacht fest werden lassen. Vor dem Servieren die Schüssel kurz in heißes Wasser stellen und dann das Gelee auf einen Teller oder eine Platte stürzen. Mit frischen Beeren dekorieren und dazu Graham Beck Brut reichen.

Zutaten:

750 ml Graham Beck Brut (Sekt)
500 g Zucker
450 g Kirschen, frisch und entsteint
4,5 TL Gelatine aufgelöst in 125 ml heißem Wasser
1 Körbchen Himbeeren
1 Körbchen Heidel-/Blaubeeren
1 Körbchen reife Erdbeeren, entstielt und halbiert

Die Küche:

Dieser preisgekrönte Methode Cap Classique ist eine Assemblage aus 50 % Chardonnay und 50 % Pinot Noir. Ein eleganter Schaumwein mit einem fruchtigen Bouquet mit feiner Mousse. Gut gekühlt passt der Graham Beck Brut hervorragend zu Kaviar, Austern, Schalentieren, zum Dessert oder genießen Sie Ihn einfach zum Aperitif. In den Kellern reifen neben Schaumweinen auch hervorragende Rot- und Weißweine.

Deetlefs Wine Estate
Rawsonville ◆ Breede River Valley

Die Küche:

Die Deetlefs Küche ist geprägt von den kosmopolitischen Einflüssen am Kap. Auch stammen viele der Kapbewohner aus Indien. Die Vorliebe für Chili und Curry ist eindeutig. Die Tradition aus 6 Generationen übermittelt die gute deutsche Küche wie Eintopf, Suppen, Frikadellen. Die süße Küche stammt von den Großmüttern. Es schmeckt eben am besten ‚wie bei Muttern'. Die moderne Küche kam mit dem Erfolg der Deetlefs Weine in Übersee. Isaline Deetlefs kocht leidenschaftlich gern und freut sich über neue Rezepte aus der Alten Welt. Kobus ist der Braaimaster, sprich Grillmeister. Sobald Fleisch auf dem Speiseplan steht, rührt er die Marinade und grillt das zarteste Filet in ganz Südafrika. Seine Vorliebe sind Scampis gegrillt mit einem Touch guten Balsamico Essigs, etwas Salz und Olivenöl. Dazu ein weißer Deetlefs Estate Wein und die Seele lehnt sich zufrieden zurück.

Deetlefs Brandy Pudding

Weinempfehlung: Deetlefs Estate Muscat d'Alexandrie oder Deetlefs Estate Weißer Riesling.

Zubereitung:

Die Butter mit dem Zucker in einer Schüssel schaumig rühren. Die anderen Zutaten hinzufügen, in eine gefettete Pie- oder Kuchenform streichen. Im vorgeheizten Ofen 45 Minuten bei 180 °C backen. Für die Sauce den Zucker, das Wasser und die Butter erhitzen. Vom Herd nehmen, die Aromen einrühren und über den heißen, garen Kuchen gießen.

Zutaten:

250 g entsteinte Datteln, gewürfelt
100 g Zucker
250 g Zucker
1 großes Ei
etwa 300 g Mehl
1 Prise Salz
½ TL Backpulver
300 g Pecan- oder Walnüsse

Sauce:
75 g Zucker
190 ml Wasser
1 EL Butter
1 TL Bourbonvanille oder Aroma
125 ml Brandy, Sherry oder Orangensaft

Deetlefs Wine Estate

Handverlesene Weine von Exellenz und Eleganz. Kobus Deetlefs ist Winzer und Eigentümer in 6. Familiengeneration seit 1822.

Klein Paradijs Country House
Gansbaai ◆ Western Cape

Klein Paradijs
Country House

Zitronengeranien-Sorbet

Zutaten:

12 Zitronengeranienblätter
75 g Zucker
300 ml Wasser
1 Zitrone, Saft davon
1 Eiweiß
Pelargonienblätter

Zubereitung:

Die Zitronengeranienblätter waschen und trocknen. Das Wasser und den Zucker in einer Pfanne aufkochen, bis sich der Zucker aufgelöst hat. Gelegentlich mit einem Löffel umrühren. Die Pfanne vom Feuer nehmen und die Zitronengeranienblätter in den Zuckersirup legen. Den Deckel darauf legen und 20 Minuten ziehen lassen. Den Zuckersirup in eine Chromstahlschüssel sieben und mit dem Zitronensaft mischen. Etwa 1 Stunde anfrieren und dabei mit dem Schneebesen durchrühren. Das Eiweiß steif schlagen und sorgfältig unter die angefrorene Masse ziehen. Zugedeckt etwa 3 Stunden gefrieren, dabei 2-3 mal gut durchrühren. Das Sorbet mit Pelargonienblättern dekoriert in Gläsern servieren.

Klein Paradijs Country House

Klein Paradijs Country House befindet sich auf einer Farm von 140 Hektar und ist umgeben von alten Milkwood-Bäumen, einer grossen Gartenanlage und typischer Fynbos-Vegetation. Pearly Beach, zwischen Hermanus und Cape Agulhas gelegen, ist ein idealer Ort für einen Zwischenstopp zum Ausspannen oder als Ausgangspunkt für zahlreiche Wanderungen. Das Haus ist großzügig konzipiert. Die fünf Gästezimmer unter dem hohen Reetdach sind individuell und modern eingerichtet. Die Anlage wurde vom South African Tourism Grading Council als 5-Sterne Lodge eingestuft.

Die Küche:

Der Koch Michael Fuchs wurde in der Schweiz ausgebildet. Seine Gerichte verbinden die Raffinesse der französischen mit dem multikulturellen Flair der südafrikanischen Küche.

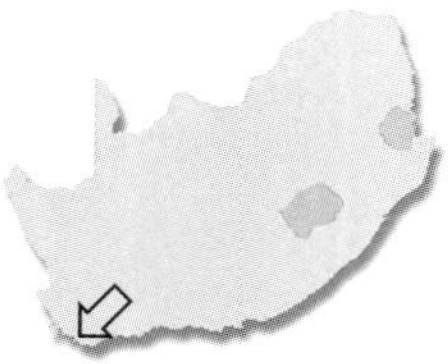

The Copper Pot Restaurant
George ◆ Western Cape

Gebackener Pudding mit Trockenfrüchten und Amarula Crème

Amarula ist ein südafrikanischer Likör, welcher aus den Früchten des Amarulabaumes im Norden des Landes hergestellt wird. Eine gute Alternative ist Baileys Cream, wenn Sie keine Amarula Crème im Haus haben.

Zubereitung:

Eine flache Auflaufform mit etwas Butter einfetten. Die Trockenfrüchte in eine Schüssel schütten und den Kirschlikör darüber gießen. Für den Rührteig in einer weiteren Schüssel das Mehl, den Puderzucker und das Salz miteinander mischen. Dann in der Mitte des Mehls eine Vertiefung machen und dort die Milch, die Eier und die Butter hineingeben. Anschließend mit einem Kochlöffel diese Beigaben mit dem Mehl von innen nach außen verrühren. Wenn der Teig fertig gerührt ist, davon eine dünne Schicht in die Auflaufform verteilen. Im auf 220 °C vorgeheizten Ofen 5 bis 10 Minuten backen, bis die Teigschicht fest geworden ist. Die Trockenfrüchte in ein Sieb geben und die Flüssigkeit abtropfen lassen. Anschließend auf der gebackenen Teigschicht verteilen und den restlichen Teig darüber gießen. Erneut 40 bis 45 Minuten backen, bis die Oberfläche braun geworden ist. Für die Amarula Crème die Sahne bis kurz vor dem Kochen erhitzen. Die Eigelb und den Zucker in einer Schüssel mit dem Küchenmixer gut rühren und dann die Sahne hinzugeben. Gut verrühren und zurück in den

Zutaten:

Früchte:
450 g Trockenfrüchte (gemischt), gehackt
50 ml Kirschlikör

Rührteig:
75 g Mehl
50 g Puderzucker
1 Prise Salz
25 g Butter, geschmolzen
300 ml Vollmilch
3 Eier, geschlagen
Puderzucker zum Bestäuben

Sauce:
400 ml Sahne
4 Eigelb
100 g Feinzucker
80 ml Amarula Crème

Topf geben, in welchem die Sahne erhitzt wurde. Die Sauce unter Rühren erneut erwärmen, bis diese eine Konsistenz erreicht hat, dass sie am Rücken des Rührlöffels hängen bleibt. Sie darf jedoch auf keinen Fall kochen. Nun die Amarula Crème oder Baileys Cream hineinrühren. Heiß oder kalt mit dem Pudding servieren.

Die Küche:

Die Küche bietet eine breite Palette an ausgesuchten Gerichten. Vom Straußenfilet über gegrillten Felsenhummer, Garnelen, frische Knysna-Austern, Seezunge aus Mosselbay bis hin zu Karoo-Lamm, begleitet von verschiedenen Currys aus der ganzen Welt. The Copper Pot Restaurant wurde vom Wine Magazin zu den Top 100 Restaurants in Südafrika gewählt und die Weinkarte gewann jeweils den Diners Platinum Award in den vergangenen 2 Jahren. Es ist berühmt für seine ausgezeichnete Qualität sowie den freundlichen und professionellen Service. Aus diesem Grund ist für viele Besucher aus allen Teilen der Welt eine Reise entlang der Garden Route nicht vollständig ohne einen Abend im The Copper Pot Restaurant.

The Copper Pot Restaurant

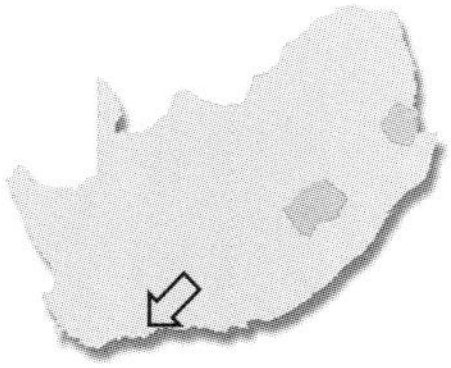

Das Restaurant The Copper Pot bietet seinen Gästen gehobene Küche und liegt im Herzen der Garden Route. Das wundervoll dekorierte Haus aus den 20er Jahren des letzen Jahrhunderts liegt am Stadtrand von George. Die warme und einladende Atmosphäre ist der ideale Rahmen für ein vorzügliches Abendessen.

Die Tuishuise
Cradock ◆ Eastern Cape

Don Pedro´s

Typisch südafrikanisch und sehr delikat nach einem guten Essen.

Zubereitung:

Eine große Eiskugel in ein Ballonglas geben, Amarula darüber gießen und mit einem Barquirl verrühren, bis eine Creme entsteht. Mit Schokostreuseln bestreuen und servieren.

Zutaten:

4 cl Amarula
Vanilleeis
Schokostreusel

Die Küche:

Das Abendessen wird im Manor House serviert. Speisen im Victoria Manor ist eine Angelegenheit von traditioneller Karoo-Küche und typischen Speisen der südafrikanischen Küche.

Die Tuishuise

Das Tuishuise besteht aus 25 wunderbar hergerichteten Cottages im Karoo-Stil und liegt an der Market Street in Cradock. Jedes Haus ist individuell ausgestattet und spiegelt eine ganz bestimmte Zeit in den Bildern und antiken Möbeln wieder. Diese Mischung aus Eleganz und Understatement ist eine Reminiszenz an die englischen und holländischen Siedler zu Beginn des 19. Jahrhunderts. „Die Tuishuise“ wurde mit der „Simon van der Stel“ Goldmedaille ausgezeichnet.

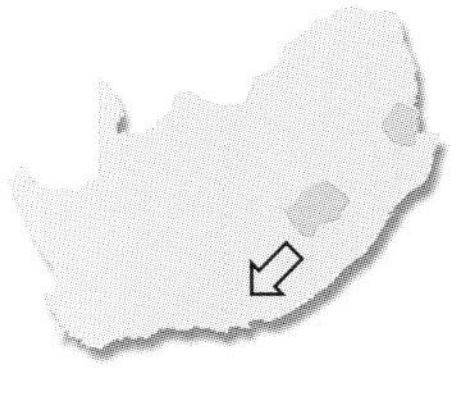

The Phantom Forest Eco Reserve
Knysna ◆ Western Cape

Malabar Kardamom-Crème Brulée

Zutaten:

500 ml Sahne
5 Eigelb
75 g Feinzucker
10 Kardamomsamen, gehackt
Zucker zum Bestreuen

Zubereitung:

Die Sahne, die Eigelb, den Feinzucker und die Kardamomsamen in einem Schlagkessel mit dem Schneebesen gut verrühren und dann auf einen Kochtopf mit leicht kochendem Wasser setzen, so dass die Unterseite des Schlagkessels im Wasser ist. Unter ständigem Rühren mit dem Schneebesen die Masse im Wasserbad erwärmen, bis die Masse eindickt und kleine Bläschen in der Masse aufsteigen (sie darf aber nicht kochen). Dann die Crème auf die Dessertschüsselchen verteilen. Abkühlen lassen und im Kühlschrank mindestens zwei Stunden kühlen. Vor dem Servieren Zucker darüber streuen und diesen mit einem Brenner karamellisieren.

Die Küche:

Die Küche ist pan-afrikanisch mit lokalen Einflüssen. Bei Nacht wird das Essen im mit Reet gedeckten „Boma“ serviert. Gelegentlich erhält man hierbei Besuch vom Buschbock, der auf einen „Drink“ vorbei schaut. Die Sundowners im „Eyrie“ sind spektakulär. Man kann zusehen, wie die Sonne direkt bei den berühmten Knysna Heads im Meer versinkt und teilt diesen herrlichen Ausblick nur mit den Fischadlern, die zu den Bewohnern des Phantom Forest zählen.

The Phantom Forest Eco Reserve

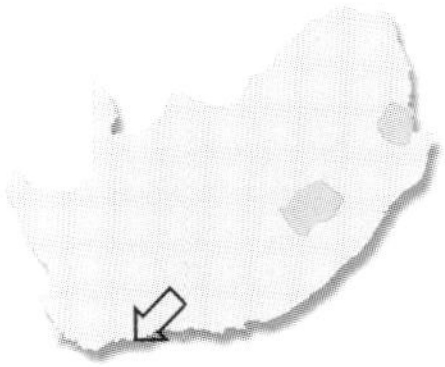

Das Restaurant bietet neben den Plätzen für die Gäste des Phantom Forest Eco Reserve maximal 8 Plätze pro Abend für Gäste, die nicht im Eco Reserve wohnen. Die Lodge liegt am Rücken der Lagune von Knysna auf einem Berg, in einem naturbelassenem Wald.

HARVEYS at the Mansions

RESTAURANT ▪ BAR ▪ COURTYARD & TERRACES

Winchester Mansions Hotel
Cape Town ◆ Western Cape

Die Küche:

Den schönen Blick auf den Atlantischen Ozean hat auch das vielfach ausgezeichnete Restaurant Harveys at The Mansions, welches auch über einen malerischen Innenhof verfügt. Das Harveys bietet lokale Spezialitäten, hergestellt mit den frischesten Zutaten, egal ob es sich um Springbock oder um Crayfish handelt. Auch Ihrem Geschmack wird Harveys gerecht werden.

Traditioneller Malva Pudding

Zutaten:

Biskuit:
2 EL Butter
500 ml Zucker
2 Eier, leicht verrührt
1 EL Zitronensaft
1 EL Backpulver
1 EL Aprikosenmarmelade
330 g Mehl
500 ml Milch

Sauce:
500 ml Sahne
250 g Butter
400 g Zucker
250 ml kochendes Wasser

Zubereitung:

Für den Bisquit die Butter und den Zucker cremig rühren und dann die Eier beigeben. Den Zitronensaft, das Backpulver und die Aprikosenmarmelade unterrühren. Die Hälfte der Milch und die Hälfte des Mehls hineingeben und gut verrühren. Die Rührgeschwindigkeit des Mixers sollte nicht zu hoch sein. Nun die zweite Hälfte des Mehls und der Milch beigeben und erneut gut verrühren. Den Teig in eine mittelgroße, eingefettete Auflaufform geben. Der Rand sollte doppelt so hoch wie die Höhe des Teigs sein. Im auf 180 °C vorgeheizten Ofen etwa 1 Stunde backen. Für die Sauce alle Zutaten in einen großen Topf geben und 25 Minuten kochen, bis die Sauce eindickt. Wenn der Bisquit aus dem Ofen kommt, in diesen überall mit einem kleinen Spieß kleine Löcher hineinstechen. Anschließend vorsichtig die kochende Sauce über den Bisquit gießen und den Pudding eine Stunde ziehen lassen. Vor dem Servieren erneut erwärmen und mit Sahne oder Eiskreme anrichten.

Winchester Mansions Hotel

Dieses traumhaft schön gelegene Hotel ist eines der wenigen noch in Privatbesitz befindlichen Häuser der 4 Sterne Kategorie. Nur etwa 5 Minuten von der bekannten Victoria & Alfred Waterfront und einen Katzensprung in die Stadt oder zum Tafelberg entfernt, bietet dieses Hotel den idealen Ausgangspunkt für Tagestouren rund ums Kap. Das Personal des Winchester Mansions Hotel ist bekannt für seine Freundlichkeit und seine Gäste erfahren wahre Gastfreundschaft.

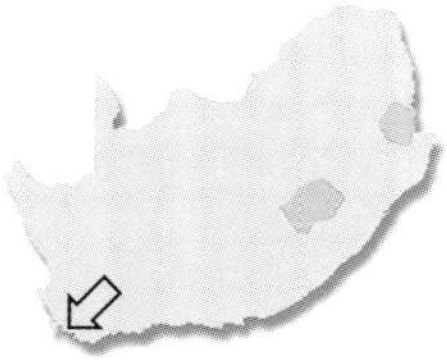

Ken‘s Place
Hermanus ◆ Western Cape

Meringe-Roulade

Zubereitung:

Zunächst den Zitronensirup bereiten, indem man in einer Schüssel 250 g gute Zitronenmarmelade mit 250 ml Zuckerrohrschnaps verrührt, bis die Paste glatt ist. Dann durch ein Sieb streichen und beiseite stellen. Ein Backblech mit gefaltetem Backpapier auf 24 x 30 cm begrenzen, bzw. eine entsprechende Backform verwenden. Das Eigelb vom Eiweiß trennen. Es darf kein Eigelb im Eiweiß sein, weil dieses sonst beim Schlagen nicht steif wird. Das Eiweiß in einer fettfreien Schüssel schlagen, bis es steif ist. Den Zucker beim Schlagen in Teelöffeln hinzugeben und anschließend den braunen Zucker mit den Haselnüssen. Die Masse mit dem Spatel in eine Backform geben und auf 200 °C vorgeheizten Ofen 5 Minuten backen. Dann die Hitze auf 160 °C reduzieren und weitere 20 bis 25 Minuten backen. Wenn diese „Meringue“ druckfest ist (sehr wichtig), diese aus dem Ofen nehmen und 2 Minuten ruhen lassen. Dann ein Stück Backpapier darauf legen, festhalten und aus der Form stürzen und abkühlen lassen. Die geschlagene Sahne darüber streichen und darauf den Ingwersirup im Zick-Zack träufeln. Schließlich die Kiwi schälen und in Scheiben schneiden und am Rand (lange Seite) belegen, wobei die Scheiben etwas überlappen sollen und etwas mehr wie eine Kiwischeibe Abstand vom Rand haben sollten. Das Fruchtfleisch von der Passionsfrucht auf die Crème streuen und den gehackten Ingwer gleichmäßig auf der Creme verteilen. Vorsichtig das lange Ende des Teigs mit dem untergelegten Papier über die Kiwischeiben klappen und dann auf diese Weise den Teig weiter aufrollen, wobei man die Schichten immer sanft andrückt. Das Ende der Rolle soll auf der Unterseite sein, damit sich die Rolle nicht löst. Mit einem breiten Messer unter die Rolle fahren und sie so auf eine

Zutaten:

6 sehr große Eier, 10 Tage alt und auf Zimmertemperatur
175 g Zucker
125 g brauner Zucker
20 Haselnüsse, im Mixer fein gehackt
400 ml Schlagsahne, geschlagen
6 in Sirup eingelegte Ingwerstücke, gehackt
2 EL vom Sirup des eingelegten Ingwers
2 Kiwis, geschält, in dünne Scheiben geschnitten
5 Passionsfrüchte, halbiert, das Fruchtfleisch herauskratzen, auspressen und das Fleisch mit den Kernen aufbewahren (Saft wird nicht benötigt)
Zitronensirup

geeignete Kuchenplatte heben. Für 5 Stunden kühl stellen, anschließend in 5 Zentimeter dicke Scheiben schneiden, auf einem Teller anrichten, mit Kiwischeiben beleben, den Zitronensirup darüber träufeln und mit Puderzucker bestreuen.

Crème Brulée

Zutaten:

(für 8-10 Portionen)
1 L Sahne
1 TL Vanilleessenz
10 Eigelb, von großen Eiern
250 g Feinzucker

Zubereitung:

Alle Zutaten in eine Schüssel geben und sanft verrühren. Dann durch ein Sieb streichen, damit die Crème später eine zarte Konsistenz bekommt. Die Masse in Soufflé- oder ähnliche Dessertschüsseln verteilen (Anmerk.: dürfen nicht zu flach sein) und z.B. in eine mit Wasser gefüllte Fettpfanne (Anmerk.: alternativ Bräter-Deckel) stellen. Das Wasser sollte nahe an die Kante der Souffléschüsseln reichen. Das Backofengitter in eine der unteren Schienen stecken, die mit Wasser und den Förmchen gefüllte Pfanne darauf stellen. Ein zweites Gitter darüber schieben und ein ähnlich großes Gefäß, ebenfalls mit Wasser gefüllt darüber platzieren und nun alles im auf 180 °C vorgeheizten Backofen ein Stunde backen. Anschließend herausnehmen, abkühlen lassen und später im Kühlschrank weiter kühlen. Kurz vor dem Servieren die Formen wieder in die Pfanne stellen und Wasser und Eiswürfel hineingeben. Eine dünne Schicht Zucker auf jede Crème geben und diesen Zucker mit einem Brenner karamellisieren. Die ganze Oberfläche sollte durchgängig mit dieser Zuckerkruste überzogen werden. Wenn nötig noch etwas Zucker hinzugeben. Dabei ist es wichtig, dass keine Blasen entstehen. Die Oberfläche mit einer Rosette aus geschlagener Sahne und zwei Minzeblättern garnieren.

Die Küche:

Die Küche, in welcher der Chef seit über 30 Jahren selbst kocht, ist reichhaltig und vielseitig. Neben der Küche Südafrikas haben die Küchen Englands, Deutschlands, Frankreichs und Italiens Einfluss auf die Speisekarte im Ken´s Place. Aus der französischen Küche kommt die gute Meeresfrüchte-Suppe oder der Muscheltopf mit Weißwein, frischen Kräutern und Knoblauch. Die geräucherte Haxe, welche anschließend auf dem Grill mit Nelken geröstet und mit Erbsenpüree serviert wird, hat ihre kulinarischen Wurzeln in Deutschland. Das „Stuffed Roast Beef" mit Bacon und Yorkshire Pudding ist traditionell englisch, doch die gegarte Hühnchenleber mit Calamari-Steaks und Pilzen auf zarter Pasta stammt aus dem mediterranen Klima Italiens. Die südafrikanische Straußenhals- oder Ochsenschwanzkasserolle mit Rotwein und frischen Kräutern sollte man sich auf keinen Fall entgehen lassen.

Ken's Place

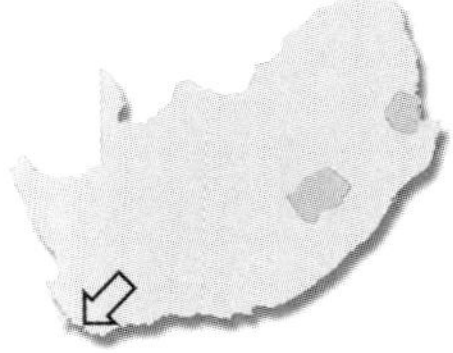

Ein altes Fischerhaus aus dem Jahr 1885 beherbergt das Restaurant mit seinen knapp 40 Plätzen. Das Restaurant bietet weiter eine Bar und Plätze im Garten hinter dem Fischerhaus. Auch auf der Veranda vor dem Haus können bis zu 10 Personen den Ausblick über das Bergpanorama genießen.

Hout Bay Manor Hotel
Cape Town ♦ Western Cape

Est. 1871
Hout Bay Manor

Die Küche:

Ein ruhiges und feines Domizil zum Entspannen und ein idealer Ort für Tagungen. Auch ist Hout Bay Manor der perfekte Platz für anspruchsvolle Küche. Das Restaurant heißt jeden Freitag die Hotelgäste und Besucher willkommen. Die Tische sollten unbedingt rechtzeitig reserviert werden.

Weißes Nashorn

Das „White Rhino“ ist ein Schokoladenhorn, gefüllt mit Amarula Mousse und serviert mit einer Beeren-Coulis.

Zutaten:

(für 2-4 Portionen)
150 g weiße Schokolade
150 g dunkle Schokolade
30 ml Amarula Cream (alternativ: Baileys Cream)
200 ml Sahne
6 Eier, getrennt
40 g Feinzucker
1 Dose (410 g) Waldbeeren
40 g Zucker
Boudoirs Bisquits

Zubereitung:

Für das Schokoladenhorn eine hornförmige Röhre aus Backpapier formen und die offenen Seiten befestigen. Die weiße Schokolade schmelzen und die Innenseite der Röhre damit bestreichen. Am Besten mehrere Schichten auftragen bis das Horn alleine stehen kann, wenn das Papier entfernt wird. Zuvor jedoch die Hörner im Kühlschrank abkühlen lassen, dann das Papier entfernen. Noch etwas Schokolade schmelzen, auf die Teller geben und das Horn darauf stellen. So wird das Horn auf dem Teller „angeklebt“. Für die Amarula Mousse - Füllung die Sahne steif schlagen. In einer fettfreien Schüssel die Eiweiß mit dem Feinzucker steif schlagen. In einem Gefäß die dunkle Schokolade schmelzen lassen und mit den Eigelb gut vermischen. Die Schokoladenmischung unter den steifen Eischnee heben. Diese Mischung unter die Schlagsahne heben und danach die Amarula Cream vorsichtig unterrühren. Diese Mousse in das Schokoladenhorn füllen und im Kühlschrank abkühlen lassen. Für die Beeren-Coulis die Beeren aus der Dose nehmen, einige beiseitelegen und die anderen im Küchenmixer pürieren. Das Püree mit dem Zucker in eine Pfanne geben und bei schwacher Hitze einkochen lassen. Die Hörner auf Tellern anrichten, die Beeren-Coulis um das Horn herum auf den Teller gießen und einige der Beeren hineinlegen, ein Löffelbiskuit halbieren und in das Mousse stellen. Abschließend mit einem Blatt Pfefferminze dekorieren.

Hout Bay Manor Hotel

Die ruhige und gastfreundliche Atmosphäre dieses jüngst restaurierten Erbes des kapholländischen Stils bereitet seinen Gästen ein herzliches Willkommen. Alle 20 Zimmer sind geschmackvoll und individuell eingerichtet und die Annehmlichkeiten des Hauses gehen über eine Bibliothek, einen privaten Swimmingpool und zahlreiche Angebote zum Relaxen weit hinaus. Computer- und Internet-Einrichtungen sind ebenfalls vorhanden.

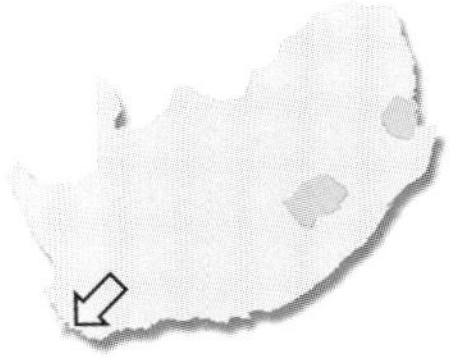

The Cellars-Hohenort Hotel

☆☆☆☆☆

Cellars-Hohenort Hotel - Cape Malay Kitchen
Cape Town ◆ Western Cape

Malva Pudding

Ein köstlicher, reichhaltiger, warmer, weicher und saftiger Pudding. Nichts kann dieses herzhafte Dessert an einem kalten Wintertag schlagen.

Zubereitung:

In einem Küchenmixer die Sahne, den Zucker und die Eier mixen. Die Butter schmelzen lassen und mit der Marmelade in die Mischung geben und erneut mixen. Nun die Milch und danach den Essig hinein geben. Das Mehl sieben, mit dem Backpulver gut vermischen und erneut mixen. In eine

Zutaten:

Pudding:
330 g Zucker
4 Eier
180 g Aprikosenmarmelade
1 kg Mehl
1 EL Backpulver

1 TL Salz
120 g Butter
80 ml Essig
500 ml Milch

Sauce:
1 ¼ L Sahne
500 g Butter
600 g Zucker
60 g Aprikosenmarmelade
1 TL Salz

Backform gießen, so dass der Teig etwa 3 Zentimeter hoch ist und im auf 180 °C vorgeheizten Ofen gar backen. Für die Sauce alle Zutaten in einen Topf geben und bei schwacher Hitze etwa eine Minute schmelzen lassen. Dann über den Pudding gießen. Dazu Crème Chantilly und Crème Anglaise servieren. Zu dieser Nachspeise wird ein süßer Weißwein mit fruchtigem Aroma empfohlen wie zum Beispiel ein guter Hanepoot.

THE CAPE MALAY RESTAURANT

Die Küche:

The Cape Malay Restaurant: Das Cape Malay beruht auf der Konzeption von Liz McGrath, die 1996 vergeblich nach einem Restaurant suchte, in welchem die Besucher Kapstadts die einzigartige Küche der Kapmalayen kosten konnten. Die Küche der Kapmalayen im Western Cape ist einzigartig und geht auf das 17. Jahrhundert zurück, wo beim Transport der Gewürze nach Europa Malayische Sklaven am Kap angesiedelt wurden. Chefköchin Martha Williams ist Expertin in der traditionellen Zubereitung der Speisen nach Kapmalayen-Art. Sie hat ein Menü zusammengestellt, welches einen Querschnitt durch die Highlights der Küche der Kapmalayen bietet. Köstliche Chili Bites, Snoeksuppe, Waterblometjesuppe, Kürbis Bredie, Grüne Bohnen Bredie, Deningvleis und Dhal Curry begleiten Sie durch das Menü, welches mit einem Malva Pudding oder Boeber beendet wird. Feroza Kazie und ihr freundliches Team bieten ihren Gästen den wahren Geist der Malayenküche und teilen ihr Wissen über die Speisen, deren Zubereitung und Kultur gerne mit den Gästen. Die umfangreiche Weinkarte bietet eine Auswahl, die den fein-scharfen Charakter der Küche unterstreicht. In der Tradition der Kultur der Malayen wird nichts verschwendet und übrig gebliebenes Buffet wird an Tafeln für Bedürftige verteilt.

Cellars-Hohenort Hotel - Cape Malay Kitchen

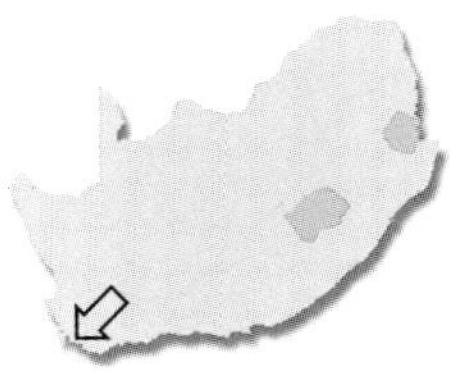

Das Cellars-Hohenort Hotel liegt im Herzen des wunderschönen Constantia Valley. Ein Hafen der Ruhe und des Friedens, der zwei große Traditionen pflegt: Die Klaasenbosch Weinkeller aus dem 18. Jahrhundert und das prächtige Hohenrot Manor House.

Five Flies Restaurant & Bars
Cape Town • Western Cape

Geeistes Orangensoufflé

Dieses Rezept mit Orange und Minz-Coulis wurde vom Five Flies Chefkoch Gerard Reidy zusammengestellt.

Zubereitung:

Um Orangenkonzentrat herzustellen, gibt man 500 ml Orangensaft durch ein Sieb in eine Kasserolle und lässt den Saft bei schwacher Hitze auf 60 ml Flüssigkeit reduzieren. Für das Soufflé die Eier trennen. Die Eigelb und den Zucker in einen Schlagkessel geben. Diesen auf einen Topf mit kochendem Wasser geben und unter ständigem Schlagen eine leichte und cremige Masse schlagen. Vom kochenden Wasser nehmen und abkühlen lassen. Die Sahne steif schlagen und anschließend unter die Eimischung heben. Danach das Orangenkonzentrat unterziehen. In einer Schüssel das Eiweiß steif schlagen und vorsichtig unter die Mischung heben. Die Masse in Formen füllen und 1 bis 2 Stunden einfrieren. Für die Coulis die Minze hacken und zum Orangen-konzentrat geben und ziehen lassen. Zum Servieren die Soufflés auf Teller verteilen und die Coulis um dieses herum gießen.

Zutaten:

Soufflé:
2 Eier
1 Eigelb
152 g Zucker
250 ml Sahne
60 ml Orangenkonzentrat

Coulis:
100 ml Orangenkonzentrat
25 g wilde Minze

Die Küche:

Ab dem Moment, wenn man die Schwelle mit ihren schweren Holztüren durchschreitet, breitet sich die Stimmung von Beständigkeit und Speisen mit historischem Flair aus. Dies drückt sich auch in dem Kontrast der Auswahl zwischen zeitgenössischen Abendessen und den auf die Minute perfekt zubereiteten Menüs aus.

Five Flies Restaurant & Bars

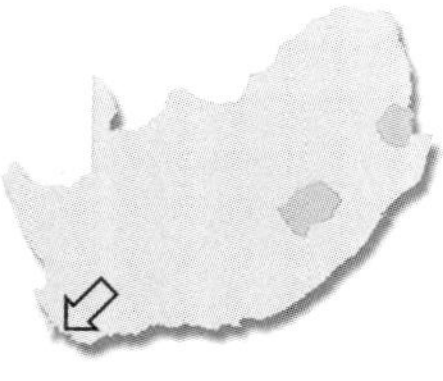

Bekannt für seine außergewöhnliche Mischung von innovativem, kosmopolitischem Flair, viel Atmosphäre und außergewöhnlichem Service bietet das Five Flies Restaurant ein urbanes Restauranterlebnis im Herzen von Kapstadt´s „legal district".

Vuyatela - Djuma Game Reserve
Hluvukani ◆ Mpumalanga

Djuma
Game Reserve

Vuytelas gegrillte Bushveld Naartjies

Mandarinen werden in Südafrika „Naartjies“ genannt.

Zutaten:

6 Mandarinen
6 Zimtstangen
100 g brauner Zucker
250 ml Orangensaft

Zubereitung:

Die Mandarinen halbieren. Die Hälfte des braunen Zuckers über die Schnittflächen streuen. Eine Pfanne erhitzen und die Mandarinen mit der Schnittseite nach unten hineingeben. Aus der Pfanne nehmen und eine Zimtstange in die Mitte jeder Mandarinenhälfte stecken. Auf ein mit Backpapier ausgelegtes Backblech geben und im Ofen 10 Minuten rösten. In einer weiteren Pfanne den restlichen Zucker mit dem Orangensaft unter Rühren erhitzen und 5 Minuten kochen lassen. Dann über die Mandarinen gießen. Mit heißer Vanillesauce oder Vanilleeiscreme servieren.

Die Küche:

Die Mahlzeiten bestehen aus südafrikanischen Spezialitäten und werden durch ausgezeichnete Weine ergänzt.

Vuyatela - Djuma Game Reserve

Vuytela - ein Wort aus der Shangaan Sprache, die in dieser Gegend gesprochen wird und übersetzt „Kommen Sie wieder“ bedeutet - hat acht intime Luxushütten mit Klimaanlagen, diese werden Khayas genannt. Jede Khaya ist eine Ansammlung von Gebäuden und hat ein wunderschönes Schlafzimmer, einen Ankleideraum, eine Außendusche sowie einen Gemeinschaftsraum mit Getränkekühlschrank.

De Kuilen Country House
Bryanston ◆ Gauteng

De Kuilen Country House
★★★★★
and Luxurious Bed and Breakfast Cottages

`Für die Dattel´

Anna Hoffmann‘s Rezept für eine köstliche Nachspeise.

Zutaten:

40 g Datteln
25 g Pecannüsse
¼ TL Ingwer, frisch gerieben
Zitronenschale, abgerieben von ¼ Zitrone
1/8 TL Zimt, gemahlen
1 TL Honig
1 EL Branntwein
2 Blätter Phylloteig
Butter, geschmolzen

Zubereitung:

Die Datteln, die Nüsse und den Ingwer in einen Küchenmixer geben und zerkleinern. Dann die Zitronenschale, den Zimt, den Ingwer, den Honig und den Branntwein hinzugeben und erneut mixen, bis die Mischung eine feuchte Konsistenz hat. Ein Blatt Phylloteig auf dem Tisch ausbreiten, mit der geschmolzenen Butter bestreichen, das zweite Blatt Phylloteig darauf legen und ebenfalls mit Butter bestreichen. Nun den Teig einmal auf die Hälfte zusammen falten und in 6 gleich große Vierecke schneiden. In die Mitte eines jeden Vierecks die Dattel-Mischung geben, die Ecken nach oben nehmen und zusammendrehen. Im auf 180 °C vorgeheizten Ofen goldbraun backen und warm mit Eiscreme servieren.

Die Küche:

Das Haus serviert seinen Gästen das Frühstück auf den privaten Verandas und in dem mit Rosen bewachsenen Innenhof des Haupthauses. Für alle anderen Speisen stehen viele Einrichtungen zum Selbst-Catering zur Verfügung.

De Kuilen Country House

De Kuilen verbindet Herzlichkeit der traditionellen kapholländischen Gastlichkeit mit allem modernen Komfort in einem von Johannesburgs angenehmsten Vororte. Die friedvolle Umgebung ist perfekt zum Entspannen.

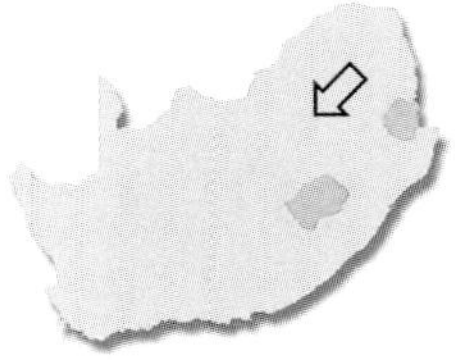

Leeuwenhof Country Lodge
Modimolle • Limpopo Province

Malva Pudding

Malva Pudding ist eine traditionelle Nachspeise, die gebacken wird. Er kann in kleinen Portionen oder als ein großer Pudding zubereitet werden. Der Pudding eignet sich ideal zum Vorbereiten und er kann bis zu 3 Monaten tiefgefroren werden.

Zutaten:

160 g Mehl
125 ml Milch
100 g Zucker
2 EL Aprikosenmarmelade
30 g Butter
1 TL Backpulver
30 ml Essig
1 Prise Salz

Zubereitung:

Den Zucker mit der Butter in eine Schüssel geben und mit dem Mixer so lange rühren, bis die Masse hell und locker ist. Den Essig und die Aprikosenmarmelade unterrühren. Das Mehl in eine Schüssel sieben und das Backpulver und das Salz damit gut vermischen. Unter Rühren das Mehl und die Milch abwechselnd in die Butter einrühren. Den Teig in eine Backform oder mehrere Souffléformen füllen. Im auf

Sauce:
250 g Zucker
125 g Butter
375 ml Milch

180 °C vorgeheizten Backofen 30 bis 40 Minuten backen, wenn eine große Form verwendet wird, bei Souffléformen nur 20 Minuten. In dieser Zeit für die Sauce den Zucker, die Butter und die Milch in einem Topf erhitzen und 10 Minuten kochen lassen. Wenn der Pudding gar ist, diesen aus dem Ofen nehmen und die Sauce über den noch warmen Pudding gießen. Heiß mit Sahne oder Eiskrem servieren.

Die Küche:

Das Restaurant hat einen gepflegten Garten und bietet seinen Gästen wundervolle Ausblicke auf die umliegenden Berge. Die Küche ist eine Fusion aus der Landesküche und kontinentalen Rezepten, welche von exzellenten Weinen begleitet werden. Herzlicher Service und die ruhige Atmosphäre sorgen für Ihren Seelenfrieden.

Leeuwenhof Country Lodge

Leeuwenhof Country Lodge ist die angenehme Überraschung im Waterberg Mountain-Gebiet. Umgeben von einem prächtigen Garten, liegt das Gebäude mit seiner einzigartigen Architektur, welche durch das elegante und luxuriöse Ambiente und die wunderschöne Einrichtung unterstrichen wird. Weiter bietet es seinen Gästen einen beheizten Pool, Tennis, Vogelbeobachtung, Wanderwege und einige Räume verfügen über eine eigene Feuerstelle sowie einen Whirlpool.

Anlo Guest House
De Kelders ◆ Western Cape

Pumpkin Fritters

Eine traditionelle Nachspeise aus Südafrika.

Zutaten:

750 g Kürbis, gekocht, zerdrückt
2 Eier, extra groß
1 TL Salz
275 g Mehl mit Backpulver
1 EL Backpulver
500 ml Sonnenblumenöl zum Braten

Für die Sauce:
400 g Zucker
250 ml Wasser
125 ml Wasser
125 ml Milch
25 g Butter
1 EL Speisestärke

Zubereitung:

Das Mehl in eine Schüssel sieben und mit dem Salz und dem Backpulver vermischen. Die Eier leicht schlagen und mit dem Kürbispüree, welches vorher gut ausgedrückt wurde, vermischen. Dann das Mehl mit dem Salz und dem Backpulver hinzugeben und gut verrühren. In einem Topf das Wasser, den Zucker, die Milch mit der Butter und einer Prise Salz erhitzen und zum Kochen bringen. Die Speisestärke mit etwas kaltem Wasser auflösen und anschließend in die kochende Mischung geben. Ohne Deckel 3 bis 4 Minuten kochen lassen und dabei nicht überkochen lassen. Das Sonnenblumenöl moderat erhitzen und den Teig teelöffelweise hineingeben. Wenn er auf der Unterseite braun ist, wenden bis beide Seiten goldbraun sind. Nun die Fritters aus dem Öl nehmen, in eine feuerfeste Form geben und warm halten. Zum Servieren die Sauce darüber geben und warm halten. Die Fritters können auch kalt gegessen werden.

Die Küche:

Die Küche bietet seinen Gästen ein köstliches Frühstück und Abendessen im traditionellen südafrikanischen Stil werden auf Wunsch arrangiert. Die Möglichkeiten zum Braai (Grill) und wohl bestückte Picknickkörbe bieten eine gute Gelegenheit, die Küche des Landes unter freiem Himmel kennen zu lernen.

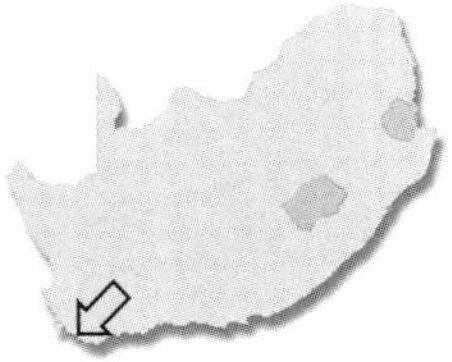

Anlo Guest House

Das Anlo Guest House liegt im Osten von Hermanus, 5 Kilometer von Gansbaai und eine halbe Stunde Fahrtzeit von Kapstadt in dem anheimelnden Städtchen De Kelders mit seinen prächtigen Aussichtsplätzen über die Walker Bay.

Rietvallei Wine Estate
Robertson ◆ Western Cape

RIETVALLEI
WINE ESTATE

Rietvallei Dessertpflaumen

Dieses alte Familienrezept wird seit langem von der Mutter zur Tochter weitergegeben.

Zutaten:

1 kg frische Pflaumen (über Nacht in Wasser einweichen)

Zubereitung:

Die Pflaumen einweichen, bis sie weich sind. Die Pflaumen in einem Topf mit dem Wein und dem Zucker gar kochen.

Noch heiß in Einmachgläser füllen. Portionsweise mit Eiskrem servieren.

500 ml Rietvallei Muscadel
500 ml Rietvallei Cabernet Sauvignon
200 g Zucker

Die Küche:

Die Robertson Region ist die Heimat der besten Chardonnay-Produzenten und der Kieselboden im Rietvallei sichert stets ein elegantes Ergebnis für den Gaumen. Ein fruchtiger und lebendiger Sauvignon Blanc ist der jüngste Neuzugang in der Angebotspalette.

Rietvallei Wine Estate

Das Weingut ist einer der führenden Produzenten von Südafrikas berühmten, kräftigen Muscadel-Weinen. Rietvallei erzeugt auch andere ausgezeichnete Weine.

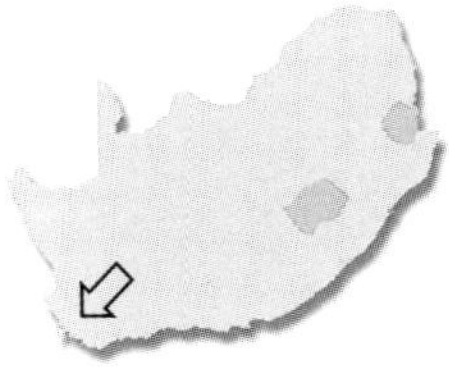

La Motte Wine Estate
Franschhoek ◆ Western Cape

La Motte

Die Küche:

Leichte Gerichte nach Saison mit einer Auswahl der eigenen Weine.

Birne in Rotwein

Dazu einen La Motte Shiraz einschenken.

Zutaten:

10 feste Birnen
500 ml Rotwein
500 ml Wasser
1 kg Zucker
2 Stangen Zimt
2 Kardamomsamen
3 Nelken
1 TL rote Lebensmittelfarbe

Zubereitung:

Den Rotwein, das Wasser, den Zucker, den Zimt, den Kardamom und die Nelken in einem Topf zum Kochen bringen und so lange köcheln lassen bis der Zucker sich aufgelöst hat. Die Birnen schälen, jedoch die Stiele dran lassen. Die Birnen in den kochenden Rotweinsud geben und etwa 1 Stunde darin kochen. Dann die Birnen aus dem Topf nehmen, die Lebensmittelfarbe in den Sirup einrühren und die Birnen wieder in den Topf zum Sirup geben. Vom Herd nehmen, etwas abkühlen lassen und anschließend im Kühlschrank weiter abkühlen. Die Birnen auf Tellern mit Käse, z.B. Roquefort oder in Dessertschalen mit Schlagsahne und/oder Eiskrem servieren.

La Motte Wine Estate

Beim nächsten Besuch am Kap der guten Weine sollte man es nicht versäumen, die großartigen Weinkeller des La Motte Wine Estate im Franschhoek Valley zu besuchen. Die preisgekrönten Weine können in der eleganten Probierstube verkostet werden. In dem mit Wandteppichen und einer Feuerstelle eingerichtetem Raum kann man wunderbar entspannen und genießen. Die Weine des La Motte Wine Estate´s profitieren von der verschiedenartigen Beschaffenheit des Bodens, auf dem die Reben wachsen und das besondere Klima tut sein übriges, um diese erlesenen Tropfen hervorzubringen.

Mogg´s Country Cookhouse
Hermanus ◆ Western Cape

Crêpes mit Zitronen und Whisky

Zubereitung:

Für den Crêpeteig das Mehl, das Salz, die Eier mit der Milch in eine Schüssel geben und mit dem Küchenmixer mixen. Den Teig abgedeckt mindestens 30 Minuten stehen lassen. Wenn der Teig nach dieser Zeit etwas zu dick sein sollte, kann man noch etwas Milch unterrühren, so dass dieser schließlich die Konsistenz einer dünnen Crème hat. Eine Bratpfanne gut erhitzen, einen Klecks Butter darauf verteilen und soviel Teig hineingeben, dass man die Pfanne damit dünn bedeckt. Wichtig ist, dass beim Backen die Butter nicht verbrennt. Den Crêpe wenden, wenn dieser auf

Zutaten:

(für 4 Portionen)
Crêpeteig:
125 g Mehl
2 Eier
300 ml Milch
1 Prise Salz

Zitronen-Whisky Sauce:
2 große Zitronen
1 Zitronenschale (ohne das Weiße)
3 EL brauner Zucker
etwas 60 ml Whisky

der Unterseite leicht gebräunt ist, die zweite Seite ebenfalls hellbraun backen. Dann den Crêpe aus der Pfanne nehmen und auf einen Teller geben. Die anderen Crêpes nach der gleichen Methode backen und auf dem Teller stapeln. Für die Zitronen-Whisky Sauce den Zitronensaft, die Zitronenschale und den braunen Zucker erhitzen, bis der Zucker sich aufgelöst hat. Nun den Whisky hineingießen und die Sauce flambieren. Die Crêpes zweimal falten und in die Sauce legen. Darin ein bis zwei Minuten liegen lassen, damit sie die Sauce aufnehmen können. Anschließend die Crêpes herausnehmen und auf einer warmen Platte anrichten. Die verbliebene Sauce übergießen und mit Crème fraîche oder geschlagener Sahne garnieren. Wenn frische Beeren zur Verfügung stehen, einige zur Garnierung beifügen.

Die Küche:

Das Haus bietet eine familiäre und entspannte Atmosphäre. Die gehobene Küche bietet landestypische Gerichte, die mit täglich frischen Zutaten je nach Saison bereitet werden. Neben den Tagesgerichten bietet das Mogg´s Country Cookhouse eine wöchentlich wechselnde Speisekarte.

Mogg´s Country Cookhouse

Mutter und Tochter führen das rustikale Country-Restaurant inmitten von Weinbergen und Wiesen des pittoresken Hemel - en-Aarde Valleys.

Glen Avon Lodge
Cape Town • Western Cape

Tuille Basket mit Lavendeleiskrem

Die Zutaten für dieses Rezept ergeben etwa 4 Liter Eiskrem und etwa 14 Teigkörbchen.

Zutaten:

Tuille Baskets:
2 Eier
125 g Feinzucker
75 g Mehl
30 g Butter, geschmolzen
Lavendeleiskrem:
8 Eier
375 g Feinzucker
1 ¼ L Sahne
125 g Feinzucker
150 g Lavendel

Zubereitung:

Für die Tuille Baskets die Eier und den Zucker in eine Schüssel geben und mit dem Handrührer zu einer dicken, cremigen Masse mixen. Unter weiterem Rühren das Mehl nach und nach zu der Eimasse geben. Die Butter schmelzen und ebenfalls unterrühren. Ein Backblech einfetten, mit einem Löffel kleine Häufchen Teig darauf setzen und nur so lange backen, bis die Ecken hellbraun werden. Aus dem Ofen nehmen, die Häufchen mit einem Heber vom Blech lösen und diese über eine Tasse oder einer Orange zu Körbchen formen. Dann im auf 180 °C vorgeheizten Backofen etwa 7 Minuten backen. Herausnehmen und abkühlen lassen. In einem luftdichten Behälter aufbewahren, bis sie benötigt werden. Für die Zubereitung der Lavendeleiskrem gibt man den Lavendel und einen halben Liter Sahne in einen Topf. Die Sahne erhitzen und etwa 4 Minuten simmern lassen. Anschließend vom Herd nehmen und gut abkühlen lassen. Danach die Sahne durch ein Sieb abgießen und im Kühlschrank etwa eine Stunde kühl stellen. Die Eier trennen und die Eigelb mit dem Zucker in eine Schüssel geben und mit dem Handrührer mixen, bis eine dicke, cremige Masse entsteht. In einer zweiten Schüssel das Eiweiß steif schlagen und dann die 125 g Zucker unterheben. Dieses behutsam unter die Eigelbmasse heben. Die restliche Sahne mit der Lavendelsahne in eine Schüssel geben und steif schlagen. Dann ebenfalls unter die Eimischung heben. Das Eis über Nacht im Gefrierschrank einfrieren. Vor dem Servieren die Tuille Baskets auf Dessertteller geben und Bällchen der

Lavendeleiskrem hineinsetzen. Das Eis kann noch mit Beeren und einem frischen Zweig Lavendel dekoriert werden. Dazu ein Glas süßen Dessertwein, den „Noble Late Harvest", einschenken.

Die Küche:

Eine verführende Küche vom Cordon Bleu Chefkoch, die ihr Know-how aus der „Good Cooks"-Vereinigung und ihren Landhäusern einbringt.

Glen Avon Lodge

Herrlich gelegen im Grüngürtel des Spaanschemat River der Constantia Winelands liegt die Glen Avon Lodge. Das giebelige Manor House mit seinen hölzernen Fluren, der mit Yellowood getäfelten Decke und dem gemütlichen Platz am Kamin, liegt im Refugium eines entzückenden und narturbelassenen englischen Gartens. Mitglied der „The Good Cooks and their Country Houses" und Mitglied der "Portfolio Retreats Collection".

ZUIDER ZEE
Guest House / Herberg

Zuider Zee Guesthouse
Salt Rock ◆ Kwazulu Natal

Afrikanische Pfannkuchen

Als Bestandteil eines dreigängigen Menüs aus Mais Salat zur Vorspeise und Schweinefilet-Medaillons mit Passionsfrucht als Hauptgang. Dazu werden Nudeln und grüner Salat serviert. Als Nachspeise werden echte afrikanische Pfannkuchen gereicht. Die Gäste des Zuider Zee Guesthouse schätzen dieses Menü sehr. (Anm.: Die Rezepte finden Sie in den jeweiligen Kapiteln).

Zutaten:

(für 2 Personen)
Pfannkuchen:
2 Eier
¼ TL Salz
½ EL Zucker
1 TL Backpulver
180 ml Milch
150 g Mehl
Öl zum Ausbacken

Füllung:
Einige Butterkekse (Anm: Bahlsen, Leibniz, etc.)
Vanille Eiskrem
etwas Amarula Cream Likör
(Anm.: Alternativ Baileys)

Zubereitung:

Für die Pfannkuchen die Eier in ein Rührgefäß schlagen und mit dem Schneebesen verquirlen. Salz, Zucker, Backpulver und Milch gut unterrühren, dann das Mehl hineinsieben und gut untermischen, bis kein Klümpchen mehr zu sehen ist. Eine beschichtete Pfanne erhitzen, Öl verteilen und etwa 1 Schöpfkelle Pfannkuchenteig in die Mitte geben. Durch Schwenken der Pfanne den Teil gleichmäßig verteilen und bei mäßiger Hitze anbraten. Der Teig muss sich leicht vom Pfannenboden lösen und sollte stellenweise gebräunt sein. Die Oberfläche darf nicht mehr flüssig sein. Den Pfannkuchen mit dem Pfannenwender umdrehen und auf der anderen Seite fertig backen. Auf eine Platte setzen und warm halten. Dann den nächsten Pfannkuchen backen. Für die Füllung die Butterkekse in einen Plastikbeutel stecken, diesen verschließen und die Kekse mit dem Nudelholz zerbröseln. Sie sollen jedoch nicht zu fein sein. Dann die Brösel mit der Vanille Eiskrem und ein wenig Amarula Cream Likör vermischen, die Pfannkuchen damit füllen und sofort servieren.

Die Küche:

Die Küche ist eine Kombination von zeitgenössischen europäischen und afrikanischen Einflüssen. Diese Fusion gibt den klassischen Speisen einen neuen Look, verändert die Struktur und bietet den Gästen auf diese Weise ein mehr als nur interessantes Geschmackserlebnis.

Zuider Zee Guesthouse

Zuider Zee Guesthouse bietet häusliche Gastlichkeit in einem privat geführten Gästehaus, welches viel Charme und Charakter besitzt. Weiter bietet es atemberaubende Aussichten auf das unterhalb liegende Tal, den Strand von Salt Rock und den Indischen Ozean. Wenn man auf dem Sonnendeck am plätschernden Pool sitzt, kann man den Delfinen bei ihrem Spiel im nahe gelegenen Ozean zusehen. Kinder sind herzlich willkommen. Es wird auch holländisch gesprochen. Akkreditiert: Caraville Guesthouse, TG-CSA 3 Star Member, NAA- SA, KWABABA, FEDHASA.

Shiluvari Lakeside Lodge
Louis Trichardt • Mimpopo Province

Mango Eiskrem

Zutaten:

Zucker
Wasser
3 Mangos
250 ml Macadamia Nüsse

Zubereitung:

Zunächst einen Zuckersirup bereiten, indem man gleiche Mengen Wasser und Zucker in einem Topf langsam zum Kochen bringt. Wenn der Zucker sich aufgelöst hat, den Sirup vom Herd nehmen und abkühlen lassen. Die Mangos schälen, würfeln und im Küchenmixer zu einem glatten Brei pürieren. Diesen Brei mit dem Sirup in einem Schlagkessel oder einer flachen Schüssel gut verrühren. Dann die Mischung in den Gefrierschrank geben und alle halbe Stunde mit einer Gabel oder dem Schneebesen durchrühren. Nach etwa 4 Stunden ist das Eis gefroren. Für das Macadamia Nusskrokant einen Sirup wie oben beschrieben bereiten. Die Macadamia Nüsse zunächst grob hacken und anschließend im Küchenmixer weiter zerkleinern. Dann mit dem heißen Sirup mischen und auf Backpapier dünn verteilen. Abkühlen und fest werden lassen. Schließlich in ungleiche Stücke brechen. Dieses Dessert schmeckt köstlich, wenn es in einer Schüssel mit etwas Brandy serviert wird. Einige Stücke des knusprigen Macadamia Nusskrokants in das Eis stecken.

Die Küche:

Im Haupthaus der Lodge werden die Mahlzeiten eingenommen, in der intimen Lounge mit dem offenen Kamin trifft man sich zu einem Sherry oder einem Glas Wein und unterhält sich mit dem Besitzerehepaar Clare und Michel Girardin. Clare hat ihre Erfahrungen aus ihrer Zeit bei Sabi Sabi eingebracht und verwöhnt ihre Gäste unter anderem mit einer ausgezeichneten Küche, die das Beste aus der örtlichen mit der europäischen Küche verbindet.

Shiluvari Lakeside Lodge

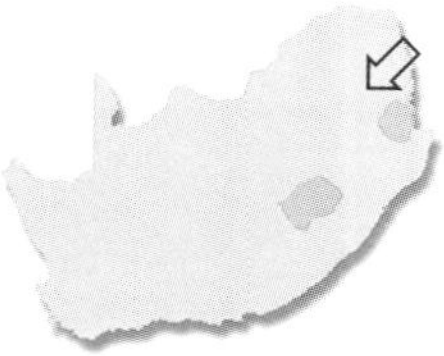

Die Shiluvari Lakeside Lodge liegt in einem Naturschutzgebiet am Stausee des Albasini-Damms im Vendaland in der Northern Province. Die Gäste wohnen in 12 reetgedeckten Chalets, die unterschiedlich eingerichtet sind und Elemente örtlicher Kunst enthalten.

SPIER Wine Estate - Figaros Restaurant
Western Cape ◆ Western Cape

Warmer Schokoladen-Trüffelkuchen

Zubereitung:

Die Schokolade, den Zucker und die Butter in einem Schlagkessel oder Topf im Wasserbad erhitzen und schmelzen lassen. Dann vom Herd nehmen und 10 Minuten stehen lassen. Das Mehl sieben und über die geschmolzene Mischung geben. Die Eigelb dazugeben und gut verrühren. In einer Schüssel die Eiweiß steif schlagen und anschließend unter die Mischung ziehen. In eine Form geben und im auf 160 °C vorgeheizten Backofen 90 Minuten backen. Aus dem Ofen nehmen, abkühlen lassen und stürzen. In Portionen schneiden und auf Tellern anrichten.

Zutaten:

500 g Schokolade
125 g Butter
25 g Mehl
25 g Zucker
5 Eier, getrennt

Die Küche:

Die Küche ist leicht, klar und frisch gehalten, so dass viele der einzelnen Aromen zur Geltung kommen, ohne dass die Speisen "verkompliziert" werden. Die Qualität der Zutaten, die Geschmackskombinationen und die akzentuierte Präsentation der Speisen machen das Essen im Figaros Restaurant zu einem ganz besonderen Erlebnis.

SPIER Wine Estate - Figaros Restaurant

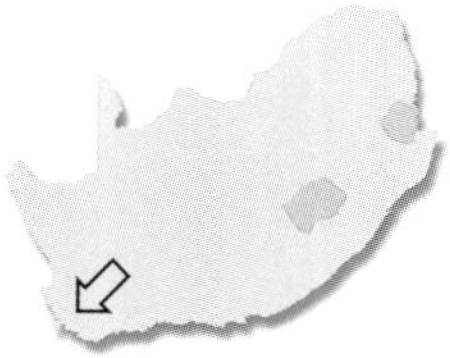

Das Figaros Restaurant liegt im Village Hotel des SPIER Wine Estate. Die Küche basiert auf dem klassisch französischen Stil. Das Restaurant bietet eine entspannte Atmosphäre für das abendliche Dinner. Das Frühstück mit dem reichlichen Angebot aus Speisen der Region wird in den Sommermonaten auf der Terrasse am Pool serviert.

Andries Stockenström Guest House
Graaff-Reinet • Eastern Cape

Andries Stockenström guest house Graaff-Reinet

Van der Hum-Bavarois

Dieses Gericht schmeckt auch sehr gut mit Amarula.

Zutaten:

525 ml Milch
525 ml Sahne
6 Eigelb
225 g Puderzucker
1 Prise Salz
12 g Gelatine
100 ml Van der Hum Likör
80 ml Wasser, kalt

Zubereitung:

Die Milch in einem Topf erhitzen, jedoch nicht kochen lassen. Die Eigelb mit dem Zucker und dem Salz gut verrühren. Die Gelatine in kaltem Wasser auflösen und anschließend über dem Wasserbad erwärmen. Das Eigelb in die warme Milch rühren und unter Rühren erwärmen, bis eine sämige Sauce entsteht. Anschließend die Gelatine, welche möglichst die gleiche Temperatur wie die Sauce haben sollte, unter die Sauce rühren. Vom Herd nehmen, den

Likör hineingießen, verrühren und abkühlen lassen, bis die Mischung fast fest geworden ist. Die Sahne steif schlagen und unter die Mischung ziehen. Einige Stunden an einem kühlen Ort fest werden lassen.

Japie sein Günstling

Zutaten:

4 Eier, getrennt
375 g Zucker
80 g Mehl
500 ml Milch
360 ml Zitronensaft
30 ml Grapefruitsaft
2 Zitronen, geriebene Schale davon
60 g Butter, geschmolzen

Zubereitung:

Die Eigelb mit dem Zucker gut schlagen. Das Mehl sowie die Milch hinzugeben und gut verrühren. Anschließend den Grapefruitsaft, die Zitronenschalen, den Zitronensaft und die geschmolzene Butter unterrühren. Das Eiweiß steif schlagen und den Eischnee unter den Teig ziehen. Den Teig in eine Form gießen, im auf 160 °C vorgeheizten Backofen etwa 45 Minuten backen. Anschließend aus der Form stürzen und Zucker darüber streuen.

Die Küche:

Das Gästehaus ist berühmt für seine Küche im Stil der Karoo und den Service von André und Beatrice Barnard, die sich persönlich um ihre Gäste kümmern.

Andries Stockenström Guest House

Das Andries Stockenstrom Guest House liegt in Graaff-Reinet in der Weite der Karoo. Beatrice und André sind mit Recht stolz auf die hohen Auszeichnungen, die sie bereits mehrfach gewonnen haben: Best Full-service Guest House in South Africa.

Backwaren

Phantom Beach
Knysna ◆ Western Cape

Braunes Brot vom Phantom Beach Castle

Zutaten:

330 g Vollkorn-Weizenmehl
330 g Weizenmehl, weiß
100 g Pecannüsse, gehackt
125 g Rosinen
50 g Leinsamen
50 g Mohnsamen
60 g Zuckersirup
60 ml Olivenöl
50 g Sonnenblumenkörner
1 Würfel Hefe
500 ml Wasser, lauwarm
2 TL Salz

Zubereitung:

Die Zutaten in eine Schüssel geben und gut durchkneten. Anschließend an einem warmen Ort gehen lassen, bis sich das Volumen verdoppelt hat. Den Teig erneut kneten, teilen und in gefettete Brotbackformen geben. Erneut gehen lassen, bevor man das Brot im auf 180 °C vorgeheizten Ofen etwa 20 Minuten backt.

Honigwaben-Rührkuchen

Zubereitung:

Das Mehl, den Zucker und den Sirup in einer Schüssel gut mixen. Die Milch in eine Schüssel geben und die warme Butter darin schmelzen lassen. Das Backpulver in die Milch einrühren. Die Eier in einer Schüssel schlagen und in die Milch einrühren. Nun die Milch in die Mehl-Zuckermischung gießen und gut verrühren. Den Teig in eine gefettete Backform geben und im auf 180 °C vorgeheizten Ofen etwa 40 Minuten backen.

Zutaten:

170 g Mehl
200 g Feinzucker
250 g Golden Syrup
(alternativ: Rübensirup)
125 ml Milch, lauwarm
125 g Butter
1 TL Backpulver
4 Eier

Die Küche:

Die Speisen werden den Gästen wahlweise im Freien oder im Restaurant serviert. Die Meeresfrüchte, fangfrisch vom Ozean vor der Tür, sind besonders zu empfehlen.

Phantom Beach

Wie ein Wächter über Strand und der malerischen Flussmündung bereitet das Phantom Beach Castle seinen Gästen einen königlichen Empfang und das freundliche Team verwöhnt die Gäste auf das Vortrefflichste. Bezaubernde Zimmer mit privaten Balkonen bieten einen ganz persönlichen Ausblick auf Strand und Küste.

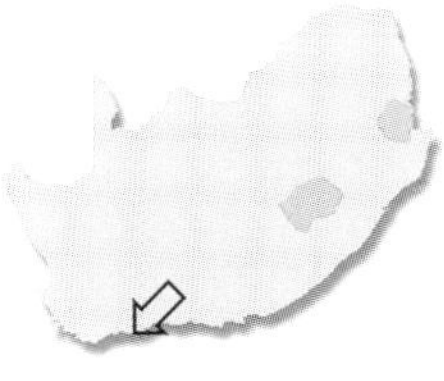

Bonniedale Farm
Hartenbos ◆ Western Cape

Bonniedale Milk Tart

Zutaten:

170 g Mehl
1 TL Backpulver
½ TL Salz
60 g Butter, weich
50 g Zucker
1 Ei, groß
2 EL Milch

Füllung:
1 ½ L Milch
60 g Butter
4 Eier, groß
170 g Zucker
70 g Mehl
100 g Speisestärke
½ TL Salz
Zimt zum Bestreuen

Zubereitung:

Zwei Springformen mit etwa 23 Zentimeter Durchmesser einfetten. Das Mehl, das Backpulver und das Salz in eine Schüssel sieben. In einer weiteren Schüssel die Butter und den Zucker mit dem Mixer schaumig schlagen. Anschließend die Eier zufügen, weiter gut schlagen und abwechselnd die trockenen Zutaten und die Milch zufügen. Den Teig zwischen den 2 Formen aufteilen, über den Boden und den Rand verteilen. Für die Füllung die Milch mit der Butter erhitzen bis diese geschmolzen ist. Die Eigelb mit dem Zucker gut schlagen. Das Mehl, die Speisestärke und Salz sieben und den Rest Milch zufügen. Cremig schlagen, etwas warme Milch zufügen und gut mixen. Alles in den Topf geben und langsam erhitzen, bis es dick gekocht ist. Das steifgeschlagene Eiweiß unterheben. Die Masse zwischen den beiden Formen aufteilen, etwas Zimt darüber streuen und bei 180 °C im Backofen 30 Minuten backen.

Die Küche:

Danette Hesterman kocht traditionelle südafrikanische Gerichte, welchen sie durchaus auch ihre eigene Note gibt. Es werden frische Gemüsesorten aus dem farmeigenen Garten verwendet, auch das meiste Fleisch kommt von selbstgezogenen Schweinen, Rindern und Hühnern. Selbstgemachter Käse, ausgefallene Kuchen und Puddings gehören außerdem zu Danettes Spezialitäten.

Bonniedale Farm

Die Bonniedale Farm erstreckt sich über 16 Quadratkilometer und bietet zahlreiche Erlebnismöglichkeiten. An Bonniedale schließt sich darüber hinaus ein großes Naturschutzgebiet an, in dem Sie reiten oder wandern können. Bonniedale bietet Ihnen ganzjährig den blauen afrikanischen Himmel in einer malariafreien Zone mit mediterranem Klima.

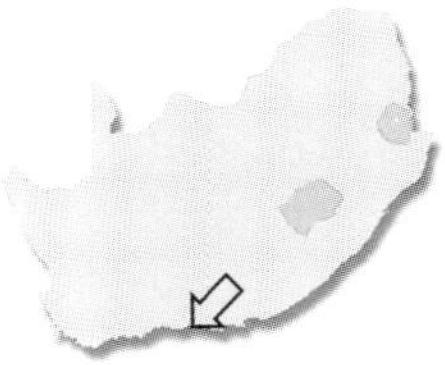

Klein Paradijs Country House
Gansbaai • Western Cape

Klein Paradijs Country House

Die Küche:

Der Koch Michael Fuchs wurde in der Schweiz ausgebildet. Seine Gerichte verbinden die Raffinesse der französischen mit dem multikulturellen Flair der südafrikanischen Küche.

Mangokuchen

Zutaten:

400 g Blätterteig
100 g geschälte Mandeln, gemahlen
2 große reife Mango
1 Zitrone, abgeriebene Schale
150 ml Sahne
1 Ei
3 EL Quark
2 EL Zucker
1 TL Maisstärke
4 EL Zucker
2 TL Kardamon, gemahlen
3 TL Anis

Zubereitung:

Etwa 400 g Blätterteig dünn ausrollen und in eine ausgebutterte runde Springform (ca. 24 cm Durchmesser) legen. Mit einer Gabel dicht einstechen. Die geschälten, gemahlenen Mandeln auf den Teigboden streuen und den Teig kühl stellen. Die Mangos schälen, das Fruchtfleisch vom Stein lösen und in Würfel schneiden. Die abgeriebene Schale der Zitrone vorsichtig mit dem Fruchtfleisch mischen. In einer Schüssel die Sahne, das Ei, den festen Quark mit dem Zucker und der Maisstärke mit dem Schneebesen zu einer glatten Crème mischen. Die Früchte auf den Teigboden legen und die Crème darüber gießen. Den Kuchen im auf 200 °C vorgeheizten Backofen auf dem untersten Gitter 15 Minuten backen. Die 4 Esslöffel Zucker, den gemahlenen Kardamon und den Anis mischen und nach 15 Minuten Backzeit über den Kuchen streuen. Nun den Kuchen weitere 20 Minuten backen, bis die Quarkmasse fest ist. Herausnehmen und warm oder kalt mit etwas geschlagener Sahne oder Crème fraîche servieren.

Klein Paradijs Country House

Klein Paradijs Country House befindet sich auf einer Farm von 140 Hektar und ist umgeben von alten Milkwood-Bäumen, einer grossen Gartenanlage und typischer Fynbos-Vegetation. Pearly Beach, zwischen Hermanus und Cape Agulhas gelegen, ist ein idealer Ort für einen Zwischenstopp zum Ausspannen oder als Ausgangspunkt für zahlreiche Wanderungen. Das Haus ist großzügig konzipiert. Die fünf Gästezimmer unter dem hohen Reetdach sind individuell und modern eingerichtet. Die Anlage wurde vom South African Tourism Grading Council als 5-Sterne Lodge eingestuft.

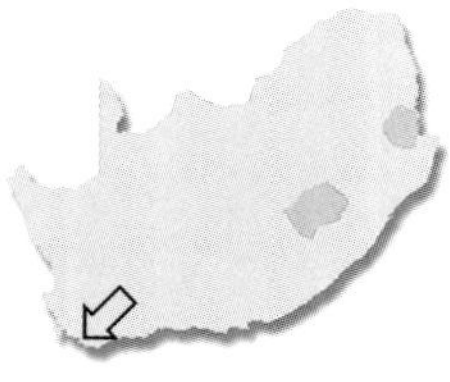

Turning Tides
Knysna ◆ Western Cape

Buschtee-Obstkuchen

Hier das Rezept für unseren Hauskuchen, welcher zu Tee oder Kaffee gereicht wird, wenn Gäste ankommen.

Zubereitung:

Die getrockneten Früchte in eine Schüssel geben und 125 ml Rooibostee (Rotbuschtee) hinzugießen. Alle trockenen Zutaten, außer dem Natron und den Früchten, sieben. Die Butter und den Zucker schaumig rühren und die 3 Eier nacheinander hineinschlagen. Dann abwechselnd die trockenen Zutaten und die restlichen Eier in die Butter-Zucker-Mischung geben und unterrühren. Dann die Früchte untermischen. Natron, Vanille- und die Mandelessenz hinzufügen. Nun in eine runde Springform geben, die mit 6 Lagen Packpapier und 1 Lage Backpapier ausgelegt ist. Jeweils eine Stunde bei 180 °C, 150 °C und dann 130 °C backen. Wenn nötig, die Temperatur für weitere 30 Minuten auf 100 °C reduzieren. Auf einem Gitter auskühlen lassen.

Zutaten:

450 g Mehl
350 g Butter
350 g brauner Zucker
8 Eier
140 ml Rooibostee
450 g Rosinen
450 g Johannisbeeren
450 g Sultaninen
250 g Kirschen
300 g Datteln
250 g Zitronenschalen
60 g kandierter Ingwer
1 EL Zimt, gemahlen
1 EL gemischte Gewürze (z.B. Glühweinbeutel)
1 TL Muskatnuss, gemahlen
1 TL Ingwer, gemahlen
1 TL Nelken, gemahlen
1 TL Natron, aufgelöst in 15 ml Rooibostee
1 EL Vanille-Essenz
½ EL Mandel-Essenz

Die Küche:

Es wird ein umfangreiches Frühstück serviert und das Haus liegt nahe der exzellenten Restaurants für das Dinner.

Turning Tides

Das Haus liegt in der wunderschönen Lagune von Knysna. Knysna ist das Zentrum der berühmten Garden Route. Das Team von Turning Tides ist stolz darauf, dass Knysna dieses Jahr erneut zur South African Tourism Town Of The Year gewählt wurde.

Vuyatela - Djuma Game Reserve
Hluvukani • Mpumalanga

Djuma
Game Reserve

Djuma´s dekadenter Schokoladen-Süßkartoffel-Kuchen

Zutaten:

1 EL Backpulver
180 g Butter
360 g brauner Zucker
4 Eier
100 g Kakao
450 g Mehl

Zubereitung:

Die 180 Gramm Butter mit dem braunen Zucker in einer Schüssel mit dem Küchenmixer so lange rühren, bis die Mischung cremig ist. Die Eier nacheinander unterrühren. In einer weiteren Schüssel das Mehl mit dem Backpulver und dem Kakao-Pulver gut vermischen und in die Buttermischung kneten. Die Schokolade im Wasserbad schmelzen lassen und ebenfalls in den Teig kneten. Schließlich die geriebenen Süßkartoffeln und die Buttermilch hinzugeben und erneut gut durchkneten. Den Teig in gefettete Backformen geben und im vorgeheizten Ofen bei mittlerer Hitze backen. Auf einem Gitterrost auskühlen lassen. Die restlichen Zutaten (ohne die Erdbeermarmelade) zusammen über einem Wasserbad erhitzen und so lange rühren, bis die Zutaten geschmolzen sind und die Mischung cremig ist. Die Kuchen halbieren, die Erdbeermarmelade dazwischen streichen und die Kuchen wieder zusammensetzen. Den Kuchen mit der etwas abgekühlten Schokoladenmischung glasieren.

400 g Süßkartoffeln – gekocht, geschält, gerieben
180 g dunkle Schokolade
400 ml Buttermilch
20 ml Instant-Kaffee
400 ml Sahne
300 g Schokolade
120 g Butter
Erdbeermarmelade

Die Küche:

Die Mahlzeiten bestehen aus südafrikanischen Spezialitäten und werden durch ausgezeichnete Weine ergänzt.

Vuyatela - Djuma Game Reserve

Vuytela - ein Wort aus der Shangaan Sprache, die in dieser Gegend gesprochen wird und übersetzt „Kommen Sie wieder" bedeutet - hat acht intime Luxushütten mit Klimaanlagen, diese werden Khayas genannt. Jede Khaya ist eine Ansammlung von Gebäuden und hat ein wunderschönes Schlafzimmer, einen Ankleideraum, eine Außendusche und einen Gemeinschaftsraum mit Getränkekühlschrank.

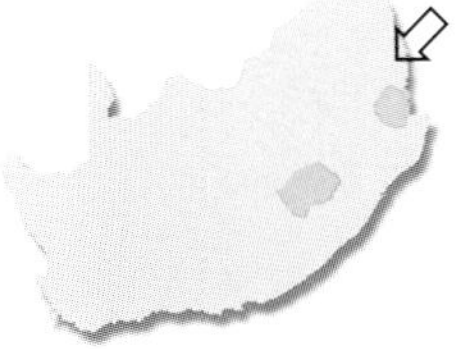

Barberton Manor Guest House
Barberton • Mpumalanga

Ontbijtkoek

Dieser Gewürzkuchen ist köstlich zum sonntäglichen Frühstück oder Brunch.

Zutaten:

300 g Mehl
125 g Mehl, gemischt mit ½ TL Backpulver
12,5 g Kuchengewürz
2 TL Salz
250 g brauner Zucker
1 Ei, geschlagen
150 g Kuchenbackmischung, gemischt mit Apfelstückchen
300 ml Milch
etwas Margarine

Zubereitung:

Eine Backform mit einem Volumen von etwa 2 Litern mit etwas Margarine ausstreichen. In einer großen Keramikschüssel das Mehl mit dem Backpulver und die Kuchengewürze mit einem Holzlöffel mischen. Dann das Salz, den Zucker und das Ei unterrühren. Nun die Backmischung hinzugeben und anschließend die Milch hineingießen. So lange rühren, bis ein dicker, fester Teig entstanden ist. Im auf 150 °C vorgeheizten Ofen auf der zweiten Schiene von unten 80 Minuten backen.

Die Küche:

Mittagstisch und Abendessen wird auf Wunsch serviert, entweder im Haupthaus oder auf der imposanten Veranda. Der Mittagstisch ist zwischen 12.00 und 14.00 Uhr bereitet. Ob im Haus oder auf der Veranda, der Mittagstisch ist bei Gästen des Hauses und vorbeikommenden Wanderern sehr beliebt.

Barberton Manor Guest House

Barberton Manor Guest House - 'das Juwel von Barberton' – wurde 1927 nach einem Entwurf von Sir Herbert Baker erbaut. Dieses National Heritage (nationales Kulturerbe) hat nichts von seinem ursprünglichen Flair verloren, bietet seinen Gästen aber auch allen modernen Komfort. Das zweigeschössige, geräumige Haus ist umgeben von einem botanischen Garten, welcher 2 Hektar umfasst. Von Barberton Manor sind es nur 40 Kilometer nach Swaziland und 60 Kilometer zum Krüger Nationalpark. Wanderwege, Fahrten in die herrliche Umgebung, der Besuch einer Goldmine, ein Geschichtslehrpfad, welcher im Museum beginnt, sind nur einige der vielen Attraktionen.

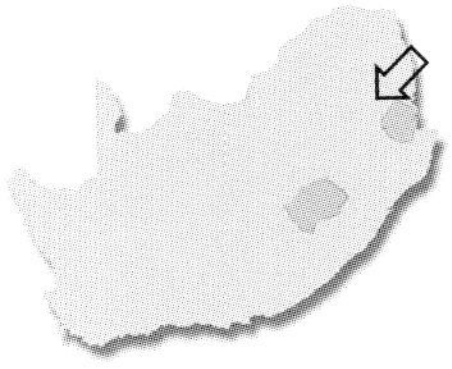

Coffee on the Rocks
De Kelders ◆ Western Cape

Gestürzter Apfelkuchen mit Zimt

Zubereitung:

Für den Belag die Butter in eine nicht haftende Pfanne geben und schmelzen lassen. Die Apfelscheiben mit dem

Zutaten:

Belag:
100 g Butter

4 große, feste Äpfel, geschält, Kerngehäuse entfernt und in 1 cm Scheiben geschnitten
1 Zitrone, Saft davon, Schale in Juliennes geschnitten
230 g Feinzucker
1 TL Vanilleessenz

Kuchen:
100 g Butter, weich
230 g Zucker
4 Eier, getrennt
1 TL Vanilleessenz
60 g Mehl
2 TL Backpulver
1 Prise Salz
1 TL Zimt, gemahlen

Zitronensaft und der Zitronenschale mischen und in die Pfanne geben. Sanft 3 Minuten kochen lassen, dann den Zucker und die Vanilleessenz hinzugeben und weitere 5 Minuten köcheln lassen. Die Apfelstücke aus der Pfanne nehmen und in eine gefettete Springform mit einem Durchmesser von 23 Zentimetern geben. Die Temperatur der Pfanne erhöhen und den in der Pfanne verbliebenen Zucker 5 Minuten kochen, bis dieser zu Karamell wird. Den Karamell über die Äpfel in der Backform gießen. Für den Teig die Butter und den Zucker in eine Schüssel geben und mit dem Mixer schaumig rühren. Die Eigelb nacheinander in die schaumige Butter rühren. Anschließend die Vanilleessenz hineingießen. In einer weiteren Schüssel das Mehl mit dem Salz, dem Backpulver und dem Zimt vermischen. Diese Mischung unter die Butter rühren. Das Eiweiß steif schlagen und unter den Teig heben. Dann alles über die Äpfel in der Backform geben und im auf 180 °C vorgeheizten Backofen 40 Minuten backen. Herausnehmen und auf eine Tortenplatte stürzen, so dass die Äpfel nun oben sind. Noch warm mit Schlagsahne servieren.

Die Küche:

Die Gäste lieben die Kuchen und die leichte Küche. Der Hausdrink, genannt „Gayle Force", sollte bei einem Besuch unbedingt probiert werden. Für Gäste, die einen besonderen Anlass feiern möchten, kann auch ein abendlicher Imbiss arrangiert werden, bei welchem Austern und Champagner serviert werden, während man dem Sonnenuntergang über der Walker Bay genießt.

Coffee on the Rocks

Das Café ist in einem Haus an den Klippen mit prächtigen Rundumblick auf den Ozean gelegen. Dies ist der ideale Ort für Walbeobachtungen (whale watching) und Gayle, die Besitzerin, serviert dazu köstliche hausgemachte Kuchen, leichte Mittagessen und Snacks.

Sewula Gorge Lodge
Estcourt ◆ KwaZulu Natal

Sewula's Vollkorn-Buttermilch-Rusks

(Anm.: Rusks sind mit unserem Zwieback vergleichbar).

Zubereitung:

Das Mehl in eine Schüssel sieben und dann das Backpulver, das Vollkornweizenmehl, das Salz, die Kleie und die Sonnenblumenkerne untermischen. Nun die Butter und den braunen Zucker unterrühren. Danach die Buttermilch-Ei-Mischung einrühren. Ein viereckiges Backblech (30 x 45 x 2 cm) einfetten, den Teig hinein geben, flach drücken und mit einem Messer in Vierecke einschneiden. Im auf 180 °C vorgeheizten Backofen eine Stunde backen. Aus dem Ofen nehmen, schneiden und vom Blech nehmen. Auf einen Backofenrost legen, so dass die Vierecke sich nicht berühren und über Nacht im warmen Backofen trocknen. Wenn Rusks etwas feuchter gewünscht werden, diese einfach nicht so lange trocknen, aber sie sind dann viel krümeliger.

Zutaten:

350 g Kleie
1 kg Vollkornweizenmehl
200 g Sonnenblumenkerne
500 g Mehl
3 TL Backpulver
500 g Butter, geschmolzen
1 TL Salz
320 g brauner Zucker, weich
4 Eier, geschlagen
Buttermilch, genug für 1 L Flüssigkeit (zusammen mit den Eiern)

Die Küche:

Die Selbst-Catering Lodge hat alle Einrichtungen, um Speisen zuzubereiten oder um mitgebrachtes Essen zu servieren.

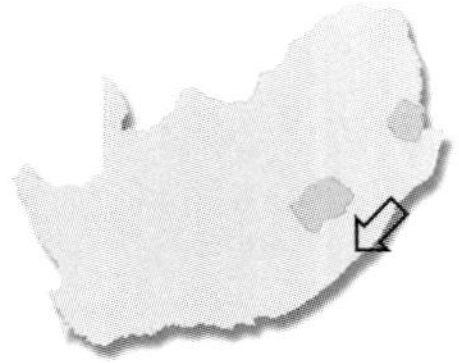

Sewula Gorge Lodge

Die Sewula Gorge Lodge ist eine exklusive Selbst-Catering Lodge mit allem Service, am Fuß eines Wasserfalls in einer spektakulären Schlucht gelegen. Sie umfasst 4 Hütten mit Bad und WC und einem gemeinsamen Meeting- und Speisebereich.

Abalone Lodge
Hermanus ◆ Western Cape

Abalone
Guest Lodge
HERMANUS

Gesundheitsbrot

Zutaten:

10 g Trockenhefe
1 L Wasser, warm
100 g Honig
1 kg Weizen-Vollkornmehl
1 EL Salz
100 g Sonnenblumenkerne
100 g Leinsamen

Zubereitung:

Den Honig im warmen Wasser auflösen. In einer Schüssel das Mehl mit dem Salz und der Trockenhefe gut mischen. Das Wasser mit dem Honig in die Schüssel gießen und mit einem Löffel zu einem weichen Teig verrühren. Dann die Sonnenblumenkerne unterrühren. Zwei Backformen einfetten und den Teig auf die beiden Formen verteilen. Den Teig an einem warmen Ort eine Stunde gehen lassen. Den Backofen auf 190 °C vorheizen und das Brot darin etwa

eine Stunde backen. Danach vorsichtig aus der Backform stürzen und auf einem Gitterrost auskühlen lassen.

Abalone Lodge

Abalone ist ein ungewöhnlich künstlerisches und einzigartiges Gästehaus, gelegen am Sievers Point ein einzigartiger Platz am Strand zwischen dem Stadtzentrum und den weißen Stränden von Hermanus. Abalone Guest Lodge bietet dank des bekannten Wanderweges entlang des Kliffs eine hervorragende Gelegenheit, Wale zu beobachten. Diese komfortable und geschmacksvoll eingerichtete Unterkunft bietet jeglichen Luxus und die einzigartige Aussicht auf Walker Bay.

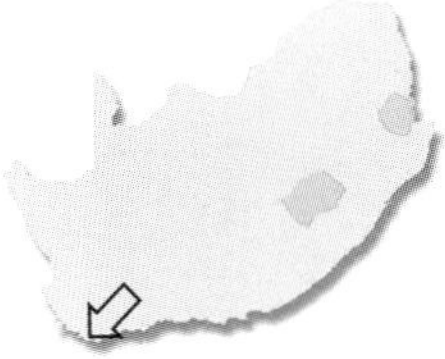

Cybele Forest Lodge and Spa
White River ◆ Mpumalanga

Erdbeer-Schokoladen-Tarte in einer Haselnusskruste

Zutaten:

Kruste:
100 g Haselnüsse
10 Tennis Bisquits (Anm.: Name für einen Biskuit aus Südafrika / alternativ: Butterkekse von Leibniz oder Bahlsen)
60 g weicher, brauner Zucker
½ TL Zimt, gemahlen
60 g Butter, geschmolzen

Füllung:
250 ml Sahne
300 g dunkle Schokolade, in Vierecke zerbrochen
250 g Himbeeren/Kirschen/ Erdbeeren
4 EL Erdbeermarmelade

Zubereitung:

Die Nüsse und die Biskuits in einen Küchenmixer geben und darin zu feinen Krümeln zerkleinern. Dann den Zucker, den Zimt sowie die geschmolzene Butter hinzugeben und so lange mixen, bis sich ein feuchter Klumpen formt. Diesen auf den Boden einer Springform mit 22 Zentimeter Durchmesser gleichmäßig verteilen und festdrücken. Dabei einen Rand entstehen lassen. Im auf 170 °C vorgeheizten Backofen 25 Minuten goldbraun und knusprig backen. Dann herausnehmen und abkühlen lassen. Um die Füllung zu bereiten, die Sahne in einen Topf gießen, kurz aufkochen lassen und dann vom Herd nehmen. Die Schokolade in eine Schüssel geben und die heiße Sahne langsam darüber gießen. Rühren bis die Schokolade geschmolzen ist. Nun die Mischung über die Nuss-Kruste gießen, verteilen und im Kühlschrank über Nacht oder mindestens 4 Stunden abkühlen lassen. Die Erdbeeren oder Himbeeren oder die entsteinten Kirschen auf der Tarte verteilen, die Marmelade erhitzen und die geschmolzene Marmelade mit einem Pinsel über die Früchte verteilen. Bis zum Servieren kühl aufbewahren.

Die Küche:

Die Küche von Cybele hat eine Reputation über die lokalen Grenzen hinaus. Internationale Gäste schätzen die weltklasse „Country Cuisine“. Jede Speise ist eine meisterhafte Zusammenstellung der frischen Zutaten aus dem eigenen Garten mit einem aufregenden modernen Pfiff und anheimelnd traditionellen Elementen.

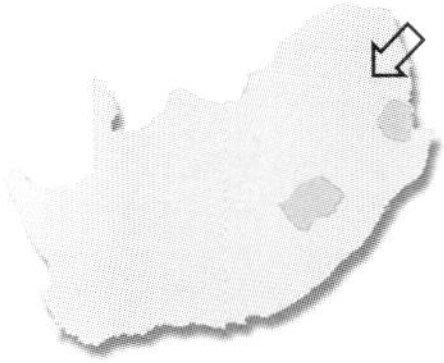

Cybele Forest Lodge and Spa

Die Lodge ist ein kleines Farmhaus aus der Zeit der Jahrhundertwende und bietet Raum für 30 Gäste.

Frühstück

Hilltop Country Lodge
George ◆ Western Cape

30-Tage-Muffins

Für die gesundheitsbewussten Gäste.

Zutaten:

3 Eier
125 ml Öl
1 TL Vanille-Essenz
200 g Rosinen
1 TL Salz
2 TL Backpulver
100 g dunkelbrauner Zucker
420 g Mehl
375 g Kleie
Butter für die Form

Zubereitung:

Die Eier, das Olivenöl und die Vanille-Essenz in einer Schüssel gut verrühren. Das Salz, das Mehl, die Kleie und das Backpulver miteinander vermischen und anschließend unter die Ei-Creme rühren. Anschließend die Rosinen hineingeben und den Teig nochmals gut rühren. Abdeckt im Kühlschrank über Nacht ruhen lassen. Zum Backen eine Muffin-Form mit Butter auspinseln, den Teig hineingeben und im auf 190 °C vorgeheizten Ofen 15 bis 20 Minuten backen. Nach Geschmack können auch Nüsse in den Teig geben werden. Die Muffins sind im Kühlschrank bis zu 30 Tage haltbar, was ihnen den Namen verlieh.

Maispfannkuchen

Zutaten:

1 Ei
200 ml Milch
170 g Mehl
1 Prise Salz
1 TL Backpulver

Zubereitung:

Die Eier und die Milch in einer Schüssel gut verrühren. In einer zweiten Schüssel das Mehl, das Salz und das Backpulver mischen und in die Milch mixen. Dann die Maiskörner und die Zwiebeln hinzugeben. Mit Pfeffer und Salz abschmecken. Das Öl in einer Pfanne erhitzen und die kleinen Pfannkuchen etwa 3 Minuten von jeder Seite backen. Auf Küchenkrepp abtropfen lassen, Kräuter darüber streuen und warm oder kalt servieren.

200 g Maiskörner
1 EL Zwiebel, gehackt
Pfeffer aus der Mühle
Gartenkräuter, gehackt
Salz
Öl

Die Küche:

Die Frühstückzeit in der Hilltop Country Lodge ist stets eine der schönsten Stunden des Tages. Meist erlaubt es das gute Wetter, dass die Gäste auf der Veranda sitzen können, um die Morgenfrische zu genießen. Das Frühstück ist herzhaft und bietet neben Fruchtsalaten, viele frisch nach dem Wunsch der Gäste zubereiteten Gerichte.

Hilltop Country Lodge

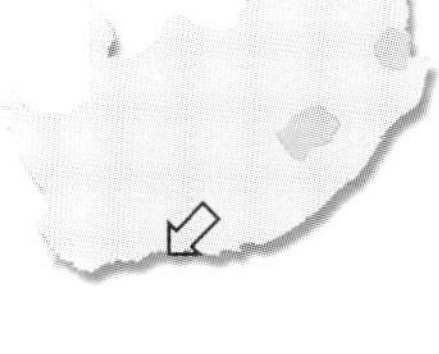

Die Hilltop Country Lodge liegt idyllisch in der Abgelegenheit des Fynbos Nature Reserve zwischen der Victoria Bay und Wilderness im Herz der Garden Route.

Ironwood Lodge
Pennington ◆ KwaZulu Natal

Ironwood Lodge-Müsli

Dieses Rezept wird sehr oft von den Gästen gewünscht.

Zutaten:

1 kg Haferflocken
100 g Nüsse, gehackt (keine Erdnüsse)
200 g Sonnenblumenkerne
375 g Kokosraspel)
250 ml Öl
500 g Honig, flüssig

Zubereitung:

Das Öl und den Honig etwas erwärmen und mit den restlichen Zutaten mischen. In Portionen auf ein Backblech geben und im auf 150 °C vorgeheizten Ofen backen bis sie gar sind. Während dieser Zeit alle 5 bis 10 Minuten wenden.

Die Küche:

Im Restaurant servieren wir frische Früchte und Gemüse aus dem eigenen Garten mit einer Auswahl von frischem Fisch und frischen Meeresfrüchten sowie traditionelle Gerichte nach hauseigenen Rezepten.

Ironwood Lodge

Das Gasthaus mit vier Familien-Suiten und zwei Doppel-Suiten bietet einen großartigen Blick auf den Indischen Ozean. Das ganzjährig geöffnete Schwimmbad liegt in einem stillen Garten voller heimischer Vögel.

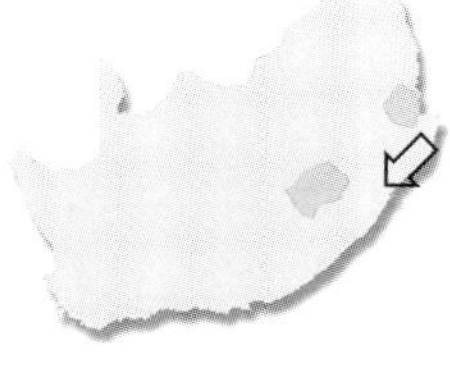

Knysna Tonquani Lodge
Knysna ◆ Western Cape

Tonqani´s geheimes Rezept für Frühstückspfannkuchen

Ein Rezept von der Knysna Tonquani Lodge für eine besondere Gaumenfreude am Frühstückstisch.

Zubereitung:

Die trockenen Zutaten miteinander mischen. Die Milch mit den Eiern, dem Öl und der Vanille-Essenz in einer Schüssel mischen und die Mehlmischung unterrühren. Ein kleine Pfanne erhitzen und immer soviel Flüssigkeit hineingeben, dass der Boden bedeckt ist. Den Pfannkuchen wenden, wenn Blasen an der Oberfläche erscheinen. Zucker und Zimt darüber streuen, aus der Pfanne nehmen und so viele Pfannkuchen auf einen Teller schichten, bis man genug hat. Die Bananenstücke mit den Nüssen mischen, auf die Pfannkuchen geben und zusammenrollen. Noch warm mit Zitronenscheiben servieren.

Zutaten:

340 g Mehl
1 TL Backpulver
1 Prise Salz
1 EL Vanille-Essenz
2 Eier
250 ml Milch
3 EL Öl

Füllung:
Bananen, gehackt
Walnüsse, gehackt

Die Küche:

Ausgezeichnetes englisches Frühstück mit frisch gebackenen Scones, Muffins und Pfannkuchen.

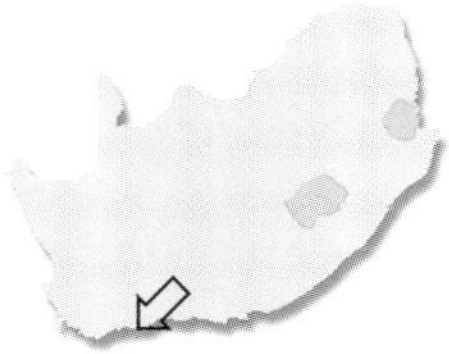

Knysna Tonquani Lodge

Mehrfacher Gewinner des National Accommodation Awards, 5 Sterne B&B (SATOUR)

Leisure Isle Lodge
Knysna ◆ Western Cape

Südafrikanische Muffins

Diese Muffins sind die großen Favoriten am Frühstückstisch.

Zutaten:

200 g Kleie
500 ml kochendes Wasser
250 g Butter
200 g brauner Zucker
4 Eier, geschlagen
500 ml Buttermilch
1 EL Backpulver
250 ml Mehl
170 g Vollkornmehl
1 TL Salz
Trockenfrüchte: Sultaninen, Apfelstücke und Nüsse

Zubereitung:

Das kochende Wasser über die in Stücke geschnittene Butter gießen. Das Backpulver in der Hälfte der Buttermilch auflösen. Nun alle Zutaten bis auf die Trockenfrüchte und Nüsse in einer Schüssel gut verrühren. Dann die Sultaninen, die Stücke von getrockneten Apfelscheiben und die Nussstücke hinzugeben. Diese Mischung in eine gefettete Muffin-Backform geben und im auf 180 °C vorgeheizten Ofen so lange backen, bis sie dunkelbraun sind.

Die Küche:

Nachdem man vom Orchester des Gezwitschers exotischer Vögel geweckt wurde, den Wellen lauscht, wie sie gemächlich an die nahe Küste branden, genießt man ein vorzügliches englisches Frühstück. Es wird im Frühstücksraum serviert, von welchem man einen atemberaubenden Blick über die Lagune von Knysna hat.

Leisure Isle Lodge

Die Leisure Isle Lodge liegt am Ufer der Bollard Bay auf Leisure Island in der Lagune von Knysna. Von der Lodge aus ist das Zentrum von Knysna in wenigen Minuten zu erreichen, sie ist aber weit genug entfernt, um Ihnen Ruhe und Erholung zu bieten. Von hier aus können Sie die berühmten Knysna Heads sehen, die den Eingang vom Meer zur Lagune flankieren. Gegenüber liegt das Featherbed Nature Reserve. Ein zur Lagune ausgerichteter Raum ist für behinderte Gäste eingerichtet. Entspannt zusammensitzen können Gäste in der Lounge, in der ein offenes Kaminfeuer eine gemütliche Atmosphäre erzeugt. Von der Lounge und der Bar blickt man ebenfalls auf die Lagune.

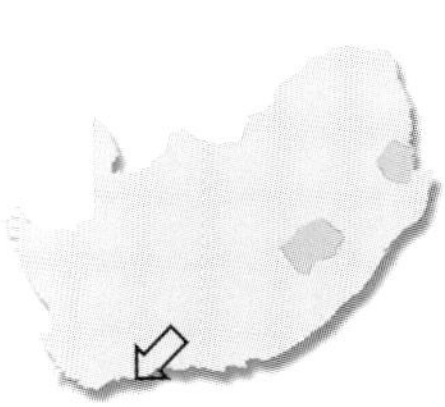

The Pink Lodge on the Beach

Wilderness • Western Cape

THE PINK
LODGE ON THE BEACH

Moer-by-Muffins

"Moer-by" hat in Afrikaans viele verschiedene Bedeutungen. In diesem Fall steht es dafür, dass viele verschiedene Zutaten gemischt wurden. Auf jeden Fall ist dieses Rezept einfach und funktioniert immer.

Zutaten:

1 kg Muffin-Teig-Mix (fertige Mischung)
500 ml Öl
800 ml Milch
6 große Eier
200 g Kokosraspel
250 g Dattel, gehackt
1 kg Müsli Crunch
125 g Sonnenblumenkerne
1 kg Karotten, grob gerieben
2 Bananen
250 g gemischte Trockenfrüchte, gehackt
500 g Reis Crispies
100 g Sesamsamen

Zubereitung:

Die Eier, die Milch und das Öl in einer Schüssel verrühren. Alle weiteren Zutaten hineingeben und gut verrühren. Wenn die Mischung zu trocken ist, kann noch etwas Milch hinzugegeben werden. 10 bis 15 Minuten ruhen lassen. Den Teig auf Muffin-Bleche verteilen. Im auf 175 °C vorgeheizten Ofen 25 bis 28 Minuten backen. Anschließend auf einem Gitter auskühlen lassen. Die Teigmenge ergibt etwa 60 Muffins. Luftdicht verpackt lassen sie sich auch einfrieren. Danach sollten sie über Nacht auftauen und vor dem Servieren im Plastikbeutel in einer Mikrowelle leicht erhitzt werden.

Die Küche:

Ein großartiges Frühstücksangebot erwartet die Gäste in unserem tropischen Speiseraum.

The Pink Lodge on the Beach

Weitläufige, elegante und luxuriöse Unterkünfte mit Bad und WC in einem außergewöhnlichem Gebäude mit einem wunderschönen Garten, der sich zu den endlos goldenen Sandstränden öffnet.

Constantia Manor
Constantia ◆ Western Cape

Orangenmarmelade

Das Geheimnis unserer beliebten Orangenmarmelade ist, dass die Grundlage eine Ingwermarmelade ist und sie so weniger bitter als die klassische Orangenmarmelade ist.

Zutaten:

250 g frische Ingwerknollen
750 ml Weißwein
4 EL Orangensaft
1 kg Zucker
½ Stange Zimt
225 g Opekta (Geliermittel)
10 g Zitronensäure (Ascorbinsäure)

Zubereitung:

Den Ingwer waschen und schälen. Die Ingwerschalen, den Weißwein und die Zimtstange etwa 30 Minuten kochen. Dann zugedeckt über Nacht stehen lassen. Den geschälten Ingwer mit dem Orangensaft beträufeln und zugedeckt im Kühlschrank aufbewahren. Den Sud am nächsten Tag von den Schalen abgießen und zurück in den Topf geben. Den Ingwer fein reiben, in den Sud geben und 15 Minuten darin kochen. Danach den Zucker und Zitronensäure einrühren, 10 Sekunden kochen lassen. Zuletzt Opekta einrühren, aufkochen lassen, sofort in sterilisierte Gläser füllen und verschließen. Die Gläser eine Viertelstunde auf dem Kopf stehen lassen, damit am Deckel später keine Luft eindringen kann. Statt Opekta und Zucker kann man auch Gelierzucker verwenden, dabei die entsprechenden Mengenangeben beachten.

Die Küche:

Das Frühstück im Constantia Manor bietet seinen Gästen 3 verschiedene frische Fruchtsäfte, cremige Joghurts und Milch, verschiedene Müslis, frischen Fruchtsalat, 7 hausgemachte Marmeladen, Platten mit aufgeschnittenem Fleisch, verschiedene holländische Käse, Früchte, knuspriges Brot, saftige Croissants, Toast mit der individuell gewünschten Bräunung, Eier (gekocht, gerührt, pochiert u.v.a.), Omeletts nach Wunsch der Gäste, frisch gefilterten Kaffee und diverse Sorten Tee.

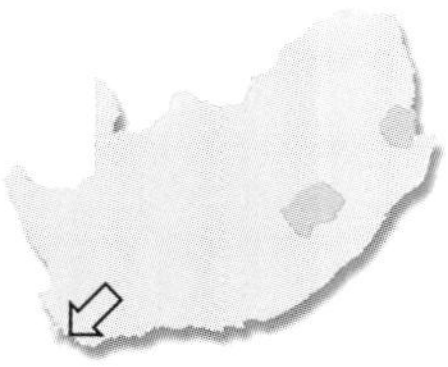

Constantia Manor

Constantia Manor ist ein reetgedecktes Gästehaus der gehobenen Kategorie auf einem schönen und großen Gartengrundstück im Herzen des alten Weinlandes im Constantia-Tal. Das ganze Haus ist mit einer erlesenen Auswahl antiker Möbel eingerichtet, die mit dazu beitragen, eine ansprechende entspannte Atmosphäre zu schaffen und sich hier wohlzufühlen. Auch der geheizte Salzwasser-Swimmingpool bietet die Möglichkeit, sich hervorragend zu entspannen.

De Kuilen Country House
Bryanston ◆ Gauteng

De Kuilen Country House
★★★★★
and Luxurious Bed and Breakfast Cottages

Warme Eier in Phylloteig mit geräuchertem Lachs und Fettunta

Die Phyllo-Körbchen mit Ei sind ein von Mrs Annemarie Molteno zur Perfektion gebrachtes Rezept, welches als spätes Frühstück oder Mittagessen serviert werden kann. (Anm.d.Red.: Fettunta sind gebackenes Brot, ähnlich den Crostini)

Zutaten:

(für 8 Portionen)
Für die Eier in Phylloteig:
6 Blätter Phylloteig
Butter, geschmolzen
8 Eier
8 gehäufte EL Schmand
4 TL Schnittlauchröllchen
Meersalz
schwarzer Pfeffer aus der Mühle

Zubereitung:

Für die Phyllo-Körbchen: Zunächst die Phylloteig-Körbchen vorbereiten. Zwei Blätter Phylloteig nebeneinander auf den Küchentisch legen. Mit geschmolzener Butter bestreichen, erneut ein Blatt Teig darauf legen, wieder mit Butter bestreichen und wieder eine Lage Teig darauf geben. Jede der beiden Teigschichtungen in vier gleichgroße Vierecke schneiden. 8 Souffléförmchen mit geschmolzener Butter ausstreichen und die 8 Vierecke Phylloteig hineinge-

ben. Den Teig an die Ränder drücken und die Ecken herausstehen lassen. Den Teig im auf 180 °C vorgeheizten Ofen 5 Minuten backen bis der Teig leicht goldbraun ist. Den Teig nicht zu lange backen, da er noch einmal gebacken wird. Dann abkühlen lassen.
Backen der Eier: 10 Minuten vor dem Servieren in die mit Phylloteig ausgekleideten Souffléformen je ein Ei aufbrechen und hineingeben. Fein gemahlenes Meersalz und etwas Pfeffer darüber streuen. Einen gehäuften Esslöffel Schmand auf jedes Ei setzen und einen halben Teelöffel Schnittlauchröllchen darüber streuen. Den noch herausragenden Phylloteig mit der geschmolzenen Butter bestreichen und im auf 200 °C vorgeheizten Backofen 5 Minuten garen oder bis die Eier halb fest sind, so dass das Eigelb noch dickflüssig ist.
Für die Fettunta: Im Vorfeld das Öl mit dem Knoblauch und den Kräutern mischen. Damit beide Seiten des Brots bestreichen. Vor dem Grillen Meersalz darüber streuen. Entweder die Toasts zuvor vorbereiten und warm halten oder wenn die Eier gebacken sind, frisch toasten, bis sie auf beiden Seiten goldbraun sind.
Zum Servieren: Bevor die Eier gebacken werden, 100 Gramm Lachs in Röschenform zusammengedreht auf jeden der 8 Teller geben. Das Öl und frischen Zitronensaft über den Lachs träufeln und etwas gemahlenen schwarzen Pfeffer und etwas frischen Dill darüber streuen. Die gebackenen Eier vorsichtig aus den Souffléformen heben und auf die Teller setzen. Die Fettunta dazugeben, mit den Schnittlauchstängeln dekorieren und sofort servieren.

Für die Fettunta:
125 ml Olivenöl
2 Knoblauchzehen, fein zerstoßen
1 EL Majoran und Oregano, fein gehackt und vermischt
8 Scheiben Weißbrot
Meersalz

Zum Servieren:
800 g geräucherter Lachs oder Forelle
Olivenöl
Zitronensaft, frisch gepresst
schwarzer Pfeffer aus der Mühle
Frischer Dill
Schnittlauchstängel

Die Küche:

Das Haus serviert seinen Gästen das Frühstück auf den privaten Verandas und in dem mit Rosen bewachsenen Innenhof des Haupthauses. Für alle anderen Speisen stehen viele Einrichtung zum Selbst-Catering zur Verfügung.

De Kuilen Country House

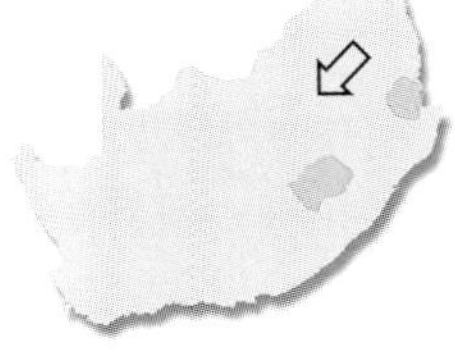

De Kuilen verbindet Herzlichkeit und die traditionelle kapholländischen Gastlichkeit mit allem modernen Komfort in einem von Johannesburgs angenehmsten nördlichen Vororte. Die friedvolle Umgebung ist perfekt zum Entspannen.

Annies´s Cottage
Springbok ◆ Northern Cape

Koeksisters

Diese Delikatesse steht für die Buren und Afrikaans wie die Römer für Rom. Für Koeksisters wird ein sehr einfacher Teig ausgerollt und in 3 Streifen geschnitten. Dieses werden wie ein Zopf geflochten, gebacken, abkühlen lassen und mit Sirup bestrichen. Das knusprige, braune und sehr süße Gebäck wird zu Kaffee gereicht. Unsere Tante Saartjie hat sie zu allen Anlässen gebacken, von Hochzeiten bis zu Beerdigungen. Beim Knabbern stellt sich schnell ein wohltuendes Gefühl ein, wenn der Zuckerstoß durch die Adern rauscht...
Dies ist auch der ideale Snack, den man mit nach Hause nach Good Old Europe nehmen kann, da die Koeksisters durch die Zuckerglasur mehrere Wochen haltbar sind.

Zutaten:

Sirup:
3 Stücke frischer, grüner Ingwer
1,2 kg Zucker
750 ml Wasser
1 EL Golden Sirup (wenn nicht verfügbar, dann Grafschafter Goldsaft)
1 TL Zitronensaft
½ TL Cream of Tarter (gereinigter Weinstein aus der Apotheke)

Teig:
540 g Mehl
2 EL Backpulver
1 TL Muskatnuss, fein gerieben
½ TL Salz
50 g Butter, warm
375 ml Milch
Sonnenblumenöl

Zubereitung:

Den Ingwer zerdrücken und in ein sehr kleines Tuch binden. In einem großen Kochtopf das Wasser und alle weiteren Zutaten für den Sirup erhitzen und das Ingwersäckchen hineingeben. Dabei ständig rühren, bis der Sirup zu kochen beginnt. Den Deckel auf den Topf geben und den Sirup eine Minute kochen lassen. Dann die Hitze reduzieren um danach erneut den Sirup ohne Deckel 5 Minuten kochen lassen. Nun vom Herd nehmen und über Nacht abkühlen lassen. Der Sirup sollte nicht kristallisieren. Für den Teig das Mehl in eine Schüssel sieben und mit dem Backpulver, der Muskatnuss und dem Salz gut vermischen. Die warme Butter in das Mehl einarbeiten. Die Milch in den Teig „schneiden", indem man mit einem alten Taschenmesser den Teig bearbeitet, bis ein fester Teig entstanden ist. Nur leicht kneten, ein Küchentuch darüber legen und den Teig ruhen lassen. Auf ein Teigbrett und den Teigroller etwas Sonnenblumenöl geben und den Teig auf eine Dicke von 7 mm ausrollen. Nun mit dem Messer Streifen von 20

Zentimeter Länge und 1 Zentimeter Breite schneiden. Dann die Streifen flechten. Während all dieser Zeit sollte der Teig feucht gehalten werden. Nun eine kleine Schüssel mit dem Sirup in eine größere, mit Eiswasser und Eiswürfeln gefüllte Schüssel stellen. Einen Kochtopf mit 20 Zentimeter Durchmesser nehmen, das Sonnenblumenöl hineingießen und erhitzen. Das Öl sollte nicht zu stark erhitzt werden. Zum Test kann man ein kleines Stückchen Teig in das Öl geben wenn dies an die Oberfläche des Öls aufsteigt, hat dieses die richtige Temperatur. Immer nur einige Koeksisters zur gleichen Zeit in das Öl geben und von beiden Seiten goldbraun backen. Die noch zischenden Koeksisters sofort in den kalten Sirup tauchen und bis 5 zählen, bevor man sie herausholt und auf ein Gitter zum Abtropfen und Auskühlen legt. Sie werden kalt serviert und können auch eingefroren werden.

Die Küche:

Das Gästehaus liegt im Herzen von Springbok, dem Zentrum des Namaqualand im äußersten Westen der Northern Cape Province. Annie's Cottage ist ein wahrgewordener Traum von Afrika. Das alte Manor House wurde in all seiner Pracht restauriert. Das Bed & Breakfast Gästehaus ist eine Satour akkreditierte Pension und ein Halbfinalist des AA Accommodation Awards in Südafrika. Das Haus bietet ausgezeichnete Unterkünfte und Gastfreundlichkeit. Für beides sind die Südafrikaner berühmt.

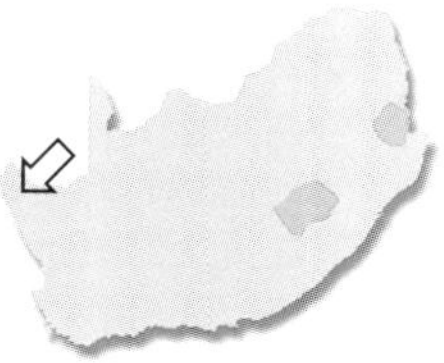

Annies´s Cottage

Annies's Cottage bietet Frühstück und Nachmittagstee mit original Milktart und Koeksisters, die auch zu Kaffee auf der Veranda serviert werden.

Rosedene Guest House
Cape Town ◆ Western Cape

Rosedene GUEST HOUSE

Frühstück-Muffins mit Datteln, Kirschen und Nüssen

Eine Explosion des Geschmacks mit dem alten Charme des wahren Südafrikas.

Zutaten:

(für 12 Muffins)
250 g Datteln, entsteint
1 TL Backpulver
1 EL Butter
1 Ei
280 g Mehl
200 g Zucker
250 ml kochendes Wasser
1 Prise Salz
250 g rote und grüne Cocktail-kirschen
250 g Mandeln, gehackt

Zubereitung:

Die Kirschen und die Datteln klein schneiden, in eine Rührschüssel geben, mit dem Backpulver vermischen und das heiße Wasser darüber gießen. In einer zweiten Schüssel die Butter und den Zucker mit einem Handmixer cremig rühren. Das Ei hinzugeben und unterschlagen. Dann unter Rühren nach und nach das Mehl mit dem Salz zugießen. Wenn die Mischung gut verrührt ist, die Kirschen mit dem Wasser zugießen und unterrühren. Danach mit den Mandeln ebenso verfahren. Den Teig auf ein Muffinblech verteilen und im auf 180 °C vorgeheizten Ofen etwa 25 Minuten backen.

Die Küche:

Im Speiseraum oder unter einer 100 Jahre alten Eiche wird das koloniale, englische oder kontinentale Frühstück serviert. Im Winter sitzt man zum Speisen nahe des wärmenden Kamins. Die Muffins und die Croissants werden täglich frisch gebacken. Dazu wird frisch gemahlener Blue Mountain Kaffee eingeschenkt.

Rosedene Guest House

Das Rosedene Guest House hat 15 Zimmer mit Afro-Chic und kolonialer Pracht und ist berühmt für seine Gastlichkeit. Das Haupthaus mit seinen 11 Zimmern liegt versunken in einem Garten mit einheimischen Pflanzen. Das Garden Cottage mit der privaten Lounge grenzt an den Pool. Das historische Gate House bietet 3 Schlafzimmer und Komfort eines Zuhauses, fern der Heimat. Lassen sie sich von dem Ausblick auf den Tafelberg gefangen nehmen, während sie auf dem Liegestuhl am Pool entspannen.

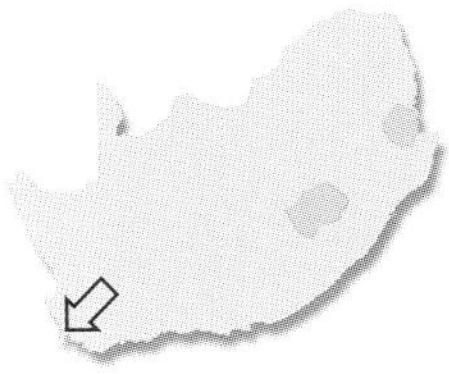

Hoogland Health Hydro
Pretoria ◆ Gauteng

Hoogland
HEALTH HYDRO

Die Küche:

Gesunde Küche, individuelle Zubereitung nach Kriterien der Reduzierung von Fett und Kalorien. Kein rotes Fleisch.

Apfel Delight

Sehr ein köstliches Rezept für ein gesundes Frühstück.

Zutaten:

1 Granny Smith Apfel (oder ein anderer knackiger Apfel)
1 EL Zitronensaft
200 g Joghurt
1 TL Weizenkeime
1 TL Honig
1 EL Pflaumensaft
1 Pflaume, entsteint

Zubereitung:

Das Kerngehäuse des Apfels ausstechen und den Apfel fein raspeln. Mit dem Zitronensaft beträufeln und dann mit den restlichen Zutaten in der Reihenfolge der Zutatenliste vermischen.

Hoogland Health Hydro

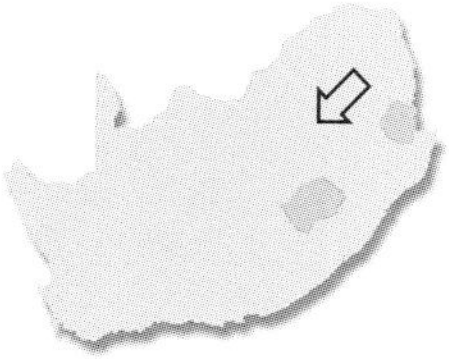

Dieser Urlaub soll helfen, in der modernen Welt zu überleben. Dieser Natur-Urlaub soll Kraft geben, die Lebensqualität zu verbessern und dem Gast das Gefühl geben, wieder obenauf zu sein. Das Hydro Health Resort ist für den Körper wie eine `Große Inspektion´ für das Auto.

Getränke

Lion Sands Private Game Reserve
Krüger National Park ◆ Mpumalanga

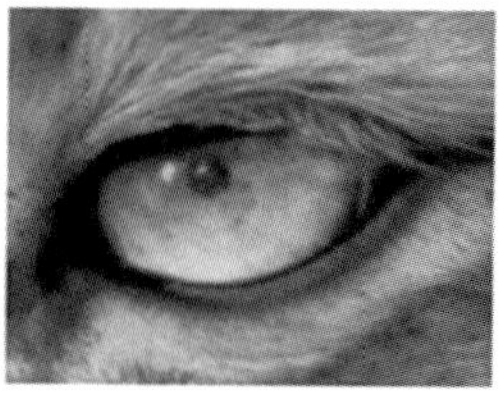

LION SANDS
PRIVATE GAME RESERVE

Mint & Lychee Cooler

Zutaten:

(für 2 Portionen)
5 Lychees aus einer Dose nehmen, die Hälfte der Flüssigkeit aufbewahren
15 frische Minzeblätter
1 EL Lime Juice
10 Eiswürfel

Zubereitung:

Die Lychees, den Sirup, die Minzeblätter, den Lime Juice und das Eis in einen Mixer geben und gut mixen. In gefrosteten Gläsern servieren.

Die Küche:

Die Küche von Lion Sands wurde aus der Idee geboren, die Vielfalt der einheimischen Aromen zu einer einzigartigen Geschmackserfahrung zusammenzuführen, welche das Erlaubnis einer Safari kulinarisch begleitet und bereichert.

African Cooler

Zubereitung:

Die Zutaten im Shaker mixen und in einem Martini Glas servieren.

Zutaten:

10 cl Amarula Cream
5 cl Malibu, Weißer Rum
1 Glas crushed Eis

Lion Sands Private Game Reserve

Die River Lodge hat 14 luxuriöse reetgedeckte Räume mit Badezimmer und einer Außendusche, Klimaanlage und Deckenventilator sowie einer privaten Veranda. Den Gästen steht ein Wäsche- und Dienstservice zur Verfügung. Flughafentransfer kann arrangiert werden. Außerdem gibt es einen Swimmingpool, ein Sonnendeck, eine Lounge und eine Bar sowie eine Gymnastik- und Gesundheitseinrichtung. Gäste können Tiere nicht nur auf den Tages- und Nachtpirschfahrten, sondern auch von den Aussichtsunterständen aus beobachten.

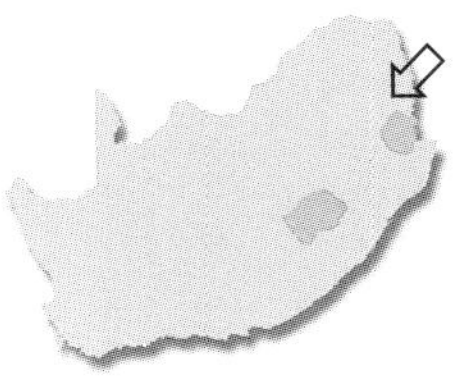

Singita Private Game Reserve
Sabi Sand Reserve ◆ Mpumalanga

Singita Safari Cocktail

Zutaten:

1 kleine Schaufel Crushed Eis
3 cl Wodka
½ TL Grenadine
1 Dose Bitter-Orangen
4 Tropfen Bitter

Garnitur:
1 Weintraube
1 Stück Zimtstange
1 kleiner Zweig Minze

Zubereitung:

Die Grenadine in ein Glas gießen. Mit dem Wodka aufgießen und die Bitter-Orangen darauf geben. Das Eis hineingeben und die Bitter-Orangen unterschütteln. Mit einem Barmixer eine zarte Konsistenz schaffen, jedoch den Cocktail nicht zuviel rühren. Mit der Traube, der Zimtrinde und der Minze garnieren.

Die Küche:

Man ist stolz auf einen der feinsten afrikanischen Busch-Weinkeller mit über 12.000 Flaschen. Darunter befinden sich neben

zahlreichen prämierten auch einige der Raritäten von den Weinbergen im Land am Kap der Guten Hoffnung.

Singita Private Game Reserve

„Africa's Finest Private Game Reserve" bietet eine außergewöhnliche südafrikanische Safari in einem exklusiven Naturschutzgebiet am Krüger Nationalpark. Singita ist exquisiter Luxus, erlesene Einsamkeit und vollkommene Ruhe in einer juwelengleichen Umgebung, in der engagierte und aufmerksame Mitarbeiter den Besuchern jeden Wunsch von den Augen ablesen und sie verwöhnen. Die beiden Lodges im Singita Private Game Reserve: Ebony Lodge und Boulders Lodge liegen in einem 18 000 Hektar großen Gebiet am westlichen Rand des Krüger Nationalparks. Allerbester Komfort, Stil, Mahlzeiten und die besten Weine schmeicheln den Sinnen. Beide Lodges bieten Tierbeobachtungsfahrten am Morgen und am Nachmittag im offenen Landrover an.

Bonniedale Farm
Hartenbos ◆ Western Cape

Bonniedale Farm

Ingwerbier

Zutaten:

1 TL Trocken-Hefe (keine „schnell-treibende")
1-2 EL Ingwer Pulver
1 EL Zucker
1 TL Cream of Tarter (gereinigter Weinstein aus der Apotheke)
7,5 L Wasser, kalt
1 TL Weinsteinsäure
6 x 200 g Zucker
12-15 Rosinen

Zubereitung:

Die Hefe und den Zucker mit etwas lauwarmen Wasser und etwa 10 Minuten ziehen lassen. Den Rest der Zutaten ohne die Rosinen in einen 10 Liter Plastik-Eimer füllen und rühren, bis der Zucker sich aufgelöst ist. Die Hefe zugeben und wieder rühren. Nun die Rosinen hinzufügen. 24 Stunden stehen lassen. Danach durch ein Tuch seihen und in Plastik-Flaschen füllen, verschließen und kühl stellen. Nach 3 bis 4 Tagen ist das Ingwerbier fertig. Im Kühlschrank lagern. Nicht schütteln bis zum Öffnen. Das Gas langsam entweichen lassen. Ab und zu „Luft ablassen", wenn es über längere Zeit gelagert wird.

Bonniedale Farm

Die Bonniedale Farm erstreckt sich über 16 Quadratkilometer und bietet zahlreiche Erlebnismöglichkeiten. An Bonniedale schließt sich darüber hinaus ein großes Naturschutzgebiet an, in dem Sie reiten oder wandern können. Bonniedale bietet Ihnen ganzjährig den blauen afrikanischen Himmel in einer malariafreien Zone mit mediterranem Klima.

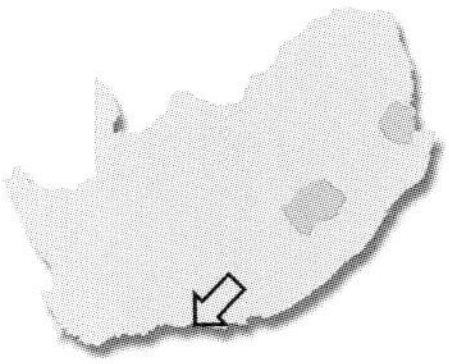

Djuma Game Reserve - Bush Lodge
Hluvukani ◆ Mpumalanga

Djuma Drum

Zubereitung:

Die Zutaten mit zerstoßenem Eis in einem Cocktail Shaker mischen.

Zutaten:

25 ml Bacardi, weiß
25 ml Spiced Gold Rum (Anm.: Captain Morgan)
25 ml Triple Sec
frischer Orangensaft

„Ein Rudel schreiender Hyänen“

(Pack of screaming hyenas)

Zutaten:

25 ml Wodka
25 ml Kahlua
25 ml Amarula Cream Liquer
(Anm.: Alternativ: Baileys)
25 ml Amaretto
Sahne
Frische Milch

Zubereitung:

Halb Milch halb Sahne mit den restlichen Zutaten in einem Cocktail Shaker mischen. Zerstoßenes Eis in ein Glas geben und den Cocktail darüber gießen.

Die Küche:

Die köstlichen Mahlzeiten werden in einer entspannten und komfortablen Atmosphäre eingenommen.

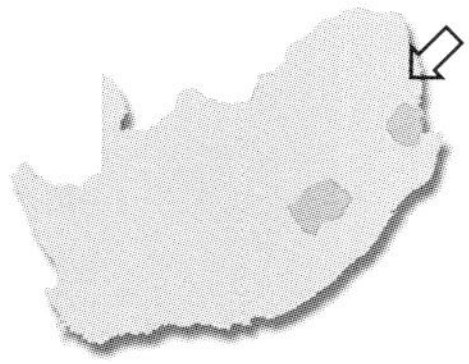

Djuma Game Reserve - Bush Lodge

Die Bush Lodge hat insgesamt acht geschmackvoll eingerichtet Chalets mit Strohdächern, die von einem mit einheimischen Pflanzen angelegten Garten umgeben sind.

Glossar der südafrikanischen Küchenbegriffe

Begriffe zu Küche und Speisen im Süden Afrikas

Afrikaans = Englisch = Deutsch

☙ A ❧

Ahi = Yellowfin Tuna = Allison Tuna = Thunfisch-Art (Thunnus Albacares)
Anglerfish = Frogfish = Monkfish = Seeteufel (Lophius Piscatorius)
Atjar = scharfe Soße mit eingelegten Gemüse- oder Fruchtstücken
Alikreukels = pazifische Meerschnecken-Art
Amadambe = Möhrengemüseart

☙ B ❧

Bhajias = Gelberbs-Krapfen
Bees = Beef = Rind
Bigeye Tuna = Thunfisch-Art (Thunnus Obesus)
Biltong = getrocknete/gepökelte Fleisch-Streifen (Rind, Antilope u.a.)
Birjani = Biriani = Breyani = indischer Name für Reisgericht mit Fleisch oder Fisch
Blatjang = verschiedene Soßen indischen Ursprungs (siehe Altjar)
Bobotie = Hackfleischauflauf mit Curry malaiischen Ursprungs
Bok = Goat = Ziege
Boontjies = Beans = Bohnen
Boerewors = würzige, zur Schnecke gerollte Bauernbratwurst
Braai = Barbeque = BBQ = Grill
Bredie = Eintopf (meist mit Lammfleisch und Gemüsen)
Brinjal = Eggplant = Aubergine
Buffel = Buffalo = Büffel

☙ C ❧

Capefish = Gabeldorsch (Phycis Blennioides)
Cape Gooseberrie = Husk Tomato = Ground Tomato = Ground Cherry = Kap-Stachelbeere (Physalis Peruviana)
Catfish = Katfisch = Seewolf = Steinbeißer (Anarhichas Lupus)
Chakalaka = scharfe Sauce (siehe Miliepap)
Chili Bites = Blätterteiggebäck mit Chili
Couta = King Mackerel = pazifische Makrelen-Art (Scomberomorus Commersonni)

☙ D ❧

Denningvleis = bedeutet "gut gewürztes Fleisch"
Dolphinfish = Delphinfisch = Goldmakrele

ᨀ E ᨀ

Eend = Duck = Ente
Elf = Shad = Maifisch = Herings-Art (Alosa Alosa)

F

Fenugrek = Fenugreek = Bockshornklee (Gewürzbestandteil)
Frikkadels = Frikadellen

G

Galjoen = Blackfish = Kabeljau-Art (Coracinus capensis)
Garam Masala = Gewürzmischung (siehe Masalas)
Germoon = Longfin Tuna = Albacore Tuna = Thunfisch-Art (Thunnus Alalunga)
Geelbek = Cape Salmon = Cod = pazifische Lachs-Art (Atractoscion Aequidens)
Groente = Vegetable = Gemüse

H

Ham = Ham = Schinken
Hake = Stockfish = Stockfisch
Halfkoort = Yellowtail = Yellowtail Kingfish = Cape Yellowtail (Serida Lalandi Lalandi)
Yellowtail Snapper = Gelbschwanz-Schnapper (Ocyurus Chrysurus)
Hoender = Chicken = Huhn oder Hühnchen

IJ

Ingera = Fladenbrot
Jagdluipert = Cheetah = Gepard

K

Karoo = südafrikanische Steppenlandschaft
Kaas = Cheese = Käse
Kalf = Veal = Kalb
Kalkoen = Turkey = Truthahn
Kerrie = Curry
Kingklip = Lengfisch (Dorschart)
Koekie = Puffer
Koeksisters = süße frittierte, in Sirup getauchte Teigzöpfe
Konyn = Rabbit = Kaninchen
Kreef = Crayfish = Rocklobster = Hummer-Art (Astacidea/Parastacidae)

☙ L ❧

Lam = Lamb = Lamm
Lamtjop = Lambchop = Lammkotelett
Leeu = Lion = Löwe
Lewer = Liver = Leber
Luipert = Leopard = Leopard

☙ M ❧

Masalas = beliebte Gewürzmischungen indischen Ursprungs
Mbatata = Sweet Potato = Süßkartoffel
Melktert = Milktart = Blätterteigkuchen
Milie = Sweetcorn = Mais
Miliepap = Mealie Pap = Milch-Maisbrei, afrikanischen Ursprungs
Morogo = verschiedene grüne „wildwachsende" Blattgemüse
Mossel = Mussel = Miesmuschel
Muttabah = Hackfleischkuchen mit Chili

☙ N ❧

Nagereg = Dessert = Nachtisch
Nier = Kidneys = Nieren

☙ O ❧

Oester = Oyster = Auster
Olifant = Elephant = Elefant
Okra = Gumbos = Gambos = längliche, unreife Schoten einer Eibischart

☙ P ❧

Pampoen = Pumpkin = Kürbis
Pampoenkoekie = Kürbispuffer
Pap = Brei oder Pudding
Potjiekos = Eintopf in einem dreibeinigen gusseisernen Topf
Peri-Peri = Piri-Piri = getrocknete sehr scharfe Pfeffer-, Chili- oder Peperoni-Schoten
Periwinkles = kleine Muscheln
Perlemon = Abalone = Meerohren (große Muschelart)
Pofadder = Wurst aus Innereien
Putu = Polenta-Variante

↜ S ↝

Sambal = würzige Paste aus zerkleinertem Obst oder Gemüse
Sampioen = Mushrooms = Pilze
Skaap = Sheep = Schaf
Slaphakskeentjies = Zwiebeln in saurer Soße (als Beilage)
Snapper Kob = Kob = pazifische Lachs-Art (Otolithes Ruber)
Snoek = Cpae Snoek = Barracouta = atlantische Barracuda-Art (Thyrsites Atun)
Sop = Soup = Suppe
Sosatie = marinierter Fleischspieß
Sousboontjies = süßsaure Bohnen-Beilage
Springbok = Springbock (große Garzellenart)
Swartrenoster = Black Rhino = Schwarzes Nashorn

↜ T ↝

Tarentaal = Guinea Fowl = Perlhuhn (Numida Meleagris)
Tert = Tart = Cake = Torte/Kuchen
Tilapia = Buntbarsch (Oreochromis spp.)

↜ U ↝

Umga = Kürbis-Mais-Püree

↜ V ↝

Vark = Prok = Schwein
Vis = Fish = Fisch
Vlakvark = Warthog = Watoog = Warzenschwein
Vleis = Meat = Fleisch
Volstruis = Ostrich = Strauß
Vrugterol = in Lagen getrocknetes, gerolltes Obstmus

↜ W ↝

Wild = Game = Wildbrett
Wildvoel = Gamebirds = Wildgeflügel
Welbeloontjies = Stockbrot
Waterblommetjie = Wasserpflanze aus der Kapprovinz (Seerosen-, Wasserlilienart)
Waterblommikiesbredie = „Wasserblumen"-Eintopf
Witrenoster = Withe Rhino = Weißes Nashorn
Wyn = Wine = Wein

Alphabethisches Verzeichnis der Lodges, Restaurants, Hotels und Wine Estates

[Für die Vollständigkeit und Richtigkeit der Angaben kann keine Haftung übernommen werden.]

9

96 Winery Road

Zandberg Farm and Guesthouse, Winery Road (off the R44) Stellenbosch
Western Cape, South Africa

☎ 0027 (0) 21 842 2020
0027 (0) 21 842 2050
wineryrd@mweb.co.za

Die Öffnungszeiten des Restaurants sind Montag bis Samstags ab 12.00 Uhr, für den Mittagstisch und Samstags ab 19.00 Uhr.

A

Abalone Lodge

306 Main Road, Hermanus
Western Cape, South Africa

☎ 0027 (0) 28 3123744
0027 (0) 28 312 4229
res@abalonelodge.co.za
www.abalonelodge.co.za

Alle Zimmer haben eine Panoramasicht aufs Meer oder die Berge. Jedes Zimmer ist individuell mit original südafrikanischen Kunst- und Dekorationsgegenständen eingerichtet. Alle Zimmer verfügen über eigene Balkone oder Terrassen. Die meisten Zimmer sind Zweibettzimmer. Die Zimmer 1 und 6 können bei Bedarf zum Doppelzimmer umgestaltet werden. Alle Zimmer haben Fernseher mit Satellitenanschluss, Telefon, eMail und Fax, Fußbodenheizung, Bettwäsche und Tee/Kaffeekochgelegenheit.

A

Andries Stockenström Guest House

Cradockstraat 100, Graaff-Reinet 6280
Eastern Cape, South Africa

☎ 0027 (0) 49 8924575
0027 (0) 49 8924575
info@stockenstrom.co.za
www.stockenstrom.co.za

Außer den Freuden für den Gaumen bietet Graaff-Reinet auch dem Auge viel. Besuchen Sie das "Valley of Desolation" und die zahlreichen wunderschönen alten Häuser der Stadt.

A

Anlo Guest House

Cnr. Guthrie & Eieland Streets, de Kelders, Gansbaai. P.O. Box 901, Hermanus 7200
Western Cape, South Africa

☎ 0027 (0) 28 384 1201
0027 (0) 28 384 1201
anlo@kingsley.co.za
www.anloguesthouse.co.za

5 individuell eingerichtete Schlafräume mit Bad und WC, mit Fön, Deckenventilatoren, Heizdecken und Tee- und Kaffee-Tabletts. Weiter bietet das Anlo Guest House seinen Gästen allen Komfort inklusive einem Swimmingpool, Bücherei, Gäste Lounge mit Satelliten-Fernsehen, Telefon, Telefax und Internetzugang. Die Fahrzeuge können auf dem Gelände des Anlo Guest House geparkt werden. Wir sprechen englisch, afrikaans und französisch. Qualifizierte Touristenführer stehen bereit, um die Gäste bei ihren Unternehmungen zu unterstützen.

A

Annies´s Cottage

Springbok 8240
Northern Cape, South Africa

☎+🖹 0027 (0)712 1451 - 0834541252
annie@springbokinfo.com
www.springbokinfo.com

Das Haus bietet Unterkunft für 27 Personen in 11 luxuriösen Zimmern mit Bad und WC. Alle haben einen Zugang zu einem eigenem Bereich im Garten. Außerdem verfügen die Zimmer über einen Deckenventilator, Klimaanlage, 21 cm Sprungfedermatratzen, Heizdecken, Federbetten, Mnet TV und bewachte Parkplätze.

A

Aubergine Restaurant

39 Barnet Street, Gardens, Cape Town 8001
Western Cape, South Africa

☎ 0027 (0) 21 465 4909
🖹 0027 (0) 21 461 3781
aubergin@mweb.co.za
www.aubergine.co.za

Die zwei Speiseräume im Restaurant bieten Platz für 48 Gäste im „Church Pew Room" oder für 36 Gäste im „Cape Dutch Room". Wenn das Wetter es zulässt, bietet die Terrasse ein angenehmes Ambiente für weitere 45 Gäste. Bis zu 86 Gäste können an einer Tafel Platz nehmen und außerdem kann ein Festzelt aufgebaut werden, in dem bis zu 120 Gäste verköstigt werden können. Raucher und Nichtraucher sind willkommen. Das Aubergine Restaurant ist geöffnet von Montags bis Samstags für ‚Cinq-à-Sept' und Abendessen.

A

Avalon Springs Hotel

Uitvlucht Street, P.O.Box 110 Montgau 6720
Western Cape, South Africa

☎ 0027 (0) 23 6141150
🖹 0027 (0) 23 6141906
reservations@avalonsprings.co.za
www.avalonsprings.co.za

Hotel, Restaurant, Miracle Waters, Medical Services, Parking, Pool.

A

Avontuur Estate

Stellenbosch Road, Somerset West,
7129, Western Coast, South Africa

☎ 0027 (0)21 855 3450
🖹 0027 (0)21 855 4600
avonwine@mweb.co.za
www.avontuurestate.co.za

Probierstube mit echter Keller-Athmosphäre, Restaurantbereich, Terrasse mit großartiger Aussicht auf den Garten.

B

Barberton Manor Guest House

81 Sheba Road , P.O. Box 499, Barberton
1300, Mpumalanga, South Africa

☎ 0027 (0) 13 712 48 26
🖹 0027 (0) 13 712 35 88
✍ office@barbertonmanor.com
💻 www.barbertonmanor.com

Zimmerservice, Swimming Pool, Shuttle-Service, Internet-Anschluss, Wäscheservice. 4 Sterne vom TGCSA (Tourism Grading Council of South Africa und Superior Accomodation von AA Travel Quality Assured Programm.

CƐBƐD

Barristers Grill Room & Café on Main

Cardiff Castle Building, Cnr Main Street & Kildare Road, Newlands, Cape Town
Western Cape, South Africa

☎ 0027 (0) 21 6717907
🖹 0027 (0) 21 6717904
✍ barister@iafica.com

Neben dem Restaurant bietet das Haus auch Räumlichkeiten für geschlossene Veranstaltungen. Die Sitzkapazitäten erstrecken sich von 18 bis 40 Plätzen.

CƐBƐD

Belvidere Manor

Duthie Drive, Belvidere Estate, Knysna
P.O. Box 1195, Knysna, 6570
Western Cape, South Africa

☎ 0027 (0) 44 387 1055
🖹 0027 (0) 44 387 1059
✍ manager@belvidere.co.za
💻 www.belvidere.co.za

30 Häuser bieten luftige und komfortable Wohnbereiche, welche über eine voll ausgerüstete Küche und Schlafräume vom Ein- bis Dreibettzimmer sowie Bad und WC verfügen. Man kann im Restaurant à la Carte speisen oder Speisen im Pub ordern. Ein Swimmingpool und Tennisplätze stehen ebenfalls zur Verfügung.

CƐBƐD

Benguerra Lodge

Benguerra Island Holidays, P.O. Box 9516, Edenglen 1613, South Africa

☎ 0027 (0) 11 452 0641
🖹 0027 (0) 11 452 1496
✍ benguerra@icon.co.za
💻 www.benguerra.co.za

Die Lodge liegt auf der Benguerra Insel, 900 km nördlich von Maputo und 435 km südlich von Beira. 13 Chalets mit holzbeplanktem Boden und strohgedeckten Dächern bieten Doppelzimmer mit Bad und WC sowie eine Veranda. Jedes Chalet hat einen wunderbaren Ausblick und Zugang zum Strand. Aktivitäten: Tiefsee-Tauchen, Schnorcheln, Angeln, Fliegenfischen, Hochseefischen, Dau-Segelturns, Picknicks für „Schiffbrüchige", Wandern und Treibgutsammeln am Strand, Vogelbeobachtungen, Besuch der Frischwasserseen, Ausflüge zum Festland, Windsurfing, Volleyball und Erholung in entspannter Atmosphäre.

CƐBƐD

Bongani Mountain Lodge

Mthethomusha Game Reserve
Mpumalanga Province, South Africa

☎ 0027 (0) 13 764 1114
🖹 0027 (0) 13 764 3443

Conservation Corporation Africa
☎ 0027 (0) 11 809 4300
🖹 0027 (0) 11 809 4400
✉ kim.appleby@ccafrica.com
💻 www.ccafrica.com

Ausgezeichnet mit dem Preis für den Schutz gefährdeter Tierarten. Nashörner, Elefanten, Büffel werden oft gesichtet, 320 verschiedene Vogelarten, Löwen, Leoparden, Felszeichnungen der San (Buschmänner), Fahrten zur Wildbeobachtung morgens und abends, geführte Buschwanderungen.

Bonniedale Farm

P.O. Box 168, Hartenbos 6520
Western Cape, South Africa

☎ 0027 (0)44 6953175
💻 www.bonniedale.com
Ansprechpartnerin für den deutschsprachigen Raum:
Anke Schemion
☎ 0049 (0) 6073 711132
🖹 0049 (0) 6073 71 11 31
✉ info@bonniedale.de
💻 www.bonniedale.de

Aktivitäten:
- *Reiten wie mit dem eigenen Pferd*
- *Geführte Ausritte mit Ihrem bevorzugten Pferd aus unserer Herde. Die Tiere sind trittsicher, werden regelmäßig geritten, leben aber in einer freilaufenden Herde.*
- *Wandern*
- *Baden in Rockpools*
- *Vogel- und Wildbeobachtung*
- *Übernachten in Outdoor-Camps*
- *Höhlenmalereien der Buschmänner*

Auf Anfrage:
- *Klettern/Abseilen*
- *Mountain-Biking*
- *Paragliding*
- *Ochsenwagen-Touren*
- *Honigbusch-Ernte*

Wir organisieren für Sie gerne Ausflüge in die nähere Umgebung zu den Cango-Caves (Tropfsteinhöhlen), Wildtier-Parks, Krokodil-, Geparden- und Straußenfarmen, zum Ochsenwagenmuseum, Wale- und White Shark-Watching, Hochseefischen sowie zum Bungee-Jumping.

Boplaas

PO Box 156, Calitzdorp 6660
Western Cape, South Africa

☎ 0027 (0)44 2133326
🖹 0027 (0)44 213375
✉ boplaas@mweb.co.za
💻 www.boplaas.co.za

Die Probierstube und der Shop sind Wochentags von 8.00 bis 17.00 Uhr und Samstags von 9.00 bis 15.00 Uhr geöffnet.

Bosman´s Restaurant at the Grande Roche Hotel

PO Box 6038, Plantasie Street, Paarl 7622, Western Cape, South Africa

☎ 0027 (0) 21 863 2727
🖹 0027 (0) 21 863 2220
✉ reserve@granderoche.com
💻 www.granderoche.com

Bosman's Restaurant & Tarantella Bar. Alle Suiten und Zimmer haben Klimaanlage und Fernsehapparat, Minibar, beheizte Handtuchhalter, direkte Telefonleitungen, 24 Stunden Zimmerservice. Die Benutzung von

Sportgeräten, des Tennisplatzes, von Fahrrädern, der Sauna und des Dampfbades sind kostenlos. 27-Loch-Golfplatz 5 Minuten entfernt. Historische Hochzeitskapelle auf dem Hotelgelände.

CBꙬ

Boulders Beach Lodge

4 Boulders Place, Boulders Beach Simons Town, Western Cape, South Africa

☎ 0027 (0) 21 7861758
🖹 0027 (0) 21 7861825
✍ boulders@iafrica.com
💻 www.bouldersbeach.co.za

Die 12 attraktiven Zimmer (mit Dusche und WC) sind geschmackvoll eingerichtet. Auch Doppelzimmer sind im Angebot. Darüber hinaus stehen für Familien auch „Self-catering units" zur Verfügung. Alle Zimmer sind komfortabel und mit den notwendigen Annehmlichkeiten ausgestattet.

CBꙬ

Bread & Wine Restaurant

Happy Valley Road, Moreson Farm, Franschhoek, Western Cape, South Africa

☎ 0027 (0) 21 876 36 92
🖹 0027 (0) 21 876 36 92
✍ breadandwine@moreson.co.za
💻 www.moreson.co.za

Restaurant und Weinproben. Das Bread & Wine Restaurant hat geöffnet von Mittwoch bis Sonntag jeweils ab 12.00 Uhr.

CBꙬ

Brothers Restaurant

Mellvilles Corner, Main Street, Plettenberg Bay, Western Cape, South Africa

☎ 0027 (0) 44 533 5056
✍ brothers@global.co.za
💻 www.eatingout.co.za

Das Brothers Restaurant der Brüder Simon und Peter Ash hat eine Schanklizenz und bietet 72 Plätze im Haus sowie 52 auf der Terrasse. Die Gäste können aus über 100 verschieden Sorten besten südafrikanischen Weins zu den Speisen wählen. Weiter wird ein Kindermenü angeboten und sämtliche Kreditkarten akzeptiert. Die Öffnungszeiten sind für: Frühstück 8.30 bis 12.00 Uhr, Mittagessen von 10.00 bis 15.00 Uhr und Abendessen/Dinner von 18.00 Uhr bis 22.00 Uhr.

CBꙬ

Buhala Game Lodge

Box 165, Malelane 1320
Western Cape, South Africa

☎ 0027 (0)13 792 437
🖹 0027 (0)13 792 4306
✍ buhala@mpu.co.za
💻 www.buhala.co.za

Wildbeobachtung, Safaris, Naturwanderungen, Farm-Tours, Golf im Leopard Creek Course und Pool.

B

Bushfellows Private Game Lodge and Conference Centre

PO Box 1326, Marble Hall, 0450
Mpumalanga, South Africa

☎ 0027 (0) 13 261 2111
0027 (0) 13 261 2971
bushfellows@bushfellows.co.za
www.bushfellows.co.za

Die Chalets der Bushfellows Private Game Lodge verkörpern rustikale Schönheit und Luxus. Alle sind strohgedeckt, mit feinem Leinen ausgestattet und bieten Bad und WC. Die 6 Chalets sind in Hufeisenform um einen Pool im Zentrum angeordnet. Das „Stargazer Baumhaus“ ist die Hochzeits-Suite und liegt etwas abseits, “tief” im Busch.

C

Camps Bay Terrace

107 Victoria Road, Camps Bay 8005
Western Cape, South Africa

☎ 0027 (0) 21 438 5048
0027 (0) 21 438 5693
gila@campsbayterrace.com
www.campsbayterrace.com

Das Appartementhaus/Gästehaus in Camps Bay bietet dem verwöhnten Urlauber oder Geschäftsmann einen Luxusurlaub an der Atlantikküste von Kapstadt. Die Innenstadt, die Waterfront sowie die Seilbahnstation zum Tafelberg sind mit dem Auto in wenigen Minuten erreichbar. Für interessierte Gäste bieten wir eine Fahrt mit unserem 1951 Jaguar XK120 über den Chapman's Peak Drive, eine der schönsten Strecken in Südafrika, mit steilen Felsabhängen und atemberaubender Aussicht auf die Küste.

C

Catharinas Restaurant at The Steenberg Hotel

Tokai Road , Cape Town
Western Cape, South Africa

☎ 0027 (0) 21 713 2222
0027 (0) 21 713 2221
reservations@steenberghotel.com
www.steenberghotel.com

Speiseraum, Raucher-Bar, und ein Raum für geschlossene Veranstaltungen mit bis zu 30 Plätzen.

C

Cellars-Hohenort Hotel - Greenhouse Restaurant & Cellars-Hohenort Hotel - Cape Malay Kitchen

93 Brommersvlei Road, Constantia, 7945
Cape Town, Western Cape, South Africa

restaurant@cellars-hohenort.co.za
www.cellars-hohenort.com

Die 54 Zimmer verteilen sich auf Suiten, Mini-Suiten, Doppelzimmer und Einzelzimmer – alle mit Bad und WC. Der neueste Erwerb ist „The Villa“. Diese exquisite und luxuriöse Präsidentensuite liegt in einer wundervollen Gartenlandschaft, mit eigenem kleinen Swimmingpool. Die Gesamtanlage bietet 2 Swimmingpools, wovon einer beheizt ist, einen Tennis-Court, ein „one hole golf green“ – designed von Gary Player und einen voll ausgerüsteten Konferenzraum mit 16 Plätzen. Der Carchele Beauty Salon heißt alle willkommen, die sich nach dem neuesten Stand der Decleor Schönheitspflege verwöhnen lassen möchten. „The Herb Box“ – der Souvenirshop ist gefüllt mit lokalen Erinnerungstücken und Schätzen.

Cleopatra Mountain Farmhouse

P.O.Box 17 Balgowan 3275
KwaZulu Natal, South Africa

☎ 0027 (0) 21 794 54 17
0027 (0) 21 794 73 71
cleomountain@mweb.co.za
www.cleomountain.com

11 Zimmer, Badewanne + Dusche, Fön, unterirdischer Weinkeller, Speiseraum und Lounge auf dem Damm eines Sees.

Coach House Hotel

P.O. Box 544, Tzaneen 0850
Limpopo Province, South Africa

☎ 0027 (0) 15 306 8000
☎ 0027 (0) 83 627 9999
0027 (0) 15 306 8008
enquiries@coachhouse.co.za
www.coachhouse.co.za

Hotel und Spa (geheizter Pool, Sauna, Dampfsauna und Wellnessräume und ein voll ausgestatteter Gymnastikraum).

Coffee on the Rocks

Johnson 81 Cliff Street, De Kelders, Gansbaai
Western Cape, South Africa

☎ 0027 (0) 28 384 2017

Colona Castle Manor House

1 Verwood Street, off Old Boyes Drive
Lakeside 7945 - Cape Town
Western Cape, South Africa

☎ 0027 (0) 21 788 8235
0027 (0) 21 788 6577
colona@link.co.za
www.colonacastle.co.za

Alle Schlafzimmer und Suiten verfügen über Safe, Minibar, frische Früchte und Blumen, Handtuchheizung, Fußbodenheizung, Satellitenfernsehen, Telefon. Die Suiten haben Klimaanlage. Im Preis eingeschlossen ist ein englisches Frühstück. Vom Swimmingpool und den Patios bietet sich ein wunderbarer Blick über die Bucht bis zu den Bergen an der östlichen Seite der False Bay. Von Colona Castle kann man leicht 4 Golfplätze in der Nähe erreichen. Bootsausflüge lassen sich von Hout Bay unternehmen. Nicht nur für Kinder, sondern auch für Erwachsene sind die fast zahmen Pinguine am Boulders Beach ein besonderes Erlebnis, wie wir mit unseren eigenen Enkelkindern erfahren haben.

Constantia Manor

10 Croft Road, Constantia 7800
Western Cape, South Africa

☎ 0027 (0) 21 788 8235
0027 (0) 21 788 6577
welcome@constantiamanor.co.za
www.constantiamanor.co.za

Alle fünf individuell eingerichteten Zimmer verfügen über ein Badezimmer. Im Raum gibt es ein Direktwahltelefon, eine Einrichtung zur

Zubereitung von Tee und Kaffee, einen Haartrockner, einen Safe für Wertsachen, einen Radiowecker und ein Fernsehgerät.

C

Cranford Inn Clarens

19 Larola Street, Clarens, P.O. Box 300, Clarens, 9707, Free State, South Africa

☎ 0027 (0) 58 256 1358
0027 (0) 58 256 1358
reservations@cranford.co.za
www.cranford.co.za

24 Zimmer mit Bad und WC, Phatt Cheff's à la Carte Restaurant, Bent Arm Bar, Konferenzräume. Wildwasser Rafting, „Abseiling", Ausritte mit den Pferden, Fliegenfischen nach Regenbogen- und brauner Forelle sowie dem Yellow Fish, exzellente Tages-Wandertouren, Relikte von Dinosaurieren, Höhlenmalereien der Buschmänner, 17 Kunstgalerien, in welchen man in den Arbeiten von Südafrikas besten Künstlern stöbern kann. Geführte Touren zum mächtigen Katse Dam in Lesotho.

C

Cybele Forest Lodge and Spa

P.O. Box 346, White River 1240
Mpumalanga, South Africa

☎ 0027 (0) 13 764 9500
0027 (0) 13 764 9510
cybele@iafrica.com
www.cybele.co.za

Spa, private und Swimming Pools, Ausritte mit Pferden, Forellen angeln, Wanderungen im Wald. Eine eigene Agentur arrangiert Fahrten zur Tierbeobachtung im nahe gelegenen Wildreservat, Helikopter Rundflüge sowie Picknicks.

D

De Kuilen Country House

P.O. Box 68115, Bryanston 2021
Gauteng, South Africa

☎ 0027 (0) 11 704 2421
0027 (0) 11 462 6819
mwkuilen@mweb.co.za
www.dekuilen.co.za

Kinder über 12 Jahre sind herzlich willkommen, aber in den „Birdsong-" und „Pomegranate-Häusern" werden diese Plätze auf Wunsch auch für Kinder aller Altersstufen hergerichtet. Vor Ort: Kosmetikerin, ausgebildet in Methoden zum Abnehmen, Gesichtsmassage, Aromatherapie und Massagen, auf Wunsch auch in der eigenen Suite. Joggingstrecke und Swimmingpool. Privates Telefon, Satelliten-Fernsehen, Video, CD-Spieler, eigener Safe, Haartrockner, Kaffeemaschine, Teekessel, Mikrowelle, Minibar. Empfang von eMails und Telefax, Modemanschluss in jedem Raum. Wäsche- und Bügelservice, Schuh- und Autoreinigung, sicheres Parken und Security Guards, Flughafentransfer und Vermittlung von Autovermietungen. In der Nähe: Einkaufscenter und –passagen, preisgekrönte Restaurants, Fitnesscenter mit Hallenbad, Golfanlagen und Driving Ranges, Reitställe. On parle francais ici.

D

Deetlefs Wine Estate

P.O.Box 36, Rawsonville 6845,
Breede River Valley, South Africa

☎ 0027 (0)23 3491260
0027 (0)23 3491951
info@deetlefs.com
www.deetlefs.com

Lapa: afrikanische Rundhütte mit großer Feuerstelle. Themenabende sowie Feste für 100 Personen ausrichtbar. Traumdekoration mit frischen Rosen aus dem Garten von Isaline Deetlefs. Öffnungszeiten: Mo-Fr 8h30-16h30 Uhr.

CSDƐO

Delheim

Knorhoek Road, R44, Stellenbosch
Western Cape, South Africa

☎ 0027 (0) 21 865 2297
0027 (0) 21 865 2297
delheim@delheim.com
www.delheim.com

Das Restaurant bietet Plätze im Haus sowie im Garten. Die Öffnungszeiten sind: Montag bis Samstag von 12.30 bis15.00 Uhr und von Oktober bis April auch Sonntags zur gleichen Zeit.

CSDƐO

Devon Hill Winery

P.O.Box 541, Stellenbosch 7599,
Western Cape, South Africa

☎ 0027 (0) 21 865 2453
0027 (0) 21 865 2444
info@devonhill.co.za
www.devonhill.co.za

Die Weinkeller von Devon Hill können Montags bis Freitags von 10.00 bis 16.00 Uhr besucht werden.
Die Weine von Devon Hill: Merlot, Cabernet Sauvignon und Bluebird (ein Cape-Blend von Cabernet Sauvignon/Merlot/Pinotage) sowie Pinotage & Sauvignon Blanc.

CSDƐO

Devon Valley Hotel & Sylvan Vale Vineyards

Devon Valley Road, Stellenbosch 7600,
Western Cape, South Africa

☎ 0027 (0)21 865 2012
0027 (0)21 865 2610
devon@iafrica.com

Das Hotel hat 2 Swimmingpools, ein Jacuzzi/ Whirlpool und eine Bpole Bahn. Weinbergwanderungen, ein 18-Loch Golfplatz und Reitmöglichkeiten in der Nachbarschaft.

CSDƐO

Die Tuishuise

36 Market Street, Cradock
Eastern Cape, South Africa

tuishuise@global.co.za

Das Restaurant bietet Platz für 36 und 80 Gäste, einen Raum für das Dinner und einen Pub.

CSDƐO

Divine Restaurant at Willowbrook Lodge

Morgenster Avenue, (off Lourensford Road),
Somerset West 7130
Western Cape, South Africa

☎ 0027 (0) 21 851 3759
0027 (0) 21 851 4152
willowb@iafrica.com
www.willowbrook.co.za/restaurant.htm

Die 12 Zimmer mit Bad und WC liegen alle im Erdgeschoss (Fernseher, Mini Bar, Deckenventilator, Fön, Telefon, Fußbodenheizung und privater Patio).

ꕤDꕤ

Djuma Game Reserve - Bush Lodge

P.O. Box 338, Hluvukani, 1363
Mpumalanga, South Africa

☎ 0027 (0) 13 735 5118
🖹 0027 (0) 13 735 5070
✉ djuma@djuma.co.za
💻 www.djuma.com

Die Chalets haben Klimaanlage und zwei große Aussichtsterrassen. Die Lodge verfügt über ein elegantes Hauptgebäude mit Aufenthaltsraum sowie ein hübsches Schwimmbecken.

ꕤDꕤ

Dunkeld Country Estate

Dullstroom / Helicopter Co-ordinates: South: 25.24.001, East: 030.04.931
Mpumalanga, South Africa

☎ 0027 (0) 13 254 0814
🖹 0027 (0) 13 254 0941
✉ info@dunkeldestate.co.za
💻 www.dunkeldestate.co.za

Auf dem 200 Hektar großen Gut leben Herden von Reebuck, Black Wildebeest, Zebra, Tsessebe, Oribi, Duiker, Oribi, Rooihartebees, Swart Wildebeest, Eland, Strauß, Blesbok und der sehr seltene Schwarze Springbock. In den 15 Staubecken und Wasserreservoirs tummeln sich viele Regenbogen-, Braun- und Goldforellen.

ꕤEꕤ

Ekukhanyeni Country Lodge

Ekukhanyeni Farm Brondal
National Road R37, Nelspruit 1200
Mpumalanga, South Africa

☎ 0027 (0)13 755 2479
🖹 0027 (0)13 755 1324
✉ info@ekukhanyeni.co.za
💻 www.ekukhanyeni.co.za

Ekukhanyeni Country Lodge ist vom S.A. Tourism Council mit drei Sternen ausgezeichnete worden und ein idealer Ort, um Ruhe und Entspannung zu finden. Die elegante Lodge hat zehn schöne Doppelzimmer und Suiten.

ꕤEꕤ

Emdoneni Lodge

P.O. Box 348, Hluhluwe
Kwazulu Natal, South Africa

☎ 0027 (0) 35 5622256/7
🖹 0027 (0) 35 5622256
✉ sunseekr@iafrica.com
💻 www.emdonenilodge.com

Wildpark mit Impala, Nyala, Grey Duiker und anderen Antilopen. Ausgezeichnete Möglichkeiten zur Vogelbeobachtung, Swimmingpool, Boma, Grill-Einrichtungen, Bar und Restaurant, Telefax, Babysitting, Flughafentransfer, Wanderwege, Wäscheservice, Andenkenshop.

ꕤEꕤ

Emerald Guesthouse

19 Hailfax Road Rhodesfield, Kempton Park
1620, Gauteng, South Africa

☎ 0027 (0) 11 394 1148
🖹 0027 (0) 11 975 1822
✉ emerald.g.h@intekom.co.za

Emerald Guest House-Airport bietet 14 Zimmer. Davon 4 Einzel-, 8 Doppel und 2 Fami-

lien-Zimmer. Weitere Leistungen: Gepäckservice, kostenloser Flughafentransfer (hin und zurück), Bar, Restaurant, Fernsehen (M-Net vorhanden), Swimming Pool, bewachte Parkplätze, Telefax und eMail-Einrichtungen, Autovermietung, Touren zu fast allen Orten in Südafrika.

E

Estuary Country Hotel

The Estuary Estate, P.O. Box 441,
Port Edward 4294, Kwazulu Natal, South Africa

estuary@web.de
www.estuary.co.za
☎ 0027 (0) 39 311 2675

Kontakt Deutschland:
Helmholtzstr. 25, D-42105 Wuppertal
☎ 0049 172 20 44 000
0049 221 94999988

Kontakt Österreich:
Schroettergasse 7
A-8010 GRAZ
☎ 0043 650 49 32 03
0043 650 49 32036

"Sawubona" - Willkommen in Afrika! Das kap-holländische Herrenhaus strahlt noch immer die gediegene Atmosphäre vergangener kolonialer Zeiten aus. Umgeben von subtropischen Wäldern liegt das privat geführte, vor kurzem offiziell mit 4 Sternen ausgezeichnete Haus an einer kleinen Lagune, die sich zum Indischen Ozean öffnet. Die Lagune ist auch für über 100 Vogelarten ein begehrtes Ziel. Das „Fish Eagle Restaurant" ist bekannt für frische und gute Küche - die Inhaber sind Österreicher. Das Country Hotel liegt günstig für Selbstfahrer auf dem Weg von Natal zur Garden Route, die einen geruhsamen Badeaufenthalt für 2-3 Tage einlegen wollen, sei es am Schwimmbad oder am Strand des Indischen Ozeans. 24 geräumige Zimmer mit Balkon, Bad/Dusche/WC, Klimaanlage, TV, Telefon, PC-Anschluss, Zimmerservice.

F

Falaza Game Park

PO Box 13, Hluhluwe 3960
KwaZulu Natal, South Africa

☎ 0027 (0) 35 5622319
0027 (0) 35 5622086
resfalaz@mweb.co.za
www.falaza.co.za

15 Zimmer, davon können 10 auch als Doppelzimmer genutzt werden, 15 Luxus-Zelte. Alle Zimmer verfügen über: Ventilatoren, Sonnendecks. Dusche und WC, Haartrockner, Möglichkeit zur Bereitung von Tee oder Kaffee. Alle Zimmer sind Nichtraucher-Zimmer. Weitere Einrichtungen: Bar, Restaurant, Boma (Innenhof), Lounge mit Satelliten-Fernsehen, Schwimmbad sowie Konferenzeinrichtungen. Services: Wäschereinigung, Tranfers, bewachte Parkplätze, Safe an der Rezeption, Souvenirshop, Computer-Points an der Rezeption, E-Mail-Empfang, Wickelraum und Babysitter.

F

Falcons View Manor

2 Thesen Hill, Knysna
Western Cape, South Africa

☎ 0027 (0) 44 382 6767
0027 (0) 44 382 6430
reservations@falconsview.com
www.falconsview.com

9 elegante und klimatisierte Schalfräume, Raucher- und Nichtraucher-Lounges, eine Bar, Speisen auf der Terrasse, Speiseraum, bewachtes Parken und wunderschöne Gärten mit Pool. In der näheren Umgebung: Golfplätze, Strände, Wanderwege, Einkaufsgelegenheiten und viele Attraktionen der Garden Route.

ఆF∞

Five Flies Restarant & Bars

14-16 Keerom Street, Cape Town 8001
Western Cape, South Africa

☎ 0027 (0) 21 424 4442
🖹 0027 (0) 21 423 1048
✉ info@fiveflies.co.za
💻 www.fiveflies.co.za

Über dem Restaurant bietet das Five Flies eine Cigar Bar und Lounge. Die Wein-Bar mit Lounge befindet sich im im ersten Stock und Speiseräume für private Anlässe und ein Innenhof erwarten Sie. Öffnungszeiten: Mittagessen Mo – Fr ab 12.00 Uhr, Abendessen Mo – Fr ab 19.00 Uhr. Für den Ausschank alkoholhaltiger Getränke voll lizensiert.

ఆF∞

Fraai Uitzicht 1798

PO Box 97, Robertson 6705
Western Cape, South Africa

☎ 0027 (0) 23 626 6156
🖹 0027 (0) 23 626 6156
✉ info@fraaiuitzicht.com
💻 www.fraaiuitzicht.com

Alle Chalets haben einen offenen Kamin, einen Ventilator, Farbfernseher, Radio, eine voll ausgestattete Küche, Kühlschrank, Kaffee- und Teemaschine und selbstverständlich ein modernes Badezimmer mit Dusche. Merlot und Shiraz sind zwei neue gemütliche Chalets im kapholländischen Stil. Sie haben sichtbare, offene Reetdecken, große Verbindungstüren zwischen Schlafzimmer und Lounge und Vorraum. Neben dem queen-size Schlafzimmer gibt es noch eine bequeme Schlafcouch (190 x 150 cm) für zwei weitere Personen. Cabernet und Sauvignon, zwei weitere gemütliche Chalets, befinden sich direkt neben dem historischen Weinkeller und haben mit ihren Holzdecken ihren alten Charme bewahrt. Cabernet ist das „Honeymoon Cottage", d.h. das Chalet für Hochzeitsreisende. Es bietet ein queen-size Bett auf einer Gallery und ein weiteres Schlafzimmer mit zwei separaten Betten und einer Lounge mit Küche. Sauvingnon ist das Familienchalet mit zwei Schlafzimmern, eins mit einem queen-size Bett und eins mit zwei separaten Betten sowie dazwischen einer Lounge mit Küche. Alle Garten Suiten haben ein queen-size Bett mit einem eigenen Bad (Dusche) und sind ausgestattet mit Kühlschrank, Heizung / Ventilator, Radio und Kaffee- und Teemaschine. Eingeschlossen sind tägliche Reinigung und ein reichhaltiges Farmfrühstück.
Was man in Fraai Uitzicht unternehmen kann:
- Einführung in die Weinherstellung im historischen Weinkeller
- Besuch der Nachbarn und Verkostung der neuen Weine
- Schwimmen im frischem Bergwasser, im Pool oder im Stausee in den Weinfeldern
- Spaziergänge durch die Weinfelder und die Obstgärten mit wunderbaren Blicken auf die Berge des Breede Flusstals
- Vogelbeobachtung und Fischen
- Besichtigung oder Beteiligung an den Farmarbeiten
- oder sich ganz einfach in der frischen Luft und Sonne ausruhen und erholen.

F

Glen Avon Lodge

No 1 Strawberry Lane, Constantia, 7806,
Cape Town, Western Cape, South Africa

☎ 0027 (0) 21 794 1418
0027 (0) 21 794 1419
info@glenavon.co.za
www.glenavon.co.za

Geschmackvoll eingerichtete Zimmer mit Bad und WC und allen Annehmlichkeiten eines 4 Sterne Hauses. Die Zimmer bieten einen Blick auf die ruhigen Gärten und die Bergkette von Constantia. Nach einem anstrengenden Tag der Erkundung Kapstadts oder an den Stränden der False Bay kann man im hauseigenen Seewasserpool herrlich entspannen. Die historische „Big Five" Weinfarmen, reizvolle Restaurants und ausgezeichnete Golfplätze liegen in der unmittelbaren Nähe der Lodge.

G

Graham Beck Wines

PO Box 724, Robertson 6705
Western Cape, South Africa

☎ 0027 (0) 23 6261214
0027 (0) 23 626 5164
cellar@grahambeckwines.co.za
www.grahambeckwines.co.za

Die Öffnungszeiten für Weinproben sind: Montag bis Freitag von 9.00 bis 17.00 Uhr und Samstags von 10.00 bis 15.00 Uhr. Kellerführungen nach Vereinbarung.

G

Grootbos Private Nature Reserve

P O Box 148, Gansbaai 7220
Western Cape, South Africa

☎ 0027 (0) 28 3840381
0027 (0) 28 3840552
grootbos@hermanus.co.za
www.grootbos.com

Restaurant, Bar, Terrasse, Schwimmbad, Boutique
Sport: Schwimmen, Wandern, Reiten, in der Nähe: Tauchen, Golf,
Zimmer:13, Bad/Dusche/WC, Kamin, TV, Fön, Safe, Minibar
Kinder sind herzlich willkommen
Entfernung: Kapstadt 160 km, Kap Aghulas 110 km, Hermanus 30 km

H

Haus Kopatsch

P.O. Box 229, Kiepersol 1241
Mpumalanga, South Africa

☎ 0027 (0) 13 737 8257
0027 (0) 13 737 8275
kopatsch@deunet.co.za
www.hauskopatsch.co.za

Das Gästehaus bietet 5 individuell und komfortabel eingerichtete Gästezimmer mit Bad/Dusche, sowie in der Gästelounge unter anderem deutsches TV. Das voll eingerichtete Chalet für Selbstversorger ist ideal für Familien oder Gruppen bis zu 6 Personen.

CSHSO

Haute Cabriere Cellar Restaurant

Pass Road Franschhoek,
P.O Box 354, Franschhoek 7690
Western Cape, South Africa

☎ 0027 21 876 3688
🖹 0027 21 876 3691
✍ gorgroup@iafrica.com
💻 www.hautecabriere.com

Restaurant: A La Carte 80 Sitzplätze, Veranstaltungen bis zu 130 Gästen sowie Hochzeiten.

CSHSO

Hildenbrand Wine & Olive Estate

Hildenbrand's Table Restaurant
Horseshoeroad Blovlei
P O Box 270, Wellington 7655
Western Cape, South Africa

☎ 0027 (0)21 873 4115
🖹 0044 870 135 7141
✍ info@wine-estate-hildenbrand.co.za
💻 www.wine-estate-hildenbrand.co.za

Die großzügigen Doppelzimmer in einem separaten historischen Gebäude bieten allen Komfort: Eigene Veranda, Deckenventilator, Kühlschrank, Radio, Tee- oder Kaffeekocher, Dusche und / oder Badewanne. Zwei geräumige Appartments haben offene Kamine und einen separaten Wohnraum mit Küche. Ein Swimming Pool mit Sonnendeck und einem grossen Sitzplatz unter schattenspendenden Bäumen steht allen Gästen zur Verfügung.

CSHSO

Hilltop Country Lodge

PO Box 10016, George 6530,
Western Cape, South Africa

☎ 0027 (0)44 889 0142
☎ 0027 (0)44 889 0199
🖹 0027 (0)44 889 0151
✍ welcome@hilltopcountrylodge.co.za
💻 www.hilltopcountrylodge.co.za

Eine Luxussuite und 4 luxuriöse Doppelzimmer mit separaten Eingängen und Balkonen, die einen atemberaubenden Ausblick auf den Indischen Ozean und die Outeniqua Berge gewähren. Alle Räume haben sind ausgestattet mit Haarföns, Tee- und Kaffee-Sets, Satelliten TV, Fußbodenheizung und Handtuchwärmer. Weitere 6 Räume mit einem großartigen Blick auf die Berge sind darüber hinaus mit Duschen ausgestattet. Für Außenaktivitäten der Hilltop Country Lodge bieten sich gute Möglichkeiten für Vogel-, Wal- und Delphinbeobachtungen. Wander- und Kletterrouten, weiße Sandstrände, Pool und Golfplätze in der Nähe.

CSHSO

Hog Hollow Country Lodge

P.O. Box 503, Plettenberg Bay 6600
Western Cape, South Africa

☎ 0027 (0) 44 534 8879
🖹 0027 (0) 44 534 8879
✍ info@hog-hollow.co
💻 www.hog-hollow.com

Zwölf individuell und geschmackvoll eingerichtete Räume bieten einen schönen Blick über die Matjies River Schlucht (gesprochen: Maikies), über die einheimischen Wälder und die Tsitsikamma Berge. Diese im afrikanischen Stil eingerichteten Räume, die sich im Garten um das Haupthaus herum befinden, sind in Erdtönen gehalten, mit natürlichen Stoffen, Kunst- und Dekorationsgegenständen aus Nordostafrika und aus der Region ausgestattet. Hog Hollow bietet vier Raumkategorien:
- Sechs Räume befinden sich auf einer Ebene und haben einen offenen Kamin und ein Badezimmer.
- Drei Zimmer haben ein Schlafzimmer im ersten Stock und eine Lounge sowie ein Badezimmer im Erdgeschoss.
- Das „Round House" war ursprünglich ein Wasserreservoir und enthält jetzt die Lounge mit offenem Kamin unten und Schlafzimmer und Bad oben.
- Die „Forest-Suiten" sind in freistehenden Cottages mit großen Fenstertüren, die auf ein geräumiges Holzdeck führen. Diese Räume sind bei den Gästen sehr beliebt.

ᴄꜱH℘ᴐ

Hoogland Health Hydro

P.O. Box 34210, Erasmia, 0023 Pretoria
Gauteng, South Africa

☎ 0027 (0) 12 3804000
🖹 0027 (0) 12 3804011
✉ hydro@hoogland.co.za
💻 www.hoogland.co.za

Unterkunft, Hydrotherapie, Diät- und Fitnesskurse, Wandern, Übungen, Aquarobics und Entspannungskurse.

ᴄꜱH℘ᴐ

Hout Bay Manor Hotel

Baviaanskloof Road, off Main Road
P.O Box 26232, Hout Bay, 7872, Cape Town
Western Cape, South Africa

☎ 0027 (0) 21 7900116
🖹 0027 (0) 21 7900118
✉ reservations@houtbaymanor.co.za
💻 www.houtbaymanor.co.za

Zimmer mit eigenem Bad mit Wanne und Dusche, Klimaanlage, Ventilator und Heizung, Möglichkeiten für die Bereitung von Tee und Kaffee, Fernseher mit MNet und Satelittenkanälen, Ausblicke auf Berge, Pool und Terasse.

ᴄꜱI℘ᴐ

Iketla Lodge

P.O. Box 195, Ohrigstad 1122
Mpumalanga, South Africa

☎ 0027 (0) 13 238 0190
🖹 0027 (0) 13 238 0190
✉ iketla@intekom.co.za
💻 www.iketla.com

Stroh gedeckte Steinhäuser mit eigenen Bädern, Gäste-Lounge, Feuerstelle, Speisebereich für Frühstück und Mittagessen, Bar, offenes Sonnendeck mit Blick auf den Pool und das Tal. Rad- und Wanderwege, Boma mit Feuerstelle, um welches herum das Abendessen serviert wird. Weiter bietet die Iketla Lodge Email, Telefax, Telefon und Wäscheservice.

ꕥIꕥ

Illyria House

327 Bourke Street, Muckleneuk, Pretoria
0002, Gauteng, South Africa

☎ 0027 (0) 12 344 6035
☎ 0027 (0) 12 344 5193
🖹 0027 (0) 12 344 3978
✍ illyria@mweb.co.za
💻 www.illyria.co.za

Das Illyria House verfügt über 6 Doppelzimmer mit Bad/WC. Nach Absprache bietet Ihnen Illyria House auch einen Friseur/eine Friseuse, Maniküre, Pediküre, Gesichtspflege und Körpermassage. Dies kann auch im Haus durchgeführt werden. Gästen von Illyria House steht der nahe gelegene und bekannte „Virgin Active Health Club" für sportliche Betätigung offen. Natürlich können auch sportliche Aktivitäten wie Reiten, Golf und Tennis wie auch Wanderungen arrangiert werden. Desgleichen können geführte Touren zum Botanischen Garten und zum State Theatre organisiert werden. Das Illyria House liegt nur etwa eine halbe Stunde vom Internationalen Flughafen von Johannesburg entfernt. Da Illyria am südlichen Stadtrand von Pretoria liegt, ist der Flughafen leicht zu erreichen. Für Gäste, die eine Reise mit dem Rovos Rail gebucht haben, sind es nur etwa 15 Minuten zur Bahnstation in Pretoria oder nur 5 Minuten zum Blue Train.

ꕥIꕥ

Ironwood Lodge

7 Figtree Lane, Pennington 4184
KwaZulu Natal, South Africa

☎ 0027 (39) 975 1895
🖹 0027 (39) 975 1895
✍ ironwood@scottburgh.co.za
💻 www.ironwood.co.za

Alle Zimmer haben ein eigenes Bad, Klimaanlage, TV, Kühlschrank und Kochnische, eigene Terrasse oder Garten mit unvergleichlich schönen Seeblick. Weiterhin können Sie reiten, tauchen und Hochseefischen. Sieben Golfplätze liegen nur 25 Minuten entfernt.

ꕥJꕥ

Jambo Guest House

1 Grove Road, Green Point, 8005 Cape Town
Western Cape, South Africa

☎ 0027 (0) 21 4394219
🖹 0027 (0) 21 4340672
✍ jamb@iafrica.com
💻 www.jambo.co.za

Die bezaubernde Garten Suite ist zugleich auch die Honeymoon Suite. Sie öffnet sich direkt zum Garten und wird von allen geliebt. Alle Zimmer haben ein eigenes Dekor, Fernseher mit M-Net, Safe, Minibar, Fön, Ventilator, Bad und WC, Handtuchwärmer und die Möglichkeit, Tee/Kaffee zu bereiten. 2 Suiten haben einen eigenen Kamin, alle Zimmer verfügen über Heizdecken, Federbetten, Heizöfen und erstklassige Betten. Ein heißer Whirlpool befindet sich im üppig belaubten Garten.

ꕥKꕥ

Ken's Place

No 12 Aberdeen Street, Hermanus 7200
Western Cape, South Africa

🖹 0027 (0) 28 3132113
✍ k.sir@intekom.co.za
💻 www.eating-out.co.za

Gut sortierte Bar, Nichtaucher, wunderschöne

Plätze für Raucher im Garten hinter dem Restaurant, Parkplätze vor dem Restaurant, 40 Sitzplätze im Restaurant.

ঙK৩

Kings Walden Lodge

Old Coach Road, Agatha, Tzaneen
Limpopo Province, South Africa

☎ 0027 (0)15 307 3262
🗎 0027 (0)15 307 1548
✍ info@kingswalden.co.za
💻 http://kingswalden.co.za/

Kings Walden liegt ideal für die Übernachtung auf der Reise von Johannesburg zum Krüger Nationalpark. Die Lodge liegt in einem 3 Hektar großen englischen Garten mit einem großartigen Blick auf die Berge und das flache Land. Die geräumigen Suiten - mit einem individuellen Cottage Dekor – umfangen Sie mit einer grandiosen, traditionellen Atmosphäre. Lesen Sie an einem nebligen Morgen eine Zeitschrift vor Ihrem eigenen Kamin, genießen Sie die ausgezeichnete Küche und entspannen Sie sich in einer zauberhaften Umgebung. Wenn die Sonne scheint, bestellen Sie ein Picknick am Swimmingpool oder machen Sie einen Spaziergang im nahe gelegenen Wald und lauschen dem Vogelgezwitscher..... oder besuchen Sie das Agatha Bad im nahe gelegenen Coach House Hotel. Das Angebot dort umfasst Schlammpackungen, Vichy-Duschen, Massagen, Maniküren, Pediküren und Gesichtsbehandlungen. Nutzen Sie die Lodge als Ausgangsbasis für ein breites Angebot von Tagestouren oder Wanderungen, Bootsfahrten und zum Fischen, einer Fahrt zum jährlichen Kirschblüten-Festival in Haenertsburg. Die Landschaft bietet ein reiches landwirtschaftlichen Angebot an Avocados, Bananen, Macadamia-Nüssen und vieles mehr. Der Phalaborwa-Eingang zum Krüger Nationalpark ist nur eine Autostunde entfernt. Das Sportangebot umfasst Golf, Tennis, Squash und Reiten.

ঙK৩

Klein Oliphants Hoek

14 Akademie Street, P.O. Box 470, 7690
Franschhoek, Western Cape, South Afric

☎ 0027 (0) 21 876 2566
✍ info@kleinoliphantshoek.com
💻 www.kleinoliphantshoek.com

Das vollkommen renovierte Gebäude ist zugleich elegant und hat eine gemütliche Ausstrahlung, die man überall, besonders aber in den sieben Zimmern wahrnimmt. Man hat hier viele Jahre Erfahrung als Gastgeber und Gastgeberin und weiß, was die Gäste des Hauses wünschen und schätzen. Trinken sie ein Glas Wein, hören sie Musik oder setzen sie sich vor den offenen Kamin in der Lounge oder auf die Terrasse und lesen ein Buch, bewundern Sie die wunderschöne Aussicht im Garten oder erfrischen Sie sich im Swimmingpool - fühlen Sie sich einfach wie zu Hause.

ঙK৩

Klein Paradijs Country House

P.O. Box 903, Gansbaai 7220
Western Cape, South Africa

☎ 0027 (0) 28 381 9760
🗎 0027 (0) 28 381 9803
✍ kleinparadijs@lando.co.za
💻 www.kleinparadijs.co.za

5 Gästezimmer (3 Classic-Zimmer mit Dusche/WC, 2 Superior-Zimmer mit Dusche/Bad/WC/eigener Balkon) mit Minibar, Radio-Alarm, Fön, Safe, Fussbodenheizung, 1 Speisesaal, 2 Aufenthaltsräume, 1 kleine Bibliothek, grosser

Garten mit rundem Schwimmbad und intergrieter Insel, See mit Ruderboot und Kanu (Angeln stehen zur Verfügung), 1-Loch Chip and Putt (Golfabschlagplatz zum Üben) und Spazierwege.

ଔKଓ

Knysna Tonquani Lodge

Welbedacht Lane, P.O. Box 3278, Knysna
6570, Western Cape, South Africa

☎ 0027 (0) 44 3824355
🖹 0027 (0) 44 3841269
✉ tonquani@mweb.co.za
💻 www.tonquani.co.za

Alle Zimmer haben Satelliten-TV, Haartrockner, Heizung und Ventilator. Neben der gut gefüllten Minibar werden Süßigkeiten und Plätzchen angeboten und man kann sich Tee oder Kaffee zubereiten. Spielen Sie eine Partie Croquet auf dem gut gepflegten, englischen Rasen oder relaxen Sie am Swimming Pool. Wäschedienst, eigene Patios. Gepflasterter, überdachter Parkplatz.

ଔKଓ

Kwandwe Private Game Reserve

Kwandwe Private Game Reserve
Eastern Cape, South Africa

☎ 0027 (0) 46 603 3400
🖹 0027 (0) 46 603 3401
Conservation Corporation Africa
☎ 0027 (0) 11 809 4300
🖹 0027 (0) 11 809 4400
✉ kim.appleby@ccafrica.com
💻 www.ccafrica.com

Malariafreier Wildpark, Ausblick auf die Flusswindungen des Great Fish River, 9 luxuriöse, verglaste und reetgedeckte Suiten, separates Farmhaus mit 6 Betten, einzigartige subtropische Vegetation, tausende von wilden Tieren, Big Five, urzeitliche Felsmalereien, Fahrten zur Wildbeobachtung, geführte Wanderungen durch den Busch, Sundowners und Picknick im Busch.

ଔKଓ

La Belle Terrasse and Loggia - The Westcliff Hotel

67 Jan Smuts Avenue, Westcliff, Johannesburg, 2193, Gauteng, South Africa

☎ 0027 (0) 11 646 2400
🖹 0027 (0) 11 646 3500
✉ reservations@westcliff.co.za
💻 www.westcliff.orient-express.com

La Belle Terrasse (40 Plätze), der Außenbereich der Terrasse (auch für Raucher) bietet 30 Plätze und die Loggia 50 Plätze. Sie können für private Anlässe, Banketts oder Cocktailparties gemietet werden. Weitere private Speisebereiche, der Orient Room (10 Plätze) und der Lutyens Room (20 Plätze) liegen nahe am Restaurant.

ଔLଓ

La Motte Wine Estate

R45 Road, Franschhoek, 7690
Western Cape, South Africa

☎ 0027 (0) 21 876 3119/4
🖹 0027 (0) 21 876 3446
✉ cellar@la-motte.co.za
💻 www.la-motte.com

Die La Motte-Probierstube ist Montags bis Freitags von 9.00 bis 16.30 Uhr und Samstags

von 10.00 bis 15.00 Uhr geöffnet. Sonntags und an Christlichen Feiertagen geschlossen. Besichtigung durch Busgruppen nur nach vorheriger Vereinbarung möglich.

Laborie Restaurant

Taillefert Street, Suider Paarl, 7646
Western Cape, South Africa

☎ 0027 (0) 21 807 3390
0027 (0) 21 863 1955
hetta@gloriousfood.co.za

Zwei Speiseräume, elegante und wundervoll dekorierte Gärten nahe dem historischen "Manor House" des Weinguts. Kostenlose und bewachte Parkplätze.

Lanzerac Manor

P.O. Box 4, Stellenbosch, 7599
Western Cape, South Africa

☎ 0027 (0) 21 887 1132
0027 (0) 21 887 2310
info@lanzerac.co.za
www.lanzerac.co.za

Das Lanzerac Manor ist ein 5-Sterne Hotel mit 48 geräumigen Zimmern. Davon 5 Junior-Suiten, die luxuriöse Royal Pool Suite mit einem eigenen Swimmingpool sowie eine Präsidenten-Suite. Alle Zimmer und Suiten verfügen über eigene Patios, welche einen fantastischen Blick auf die saftigen Weinhänge, die Landschaftsgärten und den majästeischen Helderberg Mountains bieten. Die Öffnungszeiten für das Restaurant sind von 12.00 – 15.00 und 18.30 – 23.30 Uhr.

Le Quartier Français

16 Huguenot Road, Franschhoek, 7690
Western Cape, South Africa

☎ 0027 (0) 21 876 2151
0027 (0) 21 876 3105
linda@lqf.co.za
www.lequartier.co.za

Das „Le Quartier Français" ist ein Hotel mit Restaurant und einer Bar. Das Nichtraucher-Restaurant bietet 45 Sitzplätze. Die Öffnungszeiten: Frühstück 7.30 - 10.30 Uhr, Mittagstisch 12.00 - 14.30 Uhr, Abendessen 19.00 bis 21.00 (letzte Resevierung).

Leeuwenhof Country Lodge

Loubad Rd., P.O. Box 2392, Modimolle
Limpopo Province, South Africa

☎ 0027 (0) 14 717 4098
0027 (0) 14 717 4087
lhof@icon.co.za
www.lhof.co.za

Beheizter Pool, Tennis, Vogelbeobachtung, Wanderwege. Einige Räume verfügen über eine eigene Feuerstelle und einen Whirlpool. Zwei Stunden Fahrtzeit zum Johannesburg International Airport. Auf Wunsch können Flughafentransfers arrangiert werden.

ᨒL᨟

Leisure Isle Lodge

87 Bayswater Drive, P.O.Box 141
Leisure Isle, Knysna 6570
Western Cape, South Africa

☎ 0027 (0) 44 384 0462
🖹 0027 (0) 44 384 1027
lilodge@mweb.co.za
www.leisureislelodge.co.za

Die Lodge hat geräumige Suiten mit Blick auf die Lagune und Doppelzimmer mit Blick auf den geheizten Swimmingpool und den schönen Garten. Die Suiten und die Doppelzimmer sind mit TV, Fön und Fußbodenheizung ausgestattet. Alle Räume bieten eine Möglichkeit, Kaffee und Tee zuzubereiten. Gäste können außerdem die Sauna benutzen. Die Gastgeber Val und Peter Johnson heißen auch gerne Kinder ab zehn Jahren willkommen. Übrigens sind von Knysna aus mehrere Golfplätze leicht zu erreichen, wie z. B. der Knysna Golf Course, Sparrebosch und Fancourt in George.

Linton Park Wines

P.O. Box 1234, Wellington 7654
Western Cape, South Africa

☎ 0027 (0) 21 873 1625
🖹 0027 (0) 21 873 0851
lpwines@mweb.co.za
www.lintonparkwines.co.za

Weinproben Montag bis Freitag von 9.00 bis 16:30 Uhr nach Voranmeldung. Ebenfalls sind Führungen durch die Weinkeller nach Voranmeldung möglich.

Lion Sands Private Game Reserve

Sabi Sand Game Reserve, Kruger National Park, Mpumalanga, South Africa

☎ 0027 (0) 13 735 500
🖹 0027 (0) 13 735 5330
res@lionsands.co
www.lionsands.com

Ein privates Game Reserve der Luxusklasse im Krüger National Park an den Ufern des großartigen Sabie Flusses gelegen. Ein Platz, an welchem die Vielfalt des Wilds reichhaltig und die Erlebnisse unvergesslich sind. Sie werden bei Sonnenaufgang von der Lodge oder dem Camp von Ihrem Ranger und Tracker in einem offenen Landrover abgeholt. Aufgrund der Vielfalt der Vegetation lebt eine erstaunlich große Anzahl von Tieren in diesem Gebiet. So sind Löwen, Leoparden, Elefanten, Nashörner, Büffel, Giraffen, Geparden, Zebras und Hyänenhunde (Wild Dog) hier zu sehen ebenso wie Flusspferde und Krokodile. Selbstverständlich gibt es auch zahlreiche Impalas und andere Antilopenarten bis hin zum majestätischen Kudu mit seinem eindrucksvollen Gehörn.

Londolozi Safari Lodge & Londolozi Pioneer Camp

Sabi Sand Game Reserve
Mpumalanga Province, South Africa

☎ 0027 (0) 13 735 5653
🖹 0027 (0) 13 735 5100
kim.appleby@ccafrica.com
www.ccafrica.com

Londolozi Safari Lodge:
Gewinner zahlreicher lokaler und internatio-

naler Preise, Mitglied von Relais & Chateaux. Ruhige Suiten und luxuriöse Chalets, besucht und empfohlen von Nelson Mandela.
„Big Five" und die beste Möglichkeit in ganz Afrika, Leoparden zu beobachten. Wildsafaris bei Tag und Nacht, geführte Buschwanderungen, nächtliches Dinner, und Frühstück im Busch.
Londolozi Pioneer Camp:
Safari-Fahrten, Abenteuer: Busch-Dinner im Mondlicht, privates Frühstück im Busch, geführte Wanderungen unter dem Sternenhimmel, Vogelbeobachtungen, nächtliches Dinner, Fischen mit Bambusangeln.

cs L ∞

Lone Creek River Lodge

P.O. Box 83, Sabie 1260
Mpumalanga, South Africa

☎ 0027 (0) 13 764 264
🖹 0027 (0) 13 764 2233
✉ info@lonecreek.co.za
💻 www.lonecreek.co.za

Restaurant, Bar, Weinkeller Lounge, Schwimmbad. Sport- und Freizeitangebote: Reiten, Angeln, Golf, Tube- Riding, River-Rafting, Kloofing, Wanderwege, Helikopterflüge, Heissluftbalonflüge, Klettern, Mountainbiking. 5 luxuriöse Zimmer, Bad, Dusche, WC, DSTV, Telefon, Fön, Radio, Tee- und Kaffestation, Kamin, Balkon. 8 luxuriöse Suiten, Bad, Dusche, WC, DSTV, Telefon, Fön, Radio, Tee- und Kaffeestation, Kamin, Veranda mit wunderschönem Ausblick auf den Sabie-River. 8 Timber Cottages, romantische 2-stöckige Holzhäuser mit Galerie, Bad, Dusche WC, vollausgestatteter Küche, Kühlschrank, Mikrowelle, Kamin, großem Balkon mit traditionellem Braai.

cs L ∞

Lucit Candle-Garden Theatre - Restaurant

42 Belrene Street, Rietondale, Pretoria
Gauteng, South Africa

☎ 0027 (0) 12 329 4180
✉ info@lucit.co.za
💻 www.lucit.co.za

Das Lucit Candle-Garden Theatre ist Heimat einiger der talentiertesten südafrikanischen Musiker. Das Restaurant bietet seinen Gästen zusammen mit diesen Musikern einen unvergesslichen Abend.

cs L ∞

Lynton Hall Hotel

P.O.Box 272 Pennington 4184
KwaZulu Natal, South Africa

☎ 0027 (0) 39 975 3122
🖹 0027 (0) 33 263 2818
✉ lyntonhall@futurenet.co.za
💻 www.hartford.co.za

Das Haus bietet 9 Zimmer mit Bad und WC. Das Restaurant verwöhnt bis zu 40 Personen. Lynton Hall liegt nahe an den zwei Golfplätzen Umdomi und Selborne. außerdem stehen ein Pool und ein Tennis Court zur Verfügung und die Küste ist nicht weit entfernt.

ꕥLꕥ

Madiba´s Tide Country House Hotel

P.O. Box 3152, Knysna 6570
Western Cape, South Africa

☎ 0027 (0) 44 386 0001
🖹 0027 (0) 44 386 0040
✉ madibas_tide@imaginet.co.za
💻 www.madibastide.co.za

Wandern im Wald, schwimmen im „Hilltop (Gipfel-) Swimming Pool", Golf, Fischen, Bootsfahrten, Affen, Strauße und vieles mehr, ganz in der Nähe...

ꕥMꕥ

Makakatana Bay Lodge

P.O. Box 65, Mtubatuba, 3935
KwaZulu Natal, South Africa

☎ 0027 (0) 35 5504189
🖹 0027 (0) 35 5504198
✉ maklodge@iafrica.co
💻 www.makakatana.co.za

Persönlicher Service, 5 luxuriöse Suiten (maximal 10 Betten), davon 2 mit Blick auf den See und 3 liegen im urtümlichen Wald. Privater Bush-Pool am Ende des Sees, Souvenir Shop, TV in der Hauptlodge, Boma (Innenhof) für das Abendessen und ein Weinkeller im ‚Old Crab House'.

ꕥMꕥ

Makalali Private Game Reserve

PO Box 809, Hoedspruit 1380
Northern Province, South Africa

☎ 0027 (0) 15 793 1720
🖹 0027 (0) 15 793 1739
✉ makalali@icon.co.za
💻 www.threecities.co.za

Pirschfahrten im offenen Landrover, Vogelbeobachtung, informative Buschwanderungen, Bootsausflüge auf dem Blyde Stausee, Forellenfischen, Sterne beobachten und auf Wunsch Stammestänzen. Charakteristische Tiervorkommen: Löwen, Leoparden, Geparden, Elefanten, Giraffen, Nashörner, Zebra, Kudus und verschiedene Antilopenarten. Familien mit Kindern sind in Makalali willkommen, ebenfalls Gruppen. Auch Konferenzen können abgehalten werden. Die nötige Ausstattung ist vorhanden.

ꕥMꕥ

Merlot Manor

41 Albany Road, Blackridge, Pietermaritzburg 3201, KwaZulu Natal, South Africa

☎ 0027 (0) 33 3441639
🖹 0027 (0) 33 3441695
✉ merlotmanor@mweb.co.za
💻 www.merlotmanor.co.za

Parkanlage, Tenniscourt, Swimmingpool, 3 Doppelzimmer, Fernseher, Whirlpool, Sauna, Restaurant, Hochzeits- und Konferenzräume sowie ein Billiardzimmer.

ꕥMꕥ

Mimosa Lodge

Church Street, Montagu 6720
Western Cape, South Africa

☎ 0027 (0) 23 614 23 51
🖹 0027 (0) 23 614 24 18
✉ mimosa@lando.co.za
💻 www.mimosa.co.za

Gäste können zwischen Zimmern mit zwei Einzelbetten oder mit Doppelbett wählen. Ob im Garten oder Haupthaus, jedes Zimmer hat seinen eigenen, durch die individuelle Einrichtung wiedergegebenen Charakter und typischen Charme. Die 9 Classic Zimmer sind komfortabel und haben alle modernste Badezimmer. Die Badezimmer der 3 Suiten verwöhnen mit separaten Duschen und Badewannen. Die Orchard Suite befindet sich in einem separaten Gebäude mit privatem Balkon, der ein spektakuläres Berg-Panorama bietet.

csMso

Mogg´s Country Cookhouse

Nuwe Pos Farm, Hemel-en-Aarde Valley,
Hermanus 7200, Western Cape, South Africa

☎ 0027 (0) 28 312 4321
mwjmogg@mweb.co.za
www.eating-out.co.za

Das Restaurant bietet Tische im Innen- und Außenbereich mit spektakulären Panoramen auf das Tal und die dramatische Kulisse des Babylonstoring Mountain. Im Winter können die Gäste den Aperitif am wärmenden Holzfeuer genießen. Weiter bietet ein kleiner Shop die Möglichkeit, frische Produkte von den Farmen der Umgebung einzukaufen.

csMso

Montusi Mountain Lodge

PO Box 87, Bergville 3350,
KwaZulu Natal, South Africa

☎ 0027 (0) 36 438 6243
0027 (0) 36 438 6566
montusi@iafrica.com
www.montusi.za.net

Die Unterkünfte sind einzelne Chalets mit Reetdächern in den Terracotta-Farben Afrikas. Die Chalets befinden sich auf einem leicht abfallenden Gelände und bieten alle einen Blick zu den Drakensbergen. Alle Chalets haben ein eigenes Badezimmer mit Badewanne und Dusche, eine Lounge mit Fernsehgerät und einen Kamin. In Montusi sind Kinder herzlich willkommen. In den Stallungen von Montusi stehen den Gästen eine ganze Reihe von Vollblütern für Ausritte zur Verfügung. Montusi bietet jeden Tag drei Ausritte an. Besonders die zweitägigen Ausritte mit einer Übernachtung in dem nahe gelegenen rustikalen Camp werden von den Gästen sehr geschätzt. Die Umgebung lädt ein zu Wanderungen, Touren, Fliegenfischen und Golf.

csMso

Moolmanshof Bed & Breakfast

217 Voortrek Street, Swellendam 6740
Western Cape, South Africa

☎ 0027 (0) 514 3258
0027 (0) 514 2384
moolmanshof@sdm.dorea.co.za
www.moolmanshof.homestead.com

Moolmanshof ist nur 10 Minuten vom Bontebok National Park und dem Marloth Bergreservat entfernt und lediglich eine Stunde von de Hoop Naturrereservat. Spaziergänge und Ausflüge zu den Sehenswürdigkeiten werden auf Wunsch arrangiert. Kinder sind willkommen. 3 große Schlafzimmer mit eigenem Bad und Fernseher.

M

Mount Nelson Hotel -
The Cape Colony Restaurant

76 Orange Street, Kapstadt,
Western Cape, South Africa

☎ 0027 (0) 21 483 1000
0027 (0) 21 424 7472
reservations@mountnelson.co.za
www.mountnelson.co.za

Restaurant Cape Colony
Das Spitzenrestaurant des Mount Nelson Hotels bietet eine innovative Speisekarte sowie zeitgenössischen Jazz am Abend.

Restaurant Oasis
Im Restaurant mit Blick auf die malerischen Gärten und den Swimming-Pool des Mount Nelson Hotel können Speisen aus dem Mittelmeerraum vom Buffet genossen oder à la carte bestellt werden.

P

Ngala Tented Safari Camp

Conservation Corporation Africa
Krüger National Park
Mpumalanga, South Africa

☎ 0027 (0) 11 809 4300
0027 (0) 11 809 4400
Shayne.Richardson@ccafrica.com
www.ccafrica.com

Ngala Tented Safari Camp ist ein elegantes und luxuriöses Zelt-Camp. Klassische und originelle Elemente aus der Zeit von 1950 bis 1970 sind in die Lounge sowie den Speise- und Wohnbereichen integriert. Das erste Zeltcamp von CCAfrica besteht aus sechs luxuriösen Zelten mit Veranden, die auf erhöhten Plattformen stehen. Jedes geräumige Zelt verfügt über eine Außendusche und ein stilvolles Bad. Tierbeobachtung und Wild: Täglich werden zwei Pirschfahrten in offenen Landrovern durchgeführt, so dass Sie ausgezeichnete Möglichkeiten haben, Tiere zu sehen und zu fotografieren. Auch an Nachtfahrten zur Beobachtung nachtaktiver Tiere und an Fahrten off-road, abseits der Wege, können Sie teilnehmen. Auch auf entspannten Wanderungen mit einem erfahrenen und kenntnisreichen Guide und Fährtenleser lernen Sie die Natur und einige ihrer Geheimnisse kennen. Das Ngala Private Game Reserve ist Heimat einer erstaunlichen Vielzahl unterschiedlicher Tiere, zu denen auch die „Big Five", also Löwe, Büffel, Leopard, Nashorn und Elefant gehören. Grasfressende Tiere wie Gnus, Zebras und Warzenschweine finden sich vorwiegend auf offenen Flächen, während sich Impalas und Schwarzfersenantilopen lieber am Rande von Wald oder im Buschland aufhalten. Zu sehen sind auch Giraffen, Flusspferde, Buschböcke, Kronenducker und Kudus. Besonders eindrucksvoll sind natürlich Elefantenherden. Während der Trockenzeit sind die Chancen, Nashörner zu sehen, größer.

P

Phantom Beach

PO Box 3051, Knysna 6570
Western Cape, South Africa

☎ 0027 (0) 44 386 0046
0027 (0) 44 387 1944
phantomforest@mweb.co.za
www.phantomforest.com

In den Zimmern und Suiten sind Kinder ab dem 12. Lebensjahr willkommen. Das Restaurant ist nur für Gäste des Phantom Beach geöffnet.

ଔPଓ

Phinda Vlei Lodge & Phinda Rock Lodge

Maputaland region
KwaZulu Natal, South Africa

☎ 0027 (0) 35 562 0271
🖹 0027 (0) 35 562 0088
Conservation Corporation Africa
☎ 0027 (0) 11 809 4300
🖹 0027 (0) 11 809 4400
✉ kim.appleby@ccafrica.com
💻 www.ccafrica.com

Phinda Rock Lodge: Die Suiten sind dekoriert mit Kunst aus Spanien und Mexiko. Das Farbschema ist warm und einladend, ausgesprochen schön und ockerfarben getüncht. Die weiten Fenster eröffnen den Blick auf beeindruckende Felsformationen. Die Lodge hat 6 Suiten mit großzügigen Schlafzimmern mit Sitzbereich, Bad und WC und Klimaanlage. Jede Suite hat auch eine private Veranda und einen kleinen Pool. Einige der Suiten verfügen außerdem über eine Außendusche. Phinda Vlei Lodge: Die Vlei Lodge hat 6 reetgedeckte und mit Teakholz gebaute Suiten, die natürlich auch alle klimatisiert sind und über Bad und WC, eine private Veranda sowie einen privaten Pool verfügen.

ଔPଓ

Plettenberg Park

Robberg Road, Plettenberg Bay
Western Cape, South Africa

☎ 0027 (0) 44 533 9067
🖹 0027 (0) 44 533 9092
✉ info@plettenbergpark.co.za
💻 www.plettenbergpark.co.za

Plettenberg Park bietet 4 Schlafzimmer, von denen 2 zum Meer hin schauen und 2 zum reizvollen kleinen Stausee hin gelegen sind. Neu ist ein zusätzlicher Gebäudeflügel mit 5 großen Zimmern, die alle einen spektakulären Blick auf das Meer bieten. Diese Zimmer verfügen über ein Holzdeck mit Blick auf die Küste. Die Zimmer sind mit großen Holzbetten, meistens Doppelbetten, ausgestattet sowie einem Kamin, einem Kaffeetisch, Lehnstühle und einem großes Badezimmer, meistens mit Dusche und Badewanne. Alle Zimmer haben außerdem Fernsehen, eine Minibar und eine Hi-Fi Anlage. CDs können Sie an der Rezeption ausleihen. Die Badezimmer haben zwei Waschbecken. Toilettenartikel stehen Ihnen ebenfalls zur Verfügung. Die insgesamt 9 Zimmer teilen sich auf in 5 Räume mit Einzelbetten und 4 Räume mit Doppelbetten.

ଔPଓ

Plumwood Inn Country Guesthouse

Roel en Lucienne Rutten
11 Cabriere Street, P.O. Box 562
Franschhoek, Western Cape, South Africa

☎ 0027 (0) 21 876 3883
🖹 0027 (0) 21 876 3803
✉ info@plumwoodinn.com
💻 www.plumwoodinn.com

Die Räume sind unterschiedlich ausgestattet, alle haben aber ein Badezimmer, Haartrockner, Klimaanlage, einen Mini-Safe und ein Fernsehgerät. Von der geräumigen Lounge aus, die einen offenen Kamin hat, kann man hinaus zum Swimmingpool gehen. Die Lounge hat eine sehr hohe Decke, auf der einen Seite mit einer Art Empore, so dass auch im Sommer die Temperaturen angenehm bleiben. Im Winter wärmt der offene Kamin und schafft eine gemütliche Atmosphäre.

P

Polfyntjies

Main Road, Franschhoek 7690
Western Cape, South Africa

0027 (0) 21 876 3217
0027 (0) 21 876 3842
polfyn@global.co.za
www.eatingout.co.za

In dem alten Farmhaus von 1860 findet man noch die traditionellen glänzenden Bodenkacheln, hölzerne Deckenbalken und Schiebefenster mit historischen Griffen. An kühlen Wintertagen kann man das Menü am wärmenden Kamin genießen oder man nimmt Platz im Garten mit seinem wundervollen Panorama auf die Berge, Wälder und das Weinlaub im Patio, wenn es wieder warm ist – in den Winelands am Kap der Guten Hoffnung. Weiter bietet Polfyntjies Arrangements für Hochzeiten, Firmengruppen, kleine Konferenzen, Touren, Braais (Barbeque) und ist stets offen für innovative Vorschläge. Öffnungszeiten: Montag, Mittwoch bis Samstag: Frühstück 10.00 bis 11.30 Uhr, Mittagstisch von 11.30 bis 15.00 Uhr, Dinner von 18.15 bis 22.00 Uhr. Sonntags und in der Ferienzeit 9.00 bis 16.00 Uhr. Dienstags geschlossen.

R

Restaurant 101

Restaurant 101 at Simonsvlei Winery
Southern Paarl Road (R101), Paarl
Western Cape, South Africa

0027 (0) 21 863 2486
0027 (0) 21 863 3793
info@restaurant101.co.za
www.restaurant101.co.za

Restaurant, Bar (voll lizensiert), Rampe und Toiletten für Behinderte, Innen- und Außenbereich, Weinproben, geöffnet 7 Tage in der Woche.

R

Restaurant Tafelberg

Nibelungenstr. 24, 64625 Bensheim
Hessen, Germany

0049 (0) 6251 76877
0049 (0) 6251 105865
www.restaurant-tafelberg.de

Das Restaurant bietet bis zu 80 Sitzplätze. Öffnungszeiten: Täglich ab 18 Uhr. Sonn- und feiertags von 12 bis 14 Uhr & ab 18 Uhr. Montags geschlossen.

R

Rhebokskloof Private Cellar

P.O. Box 7141, Nooder Paarl, 7623
Western Cape, South Africa

0027 (0) 21 869 8606
0027 (0) 21 869 8906
restaurant@rhebokskloof.co.za
www.rhebokskloof.co.za

2 Restaurants und ein Weinkeller mit Probierstube. Kellertouren nach Voranmeldung.

R

Rhubarb Gourmet

Shop 10a, The square level, Sandton Square,
Cnr. Maude & 5th Streets, Sandton 2196
Gauteng, South Africa

☎ 0027 (0) 11 884 7866
🖹 0027 (0) 11 783 5927
✉ leeanne@rhubarb.co.za
💻 www.eating-out.co.za

Das Restaurant hat einige verschiedene Speisebereiche, welche zu verschiedenen Gelegenheiten wie privaten Dinners oder größeren Parties genutzt werden können. Hierfür stehen zahlreiche Menüs zur Auswahl. Es kann auch à la Carte bestellt werden. Das Restaurant ist sehr leicht über den berühmte Sandton Square zu erreichen und liegt im Herzen von Sandton, wo auch alle großen Hotels vertreten sind.

CSR80

Rietvallei Wine Estate

* 386, Robertson, 6705
Western Cape, South Africa

☎ 0027 (0) 23 626 3596
🖹 0027 (0) 23 626 4514
✉ info@rietvallei.co.za
💻 www.rietvallei.co.za

Im Oktober 2002 hat Rietvallei seine Türen für Weinproben und den Verkauf geöffnet. An der neuen Route 62 zwischen Robertson und Ashton gelegen, können die Weinliebhaber hier entspannen und den großartigen Ausblick auf die Langeberg Mountains genießen, während sie an einen Gläschen Rietvallei nippen. Öffnungszeiten: Montag bis Freitag von 8.30 bis 17.00 Uhr und Samstags von 9.30 bis 13.00 Uhr.

CSR80

Rissington Inn

Main Road R40, PO Box 650, Hazyview
1242, Mpumalanga, South Africa

☎ 0027 (0) 13 737 7700
🖹 0027 (0) 13 737 7112
✉ info@rissington.co.za
💻 www.rissington.co.za

14 Zimmer, Wanderwege, Swimming Pool, außerordentlich gute Möglichkeiten für Vogelbeobachtungen, gutes Restaurant.

CSR80

Rosedene Guest House

28 Upper Kloof Street, Higgovale, 8001,
Cape Town, Western Cape, South Africa

☎ 0027 (0) 21 424 3290/4/5
🖹 0027 (0) 21 424 3481
✉ info@rosedene.co.za
💻 www.rosedene.co.za

Vier Sterne, Wäscheservice, Swimming Pool, Doppelzimmer mit Bad und WC, Telefon, Satelliten-Fernsehen, Minibar, Kaffee/Tee-Kocher, Fön und Klimaanlage.

CSR80

Rovos Rail

Head Office, P.O. Box 2837, Pretoria 0001,
Gauteng, South Africa

☎ 0027 (-12) 3158242 / 3236052
🖹 0027 (-12) 3230843
✉ sandy@rovos.co.za
💻 www.rovos.co.za

Die bis ins letzte Detail liebevoll renovierten Züge bieten Platz für bis zu 72 Passagiere, die in Deluxe- oder Royal-Suiten untergebracht werden. Jeweils zwei Passagiere haben in den großräumigen, mit Klimaanlage ausgestatteten Abteilen Platz, alle im nostalgischen "edwardian" Dekor eingerichtet mit der Wahl zwischen Doppel- oder Twinbetten. Die vier

Royal Suiten (mit 16 qm) verfügen neben einer Lounge / Sitzecke zusätzlich über ein eigenes Badezimmer mit Dusche und Badewanne. Die Deluxe Suiten (11 qm) haben neben der Lounge / Sitzecke ein Badezimmer mit einer eigenen Dusche.
Alle Waggons wurden im Laufe der Jahre in Südafrika gekauft und im nostalgischen Stil renoviert und umgebaut. Die Abfahrten oder Ankünfte erfolgen am Rovos Rail eigenen Bahnhof in Pretoria, dem Capital Park Bahnhof. Hier wurde vor ein paar Jahren ein "lebendes Museum" eröffnet, welches ehemals ein Dampflokomotiven-Depot war und nun der Hauptsitz von Rovos Rail ist.
Wählen Sie aus zwischen verschiedenen Fahrten zu den Höhepunkten des südlichen Afrikas, angefangen bei Reisezeiten von 24 Stunden bis zu knapp 2 Wochen. Begleiten Sie uns auf der 13-tägigen legendären Zugfahrt von Kapstadt nach Dares Salaam, den 2-tägigen Fahrten zwischen Pretoria und Kapstadt oder den mächtigen Victoria Fällen, einer 55-stündigen Safari Fahrt von Pretoria nach Durban oder eine Fahrt entlang der Garten Route von Kapstadt nach George. Ebenfalls im Programm sind eine 7- tägige Fahrt nach Namibia sowie eine 9-tägige African Collage durch Südafrika und eine Golf Safari.
Neu im Rovos Programm sind 3 Flugzeuge, die in Verbindung mit dem Zug auf der Fahrt zu den Victoria Fällen kombiniert werden können. Ebenfalls bis ins letzte Detail im nostalgischen Stil eingerichtet, bieten sie den Passagieren eine perfekte Kombination zwischen Komfort, Luxus und Nostalgie. Zwei Convair 440 bieten Platz für 44 Passagiere und die DC 3 verfügt über 18 Sitzplätze.

CSSO

Savoy Cabbage Restaurant

Heritage Square, 101 Hout Street, Cape Town
8001, Western Cape, South Africa

☎ 0027 (0) 21 424 2626
0027 (0) 21 424 3366
savoycab@iafrica.com
www.eating-out.co.za

Savoy Cabbage wendet sich an alle Altersgruppen und ist die ideale Wahl, wenn es um private Anlässe, Geschäftsessen, eine große Party oder einfach ein spontane Einladung zum Abendessen geht. Die Küche ist national und international ausgezeichnet worden. Unter anderem mit 3 „Top Ten" Prämierungen in 2 Jahren und gewählt von CNN als einziger „Hot Spot" für Kapstadt. Weiter bietet das Haus einen Raucherbereich, Klimaanlage und bewachte Parkplätze.

CSSO

Saxon Lodge

No 1 Muller Street, Gansbaai, Overberg
Western Cape, South Africa

☎ 0027 (0) 28 384 0853
0027 (0) 28 384 0873
saxonlodge@mweb.co.za
www.saxonlodge.com

Die Zimmer mit Bad und WC haben eine eigene Lounge und Veranda. Außerdem bieten alle Zimmer einen fantastischen Ausblick auf den Hafen und das Meer. Restaurant, Pub für die Gäste, Swimming Pool, Fernsehen, Telefon und Internetanschluss in jedem Zimmer.

Sewula Gorge Lodge

P.O. Box 404, Estcourt, 3310
KwaZulu Natal, South Africa

☎ 0027 (0) 36 352 2485
🖹 0027 (0) 36 352 2868
mkhamba@futurenet.co.za
www.sewula.co.za

Die Lodge hat 4 Hütten, die alle über einen eigenen Balkon verfügen. Drei haben Twinbetten und Dusche, das Vierte hat ein Doppelbett mit Bad und Dusche. Die Küchen sind voll ausgestattet mit Kühl-, Gefrierschrank, Mikrowelle, Teekessel, Toaster und allen Utensilien, die man sonst noch braucht.

Shiluvari Lakeside Lodge

Albasini Dam, Elim, Louis Trichardt
Box 560, Louis Trichardt 0920,
Limpopo Province, South Africa

☎ 0027 (0) 15 556 3406
🖹 0027 (0) 15 556 3413
shiluvar@lantic.net
www.shiluvari.com

Country Restaurant/Lounge mit Feuerstelle und Bar auf der Veranda, Swimming Pool im See, Volleyball und Fahrten in den Sonnenuntergang mit dem motorisierten Floß, der „Savannah". 6 Luxushütten, 6 Standard-Zimmer und eine private „Mukhondeni"-Suite. Fahrten in der näheren Umgebung zu Künstlern, der großartigen Landschaft von Venda mit dem See Fundudzi und dem Heiligen Wald können arrangiert werden. Gewinner des 2004 KWV/Laborie Bush Banquet Best Food Award.

Singita Private Game Reserve

Head Office:
P.O. Box 23367, Claremont 7735
Cape Town, Western Cape, South Africa

☎ 0027 (0) 21 683 3424
🖹 0027 (0) 21 683 3502
reservations@singita.co.za
www.singita.co.za.

Die im kolonialen Stil gehaltene „Ebony Lodge", umgeben von den majestätischen namensgleichen Bäumen, den Ebenholzbäumen, bietet unübertrefflichen Komfort. Jede der neun luxuriösen Doppelsuiten, die sich am Ufer des Sand Flusses befinden, bietet eine Klimaanlage, einen doppelseitig offenen Kamin, eine gemütliche Lounge, Badezimmer und Innen- wie auch Außendusche, einen privaten Swimmingpool und ein Deck, von dem aus die Tiere beobachtet werden können. Das Dekor der Lodge atmet die Kunst, Kultur und Tradition Afrikas, Möbel und Stoffe runden das Bild der Harmonie ab. Die „Boulders Lodge" liegt flussabwärts am Sand Fluss. Sie bietet neun exklusive Doppelsuiten mit Klimaanlage, Badezimmer mit Innen- und Außendusche, einem doppelseitig offenen Kamin, einem exklusives Wohnzimmer, einen privaten Swimmingpool und einem Außendeck, das einen Blick zum Fluss bietet. Eleganz und Großartigkeit harmonieren mit traditionellen erdigen Farbtönen, Schattierungen und Stoffe bieten privaten Komfort und beeindruckenden Luxus. Hier lauscht man den Lauten des afrikanischen Buschs und lässt seine Blicke über die Ebenen schweifen, auf denen Löwen und Geparden jagen. Wenn Ihre Zeit kostbar und knapp ist, wählen Sie vielleicht lieber den Luftweg und fliegen entweder zur privaten Landebahn von Singita oder mit den täglichen SA Express-Flügen von Johannesburg zum nahe gelegenen Kruger Mpumalanga International Airport.

Slaley

Cnr R44 & Kromme Rhee Roads,
Koelenhof, 7605 Stellenbosch
Western Cape, South Africa

☎ 0027 (0) 21 865 2123
0027 (0) 21 865 2798
sue@slaley.co.za
www.slaley.co.za

Der enge Austausch zwischen Weinkeller und Weingut, wie er im jungen Team von Thierry Lesne (Winzer) und Jaco Mouton (Farming General Manager) üblich ist, stellt sicher, dass die Anstrengungen, ein optimales Produkt nach dem Geschmack der Kunden zu erzeugen, tägliche Praxis ist.

SPIER Wine Estate

P.O. BOX 5, Lynedoch, Stellenbosch 7600
Western Cape, South Africa

☎ 0027 (0) 21 8091927
0027 (0) 21 8091134
craigc@spier.co.za
www.spier.co.za

Das Restaurant bietet Platz für 90 Gäste. Das SPIER Wine Estate bietet viele Attraktionen auf dem weitläufigen Gelände. Das Village Hotel hat 4 Sterne und ist Mitglied bei „Small Luxury Hotel Of The World".

Stocklands Farm

4 Shafton Road, Howick, Natal Midlands
KwaZulu Natal, South Africa
Kontakt: Eve Mazery

☎ 0027 (0) 33 330 5225
0027 (0) 33 330 5225
edulink@iafrica.com
www.stocklandsfarm.co.za

Stocklands Farm hat die Lizenz zum Fliegenfischen im Umgeni River und lokalen Talsperren. Die Gäste haben die Möglichkeit, im direkt angrenzenden Umgeni Valley Nature Reserve Wild und Vögel zu beobachten. Ausritte können arrangiert werden. Man kann den Tag im wundervollen Garten, am Swimming Pool, beim spazieren gehen, mit Vogelbeobachtungen oder Sonnenbaden verbringen. Die Farm liegt nur 2 Minuten von Howiks Stadtzentrum entfernt und die Howick Wasserfälle warten auf Ihren Besuch. Mehrere exzellente Golfplätze sind leicht zu erreichen.

Stonecutters

P.O. Box 515, Lydenburg 1120
Mpumalanga, South Africa

☎ 0027 (0) 13 235 4225
0027 (0) 13 235 4254
cobbles@mweb.co.za
www.stonecutters.co.za

Die luxuriösen Unterkünfte im Stonecutters bieten höchsten Standard und jede der Unterkünfte hat ein unterschiedliches Ambiente: Stone Manor, The Cobbles, Trout House und Stone Cottage. Insgesamt können 22 Gäste in den verschiedenen Häuser untergebracht werden. Wenn Einzelzimmer benötigt werden, bietet Stonecutters Schlafgelegenheiten für weitere 11 Personen auf dem Estate.

S

Subroview Country Guesthouse & Peter´s Bistro

Plot 62 Beckedan - Tarlton – Krugersdorp
Gauteng, South Africa

☎ 0027 (0) 11 952 2977
subro@netactive.co.za
www.subroview.co.za

Einrichtungen: Lounge- Fernsehzimmer mit offenem Kamin, Bar, Billardzimmer, Schwimmbad, Peter's Bistro, Frühstück, Mittag und Abendessen, 5 Gänge Candlelight-Dinner, bewachte Parkplätze. Sport und Unterhaltung: Golfplatz, Reiten, Forellen fischen, Wandern in den Magaliesbergen, Game drive, Safari, Safari auf Pferden, Sterkfonteingrotte mit Museum, Wonder gaves (Tropfsteinhöhle), Goldrif City, Monte Casino, Sun City.

T

Ted's Place

P. O Box 351, Wapadrand 0050
Pretoria, Gauteng, South Africa

☎ 0027 (0) 12 807 2803
0027 (0) 12 807 2741
ted@mweb.co.za
www.teds-place.za.net

Vier geschmackvoll eingerichtete Zimmer mit Fernseher und Bad. Für Ihr Auto steht eine sichere, abschließbare Garage zur Verfügung, von der man direkt ins Haus gehen kann. Ted's Place befindet sich in einer ruhigen Sackgasse abseits des Verkehrslärms. Am sanft ansteigenden Hang des Bronberg Mountain mit seinen beeindruckenden Aussichten gelegen, ist es dennoch nicht weit zu allen wichtigen Verbindungsstraßen, so dass man leicht das Stadtzentrum, die Tierparks im Nordosten und die Provinz Mpumalanga erreichen kann.

T

The Andros Guest House

Paradise View Rd. 6, Claremont,
Cape Town, Western Cape, South Africa

☎ 0027 (0) 21 797 9777
0027 (0) 21 797 0300
andros@kingsley.co.za
www.andros.co.za

Jedes Zimmer hat Bad, Dusche, TV, Telefon, Minibar und einen Safe.

T

The Copper Pot Restaurant

Montagu Street, George 6530
Western Cape, South Africa

☎ 0027 (0) 44 8707378
0027 (0) 44 8707378
copperpot@mweb.co.za
www.copperpot.co.za

Das Restaurant kann bis zu 70 Gäste beherbergen. Die Bar hat die Lizenz zum Ausschank von alkolischen Getränken. Eine Veranda und ein Bereich für Raucher runden das Angebot ab.

T

The Cormorant Guesthouse

Waterside Road 392, P.O. Box 651, Wilderness 6560, Western Cape, South Africa

☎ 0027 (0) 44 877 0009

🖹 0027 (0) 44 877 0009
✉ info@cormorant-guesthouse
💻 www.cormorant-guesthouse.co

Telefon-Fax-E-Mail-Service, Wäscheserice, Do-It-yourself-Grill im Palmengarten, Kinderservice auf Anfrage. Adventure-Service von Golf bis zu Wanderungen, Hochseeangeln oder der Besuch in Game Reserves und vieles mehr können organisiert werden.

ᏳᎢᏇ

The Elephant House

P.O Box 82, Addo, 6105
Eastern Cape, South Africa

☎ 0027 (0) 42 233 2462
🖹 0027 (0) 42 233 0393
✉ elephanthouse@intekom.co.za
💻 www.elephanthouse.co.za

8 Zimmer, luxuriöse und geräumige Schlafräume, wundervoll dekoriert und öffnen sich zu Innenhöfen oder Verandas. Restaurant und Safari-Touren.

ᏳᎢᏇ

The Fairlawns

Alma Road (off Bowling Avenue), Morningside Manor Ext. 6, Sandton, Johannesburg
Gauteng, South Africa

☎ 0027 (0) 11 804 2540
🖹 0027 (0) 11 802 7261
✉ fairlawn@fairlawns.co.za
💻 www.fairlawns.co.za

Das Fairlawns bietet 12 exklusive Suiten und 6 Luxus-Suiten sowie eine Präsidenten-Suite. Weiter: elegantes Restaurant und Bar, Speisen auf der Terrasse, Pool, Flughafentransfer, sonstige Transfers in die Umgebung, Mitgliedschaft im Health & Gym Club, Golf- und Tennis-Arrangements, Reisebegleitung, Wäsche- und Zimmerservice, Wachdienst und bewachte Parkplätze.

ᏳᎢᏇ

The Kennedy´s Restaurant & Cigar Lounge

251 Long Street, Cape Town,
Western Cape, South Africa

☎ 0027 (0) 21 424 1212
🖹 0027 (0) 21 423 0910
✉ kennedys@netactive.co.za

Öffnungszeiten Restaurant:
Lunch (served downstairs):
Montag bis Freitag 12.00 bis 15.00 Uhr
Dinner im Restaurant:
Montag bis Samstag 19.00 bis 24.00 Uhr
Öffnungszeiten Zigarren- und Jazz-Lounge:
Montag bis Freitag ab 12.00 Uhr
Samstag ab 19.00 Uhr
Live Jazz jede Nacht ab 22.00 Uhr

ᏳᎢᏇ

The Oystercatcher Cattle Baron

First Avenue, Shelley Point,
St. Helena Bay 7390,
Western Cape, South Africa

☎ 0027 (0) 22 742 10 42
🖹 0027 (0) 22 742 12 01
✉ info@oystercatcherlodge.co.za
💻 www.oystercatcherlodge.co.za

Bar und Restaurant mit einem separaten Bereich für Raucher. Nebenan ein luxuriöses Gästehaus.

The Phantom Forest Eco Reserve

PO Box 3051, Knysna 6570
Western Cape, South Africa

☎ 0027 (0) 44 386 0046
🖹 0022 (0) 44 387 1944
✉ phantomforest@mweb.co.za
💻 www.phantomforest.com

Über 160 Vogelarten, Busch-Schwein, Buschbock, Grysbock, der seltene Blue Duiker (Afrikas kleinste Antilopenart) und viele weitere kleine Wildtiere können beobachtet werden. Das Restaurant ist 7 Tage in der Woche geöffnet. Kinder ab 12 Jahren sind gerne willkommen. Die Tische sollten auf jeden Fall vorher reserviert werden.

The Pink Lodge on the Beach

Garden Route, Wilderness
Western Cape, South Africa

☎ 0027 (0) 44 8770263
🖹 0027 (0) 44 8771839
✉ info@pinklodge.co.za
💻 www.pinklodge.co.za

Die eleganten und luxuriösen Zimmer haben Bad und WC, Klimaanlage und einen Kühlschrank. The Pink Lodge on the Beach verfügt zwar über keinen Pool, bietet dafür seinen Gästen sicheres Baden im Meer.

The Resting Place

Scholtz Street 50, Universitas, Bloemfontein
9322, Free State, South Africa

☎ 0027 (0) 51 522 5008/9
🖹 0027 (0) 51 522 4386
✉ Rusplek@mweb.co.za
💻 www.restingplace.cjb.net

Das Gästehaus hat 12 Zimmer. Davon einige als "Family self-catering Rooms", andere als "Twin Bed Rooms" und 3 "Executive Rooms" mit Whirlpool. Bloemfontein liegt ideal auf dem halben Weg zwischen Kapstadt, Johannesburg und Durban.

The Royal Hotel

Ground Floor, 267 Smith Street, Durban,
4000, KwaZulu Natal, South Africa

✉ fnb@theroyal.co.za
💻 http://www.theroyal.co.za

Ein Pianist begleitet den Abend auf einem Flügel.

Top of the Ritz - revolving restaurant

247 Main Rd., Seapoint 8005, Cape Town
Western Cape, South Africa

☎ 0027 (0) 21 439 6988
🖹 0027 (0) 21 434 2026
✉ foodaffair@absa.co.za

Ideal eignet sich das Restaurant für luxuriöse Dinner in großen Gruppen oder auch für ein Candle-light Dinner zu zweit sowie für Feierlichkeiten im großen und kleinen Kreise.

Ｃ T Ｄ

Turning Tides

Woodbourne Drive & Egret Close,
Leisure Isle, 6571, Knysna
Western Cape, South Africa

☎ 0022 (0) 27 44 384 0302
0022 (0) 27 44 384 0302
huskissn@mweb.co.za
www.capetown.at/turningtides/

Alle Räume im Turning Tides haben Bad und WC und sind wunderschön möbliert. Zur Freude unserer Gäste liegen 2 exzellente Golfplätze keine 10 Minuten entfernt. Die nahegelegene Küste bietet Möglichkeiten für Vogelbeobachtungen, zum Baden, etc.

V

Valley of the Rainbow

PO Box 20366, Noordbrug,
Potchefstroom 2522
Mpumalanga, South Africa

☎ 0027 (0) 18 297 1984
0027 (0) 18 294 6956
rainbowvalley@cluesnet.co.za
www.rainbowvalley.co.za

Den Gästen steht ein breites Angebot an Sportmöglichkeiten zur Verfügung, wie auch zum Fliegenfischen, Tonscheiben schießen, Bogenschießen, Canyoning und Reiten. Die Berge laden zum Wandern ein. Auf diesen Wegen trifft man verschiede Arten von Wild. Wer mehr wilde Tiere beobachten möchte, kann an einer Safari oder einer Fahrt im Heißluftballon teilnehmen.

V

Villa Belmonte Manor House Hotel

33 Belmont Avenue, Oranjezicht, Cape Town
Western Cape, South Africa

☎ 0027 (0) 21 462 1576
0027 (0) 21 462 1579
villabel@iafrica.com
www.villabelmontehotel.co.za

Alle Zimmer haben luxuriöse Badezimmer und sind mit Telefon, Klimaanlage / Heizung, Deckenventilator, Fernsehapparat, Minibar, Tresor, Radiowecker, Haartrockner und Schreibtisch mit Computermodem-Anschluß und internationalen Stromanschlüssen (keine Adapter mehr notwendig) ausgestattet. Die Gäste haben Zugang zum großen Swimmingpool, zum Wohnzimmer mit offenem Kamin, zur gemütlichen Bar, dem Billiardzimmer und zum Konferenzraum. Die großzügigen Balkone bieten atemberaubende Ausblicke auf die Tafelbucht, Tafelberg, Lion's Head, Signal Hill und Devil's Peak. Die Villa Belmonte bietet einen eleganten Konferenzraum mit Sitzplätzen für bis zu 20 Personen und ist mit Flipchart, Whiteboard, Leinwand und Tageslichtprojektor ausgestattet.

V

Villa Hilda

Hilda Meiring, 21 Kensington Cresc, Oranjezicht, 8001 Cape Town, Western Cape, South Africa

☎ 0027 (0) 21 4231707
0027 (0) 21 4231445
info@villahilda.com
www.villahilda.com

Garten inklusive Swimming Pool und Terrasse. Das Gästehaus ist zum einen Teil eine

viktorianische Villa und zum anderen Teil sehr modern, mit bequem ausgestatteten Zimmern. Alle Zimmer haben eigenes Bad, die Einrichtung ist elegant und gepflegt. Jedes Zimmer hat einen Wandtresor, Ventilator, Fön, Fernseher, Radiowecker und bietet die Möglichkeit, zum Kaffee- und Tee-Kochen.

🙞V🙜

Vuyatela - Djuma Game Reserve

P.O. Box 338, Hluvukani, 1363
Mpumalanga, South Africa

☎ 0027 (0) 13 735 5118
🖹 0027 (0) 13 735 5070
✍ djuma@djuma.co.za
💻 www.djuma.com

8 luxuriöse Suiten mit separater Lounge, Schlafzimmer mit Ankleideraum, Badezimmer mit Außendusche. Ventilatoren, Moskitonetze, IDD, Telefon, Bar und ständiger Zugang zum Internet, private Sonnendecks und Pools. Sport- und Entspannungsraum, Internetbibliothek, Turm zur Vogelbeobachtung, ein Aquarium, Decks zur Wildbeobachtung am Wasserloch, täglich 2 Wildsafaris (game drives) und geführte Wanderungen durch den Busch.

🙞W🙜

Wartburger Hof

3450 Wartburg
KwaZulu Natal, South Africa

☎ 0027 (0) 33 503 1482
🖹 0027 (0) 33 503 1482
✍ wartburger.hof@futurenet.co.za
💻 www.wartburgerhof.co.za

Zimmer mit Bad „en suite", Satellitenfernsehen, Telefon, Radio. Schöner parkähnlicher Garten. Schwimmbecken, Dampfbad, Gesundheitsklinik. Volley Ball Feld, Kinderspielplatz, Neun-Loch-Golfplatz, Vogelparadies, Farmer's Pub mit großem Bildschirm, hauseigene Brauerei, ausgezeichnete deutsche Küche und deutsche Gemütlichkeit. Erstklassige Konferenzräume. Reizender Ort für Landhochzeiten. Tagestouren in die wunderschöne Hügellandschaft und an den Strand.

🙞W🙜

Welgelegen Guest House

6 Stephen Street, Gardens, 8001 Cape Town
Western Cape, South Africa

☎ 0027 (0) 214262373
🖹 0027 (0) 214262375
✍ lanie@city-bowl.co.za
💻 www.welgelegen.co.za

Welgelegen bietet sechs große und luxuriös eingerichtete Schlafzimmer, jedes mit Telefon, Fernsehgerät, einem Kühlschrank für Getränke, Kaffee und Tee, einem Deckenventilator, Heizgerät und natürlich mit einem beeindruckenden Blick zum Tafelberg und Lions Head. Alle Räume haben selbstverständlich eine Klimaanlage, damit Sie auch bei heißerem Wetter komfortabel wohnen können.

🙞W🙜

Winchester Mansions Hotel

221 Beach Rd, Sea Point, Cape Town 8005
Western Cape, South Africa

☎ 0027 (0) 21 434 2351
🖹 0027 (0) 21 434 0215
✍ sales@winchester.co.za
💻 www.winchester.co.za

Das Hotel bietet 51 luxuriös ausgestattete Gästezimmer und 25 Suiten. Alle Suiten verfügen über einen wahrlich traumhaften Blick über den Atlantischen Ozean. Klimaanlage, Satelliten TV mit deutschen Kanälen, Minibar, separate Duschkabinen. Tee/Kaffee im Zimmer und viele andere Annehmlichkeiten nebst dem sehr persönlichen Services machen dieses Hotel zu einer wahren Oase.

W

Woodall Country House

P. O. Box 32, Addo 6105
Eastern Cape, South Africa

☎ 0027 (0) 42 2330128
🖹 0027 (0) 42 2330128
✉ miller@ woodall-addo.co.za
💻 www.woodall-addo.co.za

Alle Zimmer mit Klimaanlage, Mini Bar, eigener Außen-Dusche, Safe, Mini HiFi-Anlage. Weiterhin gibt es einen CD-Verleih, Bibliothek, Restaurant, Schwimmbad, Fernsehraum, offener Kamin. Vogelschutzgebiet.

Z

Zuider Zee Guesthouse

55 Fairway Drive, Salt Rock
Kwazulu Natal, South Africa

☎ 0027 (0) 32 525 5012
🖹 0027 (0) 32 525 5012
✉ zuiderzee@worldonline.co.za
💻 www.zuiderzee.co.za

Bed & Breakfast, optional auch für Selbstversorger, Dinner auf Wunsch, Bar und Sun Lounge, Dart und andere Spiele, Küche, Pavillon und Baai/Barbeque-Platz, Swimming Pool und Sonnendecks, großer Garten, bewachte Parkplätze.

Rezept-Register

Inhalt

Suppen & Eintöpfe

Vorspeisen & Zwischengerichte

Fleischgerichte

Fischgerichte

Schalen- & Krustentiere

Gemüse & Vegetarisches

Saucen

Nachspeisen & Süße Hauptspeisen

Backwaren

Frühstück

Getränke

Bezugsquellen

(Bestellmöglichkeiten für Spezialitäten aus dem südlichen Afrika in Deutschland, Österreich und der Schweiz / Nach Postleitzahlen geordnet / Angaben ohne Gewähr)

http://www.bennetts.de/ E-Mail: info@bennetts.de
Bennetts Trading OHG, Husumer Straße 50, D-21465 Reinbek
Speisen: Krokodil, Kudu, Springbock, Schlange, Strauß, Zebra

http://www.afrikanischessen.de/ Tel.: (+49) 0 51 32 - 68 39
Samberger's Restaurant und Spezialitätenversand, Hannoversche Str. 11, D-31319 Sehnde - Höver
Speisen: Fisch, Filets vom King-Klip, Straußengulasch, Straußen-Bratenfleisch oder Rücken, Straußenfilets, Kudu Antilope, Gemsbock, Blesbock, Springbock-Keulen oder Rücken, Krokodil-Schwanzfilets, Zebra-Bratenfleisch oder Rücken / Filets, Kalahari-Trüffel (Trüffel aus der Kalahariwüste), Biltong vom Rindfleisch, frische und getrocknete Boerewors, geräucherten Schinken vom Strauß, Zebra, Kuduantilope

http://www.straussenfarm-oyle.de/ E-Mail: ehlerhugo@aol.com
Straußenfarm Oyle, Kohlgärten 6a-8, D-**31608** Marklohe/Oyle
Speisen: Straußenfleisch, Straußeneier

http://www.afroshop.info/ E-Mail: info@afroshop.info
Afroshop.info, Poststr. 1, D-32423 Minden
Speisen: Ground Crayfish, Fufu-Mehl, Yams-Mehl, Cassava-Mehl

http://www.mrsballs-chutney.de/ E-Mail: info@mrsballs-chutney.de
Lutzemann & Nottbusch GbR, Unterm Mooskamp 7, D-32547 Bad Oeynhausen
Speisen: Mrs. H.S. Ball's Chutney

http://www.straussenhof.ch/ E-Mail: info@straussenhof.ch
Straussenhof Duppenthal, CH-**3367** Ochlenberg/Thörigen
Speisen: Straußenfleisch

http://www.bianchi.ch/shop/ E-Mail: admin@bianchi.ch
G. Bianchi AG, Allmendweg 6, CH-5621 Zufikon AG
Speisen: Springbock, Krustentiere, Lammfleisch, Strauß, Hummer, Austern, Fisch

http://www.mhoufarm.de/de/laden.html E-Mail: info@mhoufarm.de
Straussenfarm Mhou, Siedlerhof 2/4, D-77836 Rheinmünster-Schwarzach
Speisen: Straußenfleisch

http://www.steppacherhof.de/ E-Mail: info@steppacherhof.de
Straußenfarm Steppacher Hof , D-78176 Blumberg-Riedöschingen
Speisen: Straußenfleisch

http://www.bischofberger.ch/shop/ E-Mail: info@bischofberger.ch
Bischofberger AG, Hagenholzstrasse 113, Postfach, CH-8050 Zürich
Speisen: Springbock, Straußenfleisch

http://straussenwirt.at/index1.htm E-Mail: info@straussenwirt.at
Straußenwirt, Auffen 51, A-**8272** Sebersdorf
Speisen: Straußenfleisch, Leber, Pastete, Straußeneier

http://www.australian-food-wine.com E-Mail: trendfood@gmx.net
Trend Foods Pty. Ltd., Lehrer-Goetz Weg 2, D-81825 München
Speisen: Krokodil, Strauß, Blesbock, Impala, Kudu, Oryx, Springbock, Zebra

http://www.straussenfarm.at/ E-Mail: über die WebSite
Straußenfarm, A-**8484** Oberpurkla 11
Speisen: Straußenfleisch, Straußenhals, Straußenleber, Geräuchertes vom Strauß, Straußen-Eierlikör

http://www.straussenfarm-erlenhof.ch/ E-Mail: rohner@straussenfarm.ch
Straussenfarm - Erlenhof, CH-**8500** Frauenfeld
Speisen: Straußenfleisch, Straußenhals, Würste, Straußenfleischkäse, Innereien

http://www.rieser-straussenfarm.de E-Mail: info@rieser-straussenfarm.de
Rieser Straussenfarm, Hauptstraße 18, D-**86745** Hohenaltheim im Ries
Speisen: Straußenfleisch, Salami, Schinken, etc.

Index

Zahlen

A

B

C

D

E

M

N

O

P

R

S

EVERT KORNMAYER

KLASSISCHE & MODERNE REZEPTE AUS SÜDAFRIKA

Über 300 Rezepte aus den Provinzen am Kap der Guten Hoffnung - Viele erstmals in deutscher Sprache

254 Seiten . gebundene Ausgabe

Zahlreiche Bilder und Illustrationen

ISBN 3-9808785-0-3

Preis: 14,95 €

EVERT KORNMAYER

KLASSISCHE & MODERNE REZEPTE AUS NAMIBIA

Über 200 Rezepte aus den Küchen der Farmen, restaurants und den Lagerfeuern im südwesten Afrikas

201 Seiten . gebundene Ausgabe

Zahlreiche Bilder und Illustrationen

ISBN 3-9808785-4-6

Preis: 12,95 €

EVERT KORNMAYER

KLASSISCHE & MODERNE REZEPTE AUS KENIA

Über 220 Rezepte *OUT OF AFRICA* - Viele erstmal ind deutscher Sprache

214 Seiten . Hardcover

Zahlreiche Bilder und Illustrationen

ISBN 3-938173-05-X

Preis: 14,95 €

EVERT KORNMAYER

KLASSISCHE & MODERNE REZEPTE AUS NEUSEELAND

Über 200 Rezepte von den grünen Inseln im Pazifik - Viele erstmals in deutscher Sprache

211 Seiten . Hardcover

Zahlreiche Bilder und Illustrationen

ISBN 3-9808785-2-X

Preis: 12,95 €

EVERT KORNMAYER

KLASSISCHE & MODERNE REZEPTE AUS DER BRETAGNE

Über 260 Zezepte aus dem Land der Crêpes und Artischocken, der Dolemen und Legenden im Nordwesten von Frankreich

Gewinner des "World Cookbook Awards 2005"

278 Seiten . Hardcover
Zahlreiche Bilder und Illustrationen
ISBN 3-938173-00-9
Preis: 14,95 €

EVERT KORNMAYER

KLASSISCHE & MODERNE REZEPTE AUS MALTA

Über 200 Rezepte von den Inseln Malta, Gozo & Comina im Herzen des Mittelmeers - Viele erstmals in deutscher Sprache

198 Seiten . Paperback
Zahlreiche Bilder und Illustrationen
ISBN 3-9808785-5-4
Preis: 12,95 €

C H R I S T O P H   K O R N M A Y E R

KLASSISCHE & MODERNE REZEPTE AUS AUSTRALIEN

Über 270 Rezepte aus den Küchen der Farmen, den Restaurants und den Lagerfeuern des roten Kontinents

302 Seiten . Paperback

Zahlreiche Bilder und Illustrationen

ISBN 3-9808785-9-7

Preis: 14,95 €

G e b r .   K O R N M A Y E R

WAS FRANKFURT ISST.

Über 250 neue Gerichte aus Mainhatten

236 Seiten . Hardcover . gebunden

Zahlreiche Bilder und Illustrationen

ISBN 3-9808785-8-9

Preis: 19,95 €

Gebrüder Kornmayer
KULINARISCHER REPORT
DES DEUTSCHEN BUCHHANDELS
2005 - 2006

Weitere Bücher